Schriftenreihe

# Schriften zum Handels- und Gesellschaftsrecht

## Band 177

ISSN 1860-8868

Verlag Dr. Kovač

Nanni Felicitas Spitzer

# Die Steuerung von Joint Ventures: Notwendigkeit, Zulässigkeit und Grenzen

*Eine Analyse der*
*internen Willensbildung im Joint Venture*
*und deren Umsetzung zur Steuerung des*
*Joint Venture Unternehmens*

**Verlag Dr. Kovač**

Hamburg
2015

# VERLAG DR. KOVAČ GMBH
## FACHVERLAG FÜR WISSENSCHAFTLICHE LITERATUR

Leverkusenstr. 13 · 22761 Hamburg · Tel. 040 - 39 88 80-0 · Fax 040 - 39 88 80-55

E-Mail info@verlagdrkovac.de · Internet www.verlagdrkovac.de

**Bibliografische Information der Deutschen Nationalbibliothek**
Die Deutsche Nationalbibliothek verzeichnet diese Publikation
in der Deutschen Nationalbibliografie;
detaillierte bibliografische Daten sind im Internet
über http://dnb.d-nb.de abrufbar.


ISSN: 1860-8868
ISBN: 978-3-8300-8503-4

Zugl.: Dissertation, Universität Augsburg, 2015

© VERLAG DR. KOVAČ GmbH, Hamburg 2015

## Vorwort

Die vorliegende Arbeit wurde im Jahr 2014 von der rechtswissenschaftlichen Fakultät der Universität Augsburg als Dissertation angenommen. Das Manuskript konnte im März 2014 abgeschlossen werden.

Mein Dank gebührt dem Betreuer dieser Arbeit, Herrn Prof. Dr. Christoph Ann, für sein Vertrauen, seine Geduld und die freie Hand sowie dem Zweitgutachter, Herrn Prof. em. Dr. Volker Behr, für die wertvollen Anmerkungen.

Ebenfalls von ganzem Herzen danken möchte ich meiner Familie und meinem Freund Jochen für die immerwährende Unterstützung und Aufmunterung bei der Erstellung dieser Arbeit.

# Kurzübersicht

# Inhalt

XV

XVII

XVIII

# Kapitel 1: Einführung

## A. Die Bedeutung von Joint Ventures in der Wirtschaft

In einer zunehmend globalisierten Welt stehen Unternehmen unter dem Einfluss und der Last einer immer schnelleren technischen Entwicklung, der Kurzlebigkeit von Innovationen und großer internationaler Konkurrenz. Besonders auf die alten Industrienationen wie Deutschland wächst der Druck, mit dem Wachstum und der Entwicklung, vor allem der asiatischen Länder, Schritt zu halten. Wer am Ball des Weltmarkts bleiben will, muss nicht nur in der Lage sein, schnell auf wirtschaftliche und technische Entwicklungen zu reagieren, sondern selbst innovativ und marktorientiert vorausdenken und Geld und Wissen so effizient wie möglich einsetzen. Diese Aufgabe ist nicht leicht: Selbst etablierte Unternehmen stellt insbesondere die Verkürzung von Entwicklungszeiten und die Erhöhung des Konkurrenzdrucks aus dem Ausland vor große Herausforderungen.

Vor diesem Hintergrund bietet ein Joint Venture eine Möglichkeit, die Kosten und das wirtschaftliche Risiko von Forschungstätigkeiten, Entwicklung oder Produktion, sowie die Erschließung neuer Märkte, nicht alleine tragen zu müssen, sondern diese auf die Schultern mehrerer Partner zu verteilen.[1] Es besteht auch die Möglichkeit, strategisch wichtige Geschäftsbeziehungen zunächst durch eine Intensivierung von Entwicklungs-, Liefer-, Lizenz- oder anderen Austauschverträgen zu vertiefen[2] und sich so gemeinsam eine stärkere Position im Markt zu verschaffen. Solche engen Geschäftsbeziehungen bestehen zwischen den Joint Venture Partnern in den meisten Fällen bereits. Die Eingehung eines Joint Ventures stellt dann demgegenüber eine noch engere Form der Zusammenarbeit dar. Kennzeichnend ist die feste und meist dauerhafte Kooperation der beteiligten Unternehmen zur Verwirklichung eines gemeinsamen Projektes. Dieses kann sich auf die Durchführung eines Auftrags im Kerngeschäftsbereich eines oder beider Partner beschränken, den ein Partner alleine nicht schultern kann oder will. Ein Beispiel hierfür sind zeitlich befristete Arbeitsgemeinschaften bei Bau- und Anlagenlieferungen,[3] etwa bei der Erstellung von Industrieanlagen oder Infrastrukturprojekten,[4] durch mehre-

---

[1] Vgl. hierzu weitergehend *Probst/Rüling* in: Schaumburg, S. 7 f.
[2] Siehe hierzu die Darstellung bei *Langefeld-Wirth* in: Langefeld-Wirth, Schaubild 8, S. 38.
[3] *Oesterle*, S. 44.
[4] *Stephan* in: Schaumburg, S. 101.

re Baufirmen. Es kann sich jedoch auch um eine dauerhafte gemeinsame Spezialisierung in einem bisherigen Nebengeschäftsgebiet, die Vertiefung bisheriger Geschäftsbeziehungen auf einem bestimmten Tätigkeitsfeld oder auch um die gemeinsame Erschließung eines für beide Partner gänzlich neuen Geschäftsfeldes handeln.

Ein Joint Venture bietet den Partnern viele Vorteile und Chancen. Jedoch müssen dort, wo mehrere ein Projekt gemeinsam verwirklichen, alle Beteiligten einem abgestimmten Plan folgen und zusammen Entscheidungen treffen. Durch die hierbei zwangsläufig auftretenden Interessenkonflikte zwischen den Partnern sind Meinungsverschiedenheiten vorprogrammiert. So kann es zum einen unter den Joint Venture Partnern zu Meinungsverschiedenheiten über die Durchführung des gemeinsamen Projekts kommen. Zum anderen kann es auch Divergenzen im Hinblick auf Überschneidungen der kollektiven Zielsetzung der Partner im Joint Venture auf der einen Seite und ihrer individuellen Interessensphäre auf der anderen Seite geben.[5] Als Schlüssel zum Erfolg gilt daher bereits die richtige Partnerwahl.[6] Das „partnerschaftliche" Zusammenpassen stellt wohl den wichtigsten Faktor für ein erfolgreiches Joint Venture dar.[7] Schaffen es die Joint Venture Partner, gegenseitiges Vertrauen, welches idealerweise schon durch vorangegangene Geschäftsbeziehungen aufgebaut wurde,[8] zu nutzen und zu erhalten, ist dies eine wichtige Grundlage für das Gelingen des gemeinsamen Projekts.[9] Daneben muss es den Partnern gelingen, betriebswirtschaftlich und juristisch einen Konsens zu finden, auf dessen Basis sie ihr Joint Venture errichten und leiten.[10]

---

[5] Vgl. *Stengel* in: Becksches Handbuch der Personengesellschaften, § 21 Rn. 5.
[6] Vgl. *Eisele*, S. 134 ff.; so auch *Schulte* in: Schulte/Schwindt/Kuhn, § 1 Rn. 15.
[7] Vgl. *Eisele*, S. 135.
[8] Vgl. *Eisele*, S. 135.
[9] Der positive Einfluss bereits existierender Geschäftsbeziehungen auf Joint Ventures ist empirisch erwiesen, vgl. *Eisele*, S. 139 f.
[10] Als Erfolgsstory eines deutschen Joint Ventures gilt die BSH Bosch und Siemens Hausgeräte GmbH mit Sitz in München. 1967 als Gemeinschaftsunternehmen der Robert Bosch GmbH und der Siemens AG gegründet, erzielte sie 2013 einen Umsatz von 10 Milliarden Euro (Quelle: Unternehmensangaben abgerufen am 2. März 2014 unter http://www.bshgroup.de/index.php?page=100325).

## B. Untersuchungsgegenstand dieser Arbeit

## I. Vertragsgestaltung zur Leitung und Steuerung des Joint Venture (Unternehmens)

Wie ist nun aber eine solche den Interessen aller Partner genügende Errichtung und Leitung eines Joint Ventures zu erreichen? Wer entscheidet bei Fragen über die sich nicht alle Partner einig sind und wann ist Einigkeit unverzichtbar? Wie kann sichergestellt werden, dass die Interessen sämtlicher Partner stets ausreichend gewahrt werden und dennoch niemand so viel Einfluss hat, dass er seine Interessen auf Kosten der anderen Partner durchsetzen kann? Welche Grenzen sind den Partnern bei der Einflussnahme gesetzt?

Diese Arbeit soll sich mit den Fragen nach einer wirtschaftlich sinnvollen und juristisch gangbaren Leitung und Steuerung eines Joint Venture (Unternehmens)[11] befassen. Hierbei geht es insbesondere um die Frage nach den Grenzen der vertraglichen Übertragung und Vereinnahmung von Macht und nach dem Bestehen von Autonomiebereichen, die dem Einfluss der Joint Venture Partner entzogen sind. Der Focus dieser Untersuchung soll auf den Vereinbarungen der Joint Venture Partner liegen, die von diesen im sogenannten "Joint Venture Vertrag" getroffen werden. Diese stellen regelmäßig die grundlegenden Vereinbarungen der Partner in Bezug auf das gemeinsame Projekt dar. Sie beinhalten die wesentlichen Regelungen über die Machtverteilung der Partner untereinander und lassen das Ausmaß ihrer (beabsichtigten) Einflussnahme auf das Joint Venture Unternehmen erkennen. In der Vertragspraxis der Joint Venture Verträge sind hierbei vertragliche Regelungen über die Ausübung der Stimmrechte der Joint Venture Partner in der Gesellschafterversammlung des Joint Venture Unternehmens von besonderer Bedeutung. Obgleich in der Vergangenheit Gegenstand kontroverser Diskussion sind solche sogenannten „Stimmbindungsvereinbarungen" mittlerweile grundsätzlich als zulässiges Gestaltungsinstrument des Gesellschaftsrechts anerkannt[12] und haben auch in der jüngeren Rechtsprechung deutliche Bestätigung erfahren.[13] Zu derartigen Vereinbarungen der Joint Venture Partner über die interne Wil-

---

[11] Siehe zur Definition unten Kapitel 2 A II 2.
[12] *Bayer* in: Lutter/Hommelhoff § 47 Rn. 15; *Baumanns/Wirbel* in: Münchner Handbuch des Gesellschaftsrechts Bd. I, § 28 Rn. 47; *Karsten Schmidt*, ZIP 2009, 737, 741; *Zöllner* in: Baumbach/Hueck, § 47 Rn. 113; *Noack*, S. 66 ff.; *Weipert* in: Ebenroth/Boujong/Joost/Strohn, § 163 Rn. 13.
[13] BGH, Urt. v. 24.11.2008, Az. II ZR 116/08, NJW 2009, 669 ff.; zuletzt BGH, Urt. v. 22.1.2013, Az. II ZR 80/10, NZG 2013, 220, 221.

lensbildung kommen weitere Regelungen, die auf einer zweiten Stufe den Einfluss der Partner auf das Joint Venture (Unternehmen) sichern sollen. Diese dienen dem Transfer und der Umsetzung der internen Willensbildung im Joint Venture Unternehmen. Die Zulässigkeit und Grenzen der Steuerung eines Joint Ventures beziehungsweise eines Joint Venture Unternehmens durch solche Vereinbarungen soll in Kapitel 4 untersucht werden.

## II. Beschränkung auf nationale Joint Venture (Unternehmen)

Joint Ventures werden im nationalen wie auch internationalen Kontext gegründet. Die vorliegende Arbeit beschränkt sich auf die Fragen im Zusammenhang mit der Steuerung von „nationalen" Joint Ventures und Joint Venture Unternehmen. Unter nationalen Joint Ventures bzw. Joint Venture Unternehmen sind hierbei all solche zu verstehen, die unter dem Geltungsbereich des deutschen Rechts errichtet werden. Für Joint Venture und Joint Venture Unternehmen bedeutet dies, dass sich ihr Gesellschaftsstatut nach deutschem Recht richtet.[14] Das Gesellschaftsstatut als Frage der Anknüpfung im internationalen Privatrecht richtete sich bisher nach allgemeiner Ansicht immer nach dem Recht des Landes, in dem die Gesellschaft ihren tatsächlichen Sitz, mithin den Schwerpunkt ihrer geschäftlichen Tätigkeit,[15] hatte (sogenannte „Sitztheorie"[16]). Die Nationalität, beziehungsweise die Rechtsform, der an der Gesellschaft beteiligten Partner ist für diese Anknüpfung unerheblich.

Nach der Reform des GmbH-Rechts durch das MoMiG[17] und der Schaffung von § 4a GmbHG, wurde die in Deutschland bisher vorherrschende Sitztheorie für Kapitalgesellschaften aufgegeben. Das deutsche Gesellschaftsrecht findet nun auch auf Kapitalgesellschaften Anwendung, die ihre Haupttätigkeit, abweichend von dem in der Satzung genannten Sitz, welcher nach wie vor in Deutschland liegen muss, im Ausland entfalten[18] und ihren tatsächlichen Verwaltungssitz somit gerade nicht in Deutschland haben.[19] Insoweit findet nun die sogenannte „Gründungstheorie" Anwendung. Hierdurch fallen auch solche

---

[14] Prominentes Beispiel der letzten Zeit ist etwa die "EM-motive GmbH" mit Sitz in Hildesheim, ein Joint Venture der Daimler AG und der Robert Bosch GmbH zur Fertigung von Elektromotoren.

[15] *Thron* in: Palandt, Anhang zu Art. 12 EGBGB, Rn. 1.

[16] Grundlegend BGH, Urt. v. 30.1.1970, Az. V ZR 139/68, NJW 1970, 998, 999.

[17] Gesetz zur Modernisierung des GmbH-Rechts und zur Bekämpfung von Missbräuchen (*MoMiG*), BGBl. 2008 I, S. 2026.

[18] Vgl. hierzu: *Leible* in: Michalski, Syst. Darst. 2 Rn. 8.

[19] *Heckschen* in: Heckschen/Heidinger, § 4 Rn. 77; unzulässig ist jedoch das Auseinanderfallen von Satzungs- und Verwaltungssitz bei der SE, siehe Art. 7 S. 1 SE-VO.

nach deutschem Gesellschaftsrecht gegründeten Gesellschaften unter die Bezeichnung des „nationalen" Joint Ventures, die ihre Haupttätigkeit im Ausland entfalten.[20]

Bei Personengesellschaften liegt der Sitz der Gesellschaft nach wie vor am Ort der tatsächlichen Geschäftsführung.[21] Er bestimmt sich also nach dem tatsächlichen Verwaltungssitz der Gesellschaft. Vereinzelt wird mit der nach dem MoMiG nunmehr geltenden Regelung im Kapitalgesellschaftsrecht dafür eingetreten, auch bei Personengesellschaften in der Satzung einen vom Verwaltungssitz abweichenden rein satzungsmäßigen Sitz zuzulassen.[22] Eine derartige Verallgemeinerung der nunmehr nach dem MoMiG für Kapitalgesellschaften geltenden Rechtslage ist ohne entsprechende sachrechtliche Grundlage im Personengesellschaftsrecht jedoch richtigerweise abzulehnen.[23] Auch ergibt sich die Notwendigkeit einer solchen Ausdehnung nicht aus europarechtlichen Aspekten.[24] Die Verlegung des Satzungs- oder Verwaltungssitzes richtet sich mangels sekundärrechtlicher Regelung auf europäischer Ebene allein nach dem Gründungsstatut des jeweiligen Mitgliedstaates, welches hierfür Beschränkungen vorsehen kann.[25] Aus diesem Grund verstößt die grundsätzlich geltende Sitztheorie des BGH, welche für Personengesellschaften an den Verwaltungssitz anknüpft, auch nicht gegen europäisches Recht.

---

[20] Derartige „Auslands-GmbHs" bergen jedoch nach wie vor nicht unwesentliche Risiken im Hinblick auf das auf sie anwendbare Recht. Hierzu im Detail *Schulte* in: Schulte/Schwindt/Kuhn, § 2 Rn. 10 ff.

[21] *Preuß* in: Oetker HGB, § 8 Rn. 67 m.w.N. dort in Fn. 99; *Fingerhuth/Rumpf*, IPRax 2008, 90, 93.

[22] Ausführlich: *Koch*, ZHR 173 (2009), 101, 101 ff.; weitere Nachweise auch bei *Preuß* in: Oetker HGB, § 8 Rn. 68, Fn. 102; grds. dafür auch: *Roth* in: Baumbach/Hopt, § 106 Rn. 8.

[23] So *König/Bormann*, DNotZ 2008, 652, 658 f.

[24] Der EUGH hat in seinem Urteil "Cartesio" vom 16.12.2008, Az. C-210/06, DStR 2009, 121, 127 (Urteils-Rn.110) bestätigt, dass es sowohl generell im Ermessen der Mitgliedstaaten liegt zu bestimmen, welche Voraussetzungen eine Gesellschaft erfüllen muss, um als nach innerstaatlichem Recht gegründete Gesellschaft angesehen zu werden, als auch die Anknüpfung festzulegen, die für den Erhalt dieser Eigenschaft verlangt wird. Die Verlegung des Satzungs- oder Verwaltungssitzes richtet sich mangels sekundärrechtlicher Regelung nach dem Gründungsstatut. Hieraus ist ersichtlich, dass die grundsätzlich geltende Sitztheorie des BGH, welche an den Verwaltungssitz anknüpft, nicht gegen europäisches Recht, insbesondere die Niederlassungsfreiheit, verstößt; so bereits auch schon EUGH, „Daily Mail", Urt. v. 27.9.1988, Az. C-81/87, NJW 1989, 2186, 2188 (Urteils-Rn. 24, 25) und „Überseering" Urt. v. 5.11.2002, Az. C-208/00, NZG 2002, 1164, 1168 f. (Urteils-Rn. 70).

[25] *Frobenius*, DStR 2009, 487, 488, mit Verweis auf EUGH, Urt. v. 16.12.2008, Az. C-210/06 Urteils-Rn. 107 (siehe DStR 2009, 121, 128); so auch bereits „Überseering" Urt. v. 5.11.2002, Az. C-208/00, NZG 2002, 1164, 1168 f. (Urteils-Rn. 70).

Probleme bereitet dieses nunmehr mögliche Auseinanderfallen der Einordnung nach Sitz- und Gründungstheorie bei der GmbH & Co. KG, weswegen hier teilweise Ausnahmen von den oben genannten Grundsätzen erwogen werden.[26] Ist alleinige Funktion der Komplementär- GmbH die Geschäftsführung der KG sind die Verwaltungssitze beider Gesellschaften zwangsweise identisch, wodurch es bei der Verlegung des Verwaltungssitzes der Komplementär-GmbH ins Ausland zu einer automatischen „Mitverlegung" des Verwaltungssitzes der KG kommt.[27] Der Sitztheorie folgend, wäre in diesem Fall die GmbH & Co. KG wegen Unzulässigkeit ihres (Auslands-) Sitzes aufzulösen.[28] Dies führt de facto dazu, dass der Verwaltungssitz einer Komplementär-GmbH nicht ins Ausland verlegt werden kann.[29] Nach dem BGH ist, außerhalb der für EU-Kapitalgesellschaften geschaffenen Ausnahme zum Zwecke der IPR-rechtlichen Anknüpfung, trotz derartiger Folgen, weiterhin von der Sitztheorie auszugehen und einer möglichen Änderung durch den Gesetzgeber nicht vorzugreifen.[30]

### III. Prüfungsaufbau

Im Zuge dieser Arbeit soll eine Untersuchung des den Partnern eines Joint Ventures zur Verfügung stehenden „vertragsrechtlichem Instrumentariums"[31] zur Steuerung und Lenkung eines nationalen Joint Venture (Unternehmens) vorgenommen werden.

Hierbei soll sich Kapitel 2 zunächst den formellen Grundlagen nationaler Joint Ventures widmen: Es enthält die Definitionen der relevanten Begriffe und eine Beschreibung der Motive zur Eingehung von Joint Ventures, sowie die rechtliche Einordnung des Joint Ventures und Joint Venture Unternehmen in das deutsche Gesellschaftsrecht. Auf dieser Basis wird sodann der strukturelle Vertragsaufbau im Joint Venture System dargestellt, sowie das Wirkungsver-

---

[26] Vgl. *Preuß* in: Oetker HGB, § 8 Rn. 68.
[27] *König/Bormann*, DNotZ 2008, 652, 659 m.w.N. dort in Fn. 49.
[28] *Preuß* in: Oetker HGB, § 8 Rn. 68; *Ehinger*, BB 2006, 2701, 2701; *König/Bormann*, DNotZ 2008, 652, 659; *Fingerhuth/Rumpf*, IPRax 2008, 90, 93, die sich jedoch im Folgenden für die Anwendung der Gründungstheorie auch auf die GmbH & Co. KG aussprechen.
[29] Eine solche indirekte Beschränkung des § 4a GmbHG verstößt nicht gegen die Niederlassungsfreiheit; vgl. EUGH „Cartesio", Urt. v. 16.12.2008, Az. C-210/06, DStR 2009, 121, 127 (Urteils-Rn. 110).
[30] BGH, Urt. v. 27.10.2008, Az. II ZR 158/06, DStR 2006, 59, 61; für eine Änderung des deutschen Internationalen Privatrechts hin zur allgemeinen Anwendung der Gründungstheorie spricht sich auch *Goette* in seiner Entscheidungsbesprechung, DStR 2009, 59, 63 aus.
[31] So bezeichnet bei: *Lagefeld-Wirth*, RIW 1990, 1, 1.

hältnis der hierin enthaltenen Vertragsebenen zueinander untersucht. In Kapitel 3 soll sodann der typische materielle Gestaltungsinhalt der Vertragswerke beschrieben werden. Kapitel 4 wendet sich im Anschluss der Zulässigkeit, Grenzen und Gefahren der zuvor dargestellten üblichen materiellen Gestaltung im Joint Venture Vertrag zu. Zuletzt soll Kapitel 5 die für die Steuerung und Leitung von Joint Venture Unternehmen besonders relevanten Fragen der vorgelagerten Willensbildung unter den Joint Venture Partnern und den Transfer des so gebildeten Willens auf die Ebene des Joint Venture Unternehmens beleuchten.

# Kapitel 2: Organisatorische und rechtliche Grundlagen von Joint Ventures

## A. Begriffsklärungen

### I. Joint Venture

Der englische Begriff „Joint Venture" bedeutet wörtlich ins Deutsche übersetzt so viel wie „gemeinsame Unternehmung" oder „gemeinschaftliches Wagnis"[32]. Somit bezeichnet „Joint Venture" ein „gemeinsames Vorhaben jedweder Art".[33] Begrifflich erfasst werden sämtliche Gemeinschafts- oder Beteiligungsunternehmen und auch einfache Arbeitsgemeinschaften mindestens zweier[34] rechtlich und wirtschaftlich selbständiger Partner, die durch den Zusammenschluss ihre eigene Unabhängigkeit nicht verlieren.[35]

Die Versuche eine auf diesem Grundsatz basierende spezifische Definition des Begriffs „Joint Venture" zu schaffen, haben insbesondere in der wirtschaftswissenschaftlichen[36] aber auch in der juristischen Literatur[37] zu keiner einheitlichen Begriffsbestimmung geführt. Eine interdisziplinäre Divergenz hinsichtlich der für die Bestimmung und Definition eines gemeinsam verwendeten Begriffes maßgeblichen Faktoren, ist indes nicht unüblich und zumeist den unterschiedlichen Anknüpfungspunkten der - hier primär betriebswirtschaftlichen und juristischen - Betrachtung eines Terminus geschuldet. Gleichwohl sollten sich solche Divergenzen im Idealfall auf eben die fachspezifischen Unterschiede beschränken.

Bei der Definition des Begriffes „Joint Venture" besteht über die interdisziplinäre Divergenz der Begriffsbestimmung hinaus zudem die Problematik, dass bereits die intradisziplinäre juristische Definition nicht einheitlich gefasst ist. Der Begriff „Joint Venture" wird in der juristischen Literatur, sowohl für die grundle-

---

[32] *Oesterle,* S. 37.
[33] Vgl. *Oesterle,* S. 37.
[34] Die Beteiligung <u>zweier</u> Joint Venture Partner stellt den Hauptfall dar, siehe nur *Susanek,* S. 5; *Rumer,* S. 70; *Schulte/Sieger,* NZG 2005, 24, 24; vgl. zur Problematik der Partnerzahl auch *Oesterle,* S. 60 ff.
[35] Vgl. *Langefeld-Wirth* in: Langefeld-Wirth, S. 28.
[36] Für alle: *Kabst,* S. 8 m. w. N. dort in Fn. 17.
[37] Vgl. hierzu: *Schulte/Pohl,* S. 3 Rn. 1; *Stephan* in: Schaumburg, S. 99; *Langefeld-Wirth* in: Langefeld-Wirth, S. 34 f.

gende gemeinschaftliche Zusammenarbeit mehrerer Partner selbst,[38] als auch als Bezeichnung für ein gemeinsames Tochterunternehmen in der sich diese Zusammenarbeit konzentriert[39] verwendet.[40] Auch der Fall bloßer Arbeitsgemeinschaften und Zusammenschlüsse zur Verwirklichung eines zeitlich begrenzten Projekts wird mitunter als vom Begriff des „Joint Venture" umfasst angesehen.[41]

Aufgrund der Vielzahl voneinander abweichenden Definitionen ist eine allgemeine Bestimmung und einheitliche Abgrenzung des Begriffes schwierig. In der vorliegenden Arbeit soll der Begriff „Joint Venture" jedoch folgende Bedeutung haben:

Ein Joint Venture ist der Zusammenschluss mehrerer rechtlich und wirtschaftlich selbstständiger Partner, die sich entschließen, unter Beibehaltung ihrer Selbstständigkeit ein Projekt zu realisieren.[42] Der Zusammenschluss erfolgt zur Verwirklichung eines gemeinsamen unternehmerischen Ziels,[43] wobei sämtlichen Partnern eine Beteiligung bei der Ausgestaltung und Verwirklichung des Joint Venture zukommt und sie das Risiko von Erfolg und Misserfolg gemeinsam tragen.[44] „Joint Venture" bezeichnet somit allein den vertraglichen Zusammenschluss der Joint Venture Partner als Grundlage ihrer Zusammenarbeit.

Der Joint Venture Vertrag bedarf grundsätzlich keiner Form[45] und kann somit auch mündlich[46] geschlossen werden. Er muss nur einen vom gemeinsamen Zweck getragenen Grundkonsens zwischen den Partnern enthalten. Durch Abschluss des Joint Venture Vertrages entsteht zwischen den Joint Venture

---

[38] *Stengel* in: Becksches Handbuch der Personengesellschaften § 21 Rn. 4 ff.; *Langefeld-Wirth* in: Langefeld-Wirth, S. 126.

[39] So etwa (aus betriebswirtschaftlicher Sicht) *Vornhusen*, S. 33; per definitionem so auch *Probst/Rüling* in: Schaumburg, S. 5 f., die jedoch in der Folge auch den Begriff „Joint Venture-Einheit" für das operative Vehikel verwenden; vgl. hierzu auch die ausführliche Beschreibung der verschiedenen Verwendung der Begrifflichkeiten bei *Langefeld-Wirth* in: Langefeld-Wirth, S. 34.

[40] Vgl. hierzu auch *Langefeld-Wirth*, RIW 1990, 1, 1 (zu internationalen Joint Ventures.)

[41] Vgl. *Langefeld-Wirth* in: Langefeld-Wirth, S. 34 f.; *Schulte* in: Schulte/Schwindt/Kuhn, § 1 Rn.1.

[42] Vgl. *Langefeld-Wirth* in: Langefeld-Wirth, S. 28; *Tegen*, S. 144 ff.

[43] *Stephan* in: Schaumburg, S. 99.

[44] Vgl. *Oesterle*, S. 46 f.

[45] Vgl. *Schulte* in: Schulte/Schwindt/Kuhn, § 4 Rn. 86; *Sprau* in: Palandt, § 705 Rn. 12.

[46] *Noack*, S. 62.

Partnern eine Gesellschaft bürgerlichen Rechts im Sinne des § 705 BGB.[47] Zweck dieser Gesellschaft bürgerlichen Rechts ist regelmäßig die Durchführung eines gemeinsamen Projektes. Nicht notwendig, jedoch aus Gründen der Rechtssicherheit und Konfliktvermeidung höchst ratsam, ist eine umfassende schriftliche Regelung dieses gemeinsamen Projekts im Joint Venture Vertrag.

Die zwischen den Joint Venture Partnern so entstandene Gesellschaft bürgerlichen Rechts ist eine reine Innengesellschaft.[48] Sie kann selbst nach außen keinerlei Rechte und Pflichten begründen und besitzt keine Rechtsfähigkeit.[49] Anders als die rechtsfähige Außengesellschaft bürgerlichen Rechts[50] kann die Innengesellschaft der Joint Venture Partner nicht selbst Partei eines Vertrages sein. Die Partner können und müssen aus diesem Grund im Rechtsverkehr mit Dritten immer (nur) im eigenen Namen auftreten. Eine Verpflichtung auch des Joint Venture Partners ist nur aufgrund rechtsgeschäftlicher Vollmacht im Sinne der §§ 165 ff. BGB möglich, was ebenfalls im Joint Venture Vertrag klar gestellt werden sollte.[51]

## II. Contractual und Equity Joint Venture

Zur Durchführung ihres gemeinsamen Projekts, stehen den Joint Venture Partnern zwei Gestaltungsformen offen. Bei der Entscheidung für eine der beiden Formen spielen sowohl die zeitlichen und finanziellen Ausmaße des Projekts eine Rolle, wie auch der Umfang des gegenseitigen Bindungswillens.

### 1. Contractual Joint Venture

Zum einen kommt eine rein vertragsbasierte Zusammenarbeit in der Form eines sogenannten „Contractual Joint Venture" in Betracht. Hierbei schließen sich die Partner, zeitlich begrenzt,[52] zur Verwirklichung eines typischerweise genau umrissenen[53] gemeinsamen Projekts zusammen. Die rechtliche Verbindung der Partner beruht in diesem Fall allein auf den im Joint Venture Ver-

---

[47] H. M. siehe *Langefeld-Wirth* in: Langefeld-Wirth, S. 125 m.w.N.
[48] *Langefeld-Wirth* in: Langefeld-Wirth, S. 125; siehe hierzu auch *Simon/Rubner*, NJW-Spezial 2005, 27, 27.
[49] H. M. *Sprau* in: Palandt § 705 Rn. 33; *Scholz*, NZG 2002, 153, 156 m.w.N. dort in Fn. 47; siehe zur Rechtsnatur des Joint Venture auch unten Kapitel 2 E I.
[50] Grundlegend zur Rechtsfähigkeit der Außengesellschaft bürgerlichen Rechts: BGH, Urt. v. 29.1.2001, Az. II ZR 331/00, NJW 2001, 1056 ff.
[51] *Stengel* in: Becksches Handbuch der Personengesellschaften, § 21 Rn. 85; siehe hierzu sogleich unter II 1.
[52] Vgl. *Schulte* in: Schulte/Schwind/Kuhn, § 1 Rn. 5; *Oesterle*, S. 43.
[53] *Stephan* in: Schaumburg, S. 99.

trag geschlossenen Vereinbarungen. Gesellschaftsrechtlich betrachtet, besteht in diesem Fall zwischen den Joint Venture Partnern nur oben beschriebene Innengesellschaft bürgerlichen Rechts.[54] Der diese Innengesellschaft begründende Joint Venture Vertrag regelt als deren Gesellschaftsvertrag alle Einzelheiten des Gesellschaftsverhältnisses von dessen Gründung über die Durchführung des Projekts bis hin zur Abwicklung.[55] Ein wesentliches Motiv für die Eingehung eines Contractual Joint Venture ist regelmäßig die Teilung von Kosten, Risiko und Gewinn zwischen den Partnern.[56] Daneben sind die Joint Venture Partner oft erst durch den Zusammenschluss überhaupt in der Lage, das anvisierte Projekt zu realisieren oder am Markt konkurrenzfähig zu sein.

Die Vorteile eines reinen Contractual Joint Venture, gegenüber der noch darzustellenden Alternative des „Equity Joint Ventures",[57] liegen insbesondere in der leichteren Errichtung, Steuerung und Beendigung der Partnerschaft.[58] Im Gegensatz zum Equity Joint Venture wird hier gerade kein zusätzliches Joint Venture Unternehmen mit eigener Rechtspersönlichkeit errichtet.[59] Die rechtliche Gestaltung ist – zumindest formal - übersichtlich. Alle Beziehungen zwischen den Partnern verbleiben in diesem Modell auf einer Regelungsebene, da sich sowohl das Verhältnis der Partner untereinander, als auch die Durchführung des Projekts, allein nach dem Joint Venture Vertrag richten. Das Contractual Joint Venture tritt zudem mangels eigener Rechtspersönlichkeit nicht nach außen in Erscheinung. Für außenstehende Dritte muss die Kooperation der Partner daher unter Umständen nicht einmal erkennbar sein. Der Joint Venture Vertrag regelt lediglich innenrechtlich das Verhältnis der Partner untereinander. Bei der so entstandenen Innengesellschaft bürgerlichen Rechts soll, entgegen der gesetzlichen Regelung des § 714 BGB, die Rechtsmacht der Gesellschafter, nach außen „für die Gesellschaft zu handeln", ausgeschlossen sein.[60] Dies wird im Joint Venture Vertrag regelmäßig auch ausdrücklich vereinbart.[61] Wenn der reine innenrechtliche Charakter des Joint Ventures von den Joint Venture Partnern jedoch nicht ausreichend vereinbart und im täglichen Geschäftsbetrieb nicht respektiert wird, kann das Contractual

---

[54] Zur Innengesellschaft allgemein vgl. *Sprau* in: Palandt, § 705 Rn. 33 ff.
[55] Vgl. *Langefeld-Wirth* in: Langefeld-Wirth, S. 123.
[56] *Kabst*, S. 8.
[57] Dazu unten unter 2.
[58] *Stengel* in: Becksches Handbuch der Personengesellschaften, § 21 Rn. 10.
[59] *Stengel* in: Becksches Handbuch der Personengesellschaften, § 21 Rn. 10.
[60] *Sprau* in: Palandt, § 705 Rn. 33.
[61] Vgl. *Langefeld-Wirth* in: Langefeld-Wirth, S. 125.

Joint Venture in eine Außengesellschaft bürgerlichen Rechts oder - bei Erfüllung der gesetzlichen Entstehungsvoraussetzungen - sogar in eine Offene Handelsgesellschaft umschlagen.[62] Ein solches Umschlagen der Gesellschaftsform geschieht formlos und ohne Zustimmung der Partner[63] und zieht weitreichende haftungsrechtliche Folgen nach sich. So entsteht eine Außengesellschaft bürgerlichen Rechts bereits dann, wenn die Gesellschaft am Rechtsverkehr teilnimmt. Nach einer Ansicht reicht hierfür aus, wenn die Joint Venture Partner im Namen ihres Joint Ventures Bestellungen tätigen oder Verträge abschließen.[64] Nach anderer Ansicht soll nicht auf das tatsächliche Verhalten der Gesellschafter abzustellen sein, sondern darauf, was sie hierzu im Gesellschaftsvertrag vereinbart haben.[65] Eine offene Handelsgesellschaft liegt von Rechts wegen gemäß § 105 Abs. 1 HGB dann vor, wenn der Zweck des Joint Ventures auf den Betrieb eines Handelsgewerbes gerichtet ist.[66] Dies wird bei einer gemeinsamen unternehmerischen Tätigkeit der Partner zumeist anzunehmen sein. Ein Rechtsformwechsel zur Außengesellschaft bürgerlichen Rechts und zur offenen Handelsgesellschaft vollzieht sich beim objektiven Vorliegen der jeweiligen gesellschaftsrechtlichen Voraussetzungen und völlig unabhängig davon, ob die Gesellschafter subjektiv zueinander in dieser oder anderer Verbindung stehen wollen.[67] Ist aufgrund objektiver Kriterien das Joint Venture in der Rechtsform einer Außengesellschaft bürgerlichen Rechts oder einer offene Handelsgesellschaft entstanden, kann die Gesellschaft selbst auch gegen den Willen der Joint Venture Partner Trägerin von Rechten und Pflichten sein.[68] Für Verpflichtungen der Gesellschaft haften dann alle Gesellschafter der offenen Handelsgesellschaft nach § 128 HGB akzessorisch, per-

---

[62] *Schulte* in: Schulte/Schwindt/Kuhn, § 1 Rn. 6; *Sprau* in: Palandt, § 705 Rn. 6.
[63] *Roth* in: Baumbach/Hopt, Einl. v § 105 Rn. 21.
[64] Vgl. auch *Schulte* in: Schulte/Schwindt/Kuhn, § 1 Rn. 6.
[65] *Ulmer/Schäfer* in: MüKo BGB Bd. V, § 705 Rn. 279, die jedoch drauf hinweisen, dass in einem einvernehmlichen Handeln der Gesellschafter für die GbR nach außen eine konkludente Änderung des Gesellschaftsvertrages oder die Begründung einer Rechtsscheinhaftung liegen kann; *Beuthien*, NZG 2011, 161, 165, geht noch weiter, wonach der Wandel von der Innen- zur Außengesellschaft nicht an dem (unberechtigten) Auftreten der Gesellschafter beim Abschluss (einzelner) Außengeschäfte festzumachen ist, sondern sich vielmehr dadurch vollzieht, dass sich der „Innenzweck" dauerhaft in einen „Außenzweck" erweitert, was dann zu vermuten sei, wenn sich der Gesellschaftszweck nicht mehr ohne den Abschluss von Geschäften mit Dritten erreichen lassen.
[66] *Sprau* in: Palandt, § 705 Rn. 6.
[67] *Hopt* in: Baumbach/ Hopt, § 105 Rn. 7.
[68] Für die OHG regelt dies schon § 124 HGB; die Rechtsfähigkeit der Außen-GbR ist heute allgemein anerkannt: *Sprau* in: Palandt, § 705 Rn. 24 mit Verweis auf BGH, Urt. v. 29.1.2001, Az. II ZR 331/00, NJW 2001, 1056 ff.

sönlich, unbeschränkt, primär und unmittelbar. Auch auf die Gesellschafter der Außengesellschaft bürgerlichen Rechts findet die Haftung nach § 128 HGB analoge Anwendung.[69] Über die Möglichkeiten einer stillschweigenden und unbewussten Gründung einer Gesellschaft bürgerlichen Rechts müssen sich die Joint Venture Partner bei Eingehung ihrer Geschäftsbeziehung klar sein. Wegen des ungewollten Haftungsrisikos im Falle des Umschlagens in eine Außengesellschaft, empfiehlt sich regelmäßig die Abfassung eines schriftlichen Joint Venture Vertrages, in dem der reine innenrechtliche Charakter der Vereinbarungen festgestellt und die Vertretungsbefugnis der Joint Venture Partner für die Gesellschaft nach § 714 BGB ausgeschlossen werden. Die Möglichkeit der Partner, sich wechselseitige schuldrechtliche Vertretungsbefugnis einzuräumen, bleibt hiervon unberührt.

Es sind jedoch auch Fälle denkbar, in denen die Joint Venture Partner durchaus Interesse daran haben, mit ihrem Contractual Joint Venture in der Rechtsform einer Außengesellschaft bürgerlichen Rechts am Rechtsverkehr teilzunehmen. Dies ist regelmäßig der Fall, wenn Arbeitsgemeinschaften (*ARGE*) gebildet werden.[70] Solche Contractual Joint Ventures, die als Projektgesellschaften in Form einer Außengesellschaft bürgerlichen Rechts agieren, finden sich beispielsweise in der Bauwirtschaft und bei Infrastrukturprojekten.[71] Ist eine solche Teilnahme des Contractual Joint Ventures am Rechtsverkehr beabsichtigt, müssen sich die Parteien der Rechtsfolgen der §§ 701 ff. BGB gewahr sein und ihre eventuell von diesen abweichenden Vorstellungen im Gesellschaftsvertrag gesondert regeln. Auch bei Vorliegen einer rechtsfähigen Außengesellschaft bürgerlichen Rechts bleibt es im Contractual Joint Venture bei einer Ebene im Vertragsaufbau, da die Rechtsform der Gesellschaft bürgerlichen Rechts keine besonderen Formanforderungen an die Abfassung ihres Gesellschaftsvertrages stellt und das Joint Venture wegen seiner Befristung auf Zweckerreichung des Einzelprojekts regelmäßig auch keiner weiteren grundlegenden Regelungen bedarf.[72]

---

[69] *Hopt* in: Baumbach/ Hopt, § 128 Rn. 1.
[70] *Fett/Spiering*, Kap. 7 Rn. 173; *Mantler* in: Münchner Handbuch des Gesellschaftsrechts Bd. I, § 26 Rn. 12.
[71] *Fett/Spiering*, Kap. 7 Rn. 173; *Wilde*, DB 2007, 269, 269 dort Fn. 1.
[72] Nach *Schulte* in: Schulte/Schwindt/Kuhn, § 1 Rn. 6 liegt im Falle der Entfaltung von Außenwirkung kein reines „Vertrags-Joint-Venture" mehr vor. Dem ist nicht zuzustimmen, da nach hier verwandter Definition ein Contractual Joint Venture solange vorliegt, wie die Partner kein vom Joint Venture separates Konstrukt zur Durchführung ihres gemeinsamen Projektes schaffen und es somit bei einer Regelungsebene verbleibt; so auch *Wilde* in DB 2007,

## 2. Equity Joint Venture

Anders verhält sich die rechtlich bevorzugte Gestaltung des Joint Venture Vorhabens im Fall einer auf Dauer angelegten Kooperation der Partner. Ist das Verhältnis der Partner von der Absicht zur langfristigen Zusammenarbeit geprägt, kommt auch die Gestaltung als Equity Joint Venture in Betracht.

### a. Entscheidung für ein Equity Joint Venture

Der Begriff „Equity Joint Venture" steht für ein Konstrukt, bei dem zur genannten Innengesellschaft bürgerlichen Rechts eine gemeinsame Projektgesellschaft mit eigener Rechtspersönlichkeit hinzutritt.[73] Dieser rechtlich selbstständigen Gesellschaft bedienen sich die Partner zur Durchführung ihres gemeinsamen Projektes. Dieses "Joint Venture Unternehmen" oder "Gemeinschaftsunternehmen" steht im gemeinsamen Besitz der Joint Venture Partner und wird von ihnen gemeinsam gesteuert. Die Bezeichnung „Unternehmen" ist hierbei zunächst als „Gesellschaft" zu verstehen. Ein Gemeinschaftsunternehmen ist unbedingt eine selbstständige Gesellschaft mit eigener Rechtspersönlichkeit. Ein „Unternehmen" ist die Gesellschaft jedoch erst, wenn es sich um eine „rechtlich und organisatorisch selbstständige und dauerhaft auf die Erbringung und den Absatz vielfältiger Leistungen gerichtete Wirtschaftseinheit mit eigener Willensbildung in Gremien und Organen" handelt, "die am Rechtsverkehr selbst teilnimmt".[74] Nach der Definition *Karsten Schmidts*[75] ist der handelsrechtliche Unternehmensbegriff gekennzeichnet durch Selbstständigkeit, die Ausführung einer anbietenden und entgeltlichen rechtsgeschäftlichen Tätigkeit am Markt und Planmäßigkeit und Ausrichtung auf Dauer. Für die Einstufung als selbstständiges Unternehmen im juristischen Sinne ist nur die rechtliche und organisatorische, nicht dagegen die wirtschaftliche Selbstständigkeit des Gemeinschaftsunternehmens erforderlich.[76] Eine tatsächliche wirtschaftliche Eigenständigkeit des Joint Venture Unternehmens ist von Seiten der Partner auch gar nicht erwünscht. Beim Equity Joint Venture liegt vielmehr der Idee nach die wirtschaftliche Steuerung des Joint Venture Unter-

---

269, 269 dort Fn. 1, der hierbei auf die mangelnde Übertragung von Kapital, Betriebsteilen und Knowhow auf die Außengesellschaft abstellt.
[73] *Tegen*, S. 160 ff. unternimmt insoweit eine Einordnung des Equity Joint Venture als „erweiterte Organisationsform" des Contractual Joint Venture.
[74] *Langefeld-Wirth* in: Langefeld-Wirth, S. 28 mit Verweis auf *Karsten Schmidt*, Handelsrecht 3. Aufl., § 4 I (S. 58), dieser spricht dort von einer "organisierten Wirtschaftseinheit...mittles derer der Unternehmer am Markt auftritt"; ausführlich zur Entwicklung des Unternehmensbegriffes und zur Entstehung des Unternehmensrechts, *Flume*, § 2 (S. 31 ff.).
[75] *Karsten Schmidt*, Handelsrecht, § 3 I Rn. 8 (S. 78).
[76] *Langefeld-Wirth* in: Langefeld-Wirth, S. 28.

nehmens in den Händen der Joint Venture Partner. Um ein Equity Joint Venture von einer reinen Finanzinvestition mehrerer Unternehmen abzugrenzen, ist die von den Partnern ausgehende wirtschaftliche Lenkung des gemeinsamen Unternehmens ein wichtiges Bestimmungsmerkmal. Auf den ersten Blick unterscheidet sich das Joint Venture Unternehmen nicht von einer einfachen Personen- oder Kapitalgesellschaft. Vielmehr ist ein Joint Venture Unternehmen, rechtlich betrachtet, eine gewöhnliche Personen- oder Kapitalgesellschaft, an der die Joint Venture Partner als Gesellschafter beteiligt sind. In einem Joint Venture Unternehmen wirken die Partner des Joint Ventures allerdings direkt oder indirekt in koordinierter Weise auf das Management des Unternehmens ein. Diese Einflussnahme geht regelmäßig über den normalen Einfluss eines Gesellschafters deutlich hinaus, sodass eine „echte Mitwirkung im Management"[77] des Joint Venture Unternehmens vorliegt. Die gemeinsame Leitung und Lenkung des Joint Venture Unternehmens wird durch die Joint Venture Partner im Joint Venture Vertrag vereinbart und bei der anschließenden Neugründung des Joint Venture Unternehmens durch angepasste Vertragsgestaltung in dessen Gesellschaftsvertrag auf korporativer Ebene verankert. Diese Handhabung resultiert daraus, dass das Joint Venture Unternehmen zumeist in erster Linie der Konzentration und Umsetzung gemeinsamer wirtschaftlicher Interessen der Joint Venture Partner dient, weswegen an einer eigenständigen Entwicklung des Joint Venture Unternehmens von Seiten der Partner nur ein eingeschränktes Interesse besteht. Die „Umsetzung gemeinsamer wirtschaftlicher Interessen" bedeutet allerdings nicht, dass beide Partner mit dem Joint Venture Unternehmen immer genau das gleiche Ziel verfolgen. Ebenso wenig bedeutet „gemeinsame Leitung und Lenkung", dass die Partner alles einstimmig, also „gemeinsam" entscheiden müssen. Hier sind viele verschiedene Interessenlagen, Gestaltungsmöglichkeiten und auch Problemstellungen möglich, die die Partner im Joint Venture Vertrag berücksichtigen müssen.

b. Entstehung

Das Joint Venture Unternehmen kann nicht nur durch Neugründung oder Kauf einer Vorratsgesellschaft durch die Joint Venture Partner entstehen. Es kann auch durch den Erwerb von Beteiligungen an bereits bestehenden Tochterunternehmen eines Partners durch den/die anderen Partner geschaffen werden. Daneben können die Joint Venture Partner auch ein bereits bestehendes Un-

---

[77] *Langefeld-Wirth* in: Langefeld-Wirth, S. 28.

ternehmen, etwa eines Konkurrenten, erwerben und dieses gemeinsam im Joint Venture fortführen. Wesentlich und charakteristisch ist lediglich der zweistufige Vertragsaufbau der jedem Equity Joint Venture zugrunde liegt. Schlussendlich ist ein Joint Venture Unternehmen auch in Form einer reinen Holdinggesellschaft denkbar, in die die Joint Venture Partner eigene Tochtergesellschaften oder Beteiligungen an fremden Gesellschaften einbringen.[78] Solch ein mehrstöckiger Aufbau mit einer „zwischengeschalteten" Holding kann aus steuer- und konzernrechtlichen Gründen sinnvoll sein. Auch eine Mischung operativer Geschäfte mit denen einer Holding ist denkbar.[79] Werden bereits bestehende Gesellschaften als Joint Venture Unternehmen umfunktioniert, müssen die Partner regelmäßig an eine Anpassung des bestehenden Gesellschaftsvertrages an ihre Interessen denken.

c. Horizontale und vertikale Gemeinschaftsunternehmen

Sind beide Partner bereits auf dem Gebiet des zukünftigen Joint Venture Unternehmens tätig, werden oft die schon bestehenden Geschäftsbereiche der Joint Venture Partner aus der Muttergesellschaft oder eigenständigen Töchtern ausgegliedert und in ein Joint Venture Unternehmen eingebracht, um diese dort gemeinsam stärker zu entwickeln.[80] Bei derartigen „horizontalen" Gemeinschaftsunternehmen wird dieses dann auf der Produktions-, Handels- oder der Dienstleistungsstufe tätig, auf dem die Muttergesellschaften (jedenfalls bis zu seiner Gründung) bereits selbst tätig waren.[81] Joint Venture Unternehmen, die dagegen im Verhältnis zu den Joint Venture Partnern auf einer vor- oder nachgelagerten Stufe tätig werden, also vor allem Zuliefer- oder Abnahme- bzw. Distributionsfunktionen für die Mütter wahrnehmen, bezeichnet man als sogenannte „vertikale" Gemeinschaftsunternehmen.[82] Es besteht natürlich auch die Möglichkeit, dass das Joint Venture Unternehmen für den einen Partner die eine und für den anderen Partner eine andere Funktion hat,[83] etwa wenn sich ein Großabnehmer mit seinem Zulieferer zur Fertigung eines speziellen Produkts im Joint Venture zusammenschließt. Selten, aber denkbar, sind

---

[78] Vgl. hierzu auch *Fett/Spiering*, Kap. 2 Rn. 72.
[79] *Schulte/Pohl*, S. 8 Rn. 15.
[80] So legten etwa die Konzerne Nokia und Siemens im Jahr 2007 ihre vormals eigenständigen Netzwerksparten zu Nokia Siemens Networks zusammen.
[81] *Baumanns/Wirbel* in: Münchner Handbuch des Gesellschaftsrechts, Bd. I, § 28 Rn. 9.
[82] Vgl. *Baumanns/Wirbel* in: Münchner Handbuch des Gesellschaftsrechts, Bd. I, § 28 Rn. 9.
[83] Zu den typischen Anwendungsformen von Joint Venture Unternehmen siehe ausführlich: *Langefeld-Wirth*, RIW 1990, 1, 2.

auch Joint Ventures, die zum eigenen Unternehmensbetrieb der Joint Venture Partner gar keinen direkten Bezug haben.[84]

### d. Zusammenfassung

Juristisch betrachtet stellt das Joint Venture Unternehmen eine neben dem Joint Venture der Partner stehende, eigene gesellschaftsrechtliche Ebene dar. Es ist Mittel zum Zweck der Durchführung der im Joint Venture Vertrag getroffenen Vereinbarungen zur Verwirklichung eines gemeinsamen Projektes. Gemeinsam bilden die beiden Ebenen das sogenannte „Joint Venture System"[85]. Die rechtliche und wirtschaftliche Selbstständigkeit der Joint Venture Partner ist hierbei das wesentliche Abgrenzungskriterium zum Konzern oder einer Unternehmensfusion der Partner. Auch reine Finanzbeteiligungen an Gesellschaften ohne den Willen der unternehmerischen Einflussnahme beim Investor sind keine Joint Venture Unternehmen im hier zugrunde gelegten Sinne.[86]

Zusammenfassend lässt sich sagen, dass eine Zusammenarbeit zweier Unternehmen in der Form eines Equity Joint Venture insbesondere dann in Betracht kommt, wenn [87]

1. es sich bei dem Gegenstand der Kooperation um das Kerngeschäft oder einen wichtigen Markt eines oder beider Partner handelt. In diesem Fall ist es wesentlich einfacher und sicherer, den Anteil, den beide Partner an dem Projekt haben, durch eine gesellschaftsrechtliche Beteiligung an einem gemeinsamen Unternehmen, in das investiert wird, abzubilden.

2. größere Investitionen erforderlich sind, die ein Partner allein nicht tragen kann oder will. In diesem Fall bietet das Equity Joint Venture dem mitfinanzierenden Partner mehr Sicherheit in Form einer echten Mitspracheberechtigung, sowie einer dinglichen Berechtigung an der Investition, als dies z.B. bei einer Mitfinanzierung über Fremdkapital der Fall wäre.

---

[84] Sog. „konglomerate" Gemeinschaftsunternehmen, *Baumanns/Wirbel* in: Münchner Handbuch des Gesellschaftsrechts Bd. I, § 28 Rn. 9.
[85] *Probst/Rüling* in: Schaumburg, S. 6.
[86] Siehe hierzu auch sogleich unter III.
[87] Siehe zur nachfolgenden Auflistung *Wilde*, DB 2007, 269, 269 f.

3. eine unbegrenzte Haftung der Partner vermieden werden soll. Wie bereits dargestellt, haften beim Contractual Joint Venture die Partner stets persönlich und unbeschränkt, wenn sich ihr gemeinsames Handeln als Außen-GbR oder OHG darstellt. Die Gestaltungsform des Equity Joint Venture bietet die Möglichkeit, durch Schaffung einer von den Partnern verschiedenen Rechtspersönlichkeit, deren Haftung zumindest zu begrenzen.

4. aufgrund eines hohen Finanzbedarfs davon auszugehen ist, dass in absehbarer Zeit weitere Joint Venture Partner oder auch Finanzinvestoren aufgenommen werden müssen. Solche späteren Beteiligungen sind im Rahmen eines Equity Joint Venture besser durchzuführen. Zudem muss reinen Finanzinvestoren aufgrund der Trennung der Vertragsebenen, kein Einblick in den Joint Venture Vertrag gewährt werden.[88]

## III. Joint Venture Partner

Ausgehend von der Definition eines Joint Ventures als Zusammenschluss mindestens zweier[89] „rechtlich und wirtschaftlich eigenständiger Partner" stellt sich die Frage, wie sich der Kreis potentieller Joint Venture Partner bestimmt. Nach der überwiegenden Ansicht in der Literatur werden Joint Ventures zwischen „Unternehmen"[90] geschlossen. Es hat jedoch den Anschein, dass der Begriff „Unternehmen" hierbei verbreitet als Synonym für den juristischen Begriff „Gesellschaft" gebraucht wird.[91] Diese Annahme rührt daher, dass an an-

---

[88] Nach *Wilde*, DB 2007, 269, 270, an den diese Auflistung angelehnt ist, soll auch eine Venture Capital Beteiligung an einem Unternehmen finanzschwacher Gründer gegen Einräumung einer Beteiligung als Joint Venture zu betrachten sein. Dies ist im Grundsatz zutreffend, passt jedoch nur im Falle der Beteiligung eines am Unternehmensgegenstand und der Mitwirkung im Management interessierten Investors. Im Falle der Beteiligung finanzstarker natürlicher Personen oder reiner Finanzinvestoren ohne Interesse an der Mitwirkung im Management entspricht dies dagegen nicht der hier vorgenommenen Definition eines Joint Ventures als Zusammenschluss zweier <u>Unternehmen</u> zur Verwirklichung eines gemeinschaftlichen unternehmerischen Projekts. In einem solchen Fall stellt allerdings die der Beteiligung zugrundeliegende Gesellschaftervereinbarung regelmäßig einen mit einem Joint Venture Vertrag vergleichbaren Grundlagenvertrag dar, der den Einfluss des Investors auf die Steuerung des Unternehmens – zumindest in Kernfragen - sicherstellen soll. Zum Beteiligungsvertrag ausführlich: *Weitnauer*, NZG, 2001, 1065 ff.

[89] *Vornhusen*, S. 34, geht aufgrund der Joint Venture typischen Abstimmungsprozesse von einem Maximum von fünf Partnern aus. Aufgrund des Erfordernisses der Mitwirkung im Management ist dieser Ansicht dem Grunde nach zuzustimmen.

[90] So per definitionem etwa *Stephan* in: Schaumburg, S. 99 und S. 102; *Tegen*, S. 142 f.; *Probst/Rüling* in: Schaumburg, S. 5; *Ackermann*, S. 11.

[91] Siehe hierzu bereits oben unter II 2 a.

derer Stelle oftmals explizit auch Kooperationen unter der Beteiligung natürlicher Personen als Joint Ventures angesehen werden.[92] Die Abgrenzung zwischen „Unternehmen" und natürlichen Personen als Partner eines Joint Ventures ist indes oft ungenau, da es auch keinen einheitlich gebrauchten Rechtsbegriff des „Unternehmens" gibt.[93] In der Rechtswissenschaft findet vielmehr eine gesonderte Bestimmung des Begriffs „Unternehmen" nach betroffenen Rechtsgebieten,[94] beziehungsweise sogar innerhalb der verschiedenen Rechtsgebiete nach den betroffenen Vorschriften statt.[95] So ist etwa der konzernrechtliche Unternehmensbegriff der §§ 15 ff. AktG[96] trotz Rückverweis nicht gänzlich deckungsgleich mit dem der §§ 35 ff. GWB. Beide Begriffe sind jedoch spezieller als die allgemeine handelsrechtliche Definition der §§ 290 ff. HGB. All diese Unternehmensdefinitionen weichen zudem von der allgemeinen Legaldefinition des „Unternehmers" in § 14 BGB ab.

In der juristisch differenzierten Betrachtung nach Rechtsgebieten liegt auch das Problem. Legt man für die Begrenzung des Kreises der als Joint Venture Partner infrage kommenden „Unternehmen" den Unternehmer Maßstab des § 14 BGB an, erfasst dieser, neben den vom Unternehmensbegriff des Konzernrechts nach § 15 AktG erfassten Unternehmen, auch sonstige Kaufleute im Sinne der §§ 1 ff. HGB und auch sämtliche weitere natürliche Personen in Ausübung ihrer gewerblichen oder selbstständigen Tätigkeit. Auf viele der von diesem Kreis der „Unternehmer" umfassten natürlichen Personen, wie zum Beispiel Freiberufler, sind jedoch die Probleme des Konzernrechts und der Fusionskontrolle - bei vielen Joint Ventures von wesentlicher Bedeutung - bereits begrifflich nicht anwendbar. Auch fallen diese nicht unter die Regelungen des HGB für Kaufleute. Gleichwohl ist es generell als richtig anzusehen, grundsätzlich für die Abgrenzung des Kreises der Joint Venture Partner die

---

[92] So *Göthel*, S. 36; *Rumer*, S. 26; dagegen ausschließlich von „Unternehmen" sprechend, *Stephan* in: Schaumburg, S. 99 und 102; *Vornhusen*, S. 33 f. erwägt ebenfalls die Erweiterung des Partnerkreises auch auf Privatpersonen, lässt eine Entscheidung aber offen; *Schulte* in: Schulte/Schwindt/Kuhn, § 1 Rn. 10, hält die Frage, ob auch Joint Ventures unter Beteiligung natürlicher Personen möglich sind, für „akademisch", da eine solche selten, aber dennoch denkbar sei; *Hermann*, S. 2 schließt „Individuen" als Partner eines Joint Ventures aus.
[93] *Hopt* in: Baumbach/Hopt, Einl. v. § 1 Rn. 31; *Karsten Schmidt*, Handelsrecht, § 3 I Rn. 1 (S. 73 f.) siehe zur Begrifflichkeit bereits oben unter I.
[94] Vgl. bereits BGH, Urt. v. 26.10.1959, Az. KZR 2/59, NJW 1960, 145, 146.
[95] Vgl. BGH, Urt. v. 13.10.1977, Az. II ZR 123/76, NJW 1978, 104, 104; *Vossler* in: Oetker HGB, Anhang zu §§ 25-28 Rn. 2.
[96] Siehe zur Definition: *Joussen*, GmbHR 1996, 574, 577.

Definition des Unternehmers aus § 14 BGB zugrunde zu legen.[97] Somit sind nur natürliche Personen, die nicht unter § 14 BGB fallen, also reine „Privatpersonen", vom Kreis der möglichen Partner eines Joint Ventures auszunehmen. Diese Begrenzung liegt zum einen dogmatisch darin begründet, dass es sich beim Joint Venture, um einen rein vertraglichen Zusammenschluss der Partner handelt, welcher sich nach den Regeln des bürgerlichen Gesetzbuches vollzieht. Zum anderen ermöglicht dies eine Abgrenzung zu Finanzinvestments ohne Managementbeteiligung und Unternehmensgründungen durch (reine) Privatpersonen. Zusammenschlüsse von Privatpersonen im Gegensatz zu solchen von Unternehmen sind regelmäßig keine Joint Ventures.[98] Würde man solche erfassen, wäre jede Kooperation unter Einbeziehung Privater, auch soweit sie sich in einer reinen Finanzinvestition erschöpft, sowie jede Gesellschaftsneugründung als Joint Venture zu bezeichnen. Dies widerspricht jedoch der Realität, nach der Joint Ventures Zusammenschlüsse solcher Partner sind, die bereits vor Eingehung des Zusammenschlusses eigenständig unternehmerisch tätig waren und dies auch neben dem Joint Venture bleiben. In diesem Fall ist auch deren Beteiligung „unternehmerisch" in dem Sinne, dass sie von dem Willen nach Partizipation am Management getragen ist. So werden auch natürliche Personen aufgrund ihrer anderweitigen unternehmerischen Tätigkeit schnell zum „Unternehmen".[99]

Um eine abschließende Behandlung der bei der Steuerung eines Joint Venture Unternehmens auftretenden Probleme zu gewährleisten, wird dieser Arbeit der jeweilige Unternehmensbegriff des einschlägigen Rechtsgebietes zugrunde gelegt. Das hat zur Folge, dass nicht alle der dargestellten Probleme für jedes Joint Venture beziehungsweise jegliche Beteiligungskonstellation von

---

[97] *Karsten Schmidt*, Handelsrecht, § 3 I Rn. 14 (S. 80) postuliert ebenfalls eine weite Definition des Unternehmensbegriffes unter Erfassung auch von Freiberuflern, weist jedoch ausdrücklich auf die hierdurch notwendige unterschiedliche Behandlung nach Maßgabe der jeweils einschlägigen Gesetze hin.
[98] Siehe zum Meinungsstand bereits oben Fn. 92; *Langefeld-Wirth* in: Langefeld-Wirth, S. 30 geht der Frage ob die Partner eines Joint Ventures „Unternehmen" sein müssen nicht nach. Er beschränkt sich auf die Festlegung, "dass die Beteiligten - ob Privatpersonen oder Unternehmen - in unternehmerischer Weise an der Führung und Gestaltung des Gemeinschaftsunternehmens in nicht unerheblichem Umfang mitwirken." Dieser Abgrenzung ist unter rein gesellschaftsrechtlichen Erwägungen zuzustimmen.
[99] Der BGH, Urt. v. 29.3.1993, Az. II ZR 265/91, NJW 1993, 1200, 1202 („TBB"), hat im Hinblick auf den Unternehmensbegriff des Aktienkonzernrechts ausdrücklich klar gestellt, dass auch eine natürliche Person „Unternehmen" im Sinne dieser Bestimmungen sein kann; mit Verweis auf vorgenanntes Urteil so auch *Joussen*, S. 168.

Relevanz sind. Jedoch ist nur auf diese Art eine erschöpfende Behandlung sämtlicher im Zusammenhang mit der Steuerung eines Joint Venture Unternehmens auftretenden Probleme möglich. Hierin liegt jedoch keine Begrenzung des generell infrage kommenden Kreises der Joint Venture Partner. Aufgrund praktischer Relevanz soll für diese Arbeit, mit Ausnahme der eben per definitionem begrenzten Rechtsgebiete, der Kreis potentieller Joint Venture Partner danach bestimmt sein, dass sich zumindest zwei Partner am Management des Joint Venture beteiligen, die vor Eingehung des Joint Venture Vertrages bereits unternehmerisch tätig waren und diese Tätigkeit auch neben dem Joint Venture beibehalten. Soweit sie Unternehmereigenschaft besitzen, können sowohl natürliche Personen als auch juristische Personen oder Personengesellschaften Partner eines Joint Ventures sein.

Die meisten im Zusammenhang mit Joint Ventures auftretenden Probleme der Willensbildung und Steuerung von (Gemeinschafts-) Unternehmen sind auch auf andere gesellschaftsrechtliche Konstellationen anwendbar, soweit sie nicht explizit oder nach ihrem Regelungszweck die Beteiligung von Unternehmen (nach der unter der jeweiligen Vorschrift erfassten Definition) erfordern. Dies gilt auch für Unternehmen unter (ausschließlicher) Beteiligung von Privatpersonen.

### IV. Zusammenfassung der relevanten Begriffe

Wegen der Gründung eines rechtlich selbstständigen Joint Venture Unternehmens neben dem innenrechtlichen Joint Venture der Partner, kommt es im Fall eines Equity Joint Ventures zu einer vertragsrechtlichen Doppelstruktur. Beim Contractual Joint Venture bleibt es dagegen allein bei der schuldrechtlichen Vereinbarung der Joint Venture Partner und der hierdurch entstehenden Innengesellschaft bürgerlichen Rechts.[100]

---

[100] *Stengel* in: Becksches Handbuch der Personengesellschaften, § 21 Rn. 9 (h. M.); *Beuthien*, NZG 2011, 161, 163 ff., stellt sich gegen die Wertung der Innengesellschaft als rein schuldrechtliches Konstrukt und mahnt deren gesellschaftsrechtlichen Charakter an. Die von ihm aufgezeigte Problematik der dogmatisch unzureichenden Begründung der Differenzierung zwischen nicht-rechtsfähiger Innengesellschaft und rechtsfähiger Außengesellschaft ist durchaus nachvollziehbar, ebenso der Ansatz, dass diese Differenzierung zwischen Innen- und Außengesellschaft im Gesetz keinen Niederschlag findet. Auch ist die Innengesellschaft „Gesellschaft" im Sinne der §§ 705 ff. BGB auf die deren Bestimmungen Anwendung finden. Ausgehend von der h. M. der mangelnden Rechtsfähigkeit der Innengesellschaft ist es jedoch richtig, die zugegeben gesellschaftsrechtlichen Regelungen als „schuldrechtlich" anzusehen und sie so von den „organisationsvertraglichen" Regelungen des eine rechtsfähige Gesellschaft begründenden Gesellschaftsvertrags abzugrenzen.

Nach alledem ergibt sich für die vorliegende Arbeit folgende Definition der Begrifflichkeiten:

Ein **Joint Venture** ist ein Zusammenschluss zweier oder mehrerer rechtlich und wirtschaftlich selbstständiger Unternehmen (**Joint Venture Partner**) mit dem Ziel der gemeinsamen unternehmerischen Zusammenarbeit. Dieser Zusammenschluss basiert immer auf einer Grundvereinbarung[101], dem **Joint Venture Vertrag**[102].

Führen die Partner ihre Zusammenarbeit allein auf Basis dieser Vereinbarung durch, so handelt es sich um ein **Contractual Joint Venture**.

Entschließen sich die Partner hingegen dazu, die Zusammenarbeit durch gemeinsame Gründung und Leitung eines rechtlich selbstständigen Unternehmens durchzuführen, handelt es sich um ein **Equity Joint Venture**. Die zu diesem Zweck gegründete Gesellschaft bezeichnet man als **Joint Venture Unternehmen** oder **Gemeinschaftsunternehmen**[103], deren **Gesellschaftsvertrag** teilweise auch als **Satzung**[104].

## B. Sinn und Zweck der Gründung von Joint Ventures

Die Motive für die Gründung von Joint Ventures sind vielfältig. Allen Joint Ventures gemeinsam dürfte das Ziel sein, das dem Projekt anhaftende finanzielle Risiko auf mehrere Beteiligte zu verteilen. Oft sind die Partner überhaupt nur gemeinsam in der Lage, durch Bündelung ihres Wissens und ihrer Ressour-

---

[101] So bezeichnet bei: *Baumanns/Wirbel* in: Münchner Handbuch des Gesellschaftsrechts, Bd. I, § 28 Rn. 29; ebenso *Ulmer/Löbbe* in: Großkommentar GmbHG Bd. I, § 3 Rn. 121 m.w.N. dort in Fn. 223; *Stephan* in: Schaumburg, S. 101 spricht von einer „Grundlagenvereinbarung"; *Schulte* in: Schulte/Schwindt/Kuhn, § 4 Rn. 7 von einem „Grundlagenvertrag".
[102] *Langefeld-Wirth* in: Langefeld-Wirth, S. 115; *Stephan* in Schaumburg, S. 101; *Schulte* in: Schulte/Schwindt/Kuhn, § 4 Rn. 7.
[103] Teilweise wird insoweit auch von der „Joint Venture Einheit" gesprochen, siehe oben Fn. 39.
[104] Grundsätzlich verwendet das Gesetz den Begriff „Gesellschaftsvertrag" im Zusammenhang mit Personengesellschaften und der Gesellschaft mit beschränkter Haftung (GmbH), vgl. etwa §§ 2, 3 GmbHG. Als „Satzung" wird der in der Gesetzesterminologie der Gesellschaftsvertrag der Aktiengesellschaft (AG) bezeichnet, vgl. etwa § 2 AktG. Gleichwohl werden die Begriffe im Kapitalgesellschaftsrecht weitgehend synonym verwandt. Nur teilweise wird zwischen dem „Gesellschaftsvertrag" als Einigung der Gründer und der „Satzung" als der im Folgenden entstandenen organisatorischen Verfassung der Gesellschaft unterschieden, vgl. *Bayer* in: Lutter/ Hommelhoff, § 2 Rn. 12; so auch unter Bezugnahme auf den allgemeinen Sprachgebrauch *Fastrich* in: Baumbach/Hueck, § 2 Rn. 3.

cen einen Vorstoß in einen neuen Markt zu wagen oder ein kostenaufwändiges Produkt zu entwickeln.[105] Hierbei ist die Ausgliederung von Geschäftsbereichen oder die Schaffung einer Tochtergesellschaft unter dem Gesichtspunkt der Haftungsbegrenzung sinnvoll. Findet sich dann noch der richtige Partner, der die nötigen Finanzmittel, fehlendes Wissen oder gar bereits fertige Patente mitbringt, kann sich eine Idee viel besser und schneller entwickeln. Daneben kann ein Partner für den anderen Partner auch schlicht der „door-opener" zu neuen Märkten sein. Dies gilt jedoch zumeist für multinationale Joint Ventures im Ausland, bei denen das Gastland die Beteiligung eines inländischen Partners gesetzlich vorschreibt. Auch im Rahmen nationaler Unternehmungen bietet sich ein Joint Venture mit einem markterfahrenen Partner an, wenn ein Unternehmen jenseits seines bisherigen Kerngeschäfts expandieren möchte.[106]

Natürlich bringt die Eingehung von Joint Ventures und besonders die Gründung von Joint Venture Unternehmen immer auch Risiken mit sich. Diese resultieren aus der gemeinsamen betriebswirtschaftlichen Leitung durch die Partner und würden bei einer alleinigen Durchführung des angestrebten Projekts im eigenen Unternehmen oder durch eine eigene Tochtergesellschaft so zumeist nicht auftreten. Wie eingangs bereits angesprochen, sind hier insbesondere die auf (manchmal auch nur vermeintlichen) Interessendivergenzen der Partner beruhenden Probleme bei der gemeinsamen Leitung und Entscheidungsfindung zu bedenken. Immer einzukalkulieren ist auch das wirtschaftliche Risiko eines (Total-) Verlusts, falls das Joint Venture - aus welchen Gründen auch immer - scheitert. Unsicherheiten im gegenseitigen Umgang, fehlendes Vertrauen und unklare wirtschaftliche Risiken können bereits für sich genommen Projekte zum Scheitern verurteilen. Klare juristische Regelungen und betriebswirtschaftliche Strukturen der Zusammenarbeit sind daher ebenso wie Kommunikation, Transparenz und gegenseitiges Vertrauen[107] für das Gelingen eines Joint Venture Projekts unerlässlich. Auf der anderen Seite

---

[105] Eine übersichtliche Zusammenfassung der Motive für Joint Venture Gründungen findet sich bei *Langefeld-Wirth* in: Langefeld-Wirth, S. 46, Schaubild 10.
[106] Ein Beispiel ist das nationale Joint Venture zwischen der Volkswagen Financial Services AG und der Allianz SE, zur Entwicklung und Vertrieb von Kfz-Versicherungen (Quelle: Pressemitteilung der Europäischen Kommission über die Freigabe vom 8. März 2013, abgerufen am 24. März 2013 unter *europa.eu/rapid/press-release_IP-13-203_de.htm*).
[107] *Eisele* hat in seinen empirischen Untersuchungen das anfänglich unter den Partnern entgegenzubringende Vertrauen als „wichtigstes Reputationskapital der Partnerschaft" bezeichnet, welches unbedingt kontinuierlicher Pflege bedarf, siehe *Eisele*, S. 173; zur Rolle des Vertrauens zwischen den Partnern im Detail, *ders.*, a.a.O., S. 151 ff.

ist selbst das beste Vertragswerk oft nur noch geeignet, den Schaden der einzelnen Partner durch Vertragsstrafen, Schadensersatzansprüche und „Exit" - oder Abwicklungsklauseln zu begrenzen, wenn die Partner das gegenseitige Vertrauen und die „gemeinsame Idee", die dem Projekt zugrunde lag, einmal verloren haben. Diese Faktoren zu bestimmen und gegebenenfalls bestehende Risiken und Unsicherheiten zu benennen und zu minimieren, sowie das volle Potential eines Joint Ventures auszuschöpfen, ist aus diesem Grund bereits im Vorfeld die Aufgabe sowohl einer betriebswirtschaftlich fundierten Analyse als auch einer an den Ergebnissen dieser Analyse orientierten juristisch klar durchdachten Vertragsgestaltung. Diese muss das Projekt Joint Venture zudem in jeder Phase seiner Existenz begleiten. Es ist bereits in der Planungsphase des Joint Ventures daran zu denken, dass die Bandbreite der möglicherweise auftretenden Probleme von einer Vielzahl endogener und exogener Faktoren abhängen wird, die im Vorfeld in ihrer konkreten Form nicht abzusehen sind.[108] Eine vertragliche ex ante Regelung sämtlicher Eventualitäten ist aufgrund des Umfangs und der Unübersichtlichkeit eines solchen Vertragswerkes nicht nur unangebracht, sondern nahezu unmöglich. Es sind im Zuge der Vertragsgestaltung vielmehr flexible Instrumente zu schaffen,[109] die allen oder auch nur einzelnen Partnern im Falle eines Falles sinnvolle Reaktionsmöglichkeiten an die Hand geben.[110] Als oberster Grundsatz ist stets im Hinterkopf zu behalten, dass es einen „Stillstand" in der Entscheidungsfindung der Organe des Joint Venture Unternehmens nicht geben darf. Pattsituationen oder Vetos müssen mit klar geregelten Mechanismen überwunden werden können. Es darf somit bei aller beabsichtigten Steuerungsmacht keinem der Partner möglich sein, das Joint Venture Unternehmen gegen den Willen des anderen handlungsunfähig zu machen. Ein handlungsunfähiges Unternehmen befindet sich mit dem Zeitpunkt des Stillstandes unweigerlich im wirtschaftlichen Fall und somit auf dem Weg in die Insolvenz, welche letztendlich für beide Partner das klare Scheitern des Joint Ventures und einen finanziellen Totalverlust bedeuten würde. Die Modalitäten der gemeinsamen Steuerung

---

[108] So auch *Eisele*, S. 175; zur Problematik dieser notwendig „unvollständigen Verträge" aus betriebswirtschaftlicher Sicht vgl. *Susanek*, S. 12, m.w.N. dort.

[109] So haben auch empirische Untersuchungen gezeigt, dass Joint Venture Partnern die Eingehung möglichst flexibler Verträge anzuraten ist, siehe *Eisele*, S. 175 und 303;

[110] Auch *Eisele*, S. 177 und S. 303, verweist auf die Notwendigkeit im Vorfeld Instrumente zum Management von Konflikten zu vereinbaren, mahnt jedoch vor den Risiken zu stark formalisierter Konfliktaustragungsstrategien, welche auf Seiten des sich im Recht glaubenden den Spielraum für „kreative Alternativen zur Lösung des anstehenden Problems" vermindern würden.

und die Gewährleistung der Handlungsfähigkeit des Joint Venture Unternehmens werden so zur Herausforderung für Manager und beteiligte Juristen, bevor ein solches überhaupt existiert. Die Partner gründen ein Joint Venture primär aus eigenen wirtschaftlichen und strategischen Interessen. Natürlich ist der wirtschaftliche Erfolg des Joint Venture Unternehmens beabsichtigt, schon um die Finanzierung für die Partner rentabel zu gestalten und um die gemeinsam beabsichtigte wirtschaftliche Funktion für die Partner erfüllen zu können. Dieser „eigene" wirtschaftliche Erfolg des Joint Venture Unternehmens wird aber im Kollisionsfall regelmäßig hinter den eigenen Interessen der Joint Venture Partner zurücktreten.[111]

Wegen der höheren Relevanz in der Wirtschaftswelt soll im weiteren Verlauf dieser Arbeit der Focus auf die Ausgestaltung und Steuerung von Equity Joint Ventures gelegt werden. Natürlich beinhaltet das Equity Joint Venture - wie das Contractual Joint Venture auch - zunächst das Joint Venture der Partner als reine Innengesellschaft bürgerlichen Rechts. Die Ausführungen zur Ebene des Joint Venture Vertrages sind daher, soweit sie nicht unmittelbar einen Bezug zur Ebene des Joint Venture Unternehmens aufweisen, auf das Contractual Joint Venture übertragbar.

## C. Rechtliche Ausgestaltung eines Joint Venture Unternehmens

### I. Die „ideale Rechtsform"

Die Entscheidung der Joint Venture Partner, ihr gemeinsames Projekt im Wege der Gründung eines Equity Joint Ventures zu verwirklichen, hängt regelmäßig mit der Absicht oder zumindest dem Wunsch nach einer dauerhaften und rechtlich verbindlichen Zusammenarbeit zusammen. Diese Zusammenarbeit wird auf der Basis einer eigenständigen Gesellschaft als Umsetzungsvehikel durchgeführt und bietet, aufgrund ihrer eigenen gesellschaftsrechtlichen Struktur, den Partnern eine größere Rechtssicherheit als ein bloßer vertraglicher Zusammenschluss.[112] Zunächst müssen die Partner entscheiden, in welcher Rechtsform sie ihr Gemeinschaftsunternehmen errichten wollen. Der in Deutschland bestehende *numerus clausus* der Rechtsformen verlangt hierbei die Wahl einer im Gesetz vorgesehenen Gesellschaftsform.[113] Theoretisch

---

[111] Vgl. zum nachgelagerten Interesse der Partner an Dividenden auch *Langefeld-Wirth*, RIW 1990, 1, 2.
[112] *Schmoll*, S. 41.
[113] *Fett/Spiering*, Kap. 7 Rn. 164.

möglich ist daher die Gestaltung des Joint Venture Unternehmens in allen Rechtsformen des Personen- oder des Kapitalgesellschaftsrechts. Jedoch ist nicht jede im deutschen Recht zur Verfügung stehende Gesellschaftsform auch geeignet, für die besondere Funktion eines Joint Venture Unternehmens den idealen rechtlichen Rahmen bereit zu stellen. Die Wahl der Rechtsform für das Joint Venture Unternehmen ist regelmäßig primär beeinflusst durch den Willen der Joint Venture Partner, das Gemeinschaftsunternehmen effektiv nach ihren Interessen leiten zu können. Ein wesentliches Kriterium liegt daher in der Frage, welche Einflussmöglichkeiten auf das operative Geschäft der Gesellschaft die jeweilige Rechtsform den Gesellschaftern zugesteht. In diesem Zusammenhang kommt den Joint Venture Partnern als zukünftigen Gesellschaftern eine Rechtsform entgegen, deren gesetzliche Regelungen wenige zwingende Vorschriften beinhalten und den Gesellschaftern eine flexible Vertragsgestaltung und eine möglichst große Einflussnahme auf ihr Joint Venture Unternehmen eröffnet. [114] Neben den Aspekten der Steuerung ist den Joint Venture Partnern regelmäßig daran gelegen, ihre persönliche Haftung auszuschließen oder zumindest weitestgehend zu begrenzen. Das gemeinsame Wagnis „Joint Venture Unternehmen" bringt für die Partner ohnehin ein finanzielles Risiko mit sich, das nach Möglichkeit auf den Verlust der hierfür eingesetzten Mittel beschränkt werden soll. Daneben stellen sich im Zuge der Rechtsformwahl auch die Fragen nach den Möglichkeiten und Anforderungen einer späteren Fremdfinanzierung sowie der ungehinderte Zugriff auf das Eigenkapital der Gesellschaft.[115] Nicht außer Acht gelassen werden dürfen zudem mögliche Mitbestimmungsrechte der Arbeitnehmer des Joint Venture Unternehmens.[116]

Aufgrund der Vielzahl der zu berücksichtigenden Aspekte gibt es keine für ein Joint Venture Unternehmen ideale Rechtsform.[117] Jedoch lassen einige Rechtsformen eine recht flexible Handhabe der gesetzlichen Regelungen und eine individuelle Anpassung des Gesellschaftsvertrages an die Interessen der Joint Venture Partner zu.[118] Wegen der Mehrstufigkeit der Vertragsgestaltung im Joint Venture System haben die Partner zudem die Möglichkeit über Rege-

---

[114] Vgl. auch *Stephan* in: Schaumburg, S. 105.
[115] Vgl. hierzu *Fett/Spiering*, Kap. 7 Rn. 164.
[116] Auf diese Problematik soll hier nicht weiter eingegangen werden. Eine ausführliche Darstellung findet sich bei *Böttcher/Liekefett*, NZG 2003, 701 ff.
[117] Vgl. hierzu *Fett/Spiering*, Kap. 7 Rn. 166.
[118] *Fett/Spiering*, Kap. 7 Rn. 166.

lungen außerhalb des Gesellschaftsvertrages, vor allem im Joint Venture Vertrag, ihre Rechtsbeziehungen untereinander und somit indirekt auch zum gemeinsamen Joint Venture Unternehmen nach ihren Interessen auszugestalten.[119]

## II. Wahl zwischen Kapital- oder Personengesellschaft

Die erste Entscheidung bei der Gründung des Joint Venture Unternehmens wird hinsichtlich der Organisation als Kapital- oder Personengesellschaft getroffen. Sie fällt zumeist, aber nicht zwingend, zugunsten einer Kapitalgesellschaft aus. Diese Wahl ist regelmäßig in der Möglichkeit der Haftungsbeschränkung auf das Kapital der Gesellschaft und der darin liegenden Risikominimierung auf Seiten der Joint Venture Partner begründet. Die Kapitalgesellschaften des deutschen Rechts sind eigenständige juristische Personen und existieren als solche unabhängig von ihrem Gesellschafterkreis. Die „klassischen" Kapitalgesellschaften AG[120] und GmbH[121] besitzen eine eigene Rechtspersönlichkeit und haften Dritten gegenüber grundsätzlich nur mit ihrem Gesellschaftsvermögen. Die Personengesellschaft ist dagegen gekennzeichnet durch ihre personalistische Ausgestaltung, die insbesondere im Prinzip der Selbstorganschaft zum Ausdruck kommt:[122] Bei der Personengesellschaft liegen Geschäftsführung und Vertretung in den Händen der Gesellschafter. Dies mag im Hinblick auf die Steuerung des Joint Venture Unternehmens vorteilhafte Aspekte bieten. Im Gegenzug haften die Gesellschafter grundsätzlich mit ihrem gesamten Privatvermögen für die Verbindlichkeiten der Gesellschaft.[123] Aufgrund dieser persönlichen Haftung sind die Kapitalaufbringungs- und Kapitalerhaltungsvorschriften jedoch wesentlich lockerer als bei den Kapitalgesellschaften, was den Personengesellschaften den Vorteil einer größeren finanziellen Flexibilität einbringt.[124] Diese Flexibilität müssen die Gesellschafter einer Personengesellschaft mit der oben genannten unbeschränkten persönlichen Haftung zumindest eines Gesellschafters bezahlen. Auch die GmbH & Co. KG[125] bildet hier grundsätzlich keine Ausnahme. Sie erreicht eine Haftungsbe-

---

[119] Siehe dazu unter E.
[120] § 1 Abs. 1 AktG.
[121] § 13 Abs. 1 GmbHG.
[122] *Fett/Spiering*, Kap. 7 Rn. 168.
[123] Ausnahme: Kommanditisten einer KG.
[124] *Fett/Spiering*, Kap. 7 Rn. 168.
[125] Beziehungsweise Gestaltungsformen unter Einbeziehung einer anderen Gesellschaftsform mit beschränkter Haftung als Komplementär; vgl. zur Zulässigkeit derartiger Mischformen: *Sudhoff*, Unternehmensnachfolge, § 38 Einleitung Rn. 32 ff.

schränkung jedoch indirekt über die Einsetzung einer Gesellschaft mit beschränkter Haftung als unbeschränkt haftende Komplementärin. Die mit der kapitalgesellschaftsrechtlichen Struktur einhergehenden Haftungsbeschränkungen[126] sind ein Hauptgrund, dass Joint Venture Unternehmen in Deutschland gerne als Kapitalgesellschaft in Form einer Gesellschaft mit beschränkter Haftung (GmbH) gegründet werden.[127] Jedoch bietet auch die GmbH & Co. KG, als Mischform des Personen- und Kapitalgesellschaftsrechts, eine populäre Rechtsform mit beschränkter Haftung.[128] Sie bietet neben der kapitalgesellschaftsrechtlichen Haftungsbeschränkung die Flexibilität des Personengesellschaftsrechts sowie dessen steuerliche Vorteile. Bezogen auf die Möglichkeit der Haftungsbeschränkung kommt auch die Gründung als Aktiengesellschaft (AG) in Betracht, insbesondere dann wenn die Gesellschafter eine Kapitalbeschaffung durch einen baldigen Börsengang planen.

Neben der Haftungsbeschränkung stellt auch die Möglichkeit, die Ressourcenbeiträge der Partner zu bewerten und die Beteiligungsquoten hiernach festzulegen,[129] einen Vorteil der Kapitalgesellschaft dar. Die Kapitalgesellschaft ist als juristische Person[130] zudem uneingeschränkt rechtsfähig. Zwar können auch Personengesellschaften[131] Träger von Rechten und Pflichten sein, jedoch fehlt ihnen die absolute organisatorische und (haftungs-) rechtliche Trennung von ihren Gesellschaftern. In der GmbH & Co. KG wird eine solche Trennung weitgehend durch die Verlagerung der Haftung auf die Komplementär-GmbH, die auch die Geschäfte der KG führt, erreicht. Man mag darüber diskutieren, ob die Tatsache, dass die GmbH & Co. KG weniger zwingenden Vorschriften unterliegt als die Kapitalgesellschaften dazu führt, dass

---

[126] Vgl. § 13 Abs. 2 GmbHG; indes ist eine Beschränkung der Haftung auf das Kapital bei den Rechtsformen des Kapitalgesellschaftsrechts zwar im Gegensatz zur Haftungssituation der Gesellschafter einer Personengesellschaft grundsätzlich gegeben, jedoch auch hier in der Praxis nicht unumschränkt; zu Trennungsprinzip und ausnahmsweiser persönlicher Haftung der Gesellschafter einer GmbH, vgl. *Schiessl/Böhm* in: Münchner Handbuch des Gesellschaftsrechts Bd. III, § 35 Rn. 1 ff.; zur AG siehe *Hüffer* in: Hüffer AktG, § 1 Rn. 15 ff.
[127] *Baumanns/Wirbel* in: Münchner Handbuch des Gesellschaftsrechts Bd. I, § 28 Rn. 5; *Fett/Spiering*, Kap. 7 Rn. 176.
[128] *Baumanns/Wirbel* in: Münchner Handbuch des Gesellschaftsrechts Bd. I, § 28 Rn. 5; *Fett/Spiering*, Kap. 7 Rn. 176.
[129] *Schmoll*, S. 42.
[130] § 13 Abs. 1 GmbHG; § 1 Abs. 1 S. 1 AktG.
[131] Mit Ausnahme der Innengesellschaft bürgerlichen Rechts; für die Außengesellschaft bürgerlichen Rechts, vgl. BGH, Urt. v. 29.1.2001, Az. II - ZR 331/00, NJW 2001, 1056, 1056.

sie streitanfälliger ist.[132] Es gilt in jeder der genannten Rechtsformen, die zur Disposition der Parteien gestellten Regelungsgegenstände umfassend im Joint Venture Vertrag oder im Gesellschaftsvertrag des Joint Venture Unternehmens zu regeln.

Nachdem auf Basis der zumeist gewünschten Haftungsbeschränkung eine Eingrenzung auf die Rechtsformen der AG, GmbH und GmbH & Co. KG vorgenommen werden konnte, soll im Folgenden auf die Frage eingegangen werden, welche der genannten Rechtsformen unter Steuerungsgesichtspunkten für ein Joint Venture Unternehmen die geeignetste ist.

### III. Konkrete Rechtsformwahl: GmbH, AG oder GmbH & Co. KG?

Die Frage nach der geeignetsten Rechtsform für ein Joint Venture Unternehmen kann nur für den Einzelfall und unter Einbeziehung aller Umstände und Interessen der Partner beantwortet werden. Hierbei wird die Entscheidung von vielerlei Faktoren beeinflusst. Allein unter dem Gesichtspunkt des Gesellschaftsrechts spielt etwa der Kreis der Gründungsgesellschafter, die Einflussmöglichkeiten der Joint Venture Partner auf die Geschäftsführung oder die Absicht der Aufnahme von Investoren eine Rolle. Nachstehend soll daher zunächst ein allgemeiner Vergleich der Vor- und Nachteile der drei Organisationsformen stattfinden. Im Anschluss daran wird jeweils eine Einschätzung ihrer Geeignetheit für ein Joint Venture Unternehmen unter dem Aspekt der Möglichkeit der Einflussnahme der Joint Venture Partner vorgenommen.

### 1. Aktiengesellschaft (AG)

#### a. Wesen der AG

Eine deutsche Aktiengesellschaft (AG) kann von einer oder mehreren Personen gegründet werden. Der Satzung der AG, und somit auch ihre Gründungsurkunde, bedarf nach § 23 Abs. 1 S. 1 AktG der notariellen Beurkundung. Weiterhin muss die AG mit einem Grundkapital von mindestens EUR 50.000,00 ausgestattet werden. Organe der AG sind die Hauptversammlung, der Vorstand und der Aufsichtsrat. Der Aufsichtsrat wird nach § 101 AktG durch die Hauptversammlung der Aktionäre gewählt. Er bestellt wiederum nach § 84 AktG den Vorstand. Der Vorstand vertritt die AG gemäß § 78 Abs. 1 S. 1 AktG gegenüber Dritten. Er ist an Weisungen nicht gebunden: § 76 Abs. 1 AktG

---

[132] So *Baumanns/Wirbel* in: Münchner Handbuch des Gesellschaftsrechts Bd. I, § 28 Rn. 5 a. E.

überträgt dem Vorstand die eigenverantwortliche Leitung der AG. Der Aufsichtsrat hat nach § 90 AktG lediglich ein Recht auf Informationserteilung durch den Vorstand. Daneben hat nach § 111 Abs. 4 S. 2 AktG entweder die Satzung oder der Aufsichtsrat zu bestimmen, dass bestimmte Arten von Geschäften nur mit der Zustimmung des Aufsichtsrates vorgenommen werden dürfen. Die Hauptversammlung selbst entscheidet nur über die in § 119 Abs. 1 AktG aufgelisteten grundlegenden Fragen der Gesellschaft. Nach § 119 Abs. 2 AktG wird sie in Fragen der Geschäftsführung nur dann involviert, wenn der Vorstand dies verlangt.

### b. Eignung als Rechtsform für ein Joint Venture Unternehmen

Die AG unterliegt der Satzungsstrenge des § 23 Abs. 5 AktG. Das bedeutet, dass von den gesetzlichen Regelungen des AktG nur dann abgewichen werden kann, wenn das Gesetz es ausdrücklich zulässt. Nicht zulässig ist insbesondere eine Beschränkung der Weisungsfreiheit des Vorstandes. Die Satzungsstrenge und die Weisungsfreiheit des Vorstandes lassen die deutsche AG als Rechtsform für ein Joint Venture als zu starr und unflexibel erscheinen.[133] Insbesondere die Weisungsfreiheit des Vorstandes nimmt den Joint Venture Partnern als Gesellschaftern die Möglichkeit des direkten Einflusses auf die Fragen der Geschäftsführung. Aber auch die Vorschriften über die Abhaltung der Hauptversammlungen sind um ein vielfaches unflexibler und aufwändiger, als etwa die vergleichbaren Regelungen des Gesetzes für Gesellschafterversammlungen einer GmbH oder einer GmbH & Co. KG.[134] Meist wird dann auf die Rechtsform der AG zurückgegriffen, wenn eine baldige Kapitalaufnahme durch Börsengang oder außerbörslichen Anteilsverkauf geplant ist. Denn anders als bei der GmbH ist die Anteilsübertragung bei der AG formfrei möglich. Jedoch spielt der Börsengang weniger für die operative Phase eines Joint Ventures, als vielmehr als mögliche Option für dessen Beendigung eine Rolle.[135] Die Umwandlung in eine AG und der Verkauf ihrer Anteile über die Börse kann eine Möglichkeit sein, einem oder allen Joint Venture Partnern den Ausstieg aus dem Joint Venture Unternehmen zu ermöglichen. Bei einem erst später geplanten Börsengang ist es daher sinnvoll, das Joint Venture Un-

---

[133] *Stengel* in: Becksches Handbuch der Personengesellschaften, § 21 Rn. 92; *Schulte/ Pohl*, S. 18 Rn. 71; vgl. auch *Schulte* in: Schulte/Schwindt/Kuhn, § 2 Rn. 20; *Stephan* in: Schaumburg, S. 105.
[134] Die aktienrechtlichen Regelungen gelten generell als zu kompliziert für ein Joint Venture Unternehmen: vgl. *Stephan* in: Schaumburg. S. 105; *Schulte* in: Schulte/Schwindt/Kuhn, § 2 Rn. 20.
[135] Vgl. *Stephan* in: Schaumburg. S. 105.

ternehmen zunächst in anderer (flexiblerer) Rechtsform zu errichten,[136] um die Anlaufphase zu erleichtern. Ein späterer Formwechsel zum Zwecke des Börsengangs kann bereits im Joint Venture Vertrag vereinbart werden[137] und ist jederzeit möglich.

### c. Societas Europaea (SE)

Seit 2004 steht als Alternative zur AG in Deutschland, wie auch in allen anderen Mitgliedstaaten de Europäischen Union, die Europäische Aktiengesellschaft, Societas Europaea (SE), zur Verfügung. Die SE ist eine „supranationale Gesellschaftsform"[138] und basiert im Wesentlichen auf der sogenannten SE-Verordnung.[139] Anders als eine AG kann eine SE jedoch nicht von jedermann gegründet werden. Sie entsteht vielmehr auf Basis eines grenzüberschreitenden Kreationsprozesses, etwa durch Verschmelzung mehrerer Aktiengesellschaften aus verschiedenen Mitgliedstaaten (Art. 2 Abs. 1 SE-VO). Daneben können zwei Aktiengesellschaften oder Gesellschaften mit beschränkter Haftung aus unterschiedlichen Mitgliedsstaaten gemeinsam die Schaffung einer Holdinggesellschaft in der Rechtsform einer SE anstreben (Art. 2 Abs. 2 SE-VO). Im Fall der Gründung nach Art. 2 Abs. 2 SE-VO müssen die Gesellschaften nicht nur dem Recht verschiedener Mitgliedstaaten unterliegen, sondern zudem seit zwei Jahren eine Tochtergesellschaft in einem anderen Mitgliedstaat haben. Unter denselben Voraussetzungen können zwei Gesellschaften auch eine Tochtergesellschaft in der Rechtsform einer SE gründen (Art. 2 Abs. 3 SE-VO). Eine Aktiengesellschaft kann zudem in eine SE umgewandelt werden, wenn sie seit mindestens zwei Jahren eine Tochtergesellschaft in einem anderen Mitgliedsstaat hat (Art. 2 Abs. 4 SE- VO). Daneben kann eine bestehende SE ihrerseits eine Tochter-SE gründen. Bereits hieraus ist ersichtlich, dass die SE als Rechtsform für ein Joint Venture Unternehmen nicht allen Joint Venture Partnern offen steht.

Tatsächlich enthält die SE-Verordnung auch nur die Grundlagen über Gründung und Organisation der SE und verweist hinsichtlich der wesentlichen Fragen der Gestaltung auf das Recht des Mitgliedstaates, in dem die Gesellschaft

---

[136] So auch *Schulte* in: Schulte/Schwindt/Kuhn, § 2 Rn. 15.
[137] *Schulte/Pohl*, S. 19 Rn. 73; der Joint Venture Vertrag wird hierdurch beurkundungspflichtig.
[138] *Schröder* in: Nomos Kommentar SE, Teil A Vorbemerkungen V. Rn. 39.
[139] Verordnung (EG) Nr. 2157/2001 des Rates vom 8. Oktober 2001 und ihre Änderungsverordnungen.

ihren Sitz hat.[140] Diese Verweisung führt direkt über die SE-VO oder über das SEAG[141] zur Anwendung vieler Vorschriften des deutschen Aktienrechts auf SEs mit Sitz in Deutschland. Aus diesem Grund sind etwa die Vorschriften über die Weisungsfreiheit des Vorstandes und die Satzungsstrenge, die die AG als Rechtsform für ein nationales Joint Venture als ungeeignet erscheinen lassen, auch auf die SE anwendbar. Als Vorteil der SE gegenüber der AG werden im Wesentlichen die flexiblere Gestaltung der Arbeitnehmermitbestimmung und die Wahlmöglichkeit zwischen monistischer und dualistischer Struktur angeführt.[142] Daneben ist im Falle internationaler Joint Ventures die Flexibilität ihrer Sitzverlegung sowie die generelle internationale Vereinheitlichung und Anerkennung sicherlich ein positiver Aspekt, der die Wahl einer SE als Rechtsform begünstigen kann.[143] Wegen der mit der AG gemeinsamen Nachteilen, wie strenger Formvorschriften und das gesellschaftsrechtliche Tagesgeschäft verkomplizierender Formalien,[144] ist die SE jedoch - zumindest für ein nationales Joint Venture - eher ungeeignet.

## 2. Gesellschaft mit beschränkter Haftung (GmbH)

### a. Wesen der GmbH

Eine Gesellschaft mit beschränkter Haftung (GmbH) kann, wie die AG, von einer oder mehreren Personen gegründet werden. Anders als die zumeist dem Grundsatz nach anonyme AG ist sie eine juristische Person mit „personalistischer Prägung".[145] Nach § 2 Abs. 1 S. 1 GmbHG bedarf der Gesellschaftsvertrag, und somit auch die Gründungsurkunde, der notariellen Beurkundung. Seit dem Inkrafttreten des MoMiG[146] ist eine vereinfachte Gründung der GmbH nach § 2 Abs. 1a GmbHG mittels Musterprotokoll möglich. Dies ist allerdings nur dann zulässig, wenn die GmbH nicht mehr als drei Gesellschafter und nur einen Geschäftsführer hat. Auch bei Nutzung der zu diesem Zweck im Anhang

---

[140] *Schröder* in: Nomos Kommentar SE, Teil A Vorbemerkungen V. Rn. 39.
[141] Gesetz zur Ausführung der Verordnung (EG) Nr. 2157/2001 des Rates vom 8. Oktober 2001 über das Statut der Europäischen Gesellschaft (SE) (SE-Ausführungsgesetz – SEAG) vom 22. Dezember 2004.
[142] Vgl. die ausführliche Auflistung der Vorteile m.w.N. bei *Giedinghagen*, in: Becksches Handbuch zur AG, § 19 Rn. 8.
[143] Vgl. Auflistung bei *Giedinghagen* in: Becksches Handbuch zur AG, § 19 Rn. 8.
[144] Vgl. *Kuhn* in: Schulte/Schwindt/Kuhn, § 3 Rn. 109; zu mit der AG gemeinsamen wie auch besonderen Nachteilen der SE vgl. *Giedinghagen* in: Becksches Handbuch zur AG, § 19 Rn. 9 m.w.N. dort.
[145] *Müller* in: Becksches Handbuch der AG, § 1 Rn. 103.
[146] Gesetz zur Modernisierung des GmbH-Rechts und zur Bekämpfung von Missbräuchen (*MoMiG*), BGBl. 2008 I, S. 2026.

des GmbHG angefügten Mustersatzung bleibt eine notarielle Beurkundung erforderlich.[147] Ziel der Einführung der Gründung mittels Musterprotokoll war die Vereinfachung des Gründungsvorgangs.[148] Insbesondere erwartete man sich eine Beschleunigung des Gründungsverfahrens durch schnellere Eintragung im Handelsregister.[149] Eine Abweichung von den Vorgaben der Mustersatzung oder eine Ergänzung derselben ist nach § 2 Abs. 1a S. 3 GmbHG nicht zulässig. Nun ließe sich argumentieren, dass der Weg der Gründung mittels Mustersatzung eine Möglichkeit sei, schnell ein Joint Venture Unternehmen zu installieren.[150] Alle wesentlichen Fragen könnten die Partner ja auch im Joint Venture Vertrag regeln. Jedoch ist in diesem Zusammenhang zu bedenken, dass die Joint Venture Partner aus verschiedenen Gründen regelmäßig auch auf die Gestaltung der Satzung des Joint Venture Unternehmens Einfluss nehmen wollen, etwa weil bestimmte Vereinbarungen zwingend im Gesellschaftsvertrag geregelt werden müssen oder die Personenkreise von Joint Venture und Joint Venture Unternehmen nicht identisch sind. Das Joint Venture Unternehmen ist aus diesem Grunde regelmäßig zu komplex, als dass eine Gründung mittels Musterprotokoll ratsam wäre. Auch ist die Begrenzung in § 2 Abs. 1a S. 1 GmbHG auf nur einen Geschäftsführer wenig sachgerecht, wenn man bedenkt, dass in Joint Venture Konstellationen aus Paritätsgründen zumeist mehrere Geschäftsführer (einer je Joint Venture Partner) vorgesehen sind.[151]

Das notwendige Stammkapital einer GmbH beträgt nach § 5 Abs. 1 GmbHG EUR 25.000,00. Gemäß § 7 Abs. 2 S. 2 GmbHG sind jedoch nur mindestens EUR 12.500,00 bei der Anmeldung einzuzahlen. Organe der GmbH sind die Gesellschafterversammlung und der oder die Geschäftsführer. Der Geschäftsführer ist nach § 5 Abs. 1 S. 1 GmbHG organschaftlicher Vertreter der Gesellschaft. Seine Vertretungsbefugnis kann gemäß § 37 Abs. 2 S. 1 GmbHG nach außen nicht beschränkt werden. Im Innenverhältnis ist er jedoch gemäß § 37 Abs. 1 GmbHG dem umfassenden Weisungsrecht der Gesellschafterversammlung unterworfen. Seine Bestellung kann jederzeit gemäß

---

[147] Der Vorschlag nur noch eine notarielle Beglaubigung zu fordern, wurde nicht umgesetzt, vgl. hierzu RegE. BT-Drucks. 16/6140, S. 5; *Heckschen*, MoMiG, C. Rn. 278.
[148] Vgl. RegE. BT-Drucks. 16/6140.
[149] Vgl. *Schulte* in: Schulte/Schwindt/Kuhn, § 2 Rn. 34; Kritik hieran bei *Heckschen*, MoMiG, C. Rn. 283.
[150] Vgl. *Schulte* in: Schulte/Schwindt/Kuhn, § 2 Rn. 35.
[151] *Schulte* in: Schulte/Schwindt/Kuhn, § 2 Rn. 35.

§ 38 Abs. 1 GmbHG durch die Gesellschafterversammlung widerrufen werden, soweit nicht Einschränkungen nach § 38 Abs. 2 GmbHG getroffen wurden.

b. Steuerungsmöglichkeiten der Gesellschafter

Die Joint Venture Partner üben ihre Gestaltungsrechte als Gesellschafter des Joint Venture Unternehmens zumeist in der Gesellschafterversammlung aus. In dieser werden nach § 48 Abs. 1 GmbHG die Beschlüsse der Gesellschafter gefasst. Daneben sind nach § 48 Abs. 2 GmbHG auch Beschlussfassungen außerhalb von Versammlungen möglich. Aus dieser gesetzlichen Regelung ergibt sich, dass die Entscheidungsbefugnis in einer GmbH dem Gesetz nach nie den einzelnen Gesellschaftern, sondern ihnen nur gemeinsam zusteht. Die Frage, ob als Organ der Willensbildung somit letztendlich die Gesellschafter in ihrer Gesamtheit[152] oder die Gesellschaftsversammlung[153] - die nicht immer notwendig aus der Gesamtheit der Gesellschafter besteht – zu sehen ist, ist strittig. Letztendlich besteht jedoch Einigkeit, dass die Entscheidungsfindung in einer kollektiven Willensbildung der Gesellschafter stattfindet, welche sich nach den im Gesellschaftsvertrag oder in §§ 46 ff. GmbHG bestimmten Verfahren richtet. Insbesondere wegen der Alternativität des Verfahrens in § 48 Abs. 1 und Abs. 2 GmbHG sowie dem Wortlaut des § 37 Abs. 1 GmbHG, der von „Beschlüssen der Gesellschafter" spricht, ist die Organqualität der Gesamtheit der Gesellschafter zuzuordnen[154] und die Gesellschafterversammlung als regelmäßiges Verfahren der Beschlussfassung zu begreifen.[155]

Nach § 45 Abs. 1 GmbHG bestimmen sich die Rechte der Gesellschafter primär nach dem Gesellschaftsvertrag. Sollte dieser keine Regelungen enthalten oder die gesetzliche Regelung nicht zur Disposition stehen, bestimmen sich ihre Rechte gemäß § 45 Abs. 2 GmbHG nach §§ 46 bis 51 GmbHG. Den Gesellschaftern einer GmbH werden als „oberstem Willensbildungsorgan"[156] der Gesellschaft hierbei vom Gesetz weitreichende Befugnisse eingeräumt. Bereits die gesetzlichen Befugnisse der Gesellschafter umfassen den Aufgabenkreis des § 46 GmbHG, sind jedoch in diesem nicht erschöpft. Im Hinblick auf

---

[152] H. M. vgl. *Römermann* in: Michalski, § 45 Rn. 10 ff. m.w.N. dort in Fn. 4 und Vertretern der Gegenmeinung in Fn. 3.
[153] So die Gegenansicht mit ausführlicher Begründung , siehe *Zöllner* in: Baumbach/Hueck, § 45 Rn. 4.
[154] BGH, Urt. v. 16.10.2012, Az. II ZR 251/10, NZG 2013, 57, 58.
[155] *Karsten Schmidt* in: Scholz Bd. II, § 48 Rn. 1; *Römermann* in: Michalski, § 48 Rn. 8; a. A. *Zöllner* in: Baumbach/Hueck, § 45 Rn. 4.
[156] *Bayer* in: Lutter/Hommelhoff, § 45 Rn. 4; *Roth* in Roth/Altmeppen, § 45 Rn. 2.

die Lenkung der Geschicke der GmbH ist die sogenannte Satzungsautonomie, durch welche ihnen eine Gestaltung des Gesellschaftsvertrages weitestgehend nach ihren Vorstellungen ermöglicht wird, das wichtigste Recht der Gesellschafter.[157] Das zweite wichtige Instrument ist das Weisungsrecht gegenüber den Geschäftsführern nach § 37 GmbHG, das ihren Einfluss auf die Umsetzung ihrer Beschlüsse sicherstellt. Sowohl die Gestaltung des Gesellschaftsvertrages, als auch das Weisungsrecht stehen den Gesellschaftern indes nicht grenzenlos zu. Zwar bietet das GmbHG im Vergleich zur Satzungsstrenge des AktG einen weiten Spielraum, jedoch bestimmt auch das GmbHG eine Reihe zwingender Vorschriften, über deren Regelungsinhalt die Gesellschafter im Gesellschaftsvertrag nicht abweichend entscheiden können.[158]

Die Grenzen der Satzungsautonomie der Gesellschafter zur Einflussnahme auf das Joint Venture Unternehmen können in drei Bereiche unterteilt werden:[159]

- Gläubigerschutz
- Schutz öffentlicher Interessen
- Minderheitenschutz

Der Gläubigerschutz umfasst primär Vorschriften hinsichtlich der Aufbringung und Erhaltung des Stammkapitals, Regelungen der Unterbilanzhaftung und des Kapitalersatzrechtes sowie der Unbeschränkbarkeit der Vertretungsmacht der Geschäftsführer.[160] Hiermit wird für den Rechtsverkehr sichergestellt, dass die im Handelsregister eingetragenen Angaben hinsichtlich Stammkapitalausstattung und Vertretungsmacht der Realität entsprechen und eine dementsprechende Grundlage für Vertragsgeschäfte mit der GmbH besteht. Hierin liegt zugleich auch ein Schutz öffentlicher Interessen, die ebenfalls in dem Bestehen der Gesellschaft, deren ausreichender Kapitalisierung, sowie der Handlungsfähigkeit der GmbH durch ihre Vertreter liegen. Die Vorschriften des Minderheitenschutzes umfassen insbesondere Vorlage und Auskunftspflichten der Geschäftsführer, Einsichtsrechte des Gesellschafters, das Recht, die Gesellschafterversammlung einzuberufen und deren Beschlussmängel geltend

---

[157] Vgl. hierzu ausführlich *Liebscher* in: MüKo GmbHG Bd. II, § 45 Rn. 51 f.
[158] Vgl. *Liebscher* in: MüKo GmbHG Bd. II, § 45 Rn. 57 ff.
[159] Siehe Unterteilung bei: *Liebscher* in: MüKo GmbHG Bd. II, § 45 Rn. 60.
[160] *Liebscher* in: MüKo GmbHG Bd. II, § 45 Rn. 60; *Hüffer* in: Großkommentar GmbHG Bd. II, § 45 Rn. 1, mit Auflistung der relevanten Normen.

zu machen, sowie im schlechtesten Falle gegen Abfindung aus der Gesellschaft auszuscheiden.[161] Es soll gewährleistet werden, dass in der GmbH, in der sich die Machtverteilung an der Höhe der Beteiligung[162] orientiert, ein Mindestmaß an Mitwirkung und Kontrolle durch den Minderheitsgesellschafter gesichert ist. Aus diesem Grund besteht ein unentziehbarer Kernbereich der Mitgliedschaft[163], der auch mit Einwilligung der betroffenen Gesellschafter diesem nicht entzogen werden kann. Auch Ausgestaltungen des Weisungsrechts finden ihre Grenzen in den gesetzlichen Beschränkungen der Rechte der Gesellschafter zum Schutze Dritter. Dies folgt dem allgemeingültigen Rechtsverständnis, dass niemand das Recht besitzen kann, einen Dritten zu Handlungen zu ermächtigen, zu denen er selbst nicht befugt wäre. Die Joint Venture Partner als Gesellschafter eines Joint Venture Unternehmens sind regelmäßig daran interessiert, ihren Einfluss auf die Gesellschaft so weit wie möglich auszudehnen. Wie weit sie hierfür bei der Modifikation des Gesellschaftsvertrages zu ihren Gunsten gehen können, welche Gestaltungen im Joint Venture Vertrag getroffen werden können und wie weit sie in das Handeln ihres Geschäftsführers durch Weisung eingreifen können, wird noch zu erörtern sein.

c. Eignung als Rechtsform für ein Joint Venture Unternehmen

In Deutschland werden die meisten Joint Ventures in der Rechtsform der GmbH oder der GmbH & Co. KG gegründet.[164] Im Gegensatz zur Satzungsstrenge des § 23 Abs. 5 AktG besteht für den Gesellschaftsvertrag der GmbH sogenannte Satzungsautonomie.[165] Nach § 45 Abs. 1 GmbHG kann, gerade andersherum als in der Satzung der AG, im Gesellschaftsvertrag alles nach dem Willen der Gesellschafter geregelt werden, soweit nicht gesetzliche Vorschriften einer individuellen Regelung entgegenstehen. Diese Satzungsautonomie und die Weisungsgebundenheit der Geschäftsführer nach § 37 Abs. 1 GmbHG stellen sinnvolle Instrumente für eine Gestaltung und Steuerung des Joint Ventures nach den Vorstellungen und Interessen der Joint Venture Partner dar.

---

[161] Vgl. *Liebscher* in: MüKo GmbHG Bd. II, § 45 Rn. 60.
[162] Vgl. § 47 Abs. 2 GmbHG.
[163] Vgl. *Römermann* in: Michalski, § 45 Rn. 63 zu dessen Umfang sowie m.w.N. dort in Fn. 72.
[164] *Schulte/Pohl*, S. 4 Rn. 6; *Baumanns/Wirbel* in: Münchner Handbuch des Gesellschaftsrechts Bd. I, § 28 Rn. 5; *Fett/Spiering*, Kap. 7 Rn. 176.
[165] Vgl. ausführlich *Wicke* in: MüKo GmbHG Bd. I, § 3 Rn. 148.

## d. Unternehmergesellschaft mit beschränkter Haftung (UG haftungsbeschränkt)

Durch das MoMiG wurde in § 5a GmbHG die Unternehmergesellschaft mit beschränkter Haftung (UG) geschaffen.[166] Bei dieser handelt es sich um keine eigenständige Rechtsform, sondern um eine Variante der GmbH.[167] Der Gesetzgeber hat die UG als Einstiegsform für junge Unternehmer vorgesehen, von der später in die GmbH gewechselt werden kann.[168] Sie kann schon mit einem Stammkapital von einem Euro gegründet werden und unterliegt im Gegenzug gewissen Beschränkungen.[169] Die Unternehmergesellschaft ist somit eine geeignete Rechtsform für Unternehmensgründer und Kleinunternehmer, die das erforderliche Stammkapital für die klassische GmbH nicht aufbringen können oder wollen, aber dennoch von Anfang an in den Genuss der Haftungsbeschränkung dieser Rechtsform kommen möchten.[170] Die abweichenden Regelungen über das Mindestkapital führen dazu, dass die Gesellschaft gemäß § 5a GmbHG den Rechtsformzusatz "Unternehmergesellschaft (haftungsbeschränkt)" oder "UG (haftungsbeschränkt)" führen muss. Entgegen § 4 GmbHG darf die Firma den Zusatz "Gesellschaft mit beschränkter Haftung" oder "GmbH" nicht enthalten.[171] Wesentlicher Unterschied zur GmbH ist daneben das Verbot nach § 5a Abs. 2 S. 2 GmbHG, das Stammkapital der Unternehmergesellschaft in Form einer Sacheinlage zu erbringen. Dieser Punkt macht die Unternehmergesellschaft für Joint Ventures unattraktiv, da hier regelmäßig Sacheinlagen etwa in Form von Betriebsteilen, Betriebsmitteln oder Knowhow eingebracht werden. Auch muss bei der Unternehmergesellschaft das Stammkapital entgegen § 7 Abs. 2 GmbHG sofort voll eingezahlt werden, was jedoch in Anbetracht der flexiblen Höhe zumeist keine Probleme bereitet. Zuletzt kann der Gewinn entgegen § 46 Nr. 1 GmbHG nicht beliebig verwendet werden, sondern muss, als Preis für das geringe Stammkapital gemäß § 5a Abs. 3 S. 1 GmbHG, in Höhe eines Viertels des Jahresüberschusses zur Rücklagenbildung verwendet werden. Auch dies widerspricht regelmäßig den

---

[166] Zur Entwicklung der neu geschaffenen Rechtsform UG ausführlich *Miras*, NZG 2012, 486 ff.
[167] RegE. BT-Drucks. 16/6140, S. 31; *Wicke* in: Wicke, GmbHG § 5a Rn. 3.
[168] Ein solcher Wechsel ist nach der Zielsetzung des Gesetzgebers wohl auch erwünscht; siehe *Gasteyer*, NZG 2009, 1364, 1367.
[169] *Michalski* in: Michalski, Syst. Darstellung 1, Rn. 13.
[170] *Miras* in: Michalski, § 5a Rn. 3.
[171] *Miras* in: Michalski, § 5a Rn. 7.

Interessen der Joint Venture Partner. Im Übrigen finden auf die Unternehmergesellschaft sämtliche Vorschriften des GmbHG Anwendung.[172]

## 3. GmbH & Co. KG

### a. Wesen der GmbH & Co. KG

Personengesellschaften, wie die Gesellschaft bürgerlichen Rechts, die offene
Handelsgesellschaft oder die Kommanditgesellschaft sind aufgrund der zumeist nicht gewollten persönlichen Haftung zumindest eines Gesellschafters
grundsätzlich als Rechtsform für Joint Venture Unternehmen ungeeignet. Bei
der Kommanditgesellschaft (KG), als deren Gestaltungsform die GmbH & Co.
KG zu sehen ist, haftet auch zumindest ein Gesellschafter, der Komplementär,
unbeschränkt mit seinem ganzen Vermögen. Jedoch stellt sich bei der
GmbH & Co. KG die Haftungssituation vorteilhaft modifiziert dar. Zwar ist die
GmbH & Co. KG eine Personengesellschaft und unterliegt als solche den gesetzlichen Regelungen über die KG. Anders als bei der allgemeinen Kommanditgesellschaft ist unbeschränkt haftender Komplementär hier jedoch nicht eine natürliche Person, sondern eine zumeist eigens zu diesem Zwecke gegründete GmbH. Diese unterliegt wiederum den Regeln des GmbH-Rechts
und somit auch dessen Haftungsbeschränkungen. Die, dem Recht der KG
nach eigentlich unbeschränkt haftende, Komplementärs-GmbH haftet wegen
§ 13 Abs. 2 GmbHG somit nur auf ihr Stammkapital beschränkt, wodurch auch
die GmbH & Co. KG de facto zu einer Gesellschaftsform mit beschränkter Haftung wird.

Auch die GmbH & Co. KG wird durch Gesellschaftsvertrag der Gesellschafter
gegründet, §§ 161 Abs. 2, 109 HGB. Gesellschafter sind die Joint Venture
Partner als Kommanditisten und eine eigens hierfür gegründete GmbH, die als
Komplementärin die persönliche Haftung in der KG übernimmt. Anders als die
Kapitalgesellschaften, ist die GmbH & Co. KG keine juristische Person. Sie
kann jedoch Trägerin von Rechten und Pflichten sein.[173] Die Geschäftsführung
und Vertretung in der GmbH & Co. KG unterliegt dem Recht der KG. Nach
§§ 164, 170 HGB wird die Geschäftsführung und Vertretung von der Komplementärs-GmbH als einziger Komplementärin ausgeführt. Die Kommanditisten
sind nach § 164 S. 1 HGB grundsätzlich von der Geschäftsführung ausge-

---

[172] *Schürbrand*, JA 2009, 81, 82.
[173] Zur Rechtsfähigkeit der KG: *Neubauer* in: Münchner Handbuch des Gesellschaftsrechts,
Bd. II, § 28 Rn. 6 ff.

schlossen. Die Komplementärin unterliegt, anders als die von dem Gedanken der Fremdorganschaft geprägte Geschäftsführung der GmbH, grundsätzlich keinerlei Weisung durch die Kommanditisten. Dies ist dem allgemeinen personengesellschaftsrechtlichen Gedanken geschuldet, dass derjenige der persönlich haftet, auch in der Lage sein soll, die Geschicke der Gesellschaft zu bestimmen. Für die Komplementärs-GmbH handeln wiederum ihre Organe, also ihre Geschäftsführer. [174] Die Komplementärs-GmbH hat nach dem Gesellschaftsvertrag der KG zumeist keine Einlage zu erbringen und wird auch nicht am Ergebnis der KG beteiligt. [175] Ihr Stimmrecht in der Gesellschafterversammlung der KG kann in der beteiligungsidentischen[176] GmbH & Co. KG gänzlich ausgeschlossen werden, um die erforderliche gleichmäßige Willensbildung in GmbH und KG zu gewährleisten. [177] Ihr Beitrag liegt allein in der Geschäftsführung und Vertretung[178] der KG und der Übernahme der Haftung. [179]

Der wesentliche Unterschied zur Gründung einer GmbH und einer AG liegt bei der GmbH & Co. KG darin, dass der Gesellschaftsvertrag einer KG als Personengesellschaft weder der notariellen Form bedarf,[180] noch zum Handelsregister eingereicht werden muss. [181] Der notariellen Beurkundung unterliegt jedoch auch hier der Joint Venture Vertrag, in dem sich die Joint Venture Partner regelmäßig nicht nur zur Gründung der KG, sondern eben auch zur Gründung der Komplementärs-GmbH oder zum Erwerb von Anteilen an einer solchen verpflichten.[182] Neben der Verpflichtung hierzu unterliegt auch die spätere

---

[174] Siehe nur *Binz/Sorg*, § 4 Rn. 3.
[175] Siehe hierzu: *Gummert* in: Münchner Handbuch des Gesellschaftsrechts, Bd. II, § 50 Rn. 8; es besteht Uneinigkeit, ob eine UG, wegen ihrer besonderen Kapitalaufbringungsvorschriften nach § 5a Abs. 3 GmbHG, Komplementärin einer „UG (haftungsbeschränkt) & Co. KG" sein kann. Generell wird diese Gestaltung für zulässig erachtet, soweit § 5a Abs. 3 nicht durch Gestaltungen im Gesellschaftsvertrag der KG unterlaufen wird, vgl. *Schäfer* in Henssler/Strohn, § 5a Rn. 8; zum Diskussionsstand vergleiche auch *Wicke*, GWR 2010, 259, 259; wegen der erwähnten Unattraktivität einer UG für die Belange der Joint Venture Partner, ist diese Gestaltung hier jedoch nicht von Relevanz.
[176] Siehe hierzu sogleich unter c.
[177] *Binz/Sorg*, § 4 Rn. 37; BGH, Urt. v. 24.5.1993, Az. II ZR 173/92, NJW 1993, 2100, 2100, mit dem Hinweis, dass einem solchen Ausschluss keine schützenswerten Interessen entgegenstehen.
[178] *Bahnsen*, GmbHR 2001, 186, 186.
[179] Vgl. *Binz/Sorg*, § 4 Rn. 28.
[180] Vgl. *Binz/Sorg*, § 3 Rn. 50; *Ihrig* in: Sudhoff, GmbH & Co. KG § 9 Rn. 19 ; *Sieger/Hasselbach*, NZG 1999, 485, 485; zu Ausnahmen ausführlich: *Binz/Mayer*, NJW 2002, 3054, 3054; sowie im Folgenden unter b.
[181] *Schulte* in: Schulte/Schwindt/Kuhn, § 2 Rn. 117.
[182] Vgl. *Fastrich* in Baumbach/Hueck, § 2 Rn. 33 bzw. § 15 Rn. 33.

Gründung der Komplementärs-GmbH der notariellen Form des § 2 Abs. 1 GmbHG.

b. Exkurs: Das Problem der ausnahmsweisen Formbedürftigkeit des Gesellschaftsvertrages der KG

i  Meinung der Literatur

Eine Ausnahme von der Formfreiheit des Gesellschaftsvertrages der KG soll dann gelten, wenn die Komplementär-GmbH zeitlich in engem Zusammenhang mit der KG errichtet wird und ihr einziger Zweck somit eindeutig in der Errichtung als Komplementärin der KG liegt. Die Formerfordernisse nach § 2 Abs. 1 GmbHG sollen in diesem Fall nach Maßgabe eines zusammengesetzten Vertrages auch für den Gesellschaftsvertrag der KG gelten.[183] Unabhängig von einem solchen zeitlichen Zusammenhang wird der Zweck der Errichtung der GmbH als Komplementärin eigentlich immer anzunehmen sein, wenn im Joint Venture Vertrag die Errichtung zunächst der Komplementärs-GmbH und im Anschluss der KG vereinbart wird. Der Vorschlag, zunächst die Komplementärs-GmbH zu gründen und erst nach deren Eintragung im Handelsregister mit der Gründung der KG, jedenfalls aber mit deren Geschäftsaufnahme, fortzufahren,[184] ist in der Tat bereits aus Haftungsgründen unbedingt zu empfehlen.[185] Ob eine solche Vorgehensweise jedoch die von verschiedener Stelle vorgenommene Einordnung als zusammengesetztes Rechtsgeschäft beeinflussen kann, erscheint fraglich.[186]

Die Anwendbarkeit der auf § 2 Abs. 1 S. 1 GmbHG beruhenden Formerfordernisse auch auf die Gründung der KG soll jedoch vermieden werden können, wenn als Komplementär-GmbH eine Vorratsgesellschaft erworben wird.[187] Der seinerseits nach § 15 Abs. 3, 4 GmbHG formbedürftige Erwerb der Anteile an einer solchen Vorrats-GmbH soll gerade keine Formbedürftigkeit des Gesell-

---

[183] *Ihrig* in: Sudhoff, GmbH & Co. KG § 9 Rn. 20; *Binz/Mayer*, NJW 2002, 3054, 3055, für den Fall der gleichzeitigen Errichtung; s. auch *Gummert* in: Münchner Handbuch des Gesellschaftsrechts, Bd. II, § 50 Rn. 19.

[184] *Binz/Mayer*, NJW 2002, 3054, 3055.

[185] Dies ist nötig um eine Haftung der Gesellschafter der Vor-GmbH als Komplementärin zu vermeiden, vgl. zur Haftung *Merkt* in: MüKo GmbHG Bd. I, § 11 Rn. 212; *Fastrich* in: Baumbach/Hueck, § 11 Rn. 70.

[186] *Gummert* in: Münchner Handbuch des Gesellschaftsrechts, Bd. II, § 50 Rn. 19 bezweifelt ebenfalls, dass ein zeitliches Strecken der Gründung von Komplementärs-GmbH und KG auf die Formerfordernisse des § 2 Abs. 1 S. 1 GmbHG – soweit man sie für anwendbar hält - Auswirkungen hat.

[187] *Gummert* in: Münchner Handbuch des Gesellschaftsrechts, Bd. II, § 50 Rn. 19.

schaftsvertrages der KG auslösen, da die Vorratsgesellschaft nicht mit der Zwecksetzung errichtet wurde, als Komplementärin der KG zu fungieren und es sich beim Erwerb der Anteile lediglich um ein die Gründung der KG „vorbereitendes Rechtsgeschäft" handle.[188]

### ii Stellungnahme

In gewisser Weise leuchtet es ein, die Gründungsprozesse von Komplementär-GmbH und KG als miteinander verbunden anzusehen. Im Hinblick auf die oben dargestellte Ansicht der Formfreiheit im Falle des Erwerb einer Vorratsgesellschaft könnte man jedoch anführen, dass auch die Gründung der Komplementärs-GmbH die Gründung der KG nur „vorbereitet" und somit eine Beurkundungspflicht des Gesellschaftsvertrages der KG nach § 2 Abs. 1 S. 1 GmbHG ausscheiden muss. Es ist nicht ersichtlich, weshalb die Gründung einer Komplementärs-GmbH auf die Formbedürftigkeit des Gesellschaftsvertrages der KG andere Folgen entfalten soll als der Erwerb einer Vorratsgesellschaft. Beim Erwerb einer Vorratsgesellschaft ist zudem immer zu beachten, dass die wesentlichen Regelungen des Gesellschaftsvertrages den Zielen der Joint Venture Partner angepasst werden müssen und aus diesem Grund zumeist eine wirtschaftliche Neugründung vorliegen wird.[189] Diese Änderungen werden ebenfalls regelmäßig im engen zeitlichen Zusammenhang mit der KG-Gründung vorgenommen. Es besteht somit keine wesentlich andere Situation als im Falle der Neugründung der Komplementärs-GmbH.

Selbst wenn man bei Neugründung der Komplementärs-GmbH von einem einheitlichen Rechtsgeschäft im Hinblick auf die Gründung der KG ausgeht, stellt sich die Frage, ob dieses zwingend in Gänze den Beurkundungserfordernissen des § 2 GmbHG unterliegt. Der Beurkundung nach § 2 GmbHG unterliegt der Gesellschaftsvertrag der GmbH in vollem Umfang,[190] wobei sowohl der notwendige wie auch der fakultative Inhalt, soweit er korporative Bestimmungen enthält, erfasst ist.[191] Jedoch sind die Gesellschafter frei, vor[192] und nach, bei, sowie auch aus Anlass der Gründung, untereinander Nebenabreden

---

[188] *Gummert* in: Münchner Handbuch des Gesellschaftsrechts, Bd. II, § 50 Rn. 19.
[189] Hierzu ausführlich: *Binz/Sorg*, § 3 Rn. 52 f.
[190] *Michalski* in: Michalski, § 2 Rn. 15.
[191] *Fastrich* in: Baumbach/Hueck, § 2 Rn. 12.
[192] Vgl. *Tegen*, S. 197.

einzugehen.[193] Soweit diese die Gründer nur persönlich binden, sind sie - auch wenn sie sich auf das Gesellschaftsverhältnis beziehen - von der Beurkundungspflicht des § 2 Abs. 1 GmbHG nicht erfasst.[194] Dies gilt auch dann, wenn sie gleichzeitig mit dem Gesellschaftsvertrag abgeschlossen werden und erkennbar ist, dass die Gesellschafter die GmbH ohne diese Nebenabreden nicht gründen würden. Vor diesem Hintergrund ist kein Grund ersichtlich, weshalb die Beurkundungspflicht der § 2 Abs. 1 GmbHG den Gesellschaftsvertrag über die Errichtung der KG erfassen sollte und dieser Fall somit anders zu behandeln sein soll als der Fall von aus Anlass der Gründung unter den Gesellschaftern eingegangene Nebenabreden.

### iii Zwischenergebnis

Entscheiden sich somit die Partner für die Errichtung eines Joint Venture Unternehmens in der Rechtsform einer GmbH & Co. KG unterliegt jedenfalls der Joint Venture Vertrag wegen § 15 Abs. 4 GmbHG der notariellen Beurkundung, wenn er sich auf die Gründung oder den Erwerb von Anteilen an einer Komplementärs-GmbH bezieht. Zur Vermeidung von Haftungsrisiken im Rahmen der Vor-GmbH und zur Hervorhebung des Charakters der GmbH-Gründung als eine die KG-Gründung nur vorbereitende Handlung, sollte mit dem Abschluss des Gesellschaftsvertrages der KG bis zur Eintragung der Komplementär-GmbH im Handelsregister abgewartet werden.[195]

### c. Beteiligungsidentische GmbH & Co. KG

### i Struktur

Die Gesellschafter der Komplementärs-GmbH sind entweder wiederum die Joint Venture Partner oder aber die KG selbst.[196] Im ersten Fall ist es wichtig, in den Gesellschaftsverträgen der KG und der GmbH Regelungen zur Kongruenz der Regelungswerke zu treffen.[197] Zwischen den Partnern werden neben dem Joint Venture Vertrag zwei Gesellschaftsverträge geschlossen. Somit tritt in jedem Fall ein dritter Vertrag zum Regelungssystem des Joint Venture Systems hinzu. Die Beteiligungsverhältnisse der Joint Venture Partner an der KG als Kommanditisten sollten außerdem mit den Beteiligungsverhältnissen

---

[193] BGH, Urt. v. 8.2.1993, Az. II ZR 24/92, NJW-RR 1993, 607, 607 f.; (für die AG) BGH, Urt. v. 22.1.2013, Az. II ZR 80/10, NZG 2013, 220, 221; vgl. auch *Wälzholz*, GmbHR 2009, 1020, 1020.
[194] *Fastrich* in: Baumbach/Hueck, § 2 Rn. 12.
[195] So im Ergebnis auch *Bergmann* in: Heidel/Schall, Anh. GmbH & Co. KG, Rn. 18.
[196] Hierzu sogleich unter d.
[197] *Gummert* in: Münchener Handbuch des Gesellschaftsrechts, Bd. II, § 51 Rn. 3.

an der Komplementärs-GmbH gleich laufen, um unterschiedliche Stimmrechtsverhältnisse in den Gesellschaften zu vermeiden, die dem Zweck der GmbH & Co. KG zuwiderlaufen würden.[198] Auch die Art und Weise der Entscheidungsfindung sollte aneinander angepasst werden, da die Gesellschafter oft nicht sicher wissen, als Gesellschafter welcher Gesellschaft sie nun gerade handeln.[199] Dies gilt natürlich ausschließlich dann, wenn nur die Joint Venture Partner am Joint Venture Unternehmen beteiligt sind. Anders ist die Interessenlage, wenn die Joint Venture Partner zusätzlich Dritte als reine Investoren am Joint Venture Unternehmen beteiligen wollen. In diesem Fall können diese der KG als Kommanditisten beitreten und dieser über Einlagen Mittel zur Verfügung stellen. Die Joint Venture Partner sollten jedoch sicherstellen, dass sie weiterhin alleinige Gesellschafter der mit der Geschäftsführung betrauten Komplementär-GmbH bleiben.[200]

ii Willensbildung

Anders als bei den Kapitalgesellschaften kennt das Personengesellschaftsrecht eine formale Gesellschafterversammlung als Organ nicht. Treffen die Gesellschafter einer GmbH gemäß § 48 Abs. 1 GmbHG ihre Entscheidungen in formellen Beschlüssen, besteht bei der KG nur für außergewöhnliche Geschäfte gemäß §§ 164 S. 2, 116 Abs. 3 HGB und sogenannte „Grundlagenentscheidungen" das Erfordernis einer Beteiligung sämtlicher Gesellschafter. Gleichwohl kann der Gesellschaftsvertrag einer KG eine Gesellschafterversammlung und das Fassen formaler Beschlüsse vorsehen, was aus Gründen der Klarheit empfehlenswert ist.[201] Gemeinsame Entscheidungen der Gesellschafter werden nur in diesen Ausnahmefällen gefällt, die Entscheidungen des täglichen Geschäfts trifft in der GmbH & Co. KG die Komplementärs-GmbH allein. Jedoch kann die Geschäftsführungsbefugnis – nicht die Vertretungsmacht - durch Gestaltung im Gesellschaftsvertrag auch auf die Kommanditisten übertragen werden. Ob dies nur additiv zur Geschäftsführungsbefugnis der Komplementärs-GmbH oder auch unter deren Ausschluss erfolgen kann, ist strittig.[202]

---

[198] *Gummert*, in: Münchner Handbuch des Gesellschaftsrechts, Bd. II, § 51 Rn. 3.
[199] Vgl. *Karsten Schmidt*, ZIP 2007, 2193, 2194, der insoweit von der Notwendigkeit einer „Symmetrie im Innenrecht" spricht.
[200] Vgl. hierzu *Binz/Sorg*, § 1 Rn. 33.
[201] *Roth* in: Baumbach/Hopt, Anh. zu § 177 a Rn. 32.
[202] Vgl. *Roth* in: Baumbach/Hopt, § 164 Rn. 7; bejahend BGH, Urt. v. 9.12.1968, Az. II ZR 33/67, NJW 1969, 507, 508; BGH Urt. v. 25.4.1983, Az. II ZR 170/82, NJW 1984, 173, 173.

In der beteiligungsidentischen GmbH & Co. KG sind die Joint Venture Partner jedoch nicht nur Kommanditisten der KG, sondern zugleich auch Gesellschafter der Komplementärs-GmbH, weswegen es einer Übertragung der Geschäftsführungsbefugnis an sie als Kommanditisten der KG gar nicht bedarf. In diesem Fall vollzieht sich die Entscheidungsbildung letztendlich wie bei der „normalen" GmbH, da die Joint Venture Partner als Gesellschafter der zur Geschäftsführung der KG berufenen Komplementärs-GmbH deren Willen bilden. Wird dann ein Dritter als Investor-Kommanditist in die KG aufgenommen, hat dieser bereits nach der gesetzlichen Regelung keine Mitsprache in Fragen der Geschäftsführung.

### d. Einheitsgesellschaft

#### i Struktur

Daneben können die Joint Venture Partner die Gestaltung der GmbH & Co. KG als sogenannte „Einheitsgesellschaft" wählen, bei der die KG zugleich einziger Gesellschafter ihrer eigenen Komplementärs-GmbH ist. Diese Gestaltungsmöglichkeit wird in § 172 Abs. 6 HGB vom Gesetzgeber ausdrücklich vorausgesetzt und ist heute allgemein anerkannt.[203] Hält die KG ihrerseits sämtliche Anteile an ihrer Komplementärs-GmbH, reduziert sich die Komplexität des Konstrukts GmbH & Co. KG in gewissem Umfang.[204] Insbesondere sind dann komplizierte Regelungen zu Kongruenz beider Gesellschaftsverträge entbehrlich, denn die Kommanditisten der KG sind durch diese Gestaltungsform mittelbar an der Komplementär-GmbH im gleichen Verhältnis wie an der KG beteiligt. Die Einheitsgesellschaft kann somit als eine Fortentwicklung der personengleich besetzten GmbH & Co. KG verstanden werden.[205] Der durch die Einheits-KG erlangte Gleichlauf der Gesellschaften macht dann Sinn, wenn die Joint Venture Partner alleinige Gesellschafter der KG sind. Für die Beteiligung weiterer Finanzinvestoren ist diese Form jedoch eher ungeeignet. Auch darf nicht verkannt werden, dass die Einheitsgesellschaft trotz der Vereinfachung ihrer Strukturen eine äußerst komplexe und in ihrer Eigenart nicht gesetzlich geregelte Form darstellt. Der pragmatischen Praxis zwar gefallend, bietet diese einige dogmatische Problemstellungen, welche in der Literatur

---

[203] Vgl. nur *Binz/Sorg*, § 8 Rn. 6; *Bahnsen*, GmbHR 2001, 186,186; *Karsten Schmidt*, ZIP 2007, 2193, 2194; *Ihrig* in: Sudhoff, GmbH & Co. KG § 1 Rn. 10; *Gummert* in: Münchner Handbuch des Gesellschaftsrechts, Bd. II, § 49 Rn. 1 ff.
[204] *Baumanns/Wirbel* in: Münchner Handbuch des Gesellschaftsrechts Bd. I, § 28 Rn. 5.
[205] *Bahnsen*, GmbHR 2001, 186, 186.

zumindest in ihrer Begründung höchst umstritten sind und bei fehlerhafter Handhabung zu Fallstricken für die Joint Venture Partner werden können.

## ii Willensbildung

Insbesondere die Art der Willensbildung in der Einheitsgesellschaft, namentlich in der Komplementärs-GmbH, ist seit langem Gegenstand kontroverser Diskussion.[206] Stein des Anstoßes ist hierbei, dass die KG als Alleingesellschafterin der Komplementärs-GmbH in deren Gesellschafterversammlung nach den allgemeinen Regelungen eben von ihrer gesetzlichen Vertreterin, mithin der Komplementärs-GmbH beziehungsweise ihren Geschäftsführern, repräsentiert wird.[207] Unter Verweis auf die Situation, dass die Geschäftsführer der Komplementär-GmbH auf diese Weise in der Gesellschafterversammlung für ihre eigene Entlastung stimmen könnten und den dadurch bedingten Verstoß gegen § 47 Abs. 4 S. 1 2. Alt. GmbHG, wird in der Literatur mit unterschiedlicher Begründung ein in der Gestaltungsform innewohnendes Recht der Kommanditisten konstruiert, anstelle der Geschäftsführer der Komplementär-GmbH die Rechte der KG in der Gesellschafterversammlung der GmbH wahrzunehmen.[208] Diese Ansichten überzeugen nicht. Trotz oder gerade wegen der Vermischung der Beteiligungsverhältnisse, ist zwischen den gesetzmäßigen Entscheidungsträgern in der KG und in der Komplementär-GmbH zu differenzieren.[209] Die Annahme der Vertretungsbefugnis der Kommanditisten in der Gesellschafterversammlung der KG ohne eine dahingehende vertragliche Regelung würde gegen den ausdrücklichen Wortlaut des § 170 HGB verstoßen.[210] Auf Ebene der Komplementärs-GmbH würde eine Entscheidungsbefugnis der Kommanditisten den Regelungen der §§ 46,[211] 48 GmbHG widersprechen, da diese die gesetzlichen Entscheidungen nur den Gesellschaftern der GmbH oder deren gesetzlichen oder rechtsgeschäftlich bestellten Ver-

---

[206] Vgl. zu den verschiedenen Ansätzen: *Binz/Sorg*, § 8 Rn. 8 ff.
[207] So auch der Bundesgerichtshof, wenngleich ohne Begründung: BGH, Urt. v. 16. 7.2007, II ZR 109/06, NZG 2007, 751, 751 (Tenor).
[208] Vgl. *Konzen*, NJW 1989, 2977, 2982; *Liebscher* in: *Sudhoff*, GmbH & Co. KG, § 3 Rn. 9; ein solcher "organisationsrechtlicher Durchgriff" wird ebenfalls postuliert von *Karsten Schmidt* in: Scholz Bd. II, Anh § 45 Rn. 58, 61; vergleichende Darstellung der Begründungsansätze bei *Binz/Sorg*, § 8 Rn. 8 ff.; so wohl auch *Bülow*, DB 1982, 527, 531.
[209] *Werner*, DStR 2006, 706, 707; so auch *Grunewald* in: MüKo HGB Bd. III, § 161 Rn. 98, die richtiger Weise ohne diesbezügliche Vereinbarung weder von einem Wahrnehmungsrecht noch einer Bevollmächtigung der Kommanditisten ausgeht.
[210] Vgl. *Gehrlein*, BB 2007, 1915, 1915; siehe auch *Bülow*, DB 1982, 527, 531.
[211] *Karsten Schmidt*, ZIP 2007, 2193, 2196 argumentiert insoweit andersherum, dass § 46 Abs. 5 GmbHG gerade die genannten Bereiche den Geschäftsführern der GmbH entziehen möchte.

tretern übertragen. Nichts davon trifft auf die Kommanditisten im Falle der Anwendung der gesetzlichen Reglungen zu. Auch bereitet die gesetzliche Vertretungssituation in der Einheits-GmbH & Co. KG bei den meisten Beschlussgegenständen gar keine Probleme.[212] Da die gesetzliche Regelung ohne ausdrückliche dahingehende Vereinbarung im Gesellschaftsvertrag der GmbH & Co. KG keine Befugnis der Kommanditisten enthält, die GmbH & Co. KG in der Gesellschafterversammlung der Komplementärs-GmbH zu vertreten, stellt sich jedoch die Frage, wie mit der zweifelsohne bestehenden Problematik eines Stimmrechtsausschlusses der Geschäftsführer der Komplementärs-GmbH bei deren eigener Bestellung, Abberufung oder Entlastung und der Gestaltung ihres Anstellungsvertrags[213] sowie der Erteilung von Weisungen umzugehen ist. Wie im Leitsatz des Urteils des BGH II ZR 109/06[214] anklingend, stellt sich diese Problematik nicht, wenn die Komplementärs-GmbH mehrere Geschäftsführer hat.[215] Denn dann wird die GmbH & Co. KG in den Fällen, in denen ein Geschäftsführer nach § 47 Abs. 4 S.1 2. Alt. GmbHG von der Vertretung ausgeschlossen wäre, durch den oder die verbleibenden Geschäftsführer vertreten. Die Problematik beschränkt sich somit auf die Fälle, in denen die Komplementärs-GmbH nur einen Geschäftsführer hat – was im Joint Venture ohnehin unüblich ist. Der teilweise herangezogene Vergleich mit der Ein-Personen-GmbH, in welcher der alleinige Gesellschafter nicht gehindert ist, sich selbst zum Geschäftsführer zu bestellen, sich zu entlasten oder abzuberufen,[216] erscheint auf den ersten Blick einleuchtend und dogmatisch richtig. Denn in der Ein-Personen-GmbH ist der Schutzbereich des § 47 Abs. 4 S. 1 GmbHG im Falle der Vornahme eines solchen Rechtsgeschäfts nicht tangiert, da keine anderen, vor derartigen „Alleingängen" des Gesellschafter-Geschäftsführers zu schützenden, Mitgesellschafter vorhanden sind. Dies ist bei der GmbH & Co. KG in der Form der Einheitsgesellschaft ähnlich, da die KG alleinige Gesellschafterin ihrer Komplementärs-GmbH ist.[217] Anders als beim Alleingesellschafter der auch Geschäftsführer ist, handelt es sich bei der KG und ihrer Komplementärs-GmbH sowie deren Geschäftsführern und Gesellschaftern jedoch um unterschiedliche Rechtspersönlichkeiten, wodurch es

---

[212] *Grunewald* in: MüKo HGB Bd. III, § 161 Rn. 98.
[213] *Gummert* in: Münchner Handbuch des gesellschaftsrechts, § 51 Rn. 11.
[214] BGH, Urt. v. 16. 7.2007, II ZR 109/06, NZG 2007, 751, 751 (Tenor).
[215] Vgl. auch *Grunewald* in: MüKo HGB Bd. III, § 161 Rn. 98; zur Möglichkeit und Grenzen der Einzelentlastung siehe *Hügel/Klepsch*, NZG 2005, 905, 907 f.
[216] *Binz/Sorg*, § 8 Rn. 12 f.; *Werner*, DStR 2006, 706, 707.
[217] Nach *Giehl*, MittBayNot 2008, 268, 270 soll dieser Grundsatz genauso in der Einheitsgesellschaft gelten.

zu Interessenkonflikten kommen kann. Dies unterscheidet die Situation auch von der von Mutter- und Tochtergesellschaft mit personenidentischer Geschäftsführung.[218]

Aufgrund der gesetzlichen Kompetenzzuweisungen ist es sachgerecht, mit dem BGH anzunehmen, dass die KG in der Gesellschafterversammlung ihrer Komplementärs-GmbH durch diese und somit durch deren Geschäftsführer vertreten wird. Kommt es zum Konfliktfall des § 47 Abs. 4 GmbHG, ist die gesetzliche Vertretungsregelung nur zureichend, wenn mehr als ein Geschäftsführer bei der Komplementärs-GmbH bestellt ist, sodass die Gesellschaft dann von dem jeweils anderen vertreten wird. Ist nur ein Geschäftsführer bestellt, besteht eine Problemsituation, welche nicht dogmatisch sauber gelöst werden kann.[219] In der Einheitsgesellschaft ist zudem auch immer eine Befreiung der Geschäftsführer der Komplementär GmbH von den Beschränkungen des § 181 2. Alt. BGB ratsam.

Aus den genannten Gründen ist die Einheitsgesellschaft in ihrer gesetzlichen Gestalt für ein Joint Venture Unternehmen ungeeignet, da den Joint Venture Partnern als Kommanditisten als einziges Kontroll- und Steuerungsmittel von Gesetzes wegen nur das Recht zusteht, der geschäftsführenden GmbH nach § 171, 161 Abs. 2 HGB die Geschäftsführungsbefugnis zu entziehen, wenn deren Geschäftsführer nicht im Sinne der KG handeln. Ein direktes Weisungsrecht gegenüber den Geschäftsführern der Komplementärs-GmbH steht den Kommanditisten der GmbH & Co. KG dagegen grundsätzlich nicht zu. Insoweit begeben sich die Kommanditisten im Falle der Bestellung eines Dritten weitgehend ihrer Kontrollbefugnisse, was sie wiederum durch vertragliche Gestaltungen beheben müssen.[220] Die Ansicht *Giehls*, dass für den Fall des Unter-

---

[218] Diese Parallele wird jedoch gezogen von *Binz/Sorg*, § 8 Rn. 12 f.; die Problematik dieses Vergleichs erkennend *Giehl*, MittBayNot 2008, 268, 270, dort Fn. 17; jedoch nimmt auch dieser letztendlich an, dass § 47 Abs. 4 GmbHG in der Einheitsgesellschaft keine Anwendung findet.

[219] *Binz/Sorg*, § 8 Rn. 13, macht den m. E. nach in diesem Zusammenhang impraktikablem Lösungsvorschlag, die Kommanditisten könnten die Komplementärs-GmbH unter Androhung einer Klage nach § 117 i.V.m. 161 Abs. 2 HGB in diesem Fall drängen, ihren Geschäftsführer abzuberufen; so auch *Oetker* in: Oetker HGB, § 161 Rn. 101; auch für eine Entziehung der Geschäftsführungsbefugnis als Druckmittel: *Grunewald* in: MüKo HGB Bd. III, § 161 Rn. 98; *Hügel/Klepsch*, NZG 2005, 905, 908 gehen davon aus, dass kein Stimmverbot besteht, wenn es dadurch zur Beschlussunfähigkeit der Gesellschafterversammlung käme. Dies löst jedoch die Problematik des § 47 Abs. 4 S. 1 GmbHG auch nicht.

[220] Vgl. *Giehl*, MittBayNot 2008, 268, 270.

lassens solcher vorsorglicher Gestaltungen die Gesellschafter sich nicht auf das Verbot des § 47 Abs. 4 GmbHG verlassen dürften, mag nachvollziehbar sein. Sie ändert jedoch nichts daran, dass, anders als im Fall des § 47 Abs. 4 S. 2 GmbHG, eine Abbedingung des § 47 Abs. 4 S. 1 GmbHG nicht möglich ist.[221]

Sollten die Joint Venture Partner aus Vereinfachungsgründen dennoch das Modell der Einheitsgesellschaft wählen, so ist ihnen dringend anzuempfehlen, nicht nur die Geschäftsführungsbefugnis in der KG im Gesellschaftsvertrag den Kommanditisten zu übertragen, sondern die Kommanditisten zudem mit ebenfalls gesellschaftsvertraglicher[222] rechtsgeschäftlicher Vertretungsmacht auszustatten,[223] die GmbH & Co. KG in der Gesellschafterversammlung der Komplementärs-GmbH zu vertreten.[224] Einzelne Stimmen in der Literatur wenden sich gegen eine solche Einordnung als rechtsgeschäftliche Bevollmächtigung der Kommanditisten mit der Begründung, dass in diesem Fall nicht mehr die KG als Gesellschafterin der Komplementärs-GmbH Beschlüsse fasse, sondern deren Kommanditisten. Diese Verlagerung käme einer unzulässigen Stimmrechtsabspaltung gleich.[225] Zudem begegnet die Frage der Erteilung, Übertragung und des möglichen Widerrufs einer rechtsgeschäftlichen Vollmacht Bedenken.[226] Teilweise wird versucht, diesen Bedenken durch Einordnung der Einräumung der Kompetenz zur Stimmrechtsausübung als „gesellschaftsrechtlichen Akt *sui generis*"[227] zu begegnen. Betrachtet man das Verbot der organschaftlichen Übertragung von Vertretungsmacht an die Kommanditisten und gesteht man sich ein, dass die Rechtsgeschäftslehre Probleme hat die vorliegenden gesellschaftsrechtliche Konstruktion vollumfänglich zu lösen, erscheint dieser Weg der Einordnung als solch ein „gesellschaftsrechtlichen Akt

---

[221] Vgl. *Drescher* in: Michalski, § 47 Rn. 211 m.w.N. dort in Fn. 5.

[222] *Binz/Sorg*, § 8 Rn. 15, 17; zu den Problemen der rechtsgeschäftlichen Bevollmächtigung vgl. im Einzelnen: *Werner*, DStR 2006, 706, 707 f.

[223] Hier sind Vollmachten jeder Art zulässig, siehe *Buß* in: Sudhoff, Personengesellschaften, 2. Teil § 9 Rn. 76; für die Zulässigkeit einer Aufnahme einer entsprechenden Vollmacht auch: *Bahnsen*, GmbHR 2001, 186, 187; *Gehrlein*, BB 2007, 1915, 1916; *Oetker* in: Oetker HGB, § 161 Rn. 101 m.w.N. dort in Fn. 210.

[224] Zulässigkeit einer solchen Regelung im Gesellschaftsvertrag als unwiderrufliches Sonderrecht der Kommanditisten ist im Ergebnis herrschende Meinung, vgl. *Karsten Schmidt*, in: Scholz Bd. II, Anh 45 Rn. 59; vgl. hierzu auch *Giehl*, MittBayNot 2008, 268, 271.

[225] *Werner*, DStR 2006, 706, 708, der unter der Bezeichnung eines „Gesellschaftsaktes sui generis" jedoch eine Bevollmächtigung in eben demselben Umfang für zulässig erachtet.

[226] Vgl. hierzu *Binz/Sorg*, § 8 Rn. 20 ff.

[227] *Binz/Sorg*, § 8 Rn. 24; *Werner*, DStR 2006, 706, 708.

*sui generis*" notwendig und richtig. In Tat handelt es sich faktisch weder um das eine noch um das andere. Zwar werden durch die Gestaltung im Gesellschaftsvertrag die Innenkompetenzen der Organe der KG organschaftlich umgestaltet. Mangels Einräumung einer organschaftlichen Vertretungskompetenz gegenüber außenstehenden Dritten liegt jedoch kein Verstoß gegen § 170 HGB vor.[228] Es wird de facto die gleiche Situation wie bei einer beteiligungsgleichen GmbH & Co. KG mit aufeinander abgestimmtem Vertragswerk geschaffen.[229]

Neben einer solchen Bevollmächtigung der Kommanditisten auf Ebene der KG, soll es nach teilweise vertretener Ansicht auch möglich sein, das Problem auf Ebene der Komplementärs-GmbH zu lösen. Bestimmte Entscheidungen der Gesellschafterversammlung, bei denen die Geschäftsführer der Komplementärs-GmbH aufgrund § 47 Abs. 4 GmbHG von der Vertretung ausgeschlossen wären, sollen im Gesellschaftsvertrag auf die Kommanditistenversammlung der GmbH & Co. KG übertragen werden können, die diese dann gleichsam als Organ der Komplementärs-GmbH fällen können soll.[230] Diese Ansicht begegnet indes dogmatischen Bedenken. Zwar können Befugnisse der Gesellschafterversammlung einer GmbH auf andere Organe der GmbH übertragen werden. Nicht unüblich im Zusammenhang mit einem Joint Venture ist hierbei die Übertragung auf einen Beirat. Indes erweist sich die Ansicht, die Kommanditistenversammlung handle insoweit als Organ der Komplementärs-GmbH,[231] als schwierig. Denn als (fakultatives) Organ einer GmbH kann regelmäßig nur angesehen werden, auf wessen Besetzung die Gesellschafterversammlung der GmbH Einfluss hat. Auf die Zusammensetzung der Kommanditistenversammlung der GmbH & Co. KG hat die Komplementärs-GmbH

---

[228] *Binz/Sorg*, § 8 Rn. 24; so auch *Bahnsen*, GmbHR 2001, 186, 187 m.w.N.; *Gummert* in: Münchner Handbuch des Gesellschaftsrechts Bd. II, § 51 Rn. 11; *Werner*, DStR 2006, 706, 708; entgegen dessen Interpretation hält auch *Gehrlein*, BB 2007, 1915, 1916 eine Bevollmächtigung für möglich.

[229] *Karsten Schmidt*, ZIP 2007, 2193, 2196 geht sogar über die von der Literatur größtenteils propagierte Vollmachtlösung bzw. Kompetenzeinräumung „sui generis" hinaus und will eine „de-facto-Einheitsversammlung" zulassen, wobei er explizit feststellt, dass dies den Praktikabilität geschuldet sei und es sich bei sämtlichen diskutierten Lösungsversuchen um „Verrenkungen" handle, mit denen man das „perplexe Gebilde in einen natürlichen Zustand zurückzuversetzen sucht".

[230] Vgl. *Binz/Sorg*, § 8 Rn. 16; nach *Grunewald* in: MüKo HGB Bd. III, § 161 Rn. 99 soll vereinbart werden können, „dass die Gesellschafterversammlung der GmbH aus den Kommanditisten besteht".

[231] *Binz/Sorg*, § 8 Rn. 16 mit Verweis auf *Grunewald* in: MüKo HGB Bd. III, § 161 Rn. 99, siehe hierzu vorherige Fn.

grundsätzlich keinen Einfluss. Eine derartige vollständige „Ersetzung" der Gesellschafterversammlung der GmbH durch eine „Kommanditistenversammlung" widerspricht daher dem Grundsatz der Verbandssouveränität.[232]

### e. Eignung als Rechtsform für ein Joint Venture Unternehmen

In der Praxis der Joint Ventures bietet die GmbH & Co. KG eine Mischung aus personengesellschaftsrechtlicher Flexibilität kombiniert mit kapitalgesellschaftsrechtlicher Haftungsbeschränkung. So gilt ein Hauptvorteil der GmbH, nämlich die Überschaubarkeit des wirtschaftlichen Risikos, auch für die GmbH & Co. KG. In einer gewöhnlichen KG müsste zumindest ein Partner mit seinem gesamten Vermögen für die Verbindlichkeiten der Gesellschaft haften. Bei allen Vorteilen muss natürlich auch bedacht werden, dass diese Gestaltungsform die notarielle Gründung einer weiteren Gesellschaft, nämlich der Komplementärs-GmbH, erfordert. Dies erhöht den Aufwand, die Komplexität und die Kosten des Gesamtprojekts. Durch die Möglichkeit der Gestaltung als Einheitsgesellschaft können die verschiedenen Gestaltungsebenen der KG selbst und ihrer Komplementär-GmbH, soweit neben den Joint Venture Partnern keine weiteren Investoren aufgenommen werden sollen, praktikabel verbunden werden. Die Willensbildung in der Einheitsgesellschaft unterliegt ihrer besonderen Struktur, die den Lenkungsinteressen der Joint Venture Partner als Gesellschafter der KG jedoch angepasst werden kann: So wird regelmäßig im Gesellschaftsvertrag geregelt sein, dass die Kommanditisten der KG deren Rechte in der Gesellschafterversammlung der GmbH wahrnehmen,[233] wodurch ein direkter Einfluss der Joint Venture Partner auf die GmbH, auf deren Geschäftsführung und somit auch auf die Geschäftsführung der KG nach allgemeiner Ansicht gewährleistet wird. Es bleibt jedoch festzustellen, dass die Vorteile der Einheitsgesellschaft von ihrem erhöhten Gestaltungsaufwand und den Risiken, die bis zur höchstrichterlichen Anerkennung der Einräumung der Entscheidungsbefugnis der Kommanditisten in der Gesellschafterversammlung der Komplementär-GmbH verbleiben,[234] nahezu konsumiert werden. So

---

[232] Vgl. *Karsten Schmidt* in: Scholz Bd. II, Anh § 45 Rn. 60; für eine Ausnahme bei der Einheits-GmbH & Co. KG mangels widerstreitender Interessen *Grunewald* in: MüKo HGB Bd. III, § 161 Rn. 99.

[233] *Gummert* in: Münchner Handbuch des Gesellschaftsrechts, Bd. II, § 52 Rn. 11.

[234] So im Ergebnis auch *Karsten Schmidt*, ZIP 2007, 2193, 2197; das – von Karsten Schmidt *ebenda* als „Rückschritt" bezeichnete - Urteil des BGH vom 16.7.2007, Az. II ZR 109/06 stellt die grundsätzliche Zuständigkeit der GmbH-Geschäftsführer zur Vertretung der KG fest,

dürfte in der Praxis die beteiligungsidentische GmbH trotz dort notwendiger Klauseln zur Kongruenzsicherung vorzugswürdig sein.[235]

Anders als bei der herkömmlichen KG kann in der GmbH & Co. KG durch eine Trennung der Herrschaftsmacht von der Gesellschafterstellung[236] auch eine gewisse Distanz der Partner/Gesellschafter zum operativen Tagesgeschäft des Joint Venture Unternehmens geschaffen werden. Denn in der geschäftsführenden Komplementärs-GmbH können aufgrund des dortigen Prinzips der Fremdorganschaft auch externe Geschäftsführer diese Aufgabe übernehmen. Ob dies erwünscht ist, ist in erster Linie keine juristische Frage, sondern sollte nach Zweckmäßigkeits- und Managementgesichtspunkten entschieden werden. Die GmbH & Co. KG ist daher als Rechtsform für ein Joint Venture Unternehmen geeignet und als solche auch beliebt.[237]

## 4. Zwischenergebnis

Aus den oben stehenden Erwägungen erklärt sich die Beliebtheit der Rechtsformen der GmbH und der GmbH & Co. KG bei der Gestaltung deutscher Joint Venture Unternehmen.[238] Sie resultiert aus der Praktikabilität, Flexibilität, und der Möglichkeit der Haftungsbeschränkung der Joint Venture Partner, die diese Rechtsformen bieten. Bei der GmbH & Co. KG sollte aufgrund der komplexeren Vertragsgestaltung und Problemen bei der Aufnahme eines Investors bei Gestaltung als Einheitsgesellschaft eine beteiligungsgleiche Konstellation vorgezogen werden. Aufgrund dieser Praxisrelevanz beschränkt sich diese Arbeit im Folgenden auf die Darstellung der Steuerung eines Joint Venture Unternehmens in der Rechtsform einer GmbH mit Anmerkungen zur Rechtslage bei der GmbH & Co. KG. Soweit keine Differenzierung nach Rechtsform vorgenommen wird, gelten die erörterten Problemstellungen für beide Gesellschaftstypen gleichermaßen.

Basierend auf ihrer Entscheidung für die eine oder die andere Rechtsform für das Joint Venture Unternehmen unterliegen die Joint Venture Partner in ihren

---

nimmt zu vertraglich abweichenden Gestaltungsformen jedoch nicht Stellung; siehe auch Entscheidungsbesprechung von *Giehl*, MittBayNot 2008, 268, 269.
[235] Vgl. *Bahnsen*, GmbHR 2001, 186, 188.
[236] Vgl. *Binz/Sorg*, § 1 Rn. 24.
[237] *Schulte* in: Schulte/Schwindt/Kuhn § 2 Rn. 30; siehe auch *Sieger/Hasselbach*, NZG 1999, 485, 485.
[238] *Schulte* in: Schulte/Schwindt/Kuhn, § 2 Rn.111; vgl. auch *Stephan* in: Schaumburg, S. 105.

Gestaltungsmöglichkeiten grundsätzlich vollumfänglich den Bestimmungen der jeweiligen einschlägigen Rechtsvorschriften. Diese gilt es nach den Vorstellungen und Wünschen der Partner durch ein System von Verträgen zu modifizieren und zu gestalten. Um die möglichen Ansatzpunkte derartiger vertraglicher Gestaltungen aufzuzeigen, sollen zunächst die von Gesetzes wegen bestehenden Rechte der Gesellschafter einer GmbH und einer GmbH & Co. KG dargestellt werden.

## D. Stellung der Joint Venture Partner als Gesellschafter des Joint Venture Unternehmens

### I. Grundsätzliches

Die Lenkung des Gemeinschaftsunternehmens in der Rechtsform einer GmbH oder einer GmbH & Co. KG obliegt zunächst seinen Gesellschaftsorganen nach Maßgabe des für die jeweilige Rechtsform geltenden Rechts. Dabei ist den Joint Venture Partnern eine beliebige Umgestaltung der grundsätzlichen gesetzlichen Struktur nicht möglich. Lediglich - je nach Rechtsform - eventuell bestehende Möglichkeiten der Schaffung fakultativer Organe unterliegen der individuellen Gestaltungsbefugnis. Die Besetzung der Organe der Gesellschaft, die Beeinflussung und Kontrolle ihres Handelns und auch ihre Absetzung liegen grundsätzlich ebenfalls in den Händen der Gesellschafter. Die Gestaltungsbemühungen der Partner fokussieren sich aus diesem Grund auf die Besetzung der in der jeweiligen Gesellschaftsform vorgegebenen Organe und eine Lenkung ihrer Aktivitäten durch eine, den Zielen des Joint Ventures angepasste, Definition ihres Handlungsspielraumes.

Die beiden gesetzlichen Entscheidungsträger sind bei der GmbH wie auch bei der GmbH & Co. KG die „Gesamtheit" der Gesellschafter sowie die Geschäftsführung. Zur Verdeutlichung der Entscheidungsstrukturen und Einflussmöglichkeiten soll daher im Folgenden zunächst die gesetzliche Stellung der Joint Venture Partner als Gesellschafter dargestellt werden. Hinsichtlich des generellen Aufbaus und der Zuständigkeitsverteilung zwischen Gesellschafterversammlung und Geschäftsführung sei auf die obigen Ausführungen in C III 2 und 3 verwiesen.

### II. Einfluss der Joint Venture Partner

Die Entscheidungsfindung im Joint Venture Unternehmen obliegt nicht den einzelnen Gesellschaftern, sondern diesen in ihrer „Gesamtheit". In der GmbH ergibt sich dies aus der allgemeinen Zuweisung an „die Gesellschafter"[239]. Für die GmbH & Co. KG überträgt das HGB zumindest die Entscheidungsfindung bei außergewöhnlichen Geschäften ebenfalls sämtlichen Gesellschaftern. Daneben wird deren Zuständigkeit auch bei sog. Grundlagengeschäften angenommen.[240] Entscheidungen der Geschäftsführung werden dagegen in der Gesellschafterversammlung der Komplementär-GmbH getroffen. Insoweit gilt hier das gleiche wie für ein Joint Venture Unternehmen in der Rechtsform einer GmbH. Hieraus leitet sich ab, dass die von dieser Gesellschaftergesamtheit zu treffenden Beschlüsse auf der Willensbildung der hierzu berufenen Gesellschafter basieren. Während in der KG als Personengesellschaft hierbei gemäß § 709 BGB, §§ 119 Abs. 1, 161 HGB grundsätzlich das Prinzip der Einstimmigkeit gilt, werden Entscheidungen in der GmbH als Kapitalgesellschaft grundsätzlich gemäß § 47 Abs. 1 GmbHG nach dem Mehrheitsprinzip getroffen.[241] Jedoch kann der Gesellschaftsvertrag der Personengesellschaft das Einstimmigkeitsprinzip durch das Mehrheitsprinzip ersetzen,[242] was auch im Regelfall der Praktikabilität geschuldet ist und so gehandhabt wird. Im Falle paritätischer Beteiligung, wie sie bei nationalen Joint Ventures üblich ist,[243] gilt ohnehin zwangsläufig das Einstimmigkeitsprinzip. Der Bestimmung der für eine Entscheidung maßgeblichen Mehrheit liegen in Personen- und Kapitalgesellschaft unterschiedliche Parameter zugrunde: Die Macht als Gesellschafter des Joint Venture Unternehmens ist in der Personengesellschaft[244] grundsätzlich nach Köpfen,[245] in der Kapitalgesellschaft nach dem Wert der gehaltenen Anteile[246] zu bestimmen. Jedoch können auch bei der für Joint Venture Unternehmen relevanten GmbH & Co. KG Regelungen im Gesellschaftsvertrag getroffen werden, nach denen der Anteil der Stimmmacht eines Gesellschafters sich proportional zu dessen Anteil am Kommanditkapital verhalten soll.[247] Da die Komplementärs-GmbH regelmäßig weder Kapitalanteil noch Stimmmacht besitzt, bestimmt sich dann auch hier die Stimmmacht eines Gesellschafters (Kommanditisten) nach dem anteiligen Wert des von ihm eingebrachten Kapi-

---

[239] Vgl. zur Diskussion um die Organbegrifflichkeiten bereits oben unter C III 2 b.
[240] OLG Stuttgart, Urt. v. 14.5.2003, Az. 20 U 31/02, NZG 2003, 778, 782 f.
[241] Zur Zulässigkeit der Verschärfung gesetzlicher Mehrheitserfordernisse im GmbH-Recht vgl. OLG Frankfurt a.M., Urt. v. 19.10.2009, Az. 22 U 248/07, GmbHR 2010, 260, 260.
[242] Vgl. § 119 Abs. 2 HGB.
[243] Anders wohl bei internationalen Joint Ventures, vgl. *Langefeld-Wirth*, RIW 1990, 1, 3.
[244] Für die KG in §§ 161 Abs. 2, 119 HGB geregelt.
[245] Vgl. *Schulte* in: Schulte/Schwindt/Kuhn, § 2 Rn. 127.
[246] Für die GmbH in § 47 Abs. 2 GmbHG geregelt.
[247] Vgl. *Schulte* in Schulte/Schwindt/Kuhn, § 4 Rn. 127.

tals. Diese Verteilung wird in den Fällen der meisten Joint Venture Unternehmen als fair betrachtet, da sich so das finanzielle Risiko eines Partners in der entsprechenden prozentualen Teilhabe an der Entscheidungsgewalt widerspiegelt.

Dies führt zu der grundsätzlichen Frage, in welchem Verhältnis die Joint Venture Partner am Joint Venture Unternehmen beteiligt werden sollen und auf Basis welcher Quoren sie ihre Entscheidungen treffen wollen. Hierbei liegt auf der Hand, dass natürlich eine Mehrheitsbeteiligung eines Partners mit hierauf basierender Entscheidungsbefugnis – unter Einbeziehung von Vetorechten des Minderheitsgesellschafters bzw. der Ausnahme von Kataloggeschäften – eine effizientere Steuerung gewährleistet, als eine paritätische Beteiligung der Partner und Entscheidungen nach dem Einstimmigkeitsprinzip.[248] Jedoch liegt dem partnerschaftlichen Gedanken eines Joint Ventures mit gleichwertigen Einbringungen eine solche paritätische Beteiligung und gemeinsame Entscheidungsbefugnis klassischer Weise näher. Dies gilt zumindest für die hier behandelten nationalen Joint Ventures, bei denen sich zumeist zwei gleich starke und bereits etablierte Partner zu Forschungs- und Entwicklungs- oder Vertriebskooperationen oder zum nunmehr gemeinsamen Auftritt auf einem Markt entschließen. Anders liegt dies freilich bei Joint Ventures, bei welchen sich ein finanz- und technologiestarkes Unternehmen zum Zwecke der Markterschließung oder Auslagerung eines Betriebsteils im Ausland mit kleineren lokalen Partnern zusammen tun muss. Es sollte jedoch festgehalten werden, dass eine paritätische Machtverteilung nicht von vorneherein als ineffizient oder der klaren Machtzuordnung zugunsten eines Partners unterlegen anzusehen ist.[249] Es kommt immer auf die Partner, ihr Zusammenwirken und die vertragliche Gestaltung ihrer Zusammenarbeit an. Vielmehr kann eine klare Machtverteilung zugunsten eines Partners das Misstrauen zwischen den Partnern erhöhen und so die Vertrauensbasis zwischen den Partnern nachhaltig beeinträchtigen.[250]

---

[248] Vgl. *Schulte* in Schulte/Schwindt/Kuhn, § 4 Rn. 15 f.; siehe auch die ausführliche Analyse der Literatur zu empirischen Erfolgsuntersuchungen bei verschiedenen Machtverteilungssystemen bei *Vornhusen*, S. 211 ff.

[249] Vgl. auch *Vornhusen*, S. 213.

[250] Vgl. *Eisele*, S. 174; nach dessen Analysen sind Joint Venture mit einer paritätischen Beteiligungsstruktur sogar signifikant erfolgreicher als solche mit Mehrheitsbeteiligung eines Partners, *ders.*, a.a.O., S. 146 ff., was er auf die dann vorliegende „echte Bereitschaft zur Kooperation" der Partner zurückführt, a.a.O., S. 148.

Bei der Festlegung der Beteiligungsquote im Joint Venture und der in diesem Zusammenhang nötigen Bewertung des wirtschaftlichen Beitrags[251] eines jeden Partners, stellen sich jedoch bereits die ersten Probleme. Die Partner bringen regelmäßig verschiedenartige Beiträge in das Joint Venture Unternehmen ein. Hierbei kann es sich beispielsweise um Produktionsmittel, Immaterialgüter oder ganze Geschäftsbereiche oder Unternehmensbeteiligungen handeln, mit denen die Partner das Joint Venture Unternehmen ausstatten. Jedoch werden nicht alle Leistungen der Joint Venture Partner bei Gründung des Joint Ventures erbracht. Daher sind bei der Bemessung der Beteiligungsquote auch solche Leistungen zu berücksichtigen, die ein Partner erst im Verlauf der Geschäftstätigkeit des Joint Venture Unternehmens diesem zur Verfügung stellt oder diesem gegenüber erbringen muss. Zumeist ist der Umfang solcher zukünftiger Leistungen zumindest bestimmbar. Aufgrund der hierin liegenden Schwierigkeiten ist zur Vermeidung von Streit unbedingt eine Beitragsbewertung nach anerkannten betriebswirtschaftlichen Methoden durchzuführen. Nach deren Ergebnis richtet sich dann die Beteiligungsquote des jeweiligen Joint Venture Partners. Im Falle eines Joint Ventures mit gewünschter paritätischer Beteiligung kommt man sozusagen „von der andern Seite". Hier kann eine höhere Bewertung der Beiträge eines Partners zu Ansprüchen auf Ausgleichszahlungen führen.[252] Eine klare Identifikation und Bewertung der Leistungen der Partner ist darüber hinaus auch vorbeugend für den Fall des Scheiterns des Joint Ventures und der dann notwendigen Rückübertragung von Gütern und Rechten sinnvoll.

Bezüglich der so erfolgten generellen Ermittlung der Stimmgewichte bestehen noch keine signifikanten Unterschiede des Einflusses der Gesellschafter des Joint Venture Unternehmens zu dem Einfluss eines jeden Gesellschafters auf seine Gesellschaft. Jedoch können die Joint Venture Partner auch ein Interesse daran haben, die Machtverteilung im Joint Venture Unternehmen nicht kapitalgebunden, sondern basierend auf anderen Kriterien zu gestalten. Über die gesetzlich vorgegebenen Regelungen des Gesellschaftereinflusses hinaus, können sie zudem Einfluss auf das Joint Venture Unternehmen nehmen.

Hierbei stellen sich zwei wesentliche Fragen:

---

[251] Vgl. zur Festlegung der Stimm- und Vermögensrechte im Joint Venture: *Görgemanns*, GmbHR 2004, 170, 171.
[252] Vgl. *Görgemanns*, GmbHR 2004, 170, 171.

1. Wie wird der zur effektiven Steuerung der Gesellschaft notwendige Konsens unter den (Mehrheits-) Gesellschaftern des Joint Venture Unternehmens gebildet? Wie viel Macht darf einem einzelnen Partner übertragen werden und wo liegen die Grenzen des Minderheitenschutzes und der gesellschaftlichen Treuepflicht?

2. Wo liegen die Grenzen der Steuerungsmacht der Gesellschafter in ihrer Gesamtheit im Hinblick auf die Gesellschaft und ihre Organe? Gibt es einen autonomen Bereich der Geschäftsführung in der (Komplementärs-) GmbH, der dem Zugriff der Gesellschafter entzogen ist?

Diese beiden Fragen lassen sich nicht getrennt voneinander beantworten. Denn gerade in der Art der Konsensbildung unter den Gesellschaftern liegen zugleich deren Grenzen. Im Regelfall eines nationalen Joint Ventures mit zwei Partnern mit einer gleichen Beteiligungsquote im Joint Venture Unternehmen wird die Steuerung des Joint Venture Unternehmens von sämtlichen Joint Venture Partnern gemeinsam ausgehen. Die gemeinsame Leitung des Joint Venture Unternehmens ist ja auch gerade Zweck der Gründung eines Joint Venture Unternehmens. Vor diesem Hintergrund ist jeder Partner bei der Führung des Unternehmens auf die Mitwirkung des anderen angewiesen. Zur Gewährleistung einer effektiven Steuerung des Joint Venture Unternehmens besteht ein begründetes Interesse der Joint Venture Partner untereinander, bei Entscheidungen schnell und ohne Streit einen gangbaren Konsens zu finden. Je mehr Partner an dem Joint Venture (Unternehmen) beteiligt sind, desto wichtiger wird eine klare Regelung zur Gewährleistung einer Konsensbildung durch die die Handlungsfähigkeit des Joint Venture Unternehmens sicher gestellt ist. Nur so ist ein „einheitlicher Kurs" zu gewährleisten. Dies gilt nicht nur, aber umso mehr, wenn der Personenkreis der am Joint Venture beteiligten Partner nicht mit dem Gesellschafterkreis des Joint Venture Unternehmens übereinstimmt. Wie dieser einheitliche Kurs aller Joint Venture Partner gebildet wird, muss im Joint Venture Vertrag geregelt werden. Neben Bestimmungen zu den Grundlagen und der Zielsetzung der Kooperation und zur Steuerung und Kontrolle enthält dieser auch Regelungen über die Art und Weise der internen Meinungsbildung. In Betracht kommt, je nach Partner- und Gesellschafterstruktur, auch hier eine Letztentscheidungsbefugnis eines Partners, dem alle Folge zu leisten haben, eine Bindung an den Willen der Mehrheit (die sich wiederum nach Köpfen oder nach Kapitalanteil bestimmen kann[253]) sowie natürlich der Zwang sich zu einigen. Im Joint Venture System findet so eine vorgeschaltete Willensbildung der Joint Venture Partner statt, die anschließend - untechnisch gesprochen - über deren Stellung als Gesellschafter auf die Ebene des Joint Venture Unternehmens transferiert werden muss.[254]

### III. Notwendigkeit einer vorgelagerten Willensbildung im Joint Venture

Es ist eine Vielzahl von Konstellationen möglich, in denen die Partner eines Joint Ventures zueinander und zu dem Gesellschafterkreis des Joint Venture Unternehmens stehen können. Wesentliche Aufgabe der Joint Venture Vereinbarung ist es daher, eine effektive Willensbildung der Joint Venture Partner untereinander zu ermöglichen und diesen Willen als korporativ maßgeblichen Willen der Gesellschafter in der Gesellschafterversammlung des Joint Venture Unternehmen geltend zu machen. Hierbei spielen je nach Beteiligungsstruktur unterschiedliche Kriterien eine Rolle:

### 1. Konstellation: Personenidentität von Joint Venture Partnern und Gesellschaftern des Joint Venture Unternehmens

Im „klassischen" Joint Venture sind alle Joint Venture Partner auch Gesellschafter des Joint Venture Unternehmens, sodass der Joint Venture Vertrag Gesellschaftervereinbarungen aller Gesellschafter beinhaltet, die der Steuerung des Joint Venture Unternehmens im Sinne der Partner dienen und ihre interne Willensbildung regeln.

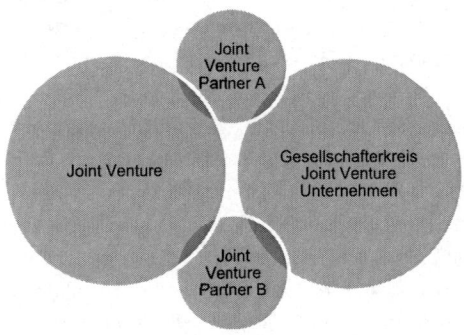

---

[253] Vgl. *Weitemeyer* in: Oetker, § 119 Rn. 51 f.
[254] *Langefeld-Wirth*, RIW 1990, 1, 4 spricht insoweit von einer „Transformation der im Joint Venture-Vertrag vereinbarten Inhalte in für die Joint Venture Company gesellschaftsrechtlich verbindliche Gesellschafterbeschlüsse".

Die Vereinbarungen der Partner im Joint Venture Vertrag zielen in dieser Konstellation primär darauf ab, bestimmte Themengebiete durch Stimmbindung einem Streit in der Gesellschafterversammlung vorwegzunehmen und die Parteien zu verpflichten, bestimmten vorab geregelten Themen auf Ebene des Joint Venture Unternehmens Geltung zu verschaffen.

## 2. Konstellation: Das Joint Venture als „Schutzvertrag" der Joint Venture Partner zur Sicherstellung der Steuerung des Joint Venture Unternehmens

Das Joint Venture Unternehmen kann neben den Joint Venture Partnern auch weitere Gesellschafter haben. So ist etwa im Joint Venture in der Rechtsform einer GmbH & Co. KG die Komplementärs-GmbH regelmäßig kein Partner des Joint Ventures. Ebenso denkbar ist die Aufnahme weiterer reiner Finanzinvestoren. (Primärer) Zweck des Joint Venture Vertrages ist es dann, die wirtschaftliche Zielsetzung der Joint Venture Partner im Joint Venture Unternehmen auch im Falle der Fremdbeteiligung zu erhalten. Die Steuerung des Joint Venture Unternehmens funktioniert nur, wenn die Joint Venture Partner in dessen Gesellschafterversammlung eine entscheidungsfähige Mehrheit haben und von dieser im gemeinsamen Sinne Gebrauch machen. Sie müssen daher ihre Stimmen bündeln, um nicht durch andere Gesellschafter an der Umsetzung ihrer Ziele im Joint Venture Unternehmen gehindert zu werden. Nur wenn die Lenkungsmacht der Joint Venture Partner gewährleistet ist, liegt in diesem Fall auch noch ein Joint Venture Unternehmen der Partner vor. Dies durch eine vorgeschaltete abgestimmte Willensbildung im Joint Venture zu gewährleisten, ist in dieser Konstellation primäre Aufgabe des Joint Venture Vertrages. Die Joint Venture Partner müssen ein Interesse daran haben, im Joint Venture Vertrag nicht nur die gemeinsame Leitung des Joint Venture Unternehmens zu regeln, sondern die gemeinsamen Interessen auch noch gegen möglicherweise anders denkende Dritte durchzusetzen. Nur so ist zu vermeiden, dass ein Joint Venture Partner mit Hilfe des außenstehenden Gesellschafters sich über die Interessen des Joint Venture Partners hinwegsetzt.

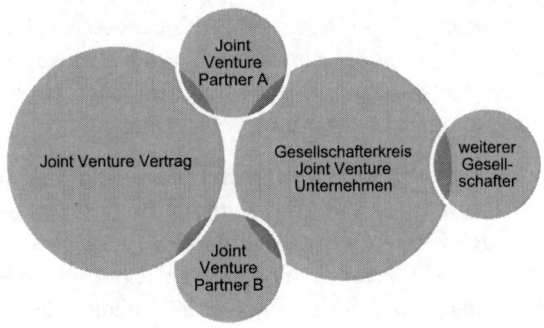

### 3. Konstellation: Ein Joint Venture Partner ist nicht Gesellschafter des Joint Venture Unternehmens

Es ist außerdem möglich, dass nicht alle Partner des Joint Venture Vertrages auch Gesellschafter des Joint Venture Unternehmens sind. Dies kann daran liegen, dass ein Joint Venture Partner - etwa aus wettbewerbspolitischen Gründen - die Publizität seines Engagements im Handelsregister scheut. In dieser Konstellation liegt im Joint Venture Vertrag eine schuldrechtliche Bindung einzelner Gesellschafter mit gesellschaftsfremden Dritten. Im Falle einer solchen Gestaltung hat insbesondere der Joint Venture Partner, der nicht Gesellschafter des Joint Venture Unternehmens ist, ein Interesse daran, durch Vereinbarungen im Joint Venture Vertrag seinen Einfluss auf das Joint Venture Unternehmen sicher zu stellen. Nur wenn die anderen Joint Venture Partner ihre Gesellschafterrechte im Joint Venture Unternehmen im gemeinsamen Sinne des Joint Venture Vertrages erfüllen, ist auch das Interesse des nicht direkt beteiligten Joint Venture Partners gewahrt.

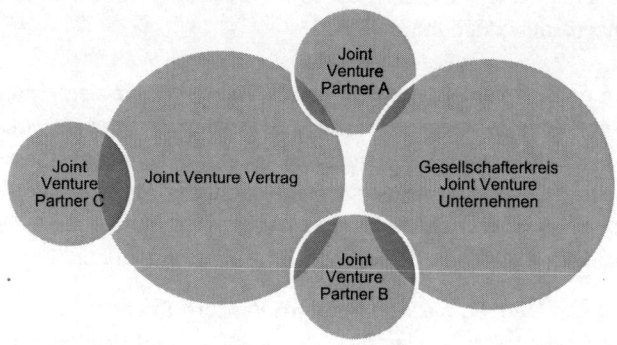

Auch solche rein schuldrechtlich wirkenden Vereinbarungen zwischen den Gesellschaftern mit Dritten sind in gewissen Grenzen zulässig.[255] Gleichwohl wird ihre Reichweite und die Frage nach ihrem zulässigen Regelungsgehalt im Einzelnen noch zu erörtern sein.

## IV. Zwischenergebnis

Zusammenfassend lässt sich sagen, dass eine Steuerung des Joint Venture Unternehmens auf zwei Ebenen stattfindet. Zunächst natürlich auf der Ebene des Joint Venture Unternehmens durch die Gestaltung des Gesellschaftsvertrages und die Besetzung und Steuerung der Organe durch die Joint Venture Partner als deren Gesellschafter. Ebenso wesentlich und tragend für den Gedanken des Joint Venture als gemeinsames Engagement der Partner ist aber die vorgelagerte Ebene der Vereinbarungen der Joint Venture Partner im Joint Venture Vertrag. Hierin wird bereits umfänglich festgelegt, wie sich die Joint Venture Partner bei der Gründung, Gestaltung und Steuerung des Joint Venture Unternehmens verhalten sollen. Da die Joint Venture Partner in jeder der oben genannten Konstellationen gemeinsam eine Mehrheit im Joint Venture Unternehmen besitzen müssen, die geeignet ist, sämtliche Entscheidungen in dessen Gesellschafterversammlung durchzusetzen, liegt der wesentliche

---

[255] Siehe hierzu im Einzelnen unten unter Kapitel 4 B II 4, sowie für die GmbH *Römermann* in: Michalski, § 47 Rn. 500 ff. und für die KG *Weipert* in: Münchner Handbuch des Gesellschaftsrechts Bd. II, § 12 Rn. 66.

Punkt solcher Vereinbarungen in der Sicherstellung einer effektiven gemeinsamen Entscheidungsfindung.

Die Steuerung eines Joint Venture Unternehmens basiert also primär auf den Regelungen des Joint Venture Vertrages sowie dessen Wechselwirkungen mit dem Gesellschaftsvertrag. Aus diesem Grund soll zunächst der strukturelle Vertragsaufbau im Joint Venture System und das Verhältnis der einzelnen Verträge zueinander dargestellt werden, bevor in Kapitel 3 auf die Zulässigkeit und Möglichkeiten materieller Vertragsgestaltung eingegangen wird.

### E. Struktureller Vertragsaufbau im Joint Venture System

Die Absprachen und Vereinbarungen der Joint Venture Partner basieren auf einem mehrstufigen Vertragskonstrukt,[256] dem Joint Venture System, das in der Regel den Joint Venture Vertrag und den Gesellschaftsvertrag des Joint Venture Unternehmens, sowie verschiedene begleitende Verträge umfasst. Einem Equity Joint Venture liegt notwendigerweise zumindest eine zweistufige Vertragsstruktur zugrunde.

### I. Der Joint Venture Vertrag als Grundvertrag

### 1. Bedeutung

Die Grundlage jedes Joint Ventures ist der Joint Venture Vertrag der Partner. Dieser wird auch als „Grundlagenvereinbarung"[257], „Konsortialvertrag"[258] oder, vor allem im Equity Joint Venture, auch als „Gesellschaftervereinbarung"[259] oder „Side-Letter"[260] bezeichnet.[261] Seine Zulässigkeit als „Nebenvereinbarung"[262] ist allgemein anerkannt.[263] Bei der Gestaltung des Joint Ventures Ver-

---

[256] *Langefeld-Wirth* in: Langefeld-Wirth, S. 113 und *Tegen*, S. 169 sprechen insoweit von einem dreistufigen Vertragsaufbau.

[257] Siehe bereits oben Kapitel 2 A IV.

[258] *Baumanns/Wirbel* in: Münchner Handbuch des Gesellschaftsrechts Bd. I, § 28 Rn. 29.

[259] *Stephan* in: Schaumburg, S. 101.

[260] *Duhnkrack/Hellmann*, ZIP 2003, 1425, 1425 f.

[261] Zu weiteren internationalen Begrifflichkeiten siehe *Langefeld-Wirth* in: Langefeld-Wirth, S. 113.

[262] In der rechtstechnischen Einordnung ist der Joint Venture Vertrag im Equity Joint Venture zumindest nach Gründung des Joint Venture Unternehmens „Nebenvereinbarung" der beteiligten Gesellschafter. Diese Bezeichnung sowie die Bezeichnung „Gesellschaftervereinbarung" oder „Gesellschafterabrede" werden daher hier synonym für diesen gebraucht. Gleichwohl ist der Einwand richtig, dass es sich beim Joint Venture Vertrag zunächst nicht um eine „Neben"-Vereinbarung handelt, da dieser bereits vor Gründung des Joint Venture Unternehmens geschlossen wird, vgl. *Tegen*, S. 202 f.; so auch *Joussen*, S. 102; nach *Noack*, S. 298 liegt auch keine „echte" Gesellschaftervereinbarung vor, da die Joint Venture Partner zum

trages sollte ein, seiner Bedeutung als Basisvertrag des Gesamtkonstrukts angemessenes, Maß an Sorgfalt an den Tag gelegt werden. Es bietet sich an, den Joint Venture Vertrag sowohl chronologisch als auch rechtlich als Grundlage der Zusammenarbeit der Joint Venture Partner zu betrachten und in ihm sowohl die grundsätzliche Beziehung derselben zueinander, als auch die Voraussetzungen und Eckpunkte der Errichtung des Joint Venture Unternehmens zu regeln. Umfasst werden daher regelmäßig Punkte wie Gegenstand, Zweck und Ziel der Zusammenarbeit, wechselseitige Beiträge und Einlagepflichten der Partner, die Gründung und Ausgestaltung des Gemeinschaftsunternehmens selbst, sowie die wesentlichen Grundzüge dessen Leitung.[264] Für die spätere Steuerung des Joint Venture Unternehmens durch die Partner sind Fragen der Management- und Organisationsstruktur des geplanten Joint Venture Unternehmens von großer Bedeutung. Insbesondere die Einräumung und Abgrenzung von Kompetenzen unter den Joint Venture Partnern, die Regelung ihrer Kräfteverhältnisse, Fragen der Personalauswahl und Personalentsendungsrechte, Schutz der Minderheitsgesellschafter vor Konzeptänderungen durch Mehrheitsgesellschafter und in letzter Konsequenz auch wirksame Mechanismen zur Streitbeilegung oder des Exits eines der Partner müssen geregelt werden.[265] Dabei liegt es auf der Hand, dass eine paritätische Beteiligung zweier Partner eine andere Vertragsgestaltung erfordert, als die Umsetzung eines Joint Ventures mehrerer Partner mit verschiedenartigen Beteiligungshöhen und Mitspracherechten.[266]

## 2. Rechtsnatur

Rechtlich betrachtet, handelt es sich bei dem Joint Venture Vertrag zunächst um eine rein schuldrechtliche Vereinbarung zwischen den Joint Venture Partnern, welche lediglich die Parteien derselben untereinander berechtigt und

---

Zeitpunkt seine Eingehung eben noch keine Gesellschafter sind; da hier die Einordnung als „Nebenvereinbarung" oder „Gesellschaftervereinbarung" als die Bezeichnung der Funktion des Joint Venture Vertrages nach Gründung des Joint Venture Unternehmens vorgenommen wird, kann diese Diskussion dahinstehen, vgl. auch *Joussen*, S. 102.
[263] Vgl. zur Zulässigkeit von Nebenvereinbarungen BGH Urt. v. 14.6.1965, Az. VIII ZR 309/62, JurionRS 1965, 12129 Rz. 13; BGH, Urt. v. 24.11.2008, Az. II ZR 116/08, NJW 2009, 669, 670; BGH, Beschl. v. 15.3.2010, Az. II ZR 4/09, NZG 2010, 988, 988 f.; zuletzt BGH Urt. v. 22.1.2013, Az. II ZR 80/10, NZG 2013, 220, 221 jeweils mit weiteren Nachweisen aus Rechtsprechung und Literatur; *Wälzholz*, GmbHR 2009, 1020, 1020; *Fastrich* in: Baumbach/Hueck, § 3 Rn. 56, m.w.N. dort in Fn. 186.
[264] Detaillierte Auflistung bei *Ebenroth*, JZ 1987, 265, 266.
[265] Vgl. hierzu ausführliche Auflistung bei *Langefeld-Wirth* in: Langefeld-Wirth, S. 115 f.
[266] Vgl. *Fett/Spiering*, Kap. 7 Rn. 106.

verpflichtet.[267] Allerdings hat der Joint Venture Vertrag auch in mehrfacher Hinsicht direkte gesellschaftsrechtliche Auswirkungen.[268] Der Joint Venture Vertrag ist der Gesellschaftsvertrag des Joint Ventures der Partner als Innengesellschaft bürgerlichen Rechts,[269] da er dauerhafte und wiederkehrende Pflichten der Joint Venture Partner begründet.[270] Als solcher kann er grundsätzlich formfrei geschlossen werden.[271] Die Regelungen des Joint Venture Vertrags stehen selbstständig neben dem Gesellschaftsvertrag des Joint Venture Unternehmens (Trennungsgrundsatz).[272] Die Ausgestaltung dieser Innengesellschaft unterliegt den Regelungen nach §§ 705 ff. BGB. Der hiernach erforderliche Gesellschaftszweck der Innengesellschaft liegt regelmäßig in der gemeinsamen Errichtung und Steuerung des Joint Venture Unternehmens. Für die vorliegende Untersuchung ist jedoch eine andere Funktion wesentlich: Aus dem Blickwinkel des Joint Venture Unternehmens stellt der Joint Venture Vertrag vor dessen Gründung einen unter anderem hierauf gerichteten Vorvertrag, nach Gründung eine schuldrechtliche Gesellschaftervereinbarung[273] aller oder einiger[274] Gesellschafter dar. Die in diesem getroffenen Vereinbarungen verpflichten die Partner schuldrechtlich Regelungen, die zwischen ihnen zur Gewährleistung einer besseren Steuerung des Joint Venture Unternehmens getroffen wurden, einzuhalten und als Gesellschafter des Joint Venture Unternehmens entsprechend umzusetzen.

Gesellschaftervereinbarungen im Allgemeinen beziehen sich zumeist primär auf die Ausübung des Stimmrechts der an der Vereinbarung beteiligten Gesellschafter in der Hauptgesellschaft. Eine solche Gesellschaftervereinbarung, die eine einheitliche Regelung der Stimmrechtsbefugnisse von Gesellschaftern

---

[267] *Fett/Spiering*, Kap. 7 Rn. 112; allgemein zur Rechtsnatur von Gesellschaftervereinbarungen, *Emmerich* in: Scholz Bd. I, § 3 Rn. 118 ff.
[268] *Fett/Spiering*, Kap. 7 Rn. 112; siehe auch *Baumanns/Wirbel*, Münchner Handbuch des Gesellschaftsrechts, Bd. I, § 28 Rn. 29; *Karsten Schmidt*, Gesellschaftsrecht, § 5 I 5 (S. 95) spricht von „verbandlichen Wirkungen" von Nebenabreden.
[269] *Baumanns/Wirbel* in: Münchner Handbuch des Gesellschaftsrechts Bd. I., § 28 Rn. 29; *Ebenroth*, JZ 1987, 265, 266.
[270] Vgl. *Ulmer/Löbbe* in: Großkommentar GmbHG Bd. I, § 3 Rn. 119 m.w.N. dort in Fn. 218; zur Qualifikation von Gesellschaftervereinbarungen als Innengesellschaft auch BGH, Beschl. v. 21.9.2009, Az. II ZR 250/07, NJW 2010, 62, 62; BGH, Urt. v. 22.1.2013, Az. II ZR 80/10, NZG 2013, 220, 221.
[271] *Sprau* in: Palandt, § 705 Rn. 12, ebenso zum „Side-Letter" *Duhnkrack/Hellmann*, ZGR 2003, 1425, 1426 m.w.N. dort.
[272] Vgl. für die GmbH *Emmerich* in: Scholz Bd. I, § 3 Rn. 121 m.w.N. dort in Fn. 5.
[273] Vgl. *Langefeld-Wirth*, RIW 1990, 1, 4.
[274] Abhängig von der Deckungsgleiche der Joint Venture Partner und der Gesellschafter.

zum Gegenstand hat, wird oft auch als „Stimmrechtskonsortium" oder „Stimm-pool" bezeichnet. Ziel solcher Vereinbarungen ist immer die Koordination der beteiligten Gesellschafter zur Verwirklichung eines gemeinsamen Interesses.[275] Der Joint Venture Vertrag ist ein solcher Konsortialvertrag,[276] in welchem die Joint Venture Partner ihre Zusammenarbeit im Hinblick auf das Gemeinschaftsunternehmen regeln. Durch den Abschluss des Joint Venture Vertrages schaffen die Joint Venture Partner daher zumeist schon vor Abschluss des Gesellschaftsvertrags des Gemeinschaftsunternehmens eine parallel zu diesem verlaufende Regelungsebene auf der Grundlage der zwischen ihnen begründeten Innengesellschaft. Aus dieser Innengesellschaft entstehen auch bereits mit Gründung gesellschaftsrechtliche Treuepflichten, die die Partner zur Umsetzung des gemeinsamen Ziels verpflichten. Es lässt sich somit sagen, dass der Joint Venture Vertrag eine dreifache Funktion erfüllt: Er ist sowohl Gesellschaftsvertrag der Innengesellschaft bürgerlichen Rechts der Joint Venture Partner, wie auch Vorvertrag[277] und schuldrechtliche Gesellschaftervereinbarung der Gesellschafter des Joint Venture Unternehmens.[278]

## 3. Form

Der Joint Venture Vertrag kann, sowohl in seiner Natur als Gesellschaftsvertrag der Innengesellschaft bürgerlichen Rechts[279] der Partner als auch als deren schuldrechtliche Nebenvereinbarung als Gesellschafter des Joint Venture Unternehmens,[280] grundsätzlich formfrei abgeschlossen werden. Auch ein konkludenter oder stillschweigender Abschluss ist möglich. Komplexe Equity Joint Venture Vereinbarungen sollten jedoch regelmäßig schon aus Klarheits- und Beweisgründen schriftlich abgeschlossen werden. Abhängig von besonderen Regelungsgegenständen kann eine notarielle Beurkundung des gesamten Joint Venture Vertrages erforderlich werden.

Dies ist zum einen regelmäßig der Fall, wenn im Joint Venture Vertrag die Verpflichtung zur Errichtung einer GmbH übernommen wird.[281] Ob es sich

---

[275] Vgl. auch *Berger*, S. 5
[276] *Baumanns/Wirbel* in: Münchner Handbuch des Gesellschaftsrechts Bd. I, § 28 Rn. 6.
[277] Vgl. zur Vorvertragsfunktion ausführlich *Tegen*, S. 170 ff.
[278] Zur Einordnung des Joint Venture Vertrages in verschiedene Vertragstypen anhand seiner Funktionen ausführlich: *Tegen*, S. 169 ff.
[279] Vgl. *Karsten Schmidt*, Gesellschaftsrecht, § 5 I 5 (S. 94); *Joussen*, S. 59 ff.
[280] *Winter*, ZHR 154 (1990), 259, 263 f.; vgl. zur Formbedürftigkeit von Gesellschaftervereinbarungen allgemein *Wälzholz*, GmbHR 2009, 1020, 1023 f.
[281] H. M., vgl. statt aller *Fastrich* in: Baumbach/Hueck, § 2 Rn. 33.

hierbei um die Gründung des Joint Venture Unternehmen in der Rechtsform einer GmbH oder um die im Zuge der Errichtung einer GmbH & Co. KG zu gründende Komplementärs-GmbH handelt, ist unerheblich.[282] Die Formbedürftigkeit der vertraglichen Übernahme der Verpflichtung zur Gründung ergibt sich in analoger Anwendung aus § 2 Abs. 1 GmbHG.[283] Regelungen, die die Verpflichtung zur Abtretung oder zum Erwerb von Gesellschaftsanteilen an einer bereits bestehenden GmbH im Sinne der §§ 15 Abs. 3, Abs. 4 S. 1 GmbHG begründen, bedürfen ebenfalls der notariellen Form. Bei solchen Vereinbarungen kann es sich sowohl um die Verpflichtung eines Partners handeln, einen anderen Partner durch die Übertragung von Gesellschaftsanteilen an einer bereits existierenden Gesellschaft zu beteiligen[284] oder seinerseits Anteile an einer GmbH zu erwerben, wie auch um die Verpflichtung, Gesellschaftsanteile an einer GmbH im Wege der Sacheinlage in das Joint Venture Unternehmen einzubringen.[285] Dies gilt auch für in vielen Joint Venture Verträgen vereinbarte Vorkaufs- oder Übernahmerechte.[286]

Anders verhält es sich bei der Übernahme der Verpflichtung zur Übertragung von Anteilen an einer bereits bestehenden Personengesellschaft. Weder die Übernahme der Verpflichtung noch die spätere Übertragung der Anteile selbst bedürfen der notariellen Form. Dies gilt auch für den Fall der Übertragung von Anteilen an einer bereits existierenden GmbH & Co. KG, soweit es sich um eine Einheitsgesellschaft handelt, mithin also der KG-Anteil den Anteil an der Komplementärs-GmbH faktisch beinhaltet.[287] Handelt es sich dagegen um die Übertragung von Kommanditanteilen an einer GmbH & Co. KG, die keine Einheitsgesellschaft ist, schlägt nach der herrschenden Ansicht der Beurkundungszwang über die Abtretung der Anteile an der Komplementärs-GmbH auch auf die Abtretung der Anteile an der KG selbst durch.[288] Regelmäßig werden im Joint Venture Vertrag sowohl die Anteile an der KG wie auch die

---

[282] Zu den Formpflichten bei der GmbH & Co. KG s. schon oben unter D III 3 b.
[283] *Schulte/Pohl*, S. 27 Rn. 102; vgl. auch *Fastrich* in: Baumbach/Hueck, § 2 Rn. 33; *Bayer* in: Lutter/Hommelhoff, § 2 Rn. 32.
[284] *Schulte/Pohl*, S. 27 Rn. 105.
[285] *Schulte/Pohl*, S. 28 Rn. 106.
[286] Vgl. *Fastrich* in: Baumbach/Hueck, § 15 Rn. 31.
[287] BGH, Urt. v. 10.3.2008, Az. II ZR 312/06, NZG 2008, 377, 377 f. (zur GbR); siehe auch *Binz/Sorg*, § 8 Rn. 4; *Fett/Spiering*, Kap 7 Rn. 134.
[288] Vgl. *Fett/Spiering*, Kap 7 Rn. 134; *Kempermann*, NJW 1991, 684, 684; *Schultze*, NJW 1991, 1936, 1936; *Binz/Mayer*, NJW 2002, 3054, 3058; *Roth* in: Roth/Altmeppen, § 15 Rn. 93; zur Gegenansicht siehe bereits oben unter C III 3 b.

Anteile an deren Komplementärs-GmbH einheitlich übertragen bzw. eine einheitliche Verpflichtung hierzu übernommen,[289] sodass sich in jedem Fall eine Pflicht zur Beurkundung des Joint Venture Vertrages ergibt.

Daneben kann die Formbedürftigkeit des Joint Venture Vertrages auch durch andere Regelungsgegenstände begründet werden. So macht die Verpflichtung zur Übertragung eines Grundstücks den gesamten Joint Venture Vertrag nach § 311 b BGB beurkundungspflichtig.[290] Enthält der Joint Venture Vertrag Klauseln, die den Joint Venture Partnern die spätere Umwandlung des Joint Venture Unternehmens in eine andere Rechtsform auferlegen oder eine Option hierzu einräumen, stellt sich die Frage, ob hierdurch der Joint Venture Vertrag formbedürftig im Sinne des § 193 Abs. 3 S. 1 UmwG wird. Hiergegen spricht zunächst der Wortlaut des § 193 Abs. 3 S. 1 UmwG, nach welchem lediglich der Umwandlungsbeschluss sowie die nach dem UmwG erforderlichen Zustimmungserklärungen der notariellen Beurkundung bedürfen. Eine dem § 15 Abs. 4 GmbHG vergleichbare Vorschrift ist dem Umwandlungsgesetz nicht zu entnehmen.[291] Auch aus der *ratio* des § 193 Abs. 3 S. 1 UmwG lässt sich die Notwendigkeit der Beurkundung einer Verpflichtung zur Umwandlung nicht herleiten. § 193 Abs. 3 S. 1 UmwG dient allein der Gewährleistung der Rechtssicherheit durch die Kontrolle des Notars, der die Verantwortung dafür übernimmt, dass die Versammlung der Anteilsinhaber ordnungsgemäß abgewickelt wird.[292] Der gesetzliche Schutz setzt somit ebenfalls erst zum Zeitpunkt der Umwandlung selbst an.[293]

Ob die Vereinbarung von Stimmbindungen im Joint Venture Vertrag - insbesondere im Hinblick auf die Verpflichtung zur Mitwirkung bei Satzungsänderungen - diesen formbedürftig macht, ist strittig und wird später zu diskutieren sein.[294]

---

[289] So auch *Fett/Spiering*, Kap 7 Rn. 134; *Binz/Mayer*, NJW 2002, 3054, 3059.
[290] *Binz/Mayer*, NJW 2002, 3054, 3055 f.; zu weiteren formbegründenden Regelungsgegenständen vgl. *ebenda*, 3055 f., sowie *Johansson* in: MAH Personengesellschaftsrecht, § 2 Rn. 51 ff.
[291] Vgl. *Sieger/Hasselbach*, NZG 1999, 485, 485.
[292] Vgl. BT-Drucks. 75/94, Erläuterungen zu § 13 Abs. 3 S. 1 UmwG, S. 86 (Verweis dorthin auf S. 139).
[293] Vgl. *Sieger/Hasselbach*, NZG 1999, 485, 485.
[294] Vgl. unten Kapitel 5 A IV 4; gegen eine Formbedürftigkeit *Wicke*, DStR 2006, 1137, 1139 m.w.N. dort in Fn. 46.

## 4. Rechtsfolgen bei Formmangel

Ist der Joint Venture Vertrag unter Verstoß gegen zwingende Formvorschriften abgeschlossen worden, ist er nach § 125 S. 1 BGB nichtig. Ob in diesem Fall auch der Gesellschaftsvertrag des Joint Venture Unternehmens, dem der Joint Venture Vertrag regelmäßig zugrunde liegt, nichtig ist, bestimmt sich nach § 139 BGB.[295] Es empfiehlt sich daher in den Joint Venture Vertrag eine Regelung aufzunehmen, wie die Partner in diesem Falle mit dem Joint Venture Unternehmen verfahren möchten.

## 5. Sinn und Zweck der Vereinbarungen im Joint Venture Vertrag

Der Joint Venture Vertrag soll als Grundlagenvereinbarung die wesentlichen Absprachen der Joint Venture Partner beinhalten. Er dient zudem insbesondere der individuellen Ausgestaltung der Rechtsbeziehungen der Joint Venture Partner untereinander und einer vorgelagerten internen Willensbildung. Dies zugrunde gelegt, lassen sich die nachfolgenden Funktionen unterscheiden.

### a. Koordinierung der Joint Venture Partner

Die im Vorfeld erfolgende Abstimmung der Einflussnahme der Joint Venture Partner dient der Vereinfachung der Entscheidungsprozesse in der Gesellschafterversammlung. Die Absprachen im Joint Venture Vertrag entziehen der Gesellschafterversammlung so Konfliktpotential. Böse gesprochen könnte man natürlich auch sagen, dass diese „Entziehung von Konfliktpotential" in Wirklichkeit eine Entziehung oder zumindest Beeinträchtigung der Entscheidungsmacht der Gesellschafterversammlung darstellt. Egal welche Position man hierzu einnimmt bieten Absprachen in Joint Venture Vertrag den beteiligten Partnern die Möglichkeit sicherzustellen, dass sie mit der Macht ihrer gemeinsamen Stimmen ihre Interessen im Joint Venture Unternehmen sicher durchsetzen können. Eine wesentliche Funktion des Joint Venture Vertrages liegt daher auch in der vorgelagerten Herstellung eines Ausgleichs zwischen den Interessen der Partner.[296] Das in einer Vorkoordination liegende einheitliche Auftreten der Partner, sei es in ihrer Gesamtheit, sei es durch Bestimmung eines gemeinsamen Vertreters in der Gesellschafterversammlung, ermöglicht außerdem eine klare Positionierung gegenüber nicht beteiligten Gesellschaftern oder der Geschäftsführung des Joint Venture Unternehmens. Im Interesse einer funktionsfähigen Leitung des Joint Venture Unternehmens

---

[295] *Duhnkrack/Hellmann*, ZIP 2003, 1425, 1430.
[296] Vgl. *Schütze/Vormann* in: Dieners/Reese, § 19 Rn. 28.

kann nur eine solche Vor-Koordination im Joint Venture Vertrag eine einheitliche Willensbildung gewährleisten.[297]

b. Konkretisierung von gesellschaftsvertraglichen Regelungen

Eine weitere wichtige Funktion des Joint Venture Vertrages ist die Bestimmung von Pflichten, die über die im Gesellschaftsvertrag festgelegten hinausgehen,[298] wie auch die Spezifizierung im Gesellschaftsvertrag allgemein gehaltener Regelungen und Begrifflichkeiten.

i   GmbH

Die minimale Beitragspflicht eines Gesellschafters liegt in der GmbH in der Erbringung der Einlagen auf das Stammkapital in Höhe des Nennwerts der übernommenen Geschäftsanteile. Die Gesamtheit der Einlagen aller Gesellschafter muss die Höhe des registrierten Stammkapitals der Gesellschaft erreichen. Die Höhe des Stammkapitals, der Nennwert der Geschäftsanteile und die Anzahl der durch die Gründungsgesellschafter jeweils übernommenen Geschäftsanteile wird im Gesellschaftsvertrag vereinbart. Aufgrund der bei der Erbringung von Sacheinlagen notwendigen Bewertung der Einlagen, sowie deren Aufnahme in den Gesellschaftsvertrag, empfiehlt es sich, die Erbringung der Einlagen auf das Stammkapital in bar zu vereinbaren. Die Einlagen müssen mindestens in Höhe von 50% des Nennbetrags sämtlicher übernommener Anteile bereits vor Eintragung in das Handelsregister zur freien Verfügung an die Gesellschaft geleistet werden.[299] Darüber hinaus lässt der Wortlaut des § 3 Abs. 2 GmbHG eine Verpflichtung der Gesellschafter auch zu weiteren (Neben-) Leistungen ausdrücklich zu. Die Art der Nebenleistungen ist hierbei gesetzlich nicht beschränkt, auch in der konkreten Gestaltung der Nebenleistungspflichten sind die Gesellschafter weitestgehend frei.[300]

ii   GmbH & Co. KG

In der GmbH & Co. KG liegen die gesetzlichen Pflichten der Gesellschafter nur grob bezeichnet in der „Förderung des gemeinsamen Zwecks" nach §§ 705 BGB, 105, 161 HGB. Sämtliche konkrete Beitragspflichten im Innenverhältnis der Gesellschafter können sowohl im Gesellschaftsvertrag wie auch im Joint Venture Vertrag geregelt werden, soweit es eines unmittelbaren Anspruchs der Gesellschaft auf diese nicht bedarf. Anders liegt dies nur bei der Vereinba-

---

[297] *Noack*, S. 21.
[298] *Noack*, S. 27.
[299] Vgl. § 7 Abs. 2 S. 2 GmbHG.
[300] *Michalski* in: Michalski, § 3 Rn. 61.

rung der Übernahme einer bestimmten Haftsumme eines jeden Kommanditisten. Das Gesetz sieht hierfür keinen Mindestbetrag vor.[301] Jedoch ist im Falle eines Joint Ventures eine Summe zu wählen, welche dem Joint Venture Unternehmen ausreichende Glaubwürdigkeit garantiert.[302] Diese muss im Gesellschaftsvertrag vereinbart werden und nach § 162 Abs. 1 S. 2 HGB ins Handelsregister eingetragen werden. Die so festgelegte und publizierte Haftung eines Kommanditisten nach Außen, die sogenannte Hafteinlage, ist jedoch die einzige im Gesellschaftsvertrag konkret zu regelnde Beitragspflicht.

iii Zusammenfassung

Im Gesellschaftsvertrag werden die Gesellschafter die von ihnen zu erbringenden (Neben-) Leistungen nicht *en detail* regeln. Sie beschränken sich vielmehr auf die personengesellschaftsrechtliche Generalklausel zur Förderung des Gesellschaftszweckes und auf die Höhe der Hafteinlage des Kommanditisten bzw. im Fall der GmbH auf die Festlegung von Art und Höhe der auf das Stammkapital zu erbringenden Einlagen. Darüber hinausgehende Leistungspflichten der Gesellschafter werden regelmäßig im Joint Venture Vertrag bestimmt. Dass etwa Nebenpflichten der Gesellschafter nicht nur als fakultative Satzungsbestimmungen nach § 3 Abs. 2 GmbHG im Gesellschaftsvertrag, sondern auch in schuldrechtlichen Nebenabreden getroffen werden können ist heute allgemein anerkannt.[303] Denn gerade das Erreichen des im Joint Venture Vertrag bestimmten gemeinsamen Unternehmenszieles im Joint Venture Unternehmen erfordert von den Partnern vielfältige Leistungen und Maßnahmen, die näherer Ausgestaltung bedürfen. Diese kann im Joint Venture Vertrag flexibel und formfrei getroffen werden.

Daneben werden regelmäßig weitere Prozesse, wie etwa die Beschlussfassung und Organbesetzung, im Joint Venture Vertrag konkretisiert.

c. Geheimhaltung

Im Falle der GmbH haben Vereinbarungen außerhalb des Gesellschaftsvertrages den Vorteil, dass sie nicht den Publizitätsplichten des Handelsregisters

---

[301] *Karsten Schmidt* in: MüKo HGB Bd. III, § 172 Rn. 22.

[302] Da jedoch die Komplementär GmbH jedenfalls in Höhe ihres Stammkapitals von mindestens EUR 25.000,00 haftet, muss die Höhe der Hafteinlage auch nicht übermäßig gestaltet werden, da insoweit ohnehin bereits eine mit einer GmbH vergleichbare Kapitalisierung vorliegt.

[303] Vgl. *Noack*, S. 131 mit Verweis auf die Rechtsprechung des BGH, Urt. v. 8.2.1993, Az. II ZR 24/92, NJW-RR 1993, 607, 607 f.

unterliegen.[304] Sie sind regelmäßig nur den an ihnen beteiligten Gesellschaftern zugänglich. So wird vermieden, dass nicht an der Absprache beteiligte Gesellschafter, die (Fremd-) Geschäftsführung und vor allem keine gesellschaftsfremden Dritten - wie etwa das Finanzamt oder Kartellbehörden[305] - Kenntnis vom Inhalt solcher Vereinbarungen erlangen. Zudem wird durch die Vereinbarung von Schiedsklauseln vielfach der Weg zu den ordentlichen Gerichten ausgeschlossen,[306] sodass auch eine Offenlegung durch einen Gerichtsprozesses vermieden werden kann.

## II. Der Gesellschaftsvertrag des Joint Venture Unternehmens

### 1. Mindestinhalt

Die Gründung des Joint Venture Unternehmens in den oben unter C III 2 und 3 dargestellten Rechtsformen GmbH und GmbH & Co. KG erfolgt gesetzlich zwingend vorgeschrieben durch Gesellschaftsvertrag und Eintragung der Gesellschaft im Handelsregister[307] unter der gewählten Firma.[308] Der Gesellschaftsvertrag muss bei der GmbH zwingend die Mindestbestandteile des § 3 Abs. 1 GmbHG enthalten und bedarf der notariellen Form. Zum Mindestgehalt des Gesellschaftsvertrages zählen bei der GmbH Regelungen über die Firma und den Sitz der Gesellschaft, den Gegenstand des Unternehmens, den Betrag des Stammkapitals und die Zahl und die Nennbeträge, die jeder Gesellschafter gegen Einlage auf das Stammkapital als Stammeinlage übernimmt. Bei der GmbH & Co. KG muss der KG-Gesellschaftsvertrag nach § 161 Abs. 1 HGB zwingend Regelungen zur handelsgewerblichen Zwecksetzung und Firma, der persönlich haftenden Gesellschafterin sowie zu Person und Einlage der Kommanditisten enthalten. Soll von gesetzlichen Regelungen abgewichen werden, kann dies mit korporativer Wirkung ebenfalls nur im Gesellschaftsvertrag erfolgen.

### 2. Grundsätzliche Erwägungen zur Aufnahme von Regelungen in den Gesellschaftsvertrag oder Joint Venture Vertrag

Nach Gründung des Gemeinschaftsunternehmens bestimmen sich die Rechte und Pflichten der Partner nach dem Joint Venture Vertrag und nach dem Ge-

---

[304] Vgl. *Joussen*, S. 238; *Priester* in: FS Claussen, S. 319, 322; *Wicke,* DStR 2006, 1137, 1137; *Hoffmann-Becking*, ZGR 1994, 442, 445 f.
[305] *Duhnkrack/Hellmann*, ZIP 2003, 1425, 1426.
[306] Vgl. auch *Wicke*, DStR 2006, 1137, 1137.
[307] Für die GmbH: §§ 2 Abs. 1, 7 Abs. 1 GmbHG; für die GmbH & Co. KG: §§ 161 Abs. 2, 109, 106 Abs. 1 HGB.
[308] Vgl. *Schulte* in: Schulte/Schwindt/Kuhn, § 4 Rn. 95 ff.; siehe auch §§ 17 ff. HGB.

sellschaftsvertrag des Joint Venture Unternehmens.[309] Neben den gesetzlichen Mindestanforderungen steht es den Partnern grundsätzlich frei, im Gesellschaftsvertrag des Joint Venture Unternehmens in der Rechtsform einer GmbH dispositives Gesetzesrecht abzuändern oder weitere Vereinbarungen in den Gesellschaftsvertrag aufzunehmen[310] und somit fakultative Satzungsregelungen zu schaffen. § 3 Abs. 2 GmbHG beinhaltet einen generellen Grundsatz und keine abschließende Aufzählung zur Regelung fakultativer Satzungsbestandteile.[311] Sollen die aufgenommenen Regelungen alle Gesellschafter binden, mithin korporative Wirkung entfalten, spricht man von zwar „fakultativen" aber „echten" Satzungsbestandteilen. Jedoch auch dann, wenn es sich nicht um mitgliedschaftliche Regelungen, sondern rein schuldrechtliche Rechte und Pflichten einzelner Gesellschafter handeln soll, können diese in den Gesellschaftsvertrag aufgenommen werden.[312] Man spricht insoweit von „unechten", „formellen", „nicht-korporativen", oder „individualrechtlichen" Satzungsbestandteilen.[313] Fakultative, „echte" Satzungsbestimmungen können etwa Regelungen über die Verfassung der Gesellschaft oder zusätzliche Organe, sowie die Begründung von Sonderrechten einzelner Gesellschafter[314] und Abweichungen vom dispositiven unter den Vorbehalt abweichender Satzungsregelung gestellten, Gesetzesrecht beinhalten.[315] Sämtliche zusätzliche Regelungen zwischen den Gesellschaftern, können immer entweder korporative Wirkung entfalten[316] oder fallen unter die unechten Satzungsbestandteile und können dann sowohl in der Satzung als auch im Joint Venture Vertrag geregelt werden. Ob es sich bei den fakultativen Satzungsbestandteilen letztendlich um mitgliedschaftliche Pflichten oder schuldrechtliche Bindungen unter den beteiligten Gesellschaftern handelt, ist durch Auslegung zu ermitteln.[317] Es gibt hierbei unterschiedliche Anknüpfungspunkte, wobei insbesondere die Aufnahme in die Satzung bereits ein starkes Indiz für den gewollten echten Sat-

---

[309] Vgl. *Ebenroth*, JZ 1987, 265, 266.
[310] vgl. *Emmerich* in: Scholz Bd. I, § 3 Rn. 102 ff.
[311] Vgl. *Wicke* in: MüKo GmbHG Bd. I, § 3 Rn. 102.
[312] Vgl. *Oppenländer* in: Oppenländer/Trölitzsch, § 9 Rn. 1; *Wicke* in: MüKo GmbHG Bd. I, § 3 Rn. 103.
[313] *Wicke* in: MüKo GmbHG Bd. I, § 3 Rn. 103 mit entsprechenden Nachweisen dort in Fn. 9-12; vgl. auch *Seibt* in: MAH GmbH, § 2 Rn. 4.
[314] Vgl. *Emmerich* in: Scholz Bd. I, § 3 Rn. 100 f.
[315] Siehe Katalog bei *Seibt* in: MAH GmbH, § 2 Rn. 8.
[316] Vgl. zum Gestaltungswahlrecht als echte oder unechte Satzungsregelung *Wicke* in: MüKo GmbHG Bd. I, § 3 Rn. 126; *ders.* DStR 2006, 1137, 1138 f.; *Zöllner* in: Baumbach/Hueck, § 53 Rn. 12.
[317] Ausführlich zur Auslegung: *Seibt* in: MAH GmbH, § 2 Rn. 4 m.w.N. dort in Fn. 8.

zungscharakter darstellen soll.[318] Jedoch ist grundsätzlich nach dem Willen der Beteiligten abzugrenzen. Es ist keinesfalls zwingend, jede Abweichung vom dispositiven Gesetzesrecht als echte Satzungsbestimmung zu sehen. Vielmehr kann es sich auch um eine rein schuldrechtliche Bindung unter den Gesellschaftern handeln.[319] Die Zuordnung als echte oder unechte Satzungsbestimmung muss jedoch aus der Satzung erkennbar sein. Ist sie dies nicht, wird im Falle der Abweichung vom dispositiven Gesetzesrecht aufgrund der von der h. M. angenommenen Indizwirkung von einer echten Satzungsregelung auszugehen sein.

Von der Frage der Gestaltung als echte oder unechte Satzungsbestandteile bzw. deren Regelungsort betroffen, sind zumeist Wettbewerbsverbote, Ankaufs- und Vorkaufsrechte und Stimmbindungen.[320] Jedoch können die meisten Regelungsgegenstände des Joint Venture Vertrages, soweit sie nicht die Errichtung des Joint Venture Unternehmens selbst betreffen, auch in den Gesellschaftsvertrag einer GmbH aufgenommen werden. Vorteil einer solchen Integration als „echte" Vertragsbestandteile[321] wäre, dass die im Gesellschaftsvertrag aufgenommenen Regelungen auch gegenüber neu hinzutretenden Gesellschaftern des Joint Venture Unternehmens Geltung entfalten. Dies gilt auch für solche Gesellschafter, die nicht Partner des Joint Venture Vertrages sind, etwa weil sie erst später Anteile am Joint Venture Unternehmen erwerben oder bereits bei Gründung als reine Finanzinvestoren ohne unternehmerische Entscheidungsbefugnis daran beteiligt wurden. Bei einer Integration der für die Joint Venture Partner wesentlichen Regelungen in den Gesellschaftsvertrag entfällt außerdem das Risiko der Kündigungsmöglichkeit nach § 723 BGB,[322] wodurch die Rechtssicherheit zwischen den Gesellschaftern erhöht wird. Zuletzt benötigt die Einräumung oder Beschränkung bestimmter gesetzlicher Rechte und Pflichten bei der GmbH die Publizität des

---

[318] H. M. siehe *Hoffmann* in: Michalski, § 53 Rn. 14 m.w.N. dort in Fn. 7; *Zetsche*, NZG 2002, 942, 946 sieht hierin einen „Zirkelschluss" und will lieber negativ abgrenzen, dass das was nicht in der Satzung (hier einer AG) steht nicht echter Satzungsbestandteil sein kann; ablehnend auch *Fastrich* in: Baumbach/Hueck, § 3 Rn. 55.

[319] Siehe *Harbarth* in: MüKo GmbHG Bd. III, § 53 Rn. 16, der als Beispiel ein Zustimmungserfordernis zur Anteilsveräußerung anführt; a. A. im Sinne eines Satzungsvorbehalts wohl die h. M. vgl. *Hoffmann* in: Michalski, § 53 Rn. 8; *Wicke* in: MüKo GmbHG Bd. I, § 3 Rn. 116; siehe hierzu ausführlich unten unter Kapitel 4 B III1 b.

[320] *Wicke* in: MüKo GmbHG Bd. I, § 3 Rn. 126.

[321] Vgl. *Emmerich* in: Scholz Bd. I, § 3 Rn. 102.

[322] *Schulte/Pohl*, S. 21 Rn. 81.

Handelsregisters, um eine bindende Wirkung gegenüber Dritten zu entfalten. Genau diese Gesamt- und Drittwirkungen können auf der anderen Seite für die Joint Venture Partner auch wieder von Nachteil sein, denn mitunter ist eine Wirkung einer Vereinbarung gegenüber allen Gesellschaftern des Joint Venture Unternehmens gerade nicht gewollt. Besonders Stimmbindungsvereinbarungen sollen meist die Stellung derer, die sich zusammenschließen, gegenüber den anderen Gesellschaftern stärken, um durch eine koordinierte Vorabsprache eine sichere Mehrheit oder Sperrminorität in der Gesellschafterversammlung der Kapitalgesellschaft zu erlangen.[323] Die Kenntnis von der Existenz und dem Inhalt solcher Vereinbarungen soll daher den Vertragsparteien vorbehalten bleiben. Zwar können die Gesellschafter derartige Abreden auch mit rein schuldrechtlicher Wirkung untereinander als unechte Vertragsbestandteile im Gesellschaftsvertrag vereinbaren.[324] In diesem Fall bleibt aber das Problem der Handelsregisterpublizität erhalten. Gerade diese möglicherweise nicht gewollte personelle oder informationsbezogene Identität von Joint Venture Partnern und Gesellschaftern des Joint Venture Unternehmens, spricht im Übrigen auch bei der GmbH & Co. KG für eine separate Abfassung von KG-Gesellschaftsvertrag und Joint Venture Vertrag. Daneben ist für die GmbH ein wesentliches Kriterium, alles was nötig ist, jedoch so wenig wie möglich anderes im Gesellschaftsvertrag selbst zu regeln, um den Publizitätspflichten des Kapitalgesellschaftsrechts zu entgehen[325] und somit Konkurrenten so wenig wie möglich vom eigenen Unternehmenskonzept offen zu legen.

Zudem sind die Absprachen im Joint Venture Vertrag jederzeit formfrei abänderbar, sofern die Änderung nicht aufgrund ihres Regelungsgegenstandes selbst formbedürftig ist.[326] Handelt es sich dagegen um selbst nicht formbedürftige Änderungen eines wegen der Verpflichtung zur Gründung oder zum Erwerb von Anteilen an einer GmbH formbedürftigen Joint Venture Vertrages, sind diese Änderungen formlos möglich, sobald die Gründung beziehungsweise der Erwerb des Joint Venture Unternehmens stattgefunden hat.[327] Im Gegensatz hierzu unterliegen auch Nebenvereinbarungen bei Aufnahme in den

---

[323] *Rodemann*, S. 4.
[324] Siehe hierzu auch *Emmerich* in: Scholz Bd. I, § 3 Rn. 103.
[325] *Schaumburg*, S. 102; vgl. allgemein zu den Nachteilen der Regelung von Nebenabreden in der Satzung *Emmerich* in: Scholz Bd. I, § 3 Rn. 103.
[326] Vgl. hierzu *Binz/Mayer*, NJW 2002, 3054, 3058 (für den KG Vertrag).
[327] Vgl. hierzu *Binz/Mayer*, NJW 2002, 3054, 3058 (für den KG Vertrag).

Gesellschaftsvertrag zunächst dessen Formvorschriften.[328] Änderungen der Satzung der GmbH sind nur mit notariell beurkundetem Gesellschafterbeschluss und Eintragung ins Handelsregister möglich.[329] Dies ist aufwändig und kostet Geld.[330] Eine Regelung im Joint Venture Vertrag ist daher flexibler abänderbar als eine Regelung im Gesellschaftsvertrag.[331]

Neben all diesen Aspekten unscheinbar, aber in der Praxis wesentlich, ist der zeitliche Ablauf des Projekts.[332] Wenn, wie etwa bei Großprojekten, die Bildung des Joint Ventures der Gründung des Joint Venture Unternehmens zeitlich deutlich vorausgeht, lohnt sich der separate Abschluss des Joint Venture Vertrages regelmäßig schon aus Gründen der Planungssicherheit und der sofortigen Bindung der beteiligten Partner. Gerade wenn, wie im Joint Venture üblich, neben dem Gesellschaftsvertrag noch eine Vielzahl weiterer Vereinbarungen zwischen den Parteien geschlossen werden, dient ein präziser Joint Venture Vertrag auch der Übersichtlichkeit über das gemeinsame Projekt.[333] Der Joint Venture Vertrag fungiert insoweit vor Gründung des Joint Venture Unternehmens als Vorvertrag der Partner, nach Gründung als Nebenvereinbarung der Gesellschafter und in gewisser Weise auch als Rahmenvertrag für begleitende Verträge und die insgesamt erforderliche vertragliche Dokumentation im Joint Venture System.[334] Zuletzt spielt im Zusammenhang mit der Öffentlichkeit eine wesentliche Rolle, dass Streitigkeiten über Regelungen des Joint Venture Vertrages aufgrund von Vereinbarungen der Parteien vor Schiedsgerichten ausgetragen und somit die gerichtlichen Konsequenzen derartiger Meinungsverschiedenheiten von der Öffentlichkeit verborgen gehalten werden können.[335]

### 3. Zwischenergebnis

Im Recht der GmbH spricht daher im Zweifel die Formlosigkeit und die Vermeidung von Publizität für die Aufnahme einer Regelung in den Joint Venture

---

[328] Jedoch nur wegen der Einheitlichkeit der Urkunde, welche nach § 2 GmbHG der Beurkundung unterliegt.
[329] Vgl. *Emmerich* in: Scholz Bd. I, § 3 Rn. 103.
[330] Vgl. *Duhnkrack/Hellmann*, ZIP 2003, 1425, 1427.
[331] *Joussen*, S. 238.
[332] Vgl. auch *Stephan* in: Schaumburg, S. 107.
[333] Vgl. *Duhnkrack/Hellmann*, ZIP 2003, 1425, 1426.
[334] Vgl. zu den verschiedenen Funktionen ausführlich: *Tegen*, S. 169 ff.
[335] Vgl. bereits oben I 5 c; *Joussen*, S. 3.

Vertrag.[336] Diese Geheimhaltungsmöglichkeit, sowie der Wunsch, die Satzung von überfrachtenden Spezifizierungen frei zu halten, spielt auch bei der GmbH & Co. KG eine Rolle, wenn es um das Verhältnis zu Geschäftsführern der Komplementär-GmbH oder potentieller Investoren geht. Daneben ist bereits wegen der zeitlichen Abfolge ein umfassender Joint Venture Vertrag ratsam, um die Errichtung des Joint Venture Unternehmens und die Abfassung begleitender Verträge im Sinne der Partner sicher zu stellen.

### III. Exkurs: Joint Venture Unternehmen als Partei des Joint Venture Vertrages

Der Joint Venture Vertrag kann Regelungen zugunsten des Joint Venture Unternehmens enthalten, kann dieses aber auch belasten. Läge im Fall einer solchen Belastung ein Vertrag zu Lasten Dritter vor,[337] wäre dieser wegen Verstoßes gegen die Privatautonomie unwirksam.[338] Ein Vertrag zu Lasten Dritter liegt jedoch nur dann vor, wenn ein Dritter von den Vertragsparteien ohne seine Mitwirkung vertraglich verpflichtet wird.[339] Zulässig ist dagegen ein Vertrag lediglich mit Lastwirkung gegenüber Dritten, wodurch diesem zwar keine Pflichten auferlegt werden, wohl aber seine rechtsgeschäftliche Freiheit mittelbar und praktisch eingeschränkt wird.[340]

Es wäre theoretisch auch möglich, dass das Joint Venture Unternehmen nach seiner Gründung selbst Partei des Joint Venture Vertrag wird.[341] Diese Vereinbarung wäre dann vollumfänglich und unmittelbar auch für das Joint Venture Unternehmen und dessen Organe als Vertragspartei bindend. Der Vorteil einer solchen Einbeziehung bestünde darin, dass die beiden Ebenen von Kapitalgesellschaft und schuldrechtlicher Vereinbarung der Joint Venture Partner auf diese Weise durch Parteienidentität verbunden werden würden. Ein solcher Beitritt würde somit eine gewisse „Durchbrechung" der ansonsten bestehenden strikten Trennung von schuldrechtlicher und gesellschaftsrechtlicher Ebene bewirken.[342] Eine sonst allein an den Regeln des Gesellschaftsvertrages zu messende Entscheidung der Organe des Gemeinschaftsunternehmens

---

[336] Vgl. *Priester* in: FS Claussen, S. 319, 319; *Emmerich* in: Scholz Bd. I, § 3 Rn. 104.
[337] So *Langefeld-Wirth* in: Langefeld-Wirth, S. 144.
[338] Vgl. *Gottwald* in: MüKo BGB Bd. II, § 328 Rn. 250 mit Verweis auf die Rechtsprechung.
[339] Vgl. *Gottwald* in: MüKo BGB Bd. II, § 328 Rn. 250.
[340] *Gottwald* in: MüKo BGB Bd. II, § 328 Rn. 256.
[341] Vgl. zu schuldrechtlichen Beziehungen zwischen Gesellschaft und Gesellschaftern, sogenannten "Drittgeschäften", etwa *Ebbing* in: Michalski, § 47 Rn. 51.
[342] Siehe hierzu ausführlich unten F I.

ist dann auch unter Berücksichtigung der Regelungen des Joint Venture Vertrages zu betrachten. Im anglo-amerikanischen Rechtskreis wird ein solcher Beitritt des Joint Venture Unternehmens zum Joint Venture Vertrag durchaus praktiziert.[343] In Deutschland sollte von einer derartigen Einbeziehung des Joint Venture Unternehmens in den Joint Venture Vertrag dagegen dringend Abstand genommen werden.[344] Wird das Joint Venture Unternehmen selbst Partei des Joint Venture Vertrages besteht nämlich die Gefahr, dass es zu einer Umqualifikation des Joint Venture Vertrages zum Unternehmensvertrag zwischen den Joint Venture Partnern und dem Joint Venture Unternehmen kommt.[345] Von einer regelmäßig nicht gewollten, aber dann für die Wirksamkeit notwendigen Eintragung des Joint Venture Vertrages in das Handelsregister abgesehen, hätte eine solche Umqualifikation weitreichende Auswirkungen, deren Negativseite insbesondere in der Haftung der Joint Venture Partner für Verluste des Joint Venture Unternehmens liegen würde, welche ja gerade vermieden werden soll.[346]

## IV. Ergänzende Verträge

### 1. Leistungsbeziehungen zu den Joint Venture Partnern

Mit der Gründung des Joint Venture verfolgen die Joint Venture Partner nicht nur gemeinsame, sondern auch individuelle Interessen. So soll das Joint Venture Unternehmen für jeden Partner eigene wirtschaftliche Funktionen erfüllen. In Umsetzung dieser Funktion werden regelmäßig insbesondere Liefer-, Lizenz-, Service und/oder Abnahmeverträge aber auch Darlehens- oder Mietverträge mit dem Joint Venture Unternehmen geschlossen.[347] Diese „begleitenden" Verträge, insbesondere die Liefer- oder Abnahmeverträge, sind für die Joint Venture Partner von ausschlaggebender Bedeutung,[348] gewährleisten sie doch in vielen Fällen die Umsetzung der Beweggründe der Partner für die Eingehung des Joint Ventures. Um Interessenkonflikte beim Abschluss solcher ergänzender Verträge zu vermeiden, werden der Abschluss und die Änderung

---

[343] Vgl. *Langefeld-Wirth* in: Langefeld-Wirth, S. 144; *Tegen*, S. 175.

[344] Vgl. *Fett/Spiering*, Kap. 7 Rn. 125.

[345] *Baumanns/Wirbel* in: Münchner Handbuch des Gesellschaftsrechts Bd. I, § 28 Rn. 45; *Tegen*, S. 175; *Langefeld-Wirth* in: Langefeld-Wirth, S. 145.

[346] Zum Beherrschungsvertrag siehe ausführlich *Hüffer* in: Hüffer AktG, §§ 291 ff.

[347] Vgl. die Auflistung bei *Rumer*, S. 81.

[348] *Langefeld Wirth*, RIW 1990, 1, 2.

solcher Nebenverträge prinzipiell im Joint Venture Vertrag an die Zustimmung des anderen Partners geknüpft[349] und diesem im Entwurf beigefügt.

## 2. Geschäftsführungsvertrag/Geschäftsordnung

Um den Joint Venture Vertrag nicht zu überfrachten, können die Partner Fragen des täglichen Geschäfts auch in separaten Vereinbarungen regeln. Fragen der Geschäftsführung beziehen sich, anders als die Grundlagenregelungen über das zu errichtende Joint Venture Unternehmen, nur auf das operative Geschäft. Sie betreffen insbesondere Fragen der spezifischen Geschäftsausrichtung und der Weisungsgebundenheit von Organvertretern des Gemeinschaftsunternehmens. Separate Vereinbarungen hierüber machen insbesondere dann Sinn, wenn die Joint Venture Partner übereinkommen, dass die Leitung des operativen Geschäfts im Joint Venture Unternehmen von einem der Partner allein verantwortet wird.[350] Dann müssen dessen Kompetenzen genau umrissen und außerdem die Interessen und Kontrollbefugnisse der anderen Partner gesichert werden.[351] Dies kann natürlich genauso nach Gründung des Joint Venture Unternehmens durch die Schaffung einer Geschäftsordnung für die Geschäftsführung, unter Aufnahme von Zustimmungskatalogen und Berichtspflichten, erreicht werden. Wird die Geschäftsführung von externen Geschäftsführern ausgeübt, ist eine solche Geschäftsordnung ohnehin nötig, um den Geschäftsführern die nicht aus dem Gesellschaftsvertrag des Joint Venture Unternehmen erkennbaren Maximen der Joint Venture Partner zur Kenntnis zu bringen und so eine Ausrichtung der Geschäftsführung hieran zu erreichen. Soweit eine solche gesonderte Geschäftsführungsvereinbarung oder Geschäftsordnung für die Geschäftsführung getroffen wird, ist zudem unbedingt deren Verhältnis zum Joint Venture Vertrag zu regeln.

## F. Das Verhältnis von Joint Venture Vertrag und Satzung des Joint Venture Unternehmens

Im Anschluss an den Abschluss des Joint Venture Vertrages wird das Joint Venture Unternehmen gegründet. Sinnvoller Weise werden dem Joint Venture Vertrag bereits Entwürfe des Gesellschaftsvertrages des zu gründenden Joint Venture Unternehmens sowie weitere Verträge für die Dauer des Joint Ventures bzw. des Joint Venture Unternehmens im Entwurf angefügt. Entsteht das Joint Venture Unternehmen durch Übernahme von Anteilen an einem bereits

---

[349] Vgl. *Langefeld-Wirth* in: Langefeld-Wirth, S. 117.
[350] Dies befürwortend: *Schulte* in: Schulte/Schwindt/Kuhn § 4 Rn. 16.
[351] Vgl. auch *Schmoll*, S. 83.

bestehenden Unternehmen durch die Partner, werden der oder die erwerbenden Partner regelmäßig bereits im Joint Venture Vertrag vereinbaren, dort unmittelbar eine neue, ihren Anforderungen entsprechende Satzung zu beschließen.[352] Noch sicherer ist es natürlich für den erwerbenden Partner, den Erwerb der Anteile rechtlich unter die Bedingung einer Satzungsänderung im Sinne des Joint Venture Vertrages zu stellen.

## I. Wirkungsverhältnis der vertraglichen Ebenen im Kapitalgesellschaftsrecht

Wie oben bereits dargestellt, haben die Joint Venture Partner das Interesse möglichst viele ihrer Vereinbarungen im Joint Venture Vertrag zu regeln und den Gesellschaftsvertrag so „schlank" wie möglich zu halten.[353] Die Entscheidung der Joint Venture Partner, was letztlich wo geregelt wird, hängt jedoch, neben oben dargestellten Erwägungen wie der Publizität oder Formerfordernissen im GmbH-Recht, stark vom rechtlichen Wirkungsverhältnis zwischen den beiden Regelungswerken ab. Denn bei allem Wunsch zu Geheimhaltung und Flexibilität, müssen die Joint Venture Partner untereinander und gegenüber dem Joint Venture Unternehmen in der Lage sein, ihre im Joint Venture Vertrag niedergelegten Interessen auch durchzusetzen.

Die konkrete Einordnung des Joint Venture Vertrages in das korporative Gefüge des Joint Venture Systems wird unterschiedlich bewertet. Dreh- und Angelpunkt ist die generelle Diskussion über das Verhältnis von Korporations- und Schuldrecht, die der Bundesgerichtshof und einige Oberlandesgerichte bisher nur in Einzelentscheidungen und zu verschiedenen Sachverhaltsgestaltungen zu klären hatten.[354] Es geht hierbei im Wesentlichen um die Frage, inwieweit die Gesellschafter einer Kapitalgesellschaft die verbandlichen Rechtsverhältnisse nicht nur durch die Satzung, sondern auch durch Nebenverträge gestalten können.[355] Die genannten Entscheidungen behandelten die Problematik des „Durchschlagens" des Rechts der einen auf die andere Ebene, also um

---

[352] *Baumanns/Wirbel* in: Münchner Handbuch des Gesellschaftsrechts Bd. I , § 28 Rn. 34.
[353] Vgl. auch *Khalilzadeh*, GmbHR 2013, 232, 234.
[354] BGH, Urt. v. 20.1.1983, Az. II ZR 243/81, NJW 1983, 1910 ff.; BGH, Urt. v. 27.10.1986, Az. II ZR 240/85, NJW 1987, 1890 ff.; auch BGH, Urt. v. 7.6.1993, Az. II ZR 81/92, NJW 1993, 2246; OLG Hamm, Urt. v. 12.4.2000, Az. 8 U 165/99, NZG 2000, 1036, 1036 f.; OLG Saarbrücken, Urt. v. 24.11.2004, Az. 1 U 202/04, GmbHR 2005, 546, 548; BGH, Urt. v. 24.11.2008, Az. II ZR 116/08, NJW 2009, 669, 671 f.; in neuerer Zeit BGH, Beschl. v. 15.3.2010, Az. II ZR 4/09, NZG 2010, 988, 988 f.
[355] Vgl. *Noack*, NZG 2010, 1017, 1017.

die Frage, ob eine Regelung in einer schuldrechtlichen Nebenvereinbarung auf Ebene der Kapitalgesellschaft verbindliche Wirkung entfalten kann, bzw. ob auf Nebenvereinbarungen zwingende Regelungen des Kapitalgesellschaftsrechts Anwendung finden. Zur letzteren Fragestellung hat der Bundesgerichtshof in seiner Entscheidung vom 24. 11.2008 („Schutzgemeinschaft II")[356] eine eindeutige Trennung der Ebenen von schuldrechtlicher Nebenvereinbarung und Satzung bzw. rechtlichen Anforderungen auf Ebene der Hauptgesellschaft insoweit vorgenommen, als er die Anwendung zwingender kapitalgesellschaftsrechtlicher Mehrheitserfordernisse auf Nebenvereinbarungen über eine vorgelagerte Stimmbindung verneinte. Er begründete dies mit dem Grundsatz der Trennung von korporativer und schuldrechtlicher Ebene. Dem ist zuzustimmen, da für die Bewertung der Wirksamkeit des Joint Venture Vertrages als Innengesellschaft bürgerlichen Rechts, grundsätzlich die Regelungen der rechtlichen Gestaltungsform des Joint Venture Unternehmens nicht maßgeblich sind.

## 1. Trennungsgrundsatz

Der Trennungsgrundsatz liegt für die GmbH in § 13 Abs. 1 GmbHG begründet und bringt die personen- und vermögensrechtliche Selbstständigkeit der GmbH und ihre Unterscheidung von den individuellen Rechtsbeziehungen unter ihren Mitgliedern zum Ausdruck.[357] Mit Blick auf schuldrechtliche Nebenabreden wie den Joint Venture Vertrag bedeutet dies zwei Dinge: Zum einen beurteilen sich schuldrechtliche Nebenabreden allein nach den allgemeinen Vorschriften des BGB. Vorschriften des Kapitalgesellschaftsrechts sind auf sie grundsätzlich nicht anzuwenden.[358] Zum anderen besagt der Trennungsgrundsatz, dass die jeweiligen Vereinbarungen auf der Ebene des jeweils anderen Regelungswerkes grundsätzlich keine Wirkung entfalten.[359]

So sind Verpflichtungen der Gesellschafter aus Satzung und aus Joint Venture Vertrag jeweils separat zu betrachten. Dies gilt sowohl für die Bewertung ihrer Wirksamkeit wie auch für die aus der jeweiligen Regelung entstehenden Rechtsfolgen.

---

[356] BGH, Urt. v. 24.11.2008, Az. II ZR 116/08, NJW 2009, 669 ff.
[357] *Wicke* in: MüKo GmbHG Bd. I, § 3 Rn. 139.
[358] Vgl. (jeweils zur AG) BGH, Urt. v. 24.11.2008, Az. II ZR 116/08, NJW 2009, 669, 671 f.; *Groß-Bölting*, S. 67.
[359] Vgl. *Wicke* in: MüKo GmbHG Bd. I, § 3 Rn. 139; BGH, Urt. v. 7.6.1993, Az. II ZR 81/92, NJW 1993, 2246, 2247.

## 2. Meinungsstand

Die Trennung von korporationsrechtlicher und schuldrechtlicher Ebene - mithin die Trennung zwischen Angelegenheiten der GmbH und denen ihrer Gesellschafter - entspricht heute in der Literatur im Grundsatz der herrschenden Meinung[360] und wurde auch vom BGH in mehreren Entscheidungen aus verschiedenem Anlass betont.[361]

Noack hat in seiner Habilitationsschrift[362] dagegen eine Einordnung sämtlicher von den Gesellschaftern getroffenen Vereinbarungen als „Bestandteil der horizontalen Verbandsordnung"[363] vorgenommen. Noack möchte durch diesen „Einheitsgedanken" Satzung und Gesellschaftervereinbarungen als „Verbandsordnung im weiteren Sinne"[364] zusammenfassen, nicht zuletzt um der Gefahr der Aushöhlung der zum Handelsregister eingereichten Satzung durch abweichende Nebenvereinbarungen zu begegnen.[365] Nach seiner – im Grundsatz zustimmungswürdigen - Ansicht schaffen die Gesellschafter Nebenvereinbarungen mit Bezug auf den Verband regelmäßig gerade im Hinblick auf die Verbandsverfassung und ihre Regelungsspielräume, welche dann - etwa durch Stimmbindung - verbandswirksam umgesetzt werden sollen.[366] Akzeptiert man mit der herrschenden Lehre die Zulässigkeit von Nebenabreden, müsse man diese nach Noack in die Verbandsordnung integrieren.[367] Dies soll durch Einordnung des Gesellschaftsvertrages als erste und der Gesellschaftervereinbarungen als zweite Stufe der einheitlichen Verbandsordnung erfol-

---

[360] Siehe nur: *Michalski/Funke* in: Michalski, § 13 Rn. 305; *Fastrich* in: Baumbach/Hueck, § 13 Rn. 5; ebenso für die AG: *Hüffer* in: Hüffer AktG, § 23 Rn. 47; *Pentz* in: MüKo AktG Bd. I, § 23 Rn. 192; *Baumann/Reiss*, ZGR 1989, 157, 212; *Ehricke*, S. 14, *Hoffmann-Becking*, ZGR 1994, 442, 450; vgl. auch *Winter*, ZHR 154 (1990) 259, 263 ff.; *Ulmer* in: FS Röhricht, S. 633, 635 ff.

[361] BGH, Urt. v. 7.6.1993, Az. II ZR 81/92, NJW 1993, 2246, 2247; vgl. auch BGH, Urt. v. 24.11.2008, Az. II ZR 116/08, NJW 2009, 669, 671.

[362] *Noack*, Gesellschaftervereinbarungen bei Kapitalgesellschaften, Tübingen 1994.

[363] *Noack*, S. 113.

[364] *Noack*, S. 113.

[365] Vgl. *Noack*, S. 113.

[366] Vgl. *Noack*, S. 117.

[367] *Noack* mahnt insoweit eine Abkehr von der „Verdächtigung als gesellschaftsfremdes Recht" (a.a.O., S. 117) an. Zutreffend hebt er auf S. 115 f. die Vorteile von Vereinbarungen neben dem Gesellschaftsvertrag unter Praktikabilitäts- und Klarheitsgründen sowie zur Bewahrung der Satzung von „Überfrachtung" mit Detailregelungen (a.a.O., S. 116) hervor.

gen,[368] woraus sich dann auch eine Hierarchie zugunsten eines Vorrangs der Satzung und einer subsidiären Anwendung der Nebenabreden ergibt.[369]

## 3. Stellungnahme

Der von *Noack* grundlegend erkannten und beschriebenen Problematik der Wirkungen schuldrechtlicher Nebenabreden auf korporativer Ebene ist zwar im Grundsatz zuzustimmen.[370] Jedoch sind diese Wirkungen zunächst nicht rechtlicher sondern rein faktischer Natur. Eine dogmatische Einordnung von Nebenabreden der Gesellschafter als Verbandsrecht der Gesellschaft lässt sich daraus nicht herleiten.[371] Allein der Gesellschaftsvertrag stellt eine sämtliche (aktuelle und zukünftige) Gesellschafter, die Gesellschaft und ihre Organe bindende Rechtsordnung dar. Wegen ihres schuldrechtlichen Charakters bindet eine Gesellschaftervereinbarung zunächst weder die Gesellschaft noch später hinzutretende Gesellschafter. Bereits aufgrund dieser verschiedenen Reichweiten sind Gesellschaftsvertrag und Gesellschaftervereinbarung grundsätzlich separat zu betrachten. Das gilt prinzipiell auch dann, wenn es sich um eine „omnilaterale"[372], also unter Beteiligung sämtlicher Gesellschafter geschlossene Gesellschaftervereinbarung handelt.[373] Die Gesellschaftervereinbarung wird hierdurch nicht zum Satzungsrecht. Eine solche Qualifizierung scheitert bereits an den formalen Anforderungen, insbesondere der notariellen Beurkundung, die im Recht der GmbH an materielles Satzungsrecht gestellt wird.[374] In der Konsequenz bedeutet dies: Die Zulässigkeit von Joint Venture Vertrag und Gesellschaftsvertrag des Joint Venture Unternehmens sind zunächst separat voneinander zu betrachten. Grundsätzlich entfaltet der Joint Venture Vertrag keine direkte Wirkung auf Ebene des Joint Venture Unter-

---

[368] Vgl. *Noack,* S. 116 f.

[369] *Noack*, S. 118 spricht von "Einheit und Hierarchie der verbandlichen Rechtsquellen; dieser zum Verhältnis der Regelungen ausführlich a.a.O., S. 119 ff.

[370] Vollkommen anderer Ansicht ist *Ulmer* in: FS Röhricht, S. 633, 645.

[371] Vgl. hierzu auch den Beitrag von *Ulmer* in: FS Röhricht, S. 633 ff., der sich in höchst konträrer Weise mit der Habilitationsschrift *Noack*s und der darin begründeten Einheitslehre auseinander setzt; im Endeffekt wird auch von *Noack*, die Existenz zweier Regelungsebenen nicht in Abrede gestellt. Aufgrund der Einwirkungen der Nebenabreden auf die Verfassung der Gesellschaft sei jedoch eine strikte Trennung ihrer Bewertung nicht angezeigt, vgl. *Noack*, S. 116 ff.; diesem zustimmend *Tegen*, S. 200 f.

[372] Vgl. zur Terminologie und Abgrenzung *Ulmer/Löbbe* in: Großkommentar GmbHG Bd. I, § 3 Rn. 120.

[373] Siehe etwa *Ulmer/Löbbe* in: Großkommentar GmbHG Bd. I, § 3 Rn. 113 m.w.N. dort in Fn. 263; *Wiesner* in: Münchner Handbuch des Gesellschaftsrechts Bd. IV, § 6 Rn. 14 m.w.N. dort in Fn. 10.

[374] Siehe hierzu bereits oben E II 2.

nehmens. Unabhängig von der noch zu untersuchenden möglichen Einwirkung des Joint Venture Vertrages auf die Ebene des Gemeinschaftsunternehmens als Durchbrechung des Trennungsprinzips im Einzelfall ist vorab
festzuhalten, dass der Joint Venture Vertrag in keinem Fall eine Änderung der
Satzung bewirken kann, da diese zwingend nach den gesetzlich vorgegebenen Formalien erfolgen muss.[375]

Die Joint Venture Partner sind dennoch an einer Geltungsverschaffung ihrer
im Joint Venture Vertrag getroffenen Vereinbarungen interessiert, auch wenn
diese vom Gesellschaftsvertrag des Joint Venture Unternehmens abweichen.
Es stellen sich aus diesem Grund im Wesentlichen zwei Fragen:

- Sind mit dem Gesellschaftsvertrag in Einklang stehende Beschlüsse, die
  jedoch gegen den Joint Venture Vertrag verstoßen anfechtbar?
- Kann auf Basis einer gleichsam rechtfertigenden Regelung im Joint
  Venture Vertrag von den Partnern gemeinschaftlich mit bindender Wirkung gegen den Gesellschaftsvertrag verstoßen werden?

## II. Möglichkeit des Widerspruchs der Ebenen

Als Ausgangspunkt für die Beantwortung dieser Fragen ist abermals vom
Trennungsprinzip auszugehen. Betrachtet man die Ebenen von Gesellschaftsvertrag und Nebenvereinbarung völlig isoliert voneinander, kann es zu einem
Widerspruch zwischen den Vertragswerken kommen. Dies ist insbesondere
dann der Fall, wenn der Gesellschaftsvertrag den Gesellschafter auf Ebene
des Joint Venture Unternehmens zu einem anderen Handeln verpflichtet, als
er aufgrund seiner Bindungen im Joint Venture Vertrag verpflichtet ist. So kann
der Gesellschaftsvertrag etwa vorsehen, dass die Gesellschaft zwei Geschäftsführer hat. Der Joint Venture Vertrag kann daneben vorsehen, dass
diese zwei Geschäftsführer jeweils zu gleichen Teilen von Joint Venture Partner A und B vorgeschlagen werden und dementsprechend in der Gesellschafterversammlung des Joint Venture Unternehmens zu wählen sind. Neben einem solchen „Mehrerfordernis" des Joint Venture Vertrages, sprich einer den
Gesellschaftsvertrag nur ergänzenden Regelung, welche in der Praxis die Regel ist, kann ebenso der Fall eintreten, dass ein zwar vom Gesellschaftsvertrag gedecktes Handeln gegen die Vereinbarungen des Joint Venture Vertra-

---

[375] Vgl. *Karsten Schmidt*, Gesellschaftsrecht, § 5 I 5 (S. 94).

ges verstößt. Denkbar ist auch der Fall, dass nach dem Joint Venture Vertrag Vereinbartes nach dem Gesellschaftsvertrag des Joint Venture Unternehmens nicht zulässig ist. Durch sorgfältige Vertragsgestaltung, wie etwa die umfassende Regelung sämtlicher Gegenstände im Joint Venture Vertrag und die anschließende Extrahierung der satzungspflichtigen Vorschriften in den Gesellschaftsvertrag,[376] kann der direkte Widerspruch zweier thematisch deckungsgleicher Vorschriften minimiert werden. Jedoch kann es aufgrund zeitlicher Verzögerung der Gründung des Joint Venture Unternehmens später noch zu Anpassungen des Gesellschaftsvertrages kommen.[377] Zudem ist selbst bei sorgfältigster Verknüpfung eine Überschneidung von Regelungen in den Vertragswerken niemals ganz auszuschließen. Auch indirekte Kollisionen sind möglich: so kann ein von dem einen Vertragswerk gedecktes Handeln das andere Regelungswerk an thematisch anderer Stelle verletzen.[378] Neben derartigen Kollisionen von konkreten Bestimmungen kommt immer auch eine Kollision von verschiedenen Treuepflichten in Betracht, denen der Joint Venture Partner aufgrund seiner dualen Gesellschafterstellung in Joint Venture und Joint Venture Unternehmen unterworfen ist.

### III. Geltungsvorrang nach dem Willen der Joint Venture Partner

Regelmäßig werden die Joint Venture Partner die wesentlichen Vereinbarungen ihrer Zusammenarbeit ausschließlich im Joint Venture Vertrag treffen und den Regelungsgehalt des Gesellschaftsvertrages des Joint Venture Unternehmens auf das nötige Maß beschränken. Die vereinzelt vertretene Auffassung, die Satzung sei die Grundlage des Joint Venture Unternehmens und werde durch den Joint Venture Vertrag der Partner nur vorbereitet und ergänzt,[379] ist daher unrichtig.[380] Der Joint Venture Vertrag umspannt das Vertragskonstrukt des Joint Venture Systems als Grundvereinbarung zur Steue-

---

[376] *Khalilzadeh*, GmbHR 2013, 232, 234, 237 mit Verweis auf *Fett/Spiering*, Kap. 7 Rn. 227.
[377] *Khalilzadeh*, GmbHR 2013, 232, 234.
[378] Dies kann insbesondere vorkommen, wenn der Gesellschaftsvertrag zu einem Thema schweigt, oder sehr weite Regelungen enthält, die Partner jedoch hierbei durch strengere Regelungen des Joint Venture Vertrages belastet sind. vgl. hierzu *Tegen*, S. 229, dort für ein Fall eines nur im Joint Venture Vertrag enthaltenen Wettbewerbsverbotes.
[379] Für einen generellen Vorrang der Satzung vor dem Joint Venture Vertrag aufgrund dessen Rechtsnatur jedoch *Ebenroth*, JZ 1987, 266, 268; für einen solchen Vorrang des „ranghöheren" Gesellschaftsvertrages vor schuldrechtlichen Nebenabreden, auch *Ehricke*, S. 14.
[380] So auch *Stephan* in Schaumburg, S. 108 und Fn. 26 in Widerlegung der Argumente *Ebenroths*, JZ 1987, 266, 268.

rung des gesamten Geschehens im Gemeinschaftsunternehmen.[381] Er enthält hierbei auch die wesentlichen Prinzipien der Unternehmenskooperation, sowie Regelungen, durch die die so festgelegten Prinzipien Auswirkungen auf die Satzung des Joint Venture Unternehmens entfalten.[382] Hierzu zählen etwa Stimmbindungsvereinbarungen und die Pflicht, die Satzung oder Begleitverträge den Regelungen des Joint Venture Vertrages anzupassen.[383] Regelmäßig begreifen die Joint Venture Partner selbst den Joint Venture Vertrag als ihre Grundlagenvereinbarung und den Gesellschaftsvertrag des Joint Venture Unternehmens als eher technisches Mittel zu dessen Umsetzung.[384] Dies wird insbesondere dadurch offensichtlich, dass die Parteien regelmäßig Vorrangklauseln zugunsten des Joint Venture Vertrages sowie Verpflichtungen zur Anpassung des Gesellschaftsvertrages an den Joint Venture Vertrag in diesem aufnehmen.[385] Genau auf diesen nach dem Parteiwillen bestehenden Vorrang des Joint Venture Vertrages vor dem Gesellschaftsvertrag muss es für die Bestimmung des Geltungsvorranges ankommen.[386] Um Streitigkeiten im Falle einer Kollision oder Regelungslücke zu vermeiden, wird empfohlen, den Vorrang des Joint Venture Vertrages vor den Regelungen des Gesellschaftsvertrages ausdrücklich in diesem zu vereinbaren.[387] Allein entfaltet diese Vereinbarung, das oben bejahte Trennungsprinzip der Ebenen zugrunde gelegt, auch erst einmal nur unter den Joint Venture Partnern Wirkung. Vom Grundgedanken bedeutet die Einordnung des Joint Venture Vertrages als Grundlagenvereinbarung trotzdem, dass für jeden Joint Venture Partner die Regelungen im Joint Venture Vertrag Vorrang haben müssen. Die Joint Venture Partner übernehmen aus diesem Grund auch jedenfalls konkludent die Verpflichtung, als Gesellschafter des Joint Venture Unternehmens dessen

---

[381] *Wicke*, DStR 2006, 1137, 1138; *Hoffmann-Becking*, ZGR 1994, 442, 444 f.; *Happ*, ZGR 1984, 168, 175.

[382] Vgl. *Langefeld-Wirth* in: Langefeld-Wirth, S. 116 f.

[383] Vgl. ausführliche Auflistung bei *Langefeld-Wirth* in: Langefeld-Wirth, S. 117.

[384] *Stephan* in: Schaumburg, S. 108; vgl. auch *Tegen*, S. 211 ff. ausführlich zur Instrumentalisierung der „Projektträgergesellschaft"; siehe auch *Hoffmann-Becking*, ZGR 1994, 442, 445; vgl. auch *Zweigert/v. Hoffmann* in: FS Luther, S. 203, 206; für den umfassenden Grundlagencharakter auch *Langefeld-Wirth*, RIW 1990, 1, 5; *Baumanns/Wirbel* in: Münchner Handbuch des Gesellschaftsrechts Bd. I, § 28 Rn. 37; siehe auch *Schütze/Vormann* in: Dieners/Reese, § 19 Rn. 13; *Khalilzadeh*, GmbHR 2013, 232, 234 f.

[385] Vgl. *Khalilzadeh*, GmbHR 2013, 832, 237.

[386] So auch *Stephan* in: Schaumburg, S. 108 Fn. 26; *Hoffman Becking*, ZGR 1994, 442, 445.

[387] *Schulte/Pohl*, S. 23 Rn. 91; *Langefeld-Wirth* in: Langefeld-Wirth, S. 145; so auch *Fett/Spiering*, Kap. 7 Rn. 122; *Stephan* in: Schaumburg, S. 108 f.

Satzung anzupassen, wenn und soweit sie den Regelungen des Joint Venture Vertrages widerspricht.[388]

Hieraus lässt sich folgern, dass den Joint Venture Partnern in jedem Fall eine Pflicht obliegt, die Satzung des Joint Venture Unternehmens gemäß den Grundgedanken des Joint Venture Vertrages zu erlassen beziehungsweise, wo nötig, nachträglich anzupassen. Der Joint Venture Vertrag enthält hierzu regelmäßig eine explizite Vorrangklausel.[389] Aufgrund der zeitlichen Abfolge der Vertragswerke streben die Partner in der Satzung jedoch ohnehin eine Konformität mit den bereits getroffenen Regelungen des Joint Venture Vertrages an, wodurch das Risiko einer Kollision verringert wird.[390] Bei dieser Einordnung darf allerdings nicht außer Acht gelassen werden, dass der Regelungsgehalt des Joint Venture Vertrages sowie seine Vorrangwirkung für die Gesellschafter des Gemeinschaftsunternehmens, die nicht Partner des Joint Ventures sind, keine Wirkung entfaltet. Dies gilt insbesondere für solche Gesellschafter, die dem Joint Venture Unternehmen nachträglich beitreten. In ihrem Interesse sowie im Falle der Gründung einer GmbH auch im Interesse der Öffentlichkeit muss die Satzung auch ohne den Joint Venture Vertrag klar, verständlich und ohne Regelungslücken abgefasst sein.[391] Eine direkte Verpflichtung aus dem Joint Venture Vertrag bestünde für die an diesem nicht beteiligten Gesellschafter des Joint Venture Unternehmens nur im Falle der ausdrücklichen Einbeziehung des Joint Venture Vertrages in den Gesellschaftsvertrag, was sämtliche oben[392] herausgearbeiteten Kriterien für die separate Abfassung ad absurdum führen würde.[393]

## IV. Ausnahmen vom Trennungsprinzip?

Es besteht zwar grundsätzlich zwischen den Joint Venture Partnern Einigkeit, dass der Joint Venture Vertrag vorranging vor dem Gesellschaftsvertrag des Joint Venture Unternehmens gelten soll. Indes gehen bekanntlich im Leben

---

[388] Vgl. zu dieser Problematik auch: *Baumanns/Wirbel* in: Münchner Handbuch des Gesellschaftsrechts Bd. I, § 28 Rn. 37 ff.; *Langefeld-Wirth* in: Langefeld-Wirth, S. 145; *Khalilzadeh*, GmbHR 2013, 832, 237.

[389] Vgl. *Tegen*, S. 211.

[390] *Ebenroth*, JZ 1987, 266, 268.

[391] Vgl. auch *Ebenroth*, JZ 1987, 266, 270.

[392] Siehe hierzu oben E II 2.

[393] *Tegen*, S. 224 ff., spricht sich, für den Fall dass sich ein neuer Gesellschafter nicht an den Joint Venture Vertrag binden möchte, für eine Bezugnahme auf den Joint Venture Vertrag in der Satzung des Joint Venture Unternehmens aus. Hierdurch sei dem Schutzbedürfnis eines später hinzutretenden Gesellschafters genüge getan und eine Geltungserstreckung erreicht.

„wollen" und „können" nicht immer zwingend miteinander einher, sodass sich die Frage stellt, ob der von den Partnern beabsichtigte Vorrang des Joint Venture Vertrages auch rechtlich bestehen kann. Insbesondere stellt sich die Frage, inwieweit diesem Vorrang Grenzen gesetzt sind, soweit es sich um „satzungsgleiche"[394] beziehungsweise „satzungsmodifizierende"[395]Abreden der Joint Venture Partner handelt, es also zum direkten Widerspruch zweier Regelungen auf unterschiedlicher Ebene kommt.

In einem Beschluss aus dem Jahre 2010 hat der BGH einen in diesem Zusammenhang durchaus wichtigen Satz aufgenommen: „Das Auseinanderfallen von GmbH-Vertrag und schuldrechtlicher Nebenabrede ist für die Wirksamkeit der jeweiligen Vereinbarung grundsätzlich ohne Belang."[396] Hieraus lässt sich der unter Zugrundelegung des Trennungsprinzips richtige Schluss ziehen, dass eine schuldrechtliche Nebenabrede zunächst auch dann wirksam ist, wenn sie gegen die Satzung verstößt.[397] Aufgrund desselben Prinzips haben Nebenabreden ebenso grundsätzlich keine direkte Auswirkung auf die korporative Ebene des Joint Venture Unternehmens. Jedoch können sich die Partner im Joint Venture Vertrag – etwa über Stimmbindungen - wirksam verpflichten, die Regelungen des Joint Venture Vertrages auf die Ebene des Joint Venture Unternehmens zu transferieren. Wenn nötig können sie dann auch zu entsprechenden Satzungsänderungen verpflichtet sein. Indes ist aus dieser Erkenntnis für die Frage nach dem Vorrangverhältnis im Falle einer solchen Kollision noch nicht viel gewonnen.

Im Folgenden soll daher untersucht werden, ob den Vereinbarungen des Joint Venture Vertrages in bestimmten Fällen nicht nur Vorrang zwischen den Joint Venture Partnern im Innenverhältnis, sondern sogar unmittelbare Auswirkungen auf die korporative Ebene zukommen können. Richtungsweisend war insoweit die Rechtsprechung des BGH in den 80-er Jahren, die schuldrechtli-

---

[394] *Priester* in: FS Claussen, S. 319, 328 ff; in der Wahl dieser Begrifflichkeit gerügt von *Karsten Schmidt*, Gesellschaftsrecht. § 5 I 5 (S. 95) Fn. 84.
[395] So *Joussen*, S. 99 ff.
[396] BGH, Beschl. v. 15.3.2010, Az. II ZR 4/09, NZG 2010, 988, 989 mit Verweis auf *Ulmer* in: Hachenburg, § 3 Rn. 118.
[397] *Joussen*, S. 99 ff.; *Priester* in: FS Claussen, S. 319, 332; a. A. *Groß-Bölting*, S. 115 ff. der im Falle direkter Kollision von einem Vorrang der Satzung und insoweit von einer Unwirksamkeit thematisch identischer Nebenabreden ausgeht; für eine Unwirksamkeit auch *Noack*, S. 142 f., im Falle von dauerhaft von der Satzung abweichenden Nebenabreden, der jedoch ebenfalls von einer Bindung im Innenverhältnis ausgeht.

chen Nebenvereinbarungen sämtlicher Gesellschafter eine direkte Auswirkung auf die Beschlüsse der Gesellschaft zusprach.[398] Die Begründung dieser Vorgehensweise war jedoch eher prozessökonomischer als dogmatischer Natur und hat in der Literatur und der nachfolgenden Rechtsprechung kritischen Widerhall gefunden.[399] Zumeist wurde zwar das Ergebnis als prozessökonomisch begrüßt, jedoch die mangelnde dogmatische Grundlage in der Vorgehensweise des BGH, der eine solche in der Urteilsbegründung jeweils vermissen ließ, gerügt:[400] Es fehle an einer „stichhaltigen dogmatischen Begründung für eine derart undifferenzierte und pauschale Durchbrechung des Trennungsprinzips"[401]. Andere haben jedoch allein die Erwägungen der Prozessökonomie als Begründung für eine solche Durchbrechung ausreichen lassen.[402]

In diesem Zusammenhang hat der BGH bereits 1993 eine auf die Satzung „durchschlagende" Wirkung schuldrechtlicher Nebenvereinbarungen insoweit eingeschränkt, als eine solche nicht bewirken kann „daß[403] eine bestimmte organisationsrechtliche Regelung der Satzung ohne weiteres geändert wird".[404] Er hat die Gültigkeit des Trennungsprinzips somit im Grunde bestätigt. Jedoch hat er in einem Urteil aus dem Jahr 2005[405] wiederum erkennen lassen, dass er in Einzelfällen eine Einwirkung von Gesellschaftervereinbarungen auf die Satzung zulassen will.[406]

---

[398] Nach BGH, Urt. v. 20.1.1983, Az. II ZR 243/81, NJW 1983, 1910 ff. und BGH, Urt. v. 27.10.1986, Az. II ZR 240/85, NJW 1987, 1890 ff., soll eine entgegenstehende Gesellschaftervereinbarung aller Gesellschafter einen satzungs- und gesetzesmäßigen Beschluss anfechtbar machen.

[399] Zustimmend: OLG Hamm, Urt. v. 12.4.2000, 8 U 165/99, NZG 2000, 1036 f.; wohl auch OLG Saarbrücken, Urt. v. 24.11.2001, Az. 1 U 202/04, GmbHR 2005, 546, 548; für eine "verbandsrechtliche" Wirkung von allseitigen Nebenvereinbarungen *Karsten Schmidt*, Gesellschaftsrecht, § 5 I 5 (S. 95); *ders.* ausführlich in: Scholz Bd. II, § 45 Rn. 116; ablehnend OLG Stuttgart, Urt. v. 7.2.2001, Az. 20 U 52/97, NJOZ 2001, 335, 351 f.; so auch der Großteil der Literatur, siehe nur: *Vomhof*, GmbHR 1984, 180, 181 f.; *Ulmer*, NJW 1987, 1849, 1849 ff.; *Winter*, ZHR 154 (1990), 259, 260 ff.; *Bayer* in: Lutter/Hommelhoff, § 47 Rn. 20; *Roth* in Roth/Altmeppen, § 47 Rn. 124.

[400] Vgl. *Winter*, ZHR 154 (1990), 259, 267.

[401] *Hoffmann-Becking*, ZGR 1994, 442, 450.

[402] Vgl. *Happ*, ZGR 1984, 168, 173 f.

[403] Die fehlerhafte Schreibweise beruht auf einer wörtlichen Übernahme aus der Urteilsbegründung.

[404] In BGH Urt. v. 7.6.1993, Az. II ZR 81/92, NJW 1993, 2246, 2247 ging es um die Umdeutung eines unwirksamen - weil satzungswidrigen - Beschlusses in eine Nebenvereinbarung.

[405] BGH, Urt. v. 14.3.2005, Az. II ZR 153/03, DNotZ 2005, 792, 794 f.

[406] Vgl. *Wälzholz*, GmbHR 2009, 1020, 1022.

Im neuesten Beschluss des BGH zu diesem Problemkreis, geht es genau andersherum und wie *Noack* in seiner Entscheidungsbesprechung treffend ausführt, um die „elektrisierende Frage"[407], ob ein Gesellschafterbeschluss, der gegen die Satzung verstößt, aufrecht zu erhalten ist, wenn er inhaltlich einer schuldrechtlichen Nebenabrede der Gesellschafter entspricht.[408] Der BGH hat diese Problematik im genannten Urteil nicht geklärt, da er sich in seiner Begründung nicht auf gesellschaftsrechtliche Prinzipien, sondern auf die Wirkung des echten Vertrags zugunsten Dritter stützte.

Bei Betrachtung der vorliegenden Rechtsprechung des BGH seit den 80-er Jahren ist der Frage nachzugehen, ob nun ein satzungsmäßiger aber gegen den Joint Venture Vertrag verstoßender Beschluss im Joint Venture Unternehmen wirksam ist und andersherum, ob die Joint Venture Partner auf Basis des Joint Venture Vertrages als gleichsam „rechtfertigendem Element" gemeinsam gegen die Satzung verstoßen dürfen. Hierbei geht es tatsächlich um die direkte Wirkung der Nebenabreden, die diese auf korporativer Ebene entfalten können. Die hierin liegende Verpflichtung der Gesellschafter bei der Beschlussfassung stellt das „Übertragungsvehikel" über den Graben der Trennung der Ebenen dar.

### 1. Omnilaterale Vereinbarungen im Joint Venture Vertrag

Soweit nicht alle Gesellschafter auch Partner des Joint Ventures sind, können die Regelungen des Joint Venture Vertrages aus den oben genannten Gründen des Schutzes für niemanden irgendwelche korporationsrechtlichen Wirkungen entfalten.[409] Es verbleibt insoweit bei deren schuldrechtlichen Bindungswirkungen und den Pflichten der Joint Venture Partner, soweit zu ihrer Durchsetzung nötig, für Anpassung der Satzung bzw. Wirkung im Joint Venture Unternehmen zu sorgen. Eine differenziertere Betrachtung ist dann geboten, wenn sämtliche Gesellschafter des Joint Venture Unternehmens auch Partner des Joint Ventures sind. Allein diese Konstellation[410] lag auch in den

---

[407] *Noack*, NZG 2010, 1017, 1018.
[408] *Noack*, NZG 2010, 1017, 1018.
[409] Vgl. *Noack*, NZG 2010, 1017, 1017; anders dieser noch in seiner Habilitationsschrift, *Noack*, S. 167, in der er die Anwendung der von ihm entwickelten Einheitslehre auch auf Vereinbarungen einer Mehrheit der Gesellschafter erstreckte, die auch zu einer Satzungsänderung in der Lage wäre; siehe hierzu auch sogleich unten unter 2 c v; vom BGH wurde diese Frage bisher nicht entschieden.
[410] Alle Gesellschafter waren in den genannten Urteilen auch Parteien einer schuldrechtlichen Nebenvereinbarung.

genannten Urteilen des BGH zugrunde. Mangels unmittelbarer Wirkung der Vereinbarungen des Joint Venture Vertrages auf Ebene des Joint Venture Unternehmens wird eine Kollision nur dann zum Fall, wenn sich die allseitig gebundenen Gesellschafter bei der Beschlussfassung unterschiedlichen Bindungen aus Satzung und Joint Venture Vertrag gegenüber sehen.

## 2. Anfechtbarkeit satzungsgemäßer Beschlüsse wegen Verstoß gegen Nebenabrede der Gesellschafter

### a. Rechtsprechung des BGH

In seinem richtungsweisenden Urteil aus dem Jahr 1983[411] sowie abermals in seinem Urteil vom 27.10.1986[412] hat der BGH die Frage der Wirksamkeit eines Beschlusses neben der Satzung auch an die Nebenabsprachen der Gesellschafter geknüpft. Genauer gesagt, wurden in diesen Fällen nicht einstimmig[413] gefasste Beschlüsse für anfechtbar gehalten, welche zwar mit der formellen Satzung der Gesellschaft, nicht aber mit einer allseitigen Nebenabrede der Gesellschafter in Einklang standen. Diese Vorgehensweise wurde mit der Prozessökonomie begründet und hat ihren Hintergrund in der Entscheidung des BGH vom 29.5.1967,[414] nach der eine Vollstreckung schuldrechtlicher Abreden unter Gesellschaftern nach § 894 ZPO zulässig ist.[415] Die direkte Zulassung der Anfechtung des Beschlusses verkürzt den so eröffneten Rechtsweg für den zu Unrecht benachteiligten Gesellschafter. Dieser kann, anstatt seine(n) Mitgesellschafter auf Feststellung der Nichtigkeit und Aufhebung eines mit der Nebenvereinbarung nicht in Einklang stehenden Beschlusses verklagen zu müssen, den Beschluss direkt durch Anfechtung aus der Welt schaffen. Indes ist die dogmatische Begründung der Anfechtung eines der Satzung entsprechenden Beschlusses wegen Verstoßes gegen eine omnilaterale Nebenabrede schwierig. Die Beschlussfassung ist Verbandshandeln und der Verband ist grundsätzlich nur durch Gesetz und Satzung gebunden.[416] Eine Nebenabrede bindet nur die an ihr beteiligten Gesellschafter. Die Erheblichkeit der Entscheidungen ist daher vor dem Hintergrund der vertraglichen Gestaltung und Verknüpfung der Regelungswerke im Joint Venture System

---

[411] BGH, Urt. v. 20.1.1983, Az. II ZR 243/81, NJW 1983, 1910 ff.
[412] BGH, Urt. v. 27.10.1986, Az. II ZR 240/85, NJW 1987, 1890 ff.
[413] Im Falle der Einstimmigkeit stellt sich die Problematik regelmäßig nicht.
[414] BGH, Urt. v. 29.5.1967, Az. II ZR 105/66, NJW 1967, 1963 ff.
[415] Siehe hierzu *Ulmer*, NJW 1987, 1849, 1849.
[416] *Weber*, DStR 1997, 824, 824.

enorm,[417] obgleich der BGH bis heute eine dogmatische Begründung schuldig geblieben ist.

Die vom BGH eingeräumte Möglichkeit einer Anfechtung auf Basis omnilateraler Gesellschaftervereinbarungen wird dort relevant, wo der Joint Venture Vertrag über die Satzung hinausgehende Erfordernisse, etwa an die Person des zu bestellenden Geschäftsführers,[418] aufstellt oder wenn die Gesellschafter im Joint Venture Vertrag den Unternehmensgegenstand der Satzung konkretisieren.[419] Ein rein die geringeren Anforderungen der Satzung wahrender Beschluss ist grundsätzlich wirksam, wäre jedoch nach den Grundsätzen der Rechtsprechung des BGH anfechtbar. So würde die Nebenabrede sämtlicher Gesellschafter trotz Trennungsprinzip Wirkung auf der korporativen Ebene erlangen.

Wegen der Ausschließlichkeit der Anfechtungsgründe in § 243 Abs. 1 AktG, welcher für die GmbH weitgehend entsprechend gilt,[420] ist eine Anfechtung eines Gesellschafterbeschlusses jedoch nur möglich, wenn der entsprechende Beschluss unter „Verletzung des Gesetzes oder der Satzung" zustande gekommen ist. Dementsprechend müsste also in der Verletzung einer Nebenabrede aller Gesellschafter entweder eine Verletzung der Satzung oder eine Gesetzesverletzung zu sehen sein oder aber der BGH müsste im Wege der Rechtsfortbildung einen neuen Anfechtungsgrund geschaffen haben.[421] In letzterem Fall wäre jedoch fraglich, ob die Schaffung eins neuen Anfechtungsgrundes „wegen Prozessökonomie" mit § 234 Abs. 1 AktG vereinbar wäre.

---

[417] So auch *Karsten Schmidt,* Gesellschaftsrecht, § 5 I 5, (S. 94); dagegen bezeichnet *Ulmer* in: FS Röhricht, S. 633, 645 die Rechtsprechung als „Ausreißer"-Urteile, welcher nach geltendem Recht für eine Modifikation des Trennungsgedankens keine Bedeutung zukomme.
[418] Zu von der Satzung abweichenden Voraussetzungen für die Abberufung eines Geschäftsführers vgl. BGH, Urt. v. 27.10.1986, Az. II ZR 240/85, NJW 1987, 1890, 1892.
[419] Vgl. BGH, Urt. v. 20.1.1983, Az. II ZR 243/81, NJW 1983, 1910, 1911.
[420] So stetige Rechtsprechung des BGH, grundlegend für die analoge Anwendung aktienrechtlicher Regelungen, BGH, Urt. v. 16.12.1953, Az. II ZR 167/52, NJW 1954, 385, 385 f.; sodann für sämtliche von Versammlungsleiter festgestellte Beschlüsse, BGH Urt. v. 21.3.1988, Az. II ZR 3028/87, NJW 1988, 1844, 1844; BGH, Urt. v. 25.11.2002, Az. II ZR 69/01, NZG 2003, 127, 128; weitergehend in BGH, Urt. v. 11.2.2008, Az. II ZR 187/06, NZG 2008, 317, 318, wonach anstatt einer Feststellung auch eine vom Geschäftsführer unterschriebene Protokollierung als Zeichen des „förmlichen Festhaltens" am Beschlussergebnis und eine hiergegen gerichtete Anfechtungsklage ausreicht; zum Meinungsstreit in der jüngeren Literatur siehe *Römermann* in: Michalski, Anh. § 47 Rn. 12 ff.
[421] Vgl. *Ulmer,* NJW 1987, 1849, 1849.

## b. Resonanz in der Literatur

In der Literatur ist die Vorgehensweise des BGH zwar vom Ergebnis her angenommen worden.[422] Die dogmatische Begründbarkeit wird jedoch zumeist kritisch betrachtet.[423] Teilweise wird die Treubindung[424] der Gesellschafter untereinander auch auf die omnilaterale Nebenvereinbarung gestützt und über die Generalklausel des § 242 BGB so eine Gesetzesverletzung im Falle des Verstoßes angenommen.[425] *Noack* sieht das Problem wiederum in der Trennung der Ebenen und versucht dies über eine Satzungsauslegung anhand der Nebenvereinbarung und eines hierauf basierenden Satzungsverstoßes zu lösen.[426] *Karsten Schmidt* ist der Ansicht, dass, sobald Gesellschaftervereinbarungen „verbandsdimensionalen Inhalt" gewinnen und somit „Mitgliedschaftspflichten begründen", sie sich von Satzungsregeln nur noch in ihrer Art und Bindungsintensität unterscheiden, jedoch nicht in ihrer „korporativen Wirkung".[427] Auch er stellt also eine gewisse Einheit der Vertragswerke her. Im Übrigen beruft er sich auf die Prozessökonomie als ausreichende Rechtfertigung einer solchen Vorgehensweise. Nach der Ansicht von *Zöllner* können Nebenabreden als Einverständnis über die Auslegung der Satzung zu qualifizieren sein oder die Treuepflichten der Gesellschafter untereinander gestalten.[428] *Priester* propagiert im Hinblick auf omnilaterale „satzungsgleiche"[429] Gesellschaftervereinbarungen ein „modifiziertes Trennungsprinzip", wonach nicht zwischen den Verhältnissen der Gesellschaft und denen der Gesellschafter zu differenzieren sei.[430] Selbst *Ulmer*, der die Urteile des BGH scharf kriti-

---

[422] Vgl. *Weber*, DStR 1997, 824, 824.

[423] Vgl. *Roth* in: Roth/Altmeppen, § 47 Rn. 124 m.w.N. zum Meinungsstand dort.

[424] Vom BGH selbst in seinem Urteil vom BGH, Urt. v. 20.1.1983, Az. II ZR 243/81, NJW 1983, 1910, 1911, als Grund für die Anfechtbarkeit abgelehnt, da sich die Treubindungen der Gesellschafter nicht auf Basis neben dem Gesellschaftsvertrag bestehender vertraglicher Bindungen beurteilen ließen.

[425] *Hoffmann-Becking*, ZGR 1994, 458 f.; *Karsten Schmidt*, Gesellschaftsrecht, § 5 I 5 (S. 95) stellt die Verletzung der bindenden allseitigen Nebenabrede mit einer Treupflichtverletzung gleich und misst ihr somit eine „verbandliche" Wirkung bei; ohne konkrete Positionierung *Baumann/Reiss*, ZGR 1989, 157, 212 f., die jedoch im Folgenden von der Möglichkeit der gegenseitigen Beeinflussung der Ebenen ausgehen.

[426] *Noack*, S. 161 f.; siehe auch *Zöllner/Noack* in: Baumbach/Hueck, § 53 Rn. 19; diese sprechen der „fehlenden Satzungsförmigkeit" von Gesellschaftervereinbarungen nur Bedeutung zu, soweit außenstehende Dritte oder nicht unterrichtete Anteilserwerber betroffen sind.

[427] *Karsten Schmidt* in: FS Immenga, S. 705, 715; eine Gleichsetzung mit einem Treupflichtverletzung annehmend *ders.*, Gesellschaftsrecht, § 5 I 5 (S. 95).

[428] *Zöller* in: Baumbach/Hueck, § 47 Rn. 118.

[429] Wobei sich „satzungsgleich" auf deren Inhalt, nicht auf die Wirkung bezieht, so auch die Interpretation von *Ulmer* in: FS Röhricht, S. 633, 633.

[430] *Priester* in: FS Claussen, S. 319, 335.

siert, sieht eine Begründbarkeit einer solchen Anfechtbarkeit nach Durchgriffs-gesichtspunkten[431] unter Schaffung eines neuen Anfechtungstatbestandes ausnahmsweise in Fällen groben Missbrauchs als möglich an.[432] *Happ* hält die Entscheidung für eher pragmatisch als dogmatisch begründbar,[433] begrüßt sie jedoch als Verbesserung des Rechtsschutzes.[434] Auch *Weber*[435] schließt sich den Erwägungen des BGH zur Erforderlichkeit der Zulassung der Anfechtung aus Gründen der Prozessökonomie an.

Von der weitaus herrschenden Literatur wird ein Recht zur Anfechtung wegen Verstoßes gegen eine Nebenabrede jedoch wegen Unvereinbarkeit mit dem Grundsatz der objektiven Satzungsauslegung, dem Trennungsprinzip und der enumerativen Aufzählung der Anfechtungsgründe in § 243 AktG abgelehnt.[436] Nach *Winter* liegt in der Rechtsprechung des BGH die Anerkennung „satzungsgleicher Qualität" allseits bindender schuldrechtlicher Nebenabreden,[437] wodurch in der Konsequenz Verstöße gegen diese genauso zu behandeln seien, wie Verstöße gegen die Satzung;[438] eine Folge, gegen die er sich jedoch vehement stemmt.

Aufgrund der Bestimmung des § 243 AktG kommt eine dogmatische Begründbarkeit der vom BGH geschaffenen Anfechtungsbefugnis nur in Betracht, wenn hierin ein Verstoß gegen die Satzung oder das Gesetz zu sehen ist.

---

[431] Zur Lehre von Durchgriff ausführlich *Flume*, § 3 I (S. 63 ff.).

[432] *Ulmer*, NJW 1987, 1849, 1853 ff.; ihm folgend *Winter*, ZHR 154 (1990), 259, 277 f.; so auch *Ulmer/Löbbe* in: Großkommentar GmbHG Bd. I, § 3 Rn. 132; kritisch *Jäger*, DStR 1996, 1935, 1939.

[433] *Happ*, ZGR 1984, 168, 173; so im Ergebnis bei omnilateralen Bindungen in Falle eines Beteiligungsvertrages auch *Weitnauer*, Hdb. Venture Capital, S. 310 Rn. 75.

[434] *Happ*, ZGR 1984, 168, 175.

[435] *Weber*, DStR 1997, 824, 824 ff.

[436] Siehe hierzu *Ulmer*, NJW 1987, 1849, 1849 ff.; *Jäger*, DStR 1996, 1935, 1938 ff.; *Fastrich* in: Baumbach/Hueck, § 3 Rn. 58; *Ulmer/Löbbe* in: Großkommentar GmbHG Bd. I, § 3 Rn. 40 und 128 ff. m.w.N. dort in Fn. 263; *Hüffer* in: Hüffer AktG, § 23 Rn. 47; *Winter,* ZHR 154 (1990), 259, 268 ff.; *Wertenbruch* in: MüKo GmbHG Bd. II, Anh. § 47 Rn. 148; *Wicke* in: MüKo GmbHG Bd. I, § 3 Rn. 144 ff.; *Bayer* in: Lutter/Hommelhoff, § 47 Rn. 20 m.w.N. dort, lehnt eine Vermengung der Ebenen in jedem Fall schon deshalb ab, da die GmbH so in eine Auseinandersetzung der Gesellschafter hineingezogen würde, die keinen Bezug zu einer Satzungs- oder Gesetzesverletzung hat; mit dieser Begründung auch *Ulmer/Löbbe* in: Großkommentar GmbHG, § 3 Rn. 132 m.w.N. dort in Fn. 280; eine ausführliche Darstellung des Meinungsstreits findet sich auch bei *Tegen*, S. 236 ff.

[437] *Winter*, ZHR 154 (1990), 259, 261.

[438] *Winter*, ZHR 154 (1990), 259, 268 f.

c. Anfechtbarkeit wegen Satzungsverstoßes?

i   Auslegung der Satzung durch Nebenabreden?

Im Joint Venture System wird es in den meisten Fällen zu der Situation kommen, dass der Joint Venture Vertrag zu einem Gegenstand konkretere Ausführungen enthält, als die Satzung des Joint Venture Unternehmens. Dies liegt in den oben geschilderten Interessen der Joint Venture Partner begründet, ihre Rechtsverhältnisse möglichst im Joint Venture Vertrag zu regeln und den der Öffentlichkeit zugänglichen Gesellschaftsvertrag so allgemein wie möglich zu halten. Eine solche doppelte Regelungssituation ist für eine Vielzahl von Themen denkbar. Bespielhaft sei hier nur an die Eingrenzung des Unternehmensgegenstandes und die Spezifikation von Voraussetzungen bei der Bestellung von Geschäftsführern gedacht, welche bereits Gegenstand der genannten BGH Entscheidungen waren. Vor diesem Hintergrund stellt sich die Frage, ob derartige Spezifikationen des Joint Venture Vertrages zur (eingrenzenden) Auslegung des Gesellschaftsvertrages in der Rechtsform einer GmbH herangezogen werden können.

ii   Rechtsnatur des Gesellschaftsvertrages der GmbH

Der Gesellschaftsvertrag einer GmbH ist ein Vertrag eigener Art[439] und besitzt nach herrschender Ansicht eine Doppelnatur.[440] Er ist zunächst ein „normaler" schuldrechtlicher Vertrag zwischen den Gründern über die Verpflichtung zur Errichtung der GmbH,[441] welcher auch nur diese bindet.[442] Nach der Entstehung der GmbH überwiegt seine Funktion[443] als Organisationsvertrag.[444] Als solcher bildet er die Grundlage der Gesellschaft und regelt deren inneren Aufbau.[445] Er bestimmt das Verhältnis der Gesellschafter untereinander und zur GmbH und bindet so auch künftige Gesellschafter[446] und Dritte.[447]

---

[439] *Schwaiger* in: Becksches Handbuch der GmbH, § 2 Rn. 47.
[440] *Michalski* in: Michalski, § 2 Rn. 4; *Fastrich* in: Baumbach/Hueck, § 2 Rn. 3, spricht von einer „doppelten Bedeutung", *Bayer* in: Lutter/Hommelhoff § 2 Rn. 12 differenziert nach „zwei Teilen", nämlich vor und nach Eintragung.
[441] Vgl. *Michalski* in: Michalski, § 2 Rn. 4.
[442] *Fastrich* in: Baumbach/Hueck, § 2 Rn. 3.
[443] Vgl. *Michalski* in: Michalski, § 2 Rn. 4.
[444] Zur Terminologie des Organisationsvertrages *Fastrich* in: Baumbach/Hueck, § 2 Rn. 5 m.w.N. dort in Fn. 2 und 3.
[445] *Michalski* in: Michalski, § 2 Rn. 4.
[446] Vgl. *Schwaiger* in: Becksches Handbuch der GmbH, § 2 Rn. 48; *Michalski* in: Michalski § 2 Rn. 4.
[447] *Fastrich* in: Baumbach/Hueck, § 2 Rn. 3.

Innerhalb des Gesellschaftsvertrages wird nach „materiellen" und „formellen" Satzungsbestandteilen unterschieden. Materielle Satzungsbestandteile umfassen den Mindestgehalt der Satzung nach § 3 Abs. 1 GmbHG sowie fakultative Satzungsbestandteile mit korporativem Charakter.[448] Regelungen, welche die Grundlagen der Gesellschaft, ihre Beziehungen zu den Gesellschaftern sowie die Rechtsstellung ihrer Organe in Abweichung zum gesetzlichen Normalstatut mit unmittelbar dinglicher Wirkung für die GmbH, künftige Gesellschafter und gegebenenfalls außenstehende Dritte gestalten, haben zwingend korporativen Charakter.[449] Ebenfalls korporativ sind nach h. M. gesellschaftsvertragliche Regelungen mit denen vom dispositiven Gesetzesrecht abgewichen wird.[450]

### iii Herrschende modifizierte Normentheorie

Nach der herrschenden, auf dieser Doppelnatur des Gesellschaftsvertrages basierenden, „modifizierten Normentheorie" unterliegt der Abschluss des Gesellschaftsvertrages den allgemeinen rechtsgeschäftlichen Regeln.[451] Demgegenüber besteht in Literatur und Rechtsprechung weitgehende Einigkeit, dass korporative, materielle und somit „echte" Bestimmungen des Gesellschaftsvertrages nach Entstehung der GmbH wegen ihres Grundlagencharakters und ihrer über das Rechtsverhältnis der Gründungsgesellschafter hinausgehenden Bindungswirkungen objektiv auszulegen sind.[452] Zur Auslegung können daher nach Eintragung nur Wortlaut und Sinnzusammenhang des Gesellschaftsvertrages herangezogen werden.[453] Dies bedeutet für außerhalb der Satzung lie-

---

[448] Siehe hierzu bereits oben unter E II 2.

[449] Insoweit von einem „Satzungsvorbehalt" hinsichtlich solcher Regelungen sprechend: *Wicke*, DNotZ 2006, 419, 427; *Bayer* in: Lutter/Hommelhoff, § 3 Rn. 51.

[450] *Bayer* in: Lutter/Hommelhoff, § 3 Rn. 51; Auflistung bei *Wicke*, DNotZ 2006, 419, 428; sowie *Michalski* in: Michalski, § 2 Rn. 45 mit Einzelverweisen auf die zugrundeliegende Rechtsprechung.

[451] *Michalski* in: Michalski, § 2 Rn. 5.

[452] H. M. vgl. BGH, Urt. v. 11.10.1993, Az. II ZR 155/92, NJW 1994, 51, 52; einschränkend für den Fall, dass einzubeziehende außenliegende Umstände Gesellschaftern und Organen allgemein bekannt sind und keine Interessen außenstehender Dritter beeinträchtigt werden, BFH, Urt. v. 28.11.2007, Az. I R 94/06, DStRE 2008, 878, 881 f.; *Ulmer* in: FS Röhricht, S. 633, 644 f.; *Fastrich* in Baumbach/Hueck, § 2 Rn. 29 und 31 m.w.N. dort in Fn. 58; sowie *Mayer* in: MüKo GmbHG Bd. I, § 2 Rn. 153ff. mit einer höchst ausdifferenzierten Darstellung der weiteren vertretenen Ansichten; ebenso ausführlich *Michalski* in: Michalski, § 2 Rn. 41 ff.

[453] *Fastrich* in Baumbach/Hueck, § 2 Rn. 31; vgl. auch OLG Hamm, Urt. v. 5.11.2002, Az. 27 U 15/02, NZG 2003, 545, 545 das jedoch in seinem Leitsatz feststellt: „Auch das Schweigen der Satzung einer GmbH zu einer – nach den tatsächlichen Verhältnissen fernliegenden – Zweckverfolgung der Gesellschafter kann ein ausreichender, aus ihrem Inhalt gewonnener Anhaltspunkt für ihre Auslegung sein."

gende Umstände, insbesondere die hier interessierenden Nebenabreden, dass diese für die Auslegung der Satzung nur relevant sein können, wenn sie allgemein ersichtlich, insbesondere aus beim Handelsregister eingereichten Unterlagen zu erkennen sind.[454] Diese Auslegung gilt zwar nur für die materiellen Satzungsbestandteile.[455] Im Joint Venture System wird der Gesellschaftsvertrag des Joint Venture Unternehmens jedoch im Wesentlichen materielle Satzungsbestandteile über die Struktur der Gesellschaft beinhalten, da für weitere Regelungen der Joint Venture Vertrag zur Verfügung steht. Eine Veröffentlichung des Joint Venture Vertrages im Handelsregister geschieht nicht. Die Auslegung des Gesellschaftsvertrages einer GmbH kann daher nach der herrschenden Meinung durch eine schuldrechtliche Nebenvereinbarung nicht berührt werden.[456] So hat der BGH in seinem Urteil vom 27.10.1986 auch zunächst festgestellt: „Subjektive Absichten und Erwägungen der Gesellschafter, die für die Allgemeinheit nicht erkennbar sind, haben für die Auslegung der Satzung außer Betracht zu bleiben."[457]

iv Möglichkeit subjektiver Auslegung

Nach Vertretern der erweiterten Verbandsordnung soll eine Auslegung auch materieller Regelungen des Gesellschaftsvertrages unter Heranziehung von Nebenvereinbarungen dagegen möglich sein.[458] Von diesen wird vorgebracht, dass eine Beschränkung des Satzungsverständnisses auf sich selbst weder den Anforderungen noch der Übung der Praxis standhalten würde.[459] In ge-

---

[454] *Fastrich* in Baumbach/Hueck, § 2 Rn. 31; *Michalski* in: Michalski, § 2 Rn. 43; BGH, Urt. v. 16.12.1991, Az. II ZR 58/91, MittBayNot 1992, 213, 215 für die Zulässigkeit der Auslegung einer Bestimmung des Gesellschaftsvertrages mit Hilfe früherer gesellschaftsvertraglicher Regelungen.

[455] Vgl. *Roth* in: Roth/Altmeppen, § 2 Rn. 17; zur Entwicklung der Rechtsprechung des BGH *Michalski* in: Michalski, § 2 Rn. 43; *Mayer* in: MüKo GmbHG Bd. I, § 2 Rn 153.

[456] OLG Stuttgart, Urt. v. 7.2.2001, Az. 20 U 52/97, NJOZ 2001, 335, 352; *Bayer* in: Lutter/Hommelhoff, § 3 Rn. 91; *Fastrich* in: Baumbach/Hueck, § 2 Rn. 31; *Mayer* in: MüKo GmbHG Bd. I, § 2 Rn. 155; (zur AG) *Limmer* in: Spindler/Stilz, AktG Bd. I, § 23 Rn. 41b; *Ulmer*, NJW 1983, 1849, 1851 f.; *ders.* in: FS Röhricht, S. 633, 644 f.

[457] BGH, Urt. v. 27.10.1986, Az. II ZR 240785, NJW 1987, 1890, 1891.

[458] So *Noack*, S. 84, der jedoch grundsätzlich eine Hierarchie zugunsten der Satzung annimmt; für eine subjektive Auslegung auf Basis omnilateraler Nebenabreden auch *Baumanns/Wirbel* in: Münchner Handbuch des Gesellschaftsrechts Bd. I, § 28 Rn. 38; *Emmerich* in: Scholz Bd. I, § 2 Rn. 38; explizit für den Joint Venture Vertrag auch *Tegen*, S. 200 und S. 218 ff.; je nach den Umständen im Ergebnis für eine grundsätzlich subjektive Auslegung *Grunewald*, ZGR 1995, 68, 86 ff.

[459] *Ullrich*, ZGR 1985, 235, 249 dort in Fn. 57 m.w.N.

wissem Widerspruch[460] zu seiner grundsätzlichen Auffassung der objektiven Auslegung korporativer Satzungsbestimmungen[461] hat auch der BGH in seiner Begründung des Urteils vom 27.10.1986 angeführt:

„Das BerGer.[462] hat jedoch außer acht gelassen, daß die Gesellschafter einer GmbH außerhalb der Satzung untereinander schuldrechtliche Bindungen eingehen können. Derartige Bindungen werden im Schrifttum innerhalb gewisser Grenzen durchweg für zulässig erachtet (...). Sie können auch durch <u>das Einverständnis der Gesellschafter</u> begründet werden, die Satzung in einem bestimmten Sinne auszulegen (...)."[463]
(Hervorhebung durch den Verfasser)

Bei der Entscheidung des Rechtsstreits waren somit Entscheidungsgründe erheblich, deren Berücksichtigung im Rahmen der objektiven Auslegung eigentlich ausgeschlossen ist.[464] Somit läuft die Rechtsprechung des BGH auf eine „Restriktion des Grundsatzes der objektiven Satzungsauslegung in Fällen hinaus, in denen lediglich die Gründungsgesellschafter oder ihre Gesamtrechtsnachfolger an der GmbH beteiligt sind."[465]

Damit wurde im genannten Urteil die herrschende modifizierte Normentheorie insoweit durch die zu einer teilweise subjektiven Auslegung führenden „gespaltenen Auslegung" ersetzt, die zwischen Innen- und Außenverhältnis differenziert,[466] soweit die Gesellschafter und Parteien der Gesellschaftervereinbarung identisch sind. Im Falle der Beteiligung aller Gesellschafter an einer solchen Gesellschaftervereinbarung ist unstreitig die Geltungsverschaffung dieser Regelung deren gemeinsamer Wille. Durch eine subjektive Auslegung des Gesellschaftsvertrages kommt man so tatsächlich nach Maßgabe der §§ 133, 157 BGB zu dem wirklichen Willen der Beteiligten.

---

[460] Diesen Widerspruch in der Rechtsprechung hervorhebend: *Vomhof*, GmbHR 1984, 180, 181.
[461] Siehe oben Zitat aus BGH, Urt. v. 27.10.1986, Az. II ZR 240785, NJW 1987, 1890, 1891, sowie auch wieder BGH, Urt. v. 11.10.1993, Az. II ZR 155/92, NJW 1994, 51, 52.
[462] Abweichungen von der korrekten Rechtschreibung beruhen auf dem Originaltext des zitierten Urteils.
[463] BGH, Urt. v. 27.10.1986, Az. II ZR 240785, NJW 1987, 1890, 1892.
[464] Vgl. *Winter*, ZHR 154 (1990), 259, 270.
[465] *Winter*, ZHR 154 (1990), 259, 270, der eine solche jedoch ablehnt; eine derartige subjektive Auslegung bei Gesellschafteridentität befürwortet dagegen etwa *Karsten Schmidt*, Gesellschaftsrecht, § 5 I 4c (S. 90 f.); ebenso *Grunewald*, ZGR 1995, 68, 87.
[466] *Mayer* in: MüKo GmbHG Bd. I, § 2 Rn. 163.

Unabhängig von dem grundsätzlichen Streit um die Rechtsnatur des Gesellschaftsvertrages der GmbH und daraus resultierende Auslegungsregeln ist zu fragen, ob im Falle einer allseitigen Gesellschaftervereinbarung in Form eines Joint Venture Vertrages, wegen dessen besonderer Bedeutung für die Partner, eine subjektive Auslegung des Gesellschaftsvertrages auf Basis desselben gerechtfertigt erscheint.[467]

v  Kein entgegenstehender Schutzzweck

Hierzu ist primär zu untersuchen, ob der mit der objektiven Auslegung der materiellen Bestandteile der Satzung bezweckte Drittschutz[468] für den Rechtsverkehr, insbesondere künftige Gesellschafter oder sonstige außenstehende Dritte, durch eine interne subjektive Auslegung durch die Gesellschafter verletzt wird. Daneben stellt sich die Frage, ob eine objektive Auslegung aufgrund zu schützender Interessen der beteiligten Gesellschafter selbst geboten ist.

In ihrem Vertrauen auf den Inhalt der Satzung sind Dritte durch die gesetzlichen Vorschriften der §§ 10 GmbHG, 15 HGB geschützt.[469] Die Publizitätswirkung des Handelsregisters erfasst nur den Geltungsbereich dieser Vorschriften. Innerhalb des Schutzbereiches dieser Vorschriften müssen Dritte abweichende Regelungen nicht gegen sich gelten lassen. Ein über die genannten Vorschriften hinausgehender Schutz besteht jedoch nicht.[470] Der Satzungstext muss für Dritte zudem aus sich heraus verständlich sein. Änderungen der Satzung, die gegenüber Dritten unmittelbar wirken sollen, müssen in den Satzungstext aufgenommen werden. Das gilt jedoch nur für den Fall einer tatsächlichen Satzungsänderung. Einzelne gegen die Satzung verstoßende Maßnahmen sind nach den Grundsätzen satzungsdurchbrechender Beschlüsse möglich.[471] Insoweit steht Dritten kein Schutz dagegen zu, dass die Gesellschafter gemeinsam und einvernehmlich im Einzelfall gegen die Satzung verstoßen, sie jedoch nicht für die Zukunft ändern. Ihnen gegenüber gilt immer

---

[467] Wie hier bereits *Tegen*, 218 f.; in diesem Sinne wohl auch *Khalilzadeh*, GmbHR 2013, 232, 236.

[468] Der BGH führt als wesentlichen Grund für die objektive Auslegung die einheitliche und gleichmäßige Geltung und damit Auslegung für alle gegenwärtigen und zukünftigen Gesellschafter aber auch die Gesellschaftsgläubiger an, siehe *Mayer* in: MüKo GmbHG Bd. I, § 2 Rn. 154.

[469] Vgl. *Tegen*, S. 219 f.; *Mayer* in: MüKo GmbHG Bd. I, § 2 Rn. 166.

[470] *Zöllner* in: FS Priester, S. 879, 887, der den Schutz Dritter auf § 15 HGB beschränkt; anders die wohl h. M. vgl. *Ulmer/Löbbe* in: Großkommentar GmbHG Bd. I, § 3 Rn. 130.

[471] Siehe hierzu unten unter 3.

die tatsächliche Rechtslage. Ob die Gesellschafter diese entgegen dem objektiven Wortlaut der Satzung geschaffen haben oder nicht, ist dabei unerheblich. Es geht im Hinblick auf Interessen Dritter also nur um die objektive Auslegung von Vorschriften mit Wirkung für die Zukunft, nicht um die Erzwingung von Satzungskonformität bereits gefasster Gesellschafterbeschlüsse. Die Öffentlichkeit ist nicht dahingehend schutzwürdig, dass sie darauf vertrauen kann, dass die Gesellschafter in bestimmter Weise von den ihnen nach der Satzung zustehenden Rechten Gebrauch machen.[472] Aus diesem Grund kann auch kein Schutz Dritter entgegenstehen, wenn die Gesellschafter im Innenverhältnis vereinbaren, die Satzung nicht objektiv, sondern nach Maßgabe ihrer Abreden im Joint Venture Vertrag zu verstehen. Insoweit ist der Gedanke *Priesters*[473] aufzugreifen, der im Falle des Bestehens satzungsgleicher Nebenvereinbarungen aller Gesellschafter „in der Binnenstruktur" eine Personengesellschaft annimmt. Bereits durch die seit Jahren anerkannte Zulassung mit der Satzung thematisch deckungsgleicher Nebenvereinbarungen und deren Durchsetzbarkeit nach § 894 ZPO wird den Gesellschaftern gerade diese Ausgestaltung abweichend von dem – gegenüber Dritten objektiv geltenden – Satzungstext zugestanden. Ebenso können die Gesellschafter durch satzungsdurchbrechende Beschlüsse[474] im Einzelfall eine von der Satzung nicht gedeckte Rechtslage schaffen. Ob diese Rechtslage basierend auf spontanen Entscheidungen oder aufgrund von vertraglichen Verpflichtungen geschaffen wird macht keinen Unterschied.[475]

Zusammenfassend lässt sich daher sagen, dass Dritte nur einen Anspruch darauf haben, dass die Satzung ihnen (als potentiellen Neugesellschaftern) gegenüber so wirkt, wie sie aus sich heraus verständlich ist.[476] Durch die Beschränkung ihres Schutzes auf die §§ 10 GmbHG, 15 HGB haben Dritte jedoch keinen Anspruch darauf, dass die Gesellschafter bestimmte Beschlüsse im Einklang mit dem objektiven Wortlaut der Satzung fassen. Dies ergibt sich aus der generellen Beschlussfreiheit der Gesellschafter sowie der gesetzlichen Regelung, dass gegen die Satzung verstoßende Beschlüsse in der Re-

---

[472] *Tegen*, S. 251.
[473] *Priester* in: FS Claussen, S. 319, 329, der eine Loslösung vom Verband in diesem Fall richtiger Weise ablehnt.
[474] Ausführlich hierzu unten unter 3.
[475] Vgl. *Tegen*, S. 251.
[476] Mangels direkter Wirkungen der Satzung spielen die Interessen von Gläubigern insoweit keine Rolle – sie wären auch von ihren Interessen zuwiderlaufenden Satzungsänderungen nicht geschützt, so auch *Emmerich* in: Scholz Bd. I, § 2 Rn. 39.

gel nur anfechtbar sind. Die Frage nach dem Vollzug der Anfechtung liegt allein in den Händen der Gesellschafter. Dritte können also auf die Wirksamkeit von Beschlüssen regelmäßig erst nach Ablauf der Anfechtungsfrist vertrauen. Gleichwohl haben Dritte keinen Anspruch auf eine bestimmte Beschlussfassung der Gesellschafter. Dies zeigt sich auch im Falle der beabsichtigten Pfändung eines Dividendenanspruchs eines Gesellschafters durch einen Gläubiger. Der pfändbare Anspruch entsteht erst mit Beschlussfassung der Gesellschafterversammlung. Weicht dieser Beschluss von den hierzu in der Satzung enthaltenen Bestimmungen ab, hat der Gläubiger keinen Anspruch auf satzungsgemäße Beschlussfassung.[477] Dies ist umso mehr plausibel, wenn man bedenkt, dass die Gesellschafter in ihrer Gesamtheit auch in der Lage wären, die Satzung jederzeit zu ändern. Auch kann die Geltung einer von der Satzung abweichenden Regelung für einen Gläubiger eines Gesellschafters von Vorteil sein, wenn nämlich der Joint Venture Vertrag eine für diesen günstige Dividendenregelung enthält,[478] und die Gesellschafterversammlung dieser entsprechend über die Gewinnverteilung entscheidet. Das gleiche gilt für Gläubiger der Gesellschaft: Die Gesellschafter sind im Rahmen des § 30 GmbHG frei, über das Gesellschaftsvermögen zu disponieren, weswegen Gläubiger eine sich in diesem Rahmen bewegende Nebenabrede hinnehmen müssen.[479]

Dass eine subjektive Auslegung des Gesellschaftsvertrages nur gelten kann, soweit sämtliche Gesellschafter an der Nebenabrede beteiligt sind, ist von den Vertretern dieser Ansicht weitgehend anerkannt.[480] Insoweit besteht ein Schutz unbeteiligter Gesellschafter vor „fremden" Nebenabreden. Jedoch gibt es auch einige Ansichten, die die Bindung einer zur Satzungsänderung qualifizierten Mehrheit[481] oder die Kenntnis der an der Nebenvereinbarung unbetei-

---

[477] Es besteht insoweit kein Schutz an einer bestimmten Gewinnverteilung, vgl. *Priester* in: FS Claussen, S. 319, 330; a. A. *Noack*, S. 143, der auf die Maßgeblichkeit der Regelung der Satzung für den Gesellschaftergläubiger abstellt.
[478] *Tegen*, S. 220.
[479] *Priester* in: FS Claussen, S. 319, 330.
[480] *Karsten Schmidt*, Gesellschaftsrecht, § 5 I 4 (S. 80); vgl. auch *Wicke* in: MüKo GmbHG Bd. I, § 3 Rn. 143 m.w.N. dort in Fn. 7; *Khalilzadeh*, GmbHR 2013, 232, 237 empfiehlt aus diesem Grund eine „Überbindungsklausel" im Joint Venture Vertrag für neue Gesellschafter. Dies ist sinnvoll für den Fall der Aufnahme eines neuen Partners, liegt jedoch im Falle der Aufnahme eines Investors regelmäßig nicht im Interesse der Partner.
[481] *Noack*, S. 167.

ligten Gesellschafter von deren Inhalt zur Geltungserstreckung ausreichen lassen wollen.[482]

Teilweise wird dagegen angeführt, dass auch die an der Nebenabrede selbst beteiligten Gesellschafter vor einer subjektiven Auslegung der Satzung nach Maßgabe derselben zu schützen seien, da sie im Falle des Gesellschafterwechsels aus der subjektiven in die objektive Auslegung und andersherum geraten würden. Aufgrund der personalistischen Ausgestaltung der GmbH und insbesondere eines Joint Venture Unternehmens[483] und der hiermit verbundenen Kontrolle des Gesellschafterkreises besteht diese Gefahr hier nicht.[484] Regelmäßig werden allein die Partner Gesellschafter des Joint Venture Unternehmens sein. Im Falle der Aufnahme eines Investors liegt es auf der Hand, dass ihre diesen nicht verpflichtenden Vereinbarungen im Joint Venture Vertrag nicht auf die mit diesem dann geteilte korporative Ebene „durchschlagen" können. Was die Binnenwirkung zwischen den Gesellschaftern anbelangt, gibt es allerdings, soweit noch kein Gesellschafterwechsel stattgefunden hat keinen Grund, der gegen eine Auslegung einer Bestimmung des Gesellschaftsvertrages nach deren individuellem Verständnis spricht.[485]

Der Schutz Dritter ist insoweit gewährleistet, als ihnen gegenüber die objektive Rechtslage sowie der Schutz des § 15 HGB gilt.[486] Ein über die nach § 10 GmbHG zu veröffentlichenden Angaben hinausgehender Schutz Dritter auf objektive Auslegung der gesamten Satzung ist aus dem Gesetz nicht erkennbar.[487] In dieses Verständnis spielt im Übrigen auch die Zulassung satzungsauslegender Beschlüsse der Gesellschafter durch den BGH.[488] In dieser Rechtsprechung liegt zwar keine generelle Anerkennung einer verbindlichen

---

[482] So *Grunewald*, ZGR 1995, 68, 87, soweit der Neueintretende die individuelle Interpretation kannte oder kennen musste; so auch *Mayer* in: MüKo GmbHG Bd. I, § 2 Rn. 165; ebenso *Tegen*, S. 224 ff., der zudem eine Festschreibung des Projektcharakters im Gesellschaftsvertrag des Joint Venture Unternehmens vorschlägt, um eine Informationspflicht eines beitretenden Gesellschafters zu erreichen (vgl. *ebenda*, S. 226); gegen eine Begründung dieser subjektiven Auslegung bei nicht-allseitigen Nebenabreden durch eine derartige Schutzwürdigkeitsermittlung im Einzelfall: *Weber*, DStR 1997, 824, 826 Fn. 40.
[483] Vgl. *Tegen*, S. 221.
[484] So etwa *Grunewald*, ZGR 1995, 68, 87.
[485] *Mayer* in: MüKo GmbHG Bd. I, § 2 Rn. 165 m.w.N. dort n Fn. 2
[486] Vgl. *Mayer* in: MüKo GmbHG Bd. I, § 2 Rn. 165 f.
[487] So bereits *Zöllner* in: FS Priester, S. 879, 887; ebenso mit eingängiger Argumentation: *Mayer* in: MüKo GmbHG Bd. I, § 2 Rn. 166.
[488] Vgl. BGH, Urt. v. 25.11.2002, Az. II ZR 69/01, NZG 2003, 127, 128 ff.

Auslegung der Satzung durch die Gesellschafter durch den BGH.[489] Jedoch bedürfen hiernach jedenfalls „punktuelle" Satzungsauslegungsbeschlüsse[490] nicht der formellen Voraussetzungen einer Satzungsänderung und sind im Falle des Verstoßes der Auslegung gegen die Satzung vorläufig verbindlich[491] und lediglich anfechtbar.[492] Hieraus ergibt sich zumindest im Ansatz die Anerkennung der Rechtsprechung einer subjektiven Auslegung der Satzung durch die Gesellschafter. Geht man mit dem Wortlaut des BGH im konkreten Einzelfall[493] und in Übereinstimmung mit Teilen der Literatur[494] davon aus, dass für den Fall der Beteiligung sämtlicher Gesellschafter an einer Nebenabrede diese im Innenverhältnis zur Auslegung der Satzung herangezogen werden kann, läge in der Missachtung einer solchen Auslegung durch die Gesellschafter die Begründung der Anfechtbarkeit eines hierauf beruhenden Beschlusses wegen Verstoßes gegen die Satzung.

Ulmer[495] bringt hiergegen den Einwand, dass selbst bei Anerkennung der von ihm abgelehnten subjektiven Auslegung der Satzung im Innenverhältnis regelmäßig das Problem besteht, dass die Parteien durch die Nebenabreden absichtlich Regelungen außerhalb der Satzung schaffen wollten und somit gerade nicht auf eine Modifikation bzw. Auslegung der Satzung abzielten. Nach seiner Ansicht sollen Nebenabreden gerade keine Interpretation der Satzung sein, sondern unabhängig von dieser die schuldrechtlichen Beziehungen unter den Beteiligten gestalten. Demnach läge im Gesellschaftsvertrag keine von den Gesellschaftern unbeabsichtigte Lücke vor, welche durch Auslegung anhand der Nebenvereinbarungen zu schließen wäre. Richtig hierbei ist, dass die an der Nebenvereinbarung Beteiligten regelmäßig keine Änderung der Satzung herbeiführen wollen. Dagegen stimmt es nicht, dass sie ihren Vereinbarungen keine korporative Geltung beimessen. Dies gilt nicht nur, aber besonders im Falle des Joint Venture Vertrages. Denn hier wollen die Parteien regelmäßig den Vorrang der hierin getroffenen Vereinbarungen vor der Satzung erreichen, worin erst Recht ihr Wille zum Ausdruck kommt, die Satzung

---

[489] Vgl. *Haas*, LMK 2003, 47, 58.
[490] Zur geringen Zielführung der Unterscheidung zwischen „punktueller" Wirkung und „Dauerwirkung" satzungsdurchbrechender Beschlüsse siehe sogleich unten unter 3.
[491] *Boujong*, NZG 2003, 497, 507.
[492] Vgl. BGH, Urt. v. 25.11.2002, Az. II ZR 69/01, NZG 2003, 127, 128.
[493] BGH, Urt. v. 27.10.1986, Az. II ZR 240785, NJW 1987, 1890, 1891.
[494] Vgl. *Tegen*, S. 218 ff.; *Mayer* in: MüKo GmbHG Bd. I, § 2 Rn. 164 ff.; vgl. auch *Noack*, S. 84 und S. 161.
[495] *Ulmer*, NJW 1987, 1849, 1850 f.

nach Maßgabe der Regelungen im Joint Venture Vertrag zu verstehen und auszulegen und so - falls nötig - in einem zweiten Schritt durch Beschluss zu ändern.[496] Gesellschafterabreden zielen nach der Absicht der Beteiligten auf die Ebene der Gesellschaft ab und sollen eben gerade das Verhalten der Gesellschaftsorgane beeinflussen und deren Rechte und Pflichten gestalten.[497] Das gesamte Vertragskonstrukt Joint Venture ist von dem Willen der Partner getragen, die im Joint Venture Vertrag getroffenen Regelungen auf Ebene des Joint Venture Unternehmens umzusetzen. Daher werden sie regelmäßig bei Gründung der Gesellschaft das Verständnis und die Absicht haben, die Satzung im Innenverhältnis nach Maßgabe der Regelungen im Joint Venture Vertrag auszulegen. Zwar mag dies in Einzelfällen anders sein, jedoch schließen die Joint Venture Partner in der Regel den Gesellschaftsvertrag absichtlich in einer detailarmen Fassung ab und regeln im Bewusstsein der Abweichung die für sie wesentlichen Punkte im Joint Venture Vertrag.

Verstößt nun, wie im „Kerbnägelfall" des BGH,[498] ein mit dem formellen Unternehmensgegenstand in Einklang stehender Gesellschafterbeschluss gegen eine enger gefasste Bestimmung im Joint Venture Vertrag, kann der Unternehmensgegenstand der formellen Satzung anhand des Joint Venture Vertrages einschränkend ausgelegt werden. Denn dies entspricht gerade dem Willen der Joint Venture Partner zum Zeitpunkt des Abschlusses des Gesellschaftsvertrages,[499] die bewusst einen weiten Unternehmensgegenstand gewählt, sich jedoch schuldrechtlich dazu verpflichtet haben, von diesem nur in eingeschränktem Umfang Gebrauch zu machen. Auch im Falle einer nachträglichen Änderung des Joint Venture Vertrages bleibt dieser Wille bestehen. Unabhängig von der Frage, ob nur der zum Zeitpunkt der Abgabe bestehende Wille für die Auslegung einer Willenserklärung maßgeblich ist, oder ob hierfür auch ein späterer Wille herangezogen werden kann[500] haben die Joint Venture Partner regelmäßig den übereinstimmenden Willen, die Satzung ihres „Vehikels" Joint Venture Unternehmen stets nach Maßgabe des in ihrem Verständnis übergeordneten Joint Venture Vertrages auszulegen.

---

[496] Im Ergebnis so auch *Tegen*, S. 137 f.
[497] *Hoffmann-Becking*, ZGR 1994, 442, 445.
[498] BGH, Urt. v. 20.1.1983, Az. II ZR 243/81, NJW 1983, 1910 ff.
[499] Auf den Willen bei Zugang einer empfangsbedürftigen Willenserklärung ist für ihre Auslegung abzustellen, vgl. *Busche* in: MüKo BGB Bd. I, § 133 Rn. 5.
[500] Vgl. hierzu *Wiedemann*, DNotZ 1997, Sonderheft 77, 99, 108 f.

## vi Zusammenfassung

Es spricht im Fall der allseitigen Beteiligung der Gesellschafter an der betreffenden Nebenabrede kein entgegenstehender Schutzzweck gegen eine interne subjektive Auslegung auch korporativer Bestimmungen des Gesellschaftsvertrags auf Basis des Joint Venture Vertrages. Ebenfalls gibt es gute Argumente dafür, dies sogar in dem Fall gelten zu lassen, wenn unbeteiligten Gesellschaftern diese Absprachen von den Partnern vor deren Beitritt zur Kenntnis gebracht wurden. Dies wird jedoch aufgrund der Zweckrichtung der Geheimhaltung derartiger Vereinbarungen praktisch nie geschehen. Gegen Schutzgesichtspunkte zugunsten außenstehender Dritter verstößt eine interne subjektive Auslegung der Satzung nicht, da sie keine Änderung des Satzungstextes nach sich zieht. Die Zulassung der subjektiven Auslegung des Gesellschaftsvertrages des Joint Venture Unternehmens ist somit eine auch unter den Gesichtspunkten der Registerpublizität und des Drittschutzes grundsätzlich gerechtfertigte dogmatische Ausrichtung.

Fraglich ist jedoch, ob über eine solche interne Satzungsauslegung ein Verstoß gegen den Joint Venture Vertrag zu einer Anfechtungsbefugnis wegen „Satzungsverstoßes" im Sinne des § 243 Abs. 1 2. Alt. AktG führt. Dies kann insoweit bejaht werden, als Regelungen des Joint Venture Vertrages den Gesellschaftsvertrag des Joint Venture Unternehmens tatsächlich modifizieren oder aus Vereinbarungen der Partner im Joint Venture Vertrag generell der Wille geschlossen werden kann, die Satzung insoweit restriktiv zu verstehen als dies nötig ist, um keine Bestimmungen des Joint Venture Vertrages zu verletzten. Jedoch enthält der Joint Venture Vertrag oft auch Bestimmungen, die im Gesellschaftsvertrag des Joint Venture Unternehmens selbst gar keinen Widerhall finden. Würde man im Fall des Verstoßes gegen diese von einem Verstoß gegen den Gesellschaftsvertrag ausgehen, würde man den Regelungen im Joint Venture Vertrag unmittelbaren „satzungsersetzenden" Charakter beimessen, den sie nicht haben und auch nicht haben sollen. Allein durch Auslegung ist dieser Kollisionsfall nicht zu lösen. Dieser Fall ist jedoch dann - als Grund zur Anfechtung wegen Gesetzesverstoßes - erfasst, wenn man in den Regelungen des Joint Venture Vertrages eine Konkretisierung der gesellschafterlichen Treuepflicht der Joint Venture Partner sieht, nach der sie verpflichtet sind, den hierin getroffenen Vereinbarungen korporative Geltung zu verschaffen.

d. Anfechtbarkeit wegen Gesetzesverstoßes?

Es ist daher zu fragen, ob die Abreden der Joint Venture Partner als Ausprägung bzw. Konkretisierung ihrer gesellschafterlichen Treuepflicht gesehen
werden können. In diesem Fall läge in einem Beschluss unter Verstoß gegen
eine wirksame omnilaterale Nebenvereinbarung eine Verletzung des § 242
BGB. In diesem Fall wäre ein gegen den Joint Venture Vertrag verstoßender
Beschluss wegen Gesetzesverletzung anfechtbar. Der BGH hat in seinem Urteil vom 20.1.1983[501], eine Verletzung von Treuepflichten durch den Verstoß
gegen eine Nebenabrede als Grund für die Anfechtbarkeit abgelehnt, da sich
die Treubindungen der Gesellschafter nicht auf Basis neben dem Gesellschaftsvertrag bestehender vertraglicher Bindungen beurteilen ließen. Dieser
Ansicht folgt die Mehrzahl der Stimmen in der Literatur.[502] Ob dies richtig ist,
kann nur durch eine Betrachtung des Umfangs und der Grundlage der Treuepflicht der Gesellschafter geklärt werden.

i    Treuepflicht der Gesellschafter

Die Treuepflicht der Gesellschafter ist ihrer Stellung immanent und existiert in
der GmbH in Art und Umfang im Wesentlichen wie in der Personengesellschaft.[503] Inhalt der Treuepflicht ist die Verpflichtung zur Wahrung der Interessen der GmbH, sowie die Verpflichtung sie nicht zu schädigen und gegebenenfalls entsprechend zu fördern.[504] Nach heute allgemeiner Auffassung, besteht die Treuepflicht jedoch nicht nur im Verhältnis zwischen Gesellschafter
und Gesellschaft. Vielmehr unterliegen die Gesellschafter auch untereinander
Treubindungen.[505] Art und Intensität der Treubindungen bestimmen sich nach
der konkreten Ausprägung der Gesellschaft, wobei Gesellschaftszweck und
die interne Struktur insbesondere das Ausmaß der personalistischen Prägung
eine Rolle spielen.[506] Je stärker die persönliche Bindung der Gesellschafter
innerhalb des Verbundes ist, desto höhere Anforderungen werden an ihre
Treuepflicht gestellt.[507] Bereits hiernach lässt sich sagen, dass in einem Joint
Venture, welches der Umsetzung einer gemeinsamen Idee der Partner dient,

---

[501] BGH, Urt. v. 20.1.1983, Az. II ZR 243/81, NJW 1983, 1910, 1911.
[502] *Ulmer*, NJW 1987, 1849, 1852.
[503] Vgl. *Fastrich* in: Baumbach/Hueck, § 13 Rn. 20.
[504] *Fastrich* in: Baumbach/Hueck, § 13 Rn. 20.
[505] Vgl. Grundsatzurteil des BGH, Urt. v. 5.6.1975, Az. II ZR 23/74, NJW 1976, 191, 191;
*Merkt* in: MüKo GmbHG Bd. I, § 13 Rn. 101; *Fastrich* in: Baumbach/Hueck, § 13 Rn. 20; *Mi-
chalski/Funke* in: Michalski, § 13 Rn. 142.
[506] *Fastrich* in: Baumbach/Hueck, § 13 Rn. 22.
[507] H. M., siehe *Fastrich* in: Baumbach/Hueck, § 13 Rn. 22 m.w.N. dort in Fn. 74.

in jedem Fall eine höhere Treubindung zur Achtung der wechselseitigen Interessen und der Interessen des Joint Venture Unternehmens besteht als unter Gesellschaftern einer „normalen" Gesellschaft.

Das Ausmaß der Treuepflicht bestimmt sich im Wesentlichen nach einer Abwägung der Eigeninteressen des Gesellschafters mit denen der Gesellschaft bzw. den mitgliedschaftlichen Interessen des Mitgesellschafters.[508] Nach einer solchen Interessenabwägung kann insbesondere auch die Wahrnehmung bzw. die Nichtausübung von Gesellschafterrechten geboten sein,[509] worunter insbesondere auch die Ausübung des Stimmrechts fällt.[510] Sind die Interessen der Mitgesellschafter im Joint Venture Vertrag vertraglich festgelegt, liegt die Annahme eines Treuepflichtverstoßes im Falle der Nichtbeachtung nahe.[511]

ii  Konkretisierung durch Nebenabreden?

Im konkreten Fall geht es daher um die Frage, ob ein Gesellschafter der in der Gesellschafterversammlung des Joint Venture Unternehmen entgegen einer im Joint Venture Vertrag vereinbarten Bindung abstimmt, gegen seine Treuepflicht aus dem Gesellschaftsverhältnis verstößt. Sind neben der Satzung getroffene Absprachen unter den Gesellschaftern geeignet, ihre untereinander bestehenden Treubindungen zu erweitern beziehungsweise zu konkretisieren? Die Rechtsprechung[512] und herrschende Lehre lehnen dies mit der Begründung ab, dass die Treuepflichten eines Gesellschafters allein aus dem Gesellschaftsverhältnis zu beurteilen seien und auch nicht durch schuldrechtliche Nebenabreden konkretisiert werden können.[513] Ein Verstoß gegen eine Nebenabrede führe daher nicht zu einer Verletzung der Treuepflicht, da wegen deren rein schuldrechtlicher Bindung kein Missbrauch aus Sicht der GmbH und somit in Bezug auf das Verhältnis der GmbH-Gesellschafter als solcher

---

[508] *Fastrich* in: Baumbach/Hueck, § 13 Rn. 23.
[509] H. M. siehe *Fastrich* in: Baumbach/Hueck, § 13 Rn. 23 m.w.N. dort in Fn. 76.
[510] *Fastrich* in: Baumbach/Hueck, § 13 Rn. 23, 29; *Michalski/Funke* in: Michalski, § 13 Rn. 150 ff.; (zur AG) BGH, Urt. v. 20.3.1995, Az. II ZR 205/94, NJW 1995, 1739, 1741 ff.
[511] Vgl. *Weber*, DStR 1997, 824, 828.
[512] BGH, Urt. v. 20.1.1983, Az. II ZR 243/81, NJW 1983, 1910, 1911; BGH, Urt. v. 27.10.1986, Az. II ZR 240/85, NJW 1987, 1890, 1891; OLG Stuttgart, Urt. v. 7.2.2001, Az. 20 U 52/97, NJOZ 2001, 335, 352.
[513] *Wicke* in: MüKo GmbHG Bd. I, § 3 Rn. 146; *Ulmer*, NJW 1987, 1849, 1852; *Jäger*, DStR 1996, 1935, 1939; so auch OLG Stuttgart, Urt. v. 7.2.2001, Az. 20 U 52/97, NJOZ 2001, 335, 352.

vorläge.[514] Eine Anfechtbarkeit von Beschlüssen wegen der Verletzung schuldrechtlicher Nebenabreden scheide daher grundsätzlich aus.[515] Jedoch räumen auch Verfechter dieser Ansicht ein, dass im „Einzelfall" Nebenabreden in die Konkretisierung der gesellschafterlichen Treuepflicht einfließen können.[516] Solche Einzelfälle will auch *Ulmer*, jedoch unter dem Gesichtspunkt des Durchgriffs bzw. Rechtsmissbrauchs, zulassen.[517] Auch *Mayer* erwägt demjenigen den Missbrauchseinwand entgegenzusetzen, der sich entgegen einer vom objektiven Satzungssinn bisher praktizierten Übung, plötzlich auf eine objektive Auslegung der Satzung beruft.[518] Obgleich er zutreffend anführt, dass einem solchen Missbrauchseinwand zumindest dann nichts entgegen steht, wenn keine Interessen Dritter betroffen sind,[519] mag er sich wegen der so zugelassenen mittelbaren satzungsdurchbrechenden Wirkung der Nebenabrede zu einer klaren Zulässigkeitsbejahung nicht durchringen.[520]

Die Gegenansicht nimmt dagegen die generelle Möglichkeit einer Konkretisierung von Treubindungen durch Nebenabreden an.[521] Bei dem, für die Bestimmung der ausfüllungsbedürftigen Generalklausel „Treuepflicht" heranzuziehenden, Begriffs des „Gesellschaftsinteresse" handele es sich ebenfalls um eine ausfüllungsbedürftige Generalklausel, bei deren Bestimmung darauf zurückgegriffen werden müsse, was die Gesellschafter zur geschäftlichen Ausrichtung des Unternehmens festgelegt haben.[522] Durch eine solche Berücksichtigung von Nebenabreden wird der Trennungsgrundsatz nicht aufgegeben: die Nebenabreden gewinnen lediglich insoweit korporative Bedeutung, als sie zur Konkretisierung des allgemeinen Grundsatzes der Treuepflicht herange-

---

[514] *Ulmer*, NJW 1987, 1849, 1852; so wieder *ders.* in: FS Röhricht, S. 633, 653; *Wicke* in: MüKo GmbHG Bd. I, § 3 Rn. 146.
[515] Siehe *Wicke* in: MüKo GmbHG Bd. I, § 3 Rn. 144; *Ulmer*, NJW 1987, 1849, 1852; *Römermann* in: Michalski, § 47 Rn. 536; *Bayer* in: Lutter/Hommelhoff, § 47 Rn. 20; *Winter*, ZHR 154 (190), 259, 268 ff.; *Jäger*, DStR 1996, 1935, 1939; im Ergebnis („nicht verallgemeinerungsfähig") so auch *Fastrich* in: Baumbach/Hueck, § 3 Rn. 58.
[516] *Wicke* in: MüKo GmbHG Bd. I, § 3 Rn. 146.
[517] *Ulmer*, NJW 1987, 1849, 1853 f.; *ders.* in: FS Röhricht, S. 633, 654; so im Ergebnis auch *Hüffer* in: Hüffer AktG, § 243 Rn. 24.
[518] *Mayer* in: MüKo GmbHG Bd. I, § 2 Rn. 167.
[519] Trotz grundsätzlicher Befürwortung ebenfalls einschränkend für den Fall, dass Rechtspositionen Dritter begründet wurden, auch *Noack*, S. 165 f.
[520] *Mayer* in: MüKo GmbHG Bd. I, § 2 Rn. 167.
[521] *Hoffmann-Becking*, ZGR 1994, 442, 458 f.; *Ehricke*, S. 29 ff.
[522] *Weber*, DStR 1997, 824, 828; so bereits *Hoffmann-Becking*, ZGR 1994, 442, 458 f.; vgl. auch *Baumann/Reiss*, ZGR 1989, 157, 214 f.; *Karsten Schmidt*, Gesellschaftsrecht, § 5 I 5 (S. 95) geht insoweit von „verbandlichen" Wirkungen allseitiger Gesellschafterabsprachen aus.

zogen werden.[523] *Ehricke* führt insoweit zutreffend an, dass das Gesellschaftsinteresse im übereinstimmenden Interesse der Gesellschafter zu sehen ist und es unerheblich ist, ob sich dieses gemeinsame Interesse in der Satzung oder in schuldrechtlichen Nebenabreden manifestiert.[524] Die GmbH verfolgt gegenüber ihren Mitgliedern gerade kein eigenes Interesse sondern leitet ihr Gesellschaftsinteresse von ihren Mitgliedern ab, deren Einzelinteressen hierzu gebündelt werden.[525]

Argumentativ von einer anderen Seite, jedoch zum gleichen Schluss, kommt *Tegen*, der als einziger den besonderen Fall der Kollision von Satzung und Joint Venture Vertrag untersucht hat. Aufgrund der besonderen Ausgestaltung des Konstrukts Joint Venture liegt nach seiner Ansicht in dem Verstoß gegen den Joint Venture Vertrag zugleich ein Verstoß gegen das Gesellschaftsinteresse des Joint Venture Unternehmens. Denn bei der Ermittlung des Gesellschaftsinteresses des Joint Venture Unternehmens, sei dessen „dienende Funktion gegenüber dem Kooperationsinteresse der Muttergesellschaften und seine feste Einbindung in den Kooperationsverbund" zu berücksichtigen.[526] Er ordnet insoweit das Gesellschaftsinteresse des Joint Venture Unternehmens dem „Kooperationsinteresse" der Partner unter und lässt dessen Definition auf Basis des Joint Venture Vertrages zu.[527] So zustimmungswürdig und zielrichtig diese Vorgehensweise auch ist, birgt sie nur einen wirtschaftlichen Grund, jedoch keine rechtsdogmatische Begründung einer Berücksichtigung des Joint Venture Vertrages bei der Definition des Gesellschaftsinteresses und der damit zusammenhängenden Treuepflicht. Zudem ist genau andersherum zu bedenken, dass auch im Falle des Joint Ventures Treuepflichten der Joint Venture Partner gegenüber dem Joint Venture Unternehmen bestehen, gegen welche der Joint Venture Vertrag nicht verstoßen sollte.

iii  Rechtsmissbrauch
Nach Ansicht *Happs* ist es der Gesellschaft versagt, sich auf den objektiven Inhalt der Satzung zu berufen, wenn die Gesamtheit der Gesellschafter sich rechtlich bindend zu einer eingeschränkten Praktizierung der Regelungen der

---

[523] Vgl. *Weber*, DStR 1997, 824, 828.
[524] *Ehricke*, S. 30; so im Ergebnis zum „Unternehmensinteresse" auch *Flume*, § 2 VII (S. 62), der die GmbH materiell als Personengesellschaft begreift und somit den Gesellschaftern die Definition des Unternehmensinteresses überantwortet.
[525] *Wolff* in: Münchner Handbuch des Gesellschaftsrechts Bd. III, § 38 Rn. 75.
[526] *Tegen*, S. 247.
[527] *Tegen*, S. 247.

Satzung verpflichtet haben.[528] Er verweist insoweit auf den von *Fischer*[529] im Anschluss an ein Urteil des BGH aus dem Jahre 1959[530] herausgearbeiteten Grundsatz einer Art „umgedrehten Durchgriffs".[531] Obgleich im Falle eines Joint Venture Vertrages die Partner bei dessen Eingehung noch nicht Gesellschafter des Joint Venture Unternehmens sind - und somit keine, wie von *Happ* angenommen, Bindung eines „Organträgers der Gesellschaft"[532] vorliegt - erscheint eine Berufung auf die Trennung der Ebenen auch und gerade hier rechtsmissbräuchlich.[533] Denn aus der gerichtlichen Durchsetzbarkeit des Joint Venture Vertrages ergibt sich insoweit ein *veniere contra factum proprium* des hiergegen unter Berufung auf die Satzung verstoßenden Gesellschafters. Dieser setzt sich durch sein Handeln nicht nur in Widerspruch zu seinen Bindungen im Joint Venture Vertrag, sondern handelt auch in dem Wissen, dass seine Mitgesellschafter das Recht haben, ihn gerichtlich zu einer Aufhebung des durch seine abredewidrige Stimmabgabe zustande gekommenen Beschlusses und eine dem Joint Venture Vertrag entsprechende Stimmangabe verurteilen zu lassen. Eine in dieser Kenntnis abgegebene Stimme ist rechtsmissbräuchlich. Der sie abgebende Gesellschafter verweist, im Bewusstsein des vollstreckbaren Anspruchs seines Partners auf Aufhebung, diesen dennoch auf den mühseligen Rechtsweg und die bis zu dessen Abschluss mit der geschaffenen Rechtslage im Zusammenhang stehenden Risiken. Eine solche Vorgehensweise verletzt den ebenfalls gebundenen Mitgesellschafter in seinen mitgliedschaftlichen Rechten, insbesondere in dem Gebot der Rücksichtnahme. Aus diesem Grund erscheint es hier gerechtfertigt, es der Gesellschaft zu versagen, sich auf die generelle Trennung zwischen ihr und den Gesellschaftern zu berufen und eine Anfechtung wegen Verstoßes gegen die Nebenabrede zuzulassen.[534] Ob zu einer Überwindung der Trennung der Be-

---

[528] *Happ*, ZGR 1984, 168, 173.

[529] *Happ*, ZGR 1984, 168, 173 (mit Verweis auf Fischer, BGH LM Nr. 2 § 84 AktG, LM 1959 17/18 Bl. 828).

[530] BGH, Urt. v. 12.3.1959, Az. II ZR 180/57, NJW 1959, 1082, 1083, nach dem einer juristischen Person ein mit ihren sämtlichen Mitgliedern geschlossener Vergleich dann entgegengehalten werden kann, wenn die Ausnutzung der rechtlichen Verschiedenheit rechtsmissbräuchlich wäre.

[531] Eine Einordnung unter „Durchgriffsgesichtspunkte" nimmt auch *Ulmer*, NJW 1987, 1849, 1853 f. vor.

[532] *Happ*, ZGR 1984, 168, 173.

[533] Vgl. *Tegen*, S. 244.

[534] Ausführlich hierzu *Happ*, ZGR 1994, 442, 457; a. A. *Noack*, S. 166 f., der eine Anfechtbarkeit von Beschlüssen wegen Verstoßes gegen eine von der Satzung abweichende Dauerregelung in einer Nebenvereinbarung ablehnt.

reiche von Gesellschaft und Gesellschaftern, wie von einiger Seite angenommen, auf einen umgedrehten Durchgriff zurückgegriffen werden muss, erscheint vor dem Hintergrund der Existenz spezifischer gesellschaftsrechtlicher Instrumente wie der Konkretisierung der gesellschafterlichen Treuepflicht zumindest zweifelhaft.[535]

iv Zusammenfassung

Vor dem Hintergrund der besonderen Instrumentalisierung des Joint Venture Unternehmens, dessen sich die Partner bei seiner Gründung bewusst sind, erscheint es angebracht, eine Konkretisierung der Treuepflicht durch den Joint Venture Vertrag zuzulassen. Insoweit kann man auch *Ulmer*, der eine solche Beeinflussung des Gesellschaftsinteresses durch Nebenabreden strikt ablehnt, entgegen halten, dass das die Treuepflicht bestimmende Gesellschaftsinteresse des Joint Venture Unternehmens auch hier nach dem „Zweck der Gesellschaft"[536] bestimmt wird. Denn dieser ist, wie bereits *Tegen*[537] anführt, gerade der, den Inhalt des Joint Venture Vertrages umzusetzen und durchzuführen. Im Übrigen ist *Hoffmann-Becking* beizupflichten, der es für wenig zielführend hält, den ausfüllungsbedürftigen Rechtsbegriff der Treuepflicht durch einen anderen, nämlich den des Gesellschaftsinteresses zu definieren.[538] Richtigerweise müssen unbestimmte Rechtsbegriffe des Gesellschaftsrechts der Bestimmung durch die Gesellschafter zugänglich sein. Soweit die Satzung eine solche Konkretisierung nicht enthält, oder solche unbestimmten Rechtsbegriffe selbst schafft oder verwendet, bildet sich hier ein „Einfallstor"[539] für eine Bestimmung nach Maßgabe omnilateraler Gesellschaftervereinbarungen. Ein über die gemeinsamen Interessen der Gesellschafter hinausgehendes Interesse der Gesellschaft besteht in der GmbH grundsätzlich nicht. Es besteht daher kein Grund, Nebenabreden nicht zur Konkretisierung des Gesellschaftsvertrages zuzulassen.[540] Als entscheidend anzusehen ist daher nicht die Frage, wie und wo die Gesellschafter ihr gemeinsames Gesellschaftsinteresse bilden. Maßgeblich ist, dass alle Gesellschafter im Hinblick auf ihre Gesell-

---

[535] Vgl. *Weber*, DStR 1997, 824, 826 ff.

[536] *Ulmer*, NJW 1987, 1849, 1852.

[537] Vgl. *Tegen*, S. 224 f. und 245 ff.

[538] *Hoffmann-Becking*, ZGR 1994, 442, 458 f.; so diesem folgend *Weber*, DStR 1997, 824, 828.

[539] *Hofmann-Becking*, ZGR 1994, 442, 460, der dieses Prinzip auch zur Schaffung von „verbindlichen Ermessensrichtlinien" für andere Gesellschaftsorgane anwenden will.

[540] So *Karsten Schmidt*, Gesellschaftsrecht, § 5 I 4 c (S. 91); *Hoffmann-Becking*, ZGR 1994, 442, 459; siehe auch *Ehricke*, S. 30 f.

schaft ein Einvernehmen gefunden haben und dies so als ihr gemeinsames Interesse gelten kann.[541]

Dies soll nach vereinzelt vertretener Ansicht hinsichtlich der wechselseitigen Treuepflicht unter den gebundenen Gesellschaftern auch dann gelten, wenn es sich nicht um eine omnilaterale Gesellschaftervereinbarung handelt.[542] Diese Ausweitung ist unter Zugrundelegung der Definition des Gesellschaftsinteresses als Interesse <u>aller</u> Gesellschafter jedoch schwer nachvollziehbar. Jedenfalls bei omnilateralen Absprachen im Joint Venture System ist von einer Konkretisierung des Gesellschaftsinteresses durch die Regelungen im Joint Venture Vertrag auszugehen. Der Verstoß eines Joint Venture Partners gegen den Joint Venture Vertrag stellt damit grundsätzlich einen Verstoß gegen seine gesellschafterliche Treuepflicht (auch) im Joint Venture Unternehmen dar.

Berechtigt somit eine Treupflichtverletzung als Gesetzesverletzung zur Anfechtung eines Beschlusses im Joint Venture Unternehmen, so kann die Verletzung einer omnilateralen Nebenabrede keine geringeren Folgen haben.[543] Ein Verstoß gegen eine allseitige Nebenabrede berechtigt daher zur Anfechtung des sie verletzenden Beschlusses.

### 3. „Rechtfertigung" eines satzungswidrigen Beschlusses durch Regelung im Joint Venture Vertrag?

Ebenso kontrovers diskutiert wird die Frage der gleichsamen „Rechtfertigung" eines an sich satzungswidrigen Beschlusses auf Basis einer Vereinbarung im Joint Venture Vertrag. Hierbei ist von vorneherein die absolute Grenze dort zu ziehen, wo der Satzung aufgrund ihres organisationsrechtlichen Charakters unbedingter Vorrang einzuräumen ist.[544] Dies ist jedoch nur der Fall, soweit eine *Änderung* der Satzung in Frage steht. Eine der Satzung widersprechende Beschlussfassung oder Nebenabrede der Gesellschafter ist jedoch nicht zwingend eine (versuchte) Satzungs*änderung*.[545] Vielmehr sollen die Regelungen im Joint Venture Vertrag den Gesellschaftsvertrag des Joint Venture Unternehmens eben gerade nicht ändern. Im Wesentlichen spielt sich die Diskussi-

---

[541] *Ehricke*, S. 30 f.
[542] Vgl. *Weber*, DStR 1997, 824, 828, der den Schutz der an der Nebenabrede nicht beteiligten Gesellschafter in der Möglichkeit zur Nebenintervention im Anfechtungsstreit sieht.
[543] Vgl. *Karsten Schmidt*, Gesellschaftsrecht, § 5 I 5 (S. 95); *Ehricke*, S. 33.
[544] Vgl. BGH Urt. v. 7.6.1993, Az. II ZR 81/92, NJW 1993, 2246, 2247.
[545] Vgl. *Noack*, S. 140.

on in diesem Zusammenhang auf dem Schauplatz der Frage nach dem Umfang der Zulässigkeit satzungsdurchbrechender Beschlüsse ab.[546] Denn es kann keinen Unterschied machen, ob die Gesellschafter „spontan" oder auf Basis einer sie hierzu verpflichtenden Nebenabrede einen die Satzung durchbrechenden Beschluss fassen.[547]

### a. Begrifflichkeit der „Satzungsdurchbrechung"

Hinsichtlich der Einordnung und Folgen „satzungsdurchbrechender" Beschlüsse gehen die Meinungen in Rechtsprechung und Literatur weit auseinander. Dies gilt bereits für die Verwendung des Begriffs „Satzungsdurchbrechung". So wird dieser Begriff teilweise für Beschlüsse verwendet, die ohne Absicht einer Änderung derselben schlicht gegen die Satzung verstoßen,[548] teilweise für Beschlüsse welche die Satzung zudem ad-hoc, quasi mit der Intention der zumindest vorübergehenden Satzungskonformität, abändern sollen.[549] Nach letzterer Definition würde die Satzungsdurchbrechung eine Zwischenkategorie zwischen (auch nach allgemeiner Ansicht nur anfechtbarer) Satzungsverletzung und dauerhafter Satzungsänderung darstellen.

Nach langer Diskussion in der sich insbesondere *Priester*[550], *Habersack*[551] und *Zöllner*[552] in die dogmatische Einordnung der Satzungsdurchbrechung eingebracht gemacht haben, ist es noch immer nur gemeinsamer Minimalkonsens, dass ein Beschuss, welcher nicht nur gegen die Satzung verstößt, sondern die Satzung – egal ob einmalig oder dauerhaft - <u>abändern</u> soll, zwingend den Vorschriften der §§ 53, 54 GmbHG entsprechen muss. Dies würde demnach auch dann gelten, wenn der Definition *Habersacks* folgend, eine solche Änderung auch im Falle einer eimaligen nicht von der Satzung gedeckten Beschlussfas-

---

[546] Für die Gleichstellung omnilateraler Gesellschaftervereinbarungen mit Beschlüssen, *Noack*, S. 140.
[547] A. A. *Noack*, S. 166 für den Fall einer dauerhaft von der Satzung abweichenden Nebenabrede.
[548] So etwa *Priester* in: FS Claussen, S. 319, 330 f. m.w.N. dort in Fn. 76; kritisch *Zöllner* in: FS Priester, S. 879, 881 f.
[549] *Habersack*, ZGR 1994, 354, 363, für den eine Satzungsdurchbrechung nur vorliegt wenn die Gesellschafter zugleich die Anfechtbarkeit des gegen die Satzung verstoßenden Beschlusses durch ad-hoc Änderung der Satzung beseitigen wollen.
[550] Siehe nur *Priester* in: FS Clausen, S. 319 ff.
[551] Siehe nur *Habersack*, ZGR 1994, 354 ff.
[552] Siehe nur *Zöllner* in: FS Priester, S. 879 ff.

sung automatisch „ad-hoc" geschieht, um den Satzungsverstoß des konkreten Beschlusses zu beseitigen.[553]

Der Diskussion um die Zulässigkeit und die Voraussetzungen einer Satzungsdurchbrechung ist daher folgende Überlegung voranzustellen: Eine Satzungsänderung unterliegt immer den Vorschriften der §§ 53 f. GmbHG. Ein diese Vorschriften nicht einhaltender Beschluss kann, aufgrund des Trennungsprinzips, weder auf Basis einer derartigen Nebenabrede der Gesellschafter, noch durch Umdeutung in eine Nebenabrede zu einer Satzungsänderung führen. Jedoch kann eine gegen die Satzung verstoßende Nebenabrede im Joint Venture Vertrag immer eine Stimmbindung der Partner bedeuten, mit der Pflicht die Satzung formgültig dieser entsprechend zu ändern, oder auch unter Verstoß gegen die Satzung im Einzelfall einen von dieser abweichenden Beschluss zu fassen. Die Begrifflichkeit „Satzungsdurchbrechung" wie sie hier verwendet wird, bedeutet keine Änderung der Satzung ad-hoc oder für die Zukunft sondern eine einmalige Abweichung von der Satzung durch Beschluss der Gesellschafter, mithin eine Satzungsverletzung die auf einer so lautenden Stimmbindung beruhen kann aber nicht muss. Wesentlich hierbei ist, dass die Gesellschafter den Satzungstext hierdurch nicht abändern wollen. Im weiteren wird hier der Begriff der Satzungsdurchbrechung wie er durch *Zöllner* definiert wurde verwandt, wonach eine Satzungsdurchbrechung nur vorliegt, wenn von den Gesellschaftern nur für den Einzelfall, ohne den Willen dieselbe zu ändern, von der Satzung abgewichen wird.[554] Hierbei ist es unerheblich, ob sich die Gesellschafter der Satzungsverletzung bewusst sind.[555] Somit besteht keine Differenzierung zwischen einem satzungswidrigen Beschluss und einer Satzungsdurchbrechung.[556]

---

[553] *Habersack*, ZGR 1994, 354, 365 f.

[554] *Zöllner* in: FS Priester, S. 879, 881 f.; vgl. auch *Leitzen*, RNotZ 2010, 566, 567; *Pöschke*, DStR 2012, 1089, 1092; vgl. auch bereits *Lawall*, DStR 1996, 1169, 1169 m.w.N. dort in Fn. 6.

[555] OLG Dresden, Beschl. v. 9.11.2011, Az. 12 W 1002/11, NZG 2012, 507, 507 f.; *Zöllner/Noack* in: Baumbach/Hueck, § 53 Rn. 40; *Pöschke*, DStR 2012, 1089, 1092 (str.); *Lawall*, DStR 1996, 1169, 1170, nimmt eine Satzungsdurchbrechung nur bei Bewusstsein des Satzungsverstoßes bei den Gesellschaftern an; so auch noch *Zöllner* in: FS Priester, S. 879, 881 f.; *Habersack*, ZGR 1994, 354, 364,der allerdings in einer Satzungsdurchbrechung eine ad-hoc Satzungsänderung sieht, differenziert nach Satzungsänderungswillen und den bloßen Bewusstsein gegen die Satzung zu verstoßen.

[556] Vgl. *Zöllner/Noack* in: Baumbach/Hueck, § 53 Rn. 40; im Ergebnis auch *Leitzen*, RNotZ 2010, 566, 570; a. A. *Lawall*, DStR 1996, 1169, 1170; *Zöllner* in: FS Priester, S. 879, 881 f.

## b. „Punktuelle" und „zustandsbegründende" Satzungsdurchbrechungen

Im Zuge der Diskussion über satzungsdurchbrechende Beschlüsse wurde von Teilen der Literatur und im Anschluss auch vom BGH gefordert, das solche Beschlüsse nur „punktuell" wirken dürfen und durch sie keine von der Satzung abweichende Dauerzustände geschaffen werden dürfen, mit denen ein Dritter als Partner im Rechtsverkehr oder im Falle des Beitritts als Gesellschafter aufgrund anders lautender Satzungsbestimmungen nicht zu rechnen braucht. [557] Dass diese Differenzierung nicht praktikabel ist,[558] hat nicht zuletzt im Jahr 2011 das Urteil des OLG Dresden[559] gezeigt.[560]

Nach der wohl nach wie vor herrschenden Ansicht in der Literatur bedürfen satzungsdurchbrechende Beschlüsse immer der notariellen Beurkundung.[561] Zudem soll immer der Eintragung im Handelsregister erforderlich sein.[562] Somit werden Satzungsdurchbrechungen völlig oder teilweise an die formellen Wirksamkeitsvoraussetzungen einer Satzungsänderung geknüpft.[563]

Dem kann nicht gefolgt werden. Anders als formunwirksame Satzungsänderungen sind Beschlüsse, die lediglich für den Einzelfall von der Satzung abweichen, diese jedoch nicht ändern, im Recht der GmbH grundsätzlich nicht nichtig, sondern lediglich anfechtbar.[564] Die Vorschriften über die Satzungsänderung finden auf sie schon keine Anwendung, weswegen eine keine Nichtigkeit nach § 241 AktG - auch nicht nach Nr. 2 wegen fehlender Beurkundung - in Betracht kommt.[565] Zwar wird vereinzelt angenommen, dass in solchen sat-

---

[557] BGH, Urt. v. 7.6.1993, Az. II ZR 81/92, NJW 1993, 2246, 2247; so auch wieder BGH, Urt. v. 25.11.2002, Az. II ZR 69/01, NZG 2003, 127, 128; hierbei ging es um die Bestellung eines Aufsichtsrates mit von der Satzung abweichender Amtszeit; begründet wurde diese Differenzierung von *Priester*, ZHR 151, (1987), 40, 51 ff.

[558] Diese Differenzierung ablehnend bereits *Habersack*, ZGR 1994, 354, 363 f.

[559] OLG Dresden, Urt. v. 9.11.2011, Az. 12 W 1002/11, NZG 2012, 507, 507 f., das über die Zulässigkeit eines von der Satzung abweichenden Gewinnverwendungsbeschlusses zu entscheiden hatte.

[560] Vgl. *Pöschke*, DStR 2012, 1089, 1091 f.

[561] So bereits *Priester*, ZHR 151, (1987), 40, 46 ff.; dies nur für zustandsbegründende Durchbrechungen annehmend *Lawall*, DStR 1996, 1169, 1174.

[562] Vgl. Übersicht bei *Lawall*, DStR 1996, 1169, 1172 m.w.N. dort in Fn. 58; für ein Eintragungserfordernis nur bei „zustandsbegründenden" Satzungsdurchbrechungen *Priester*, ZHR 151 (1987), 40, 47 ff. ; *ders.* in: FS Claussen, S. 319, 331; ebenso *Lawall*, DStR 1996, 1169, 1172 f.

[563] Vgl. *Lawall*, DStR 1996, 1169, 1170.

[564] H. M. vgl. *Hoffmann* in: Michalski, § 53 Rn. 33 ; siehe auch BGH, Urt. v. 25.11.2002, Az. II ZR 69/01, NZG 2003, 127, 128

[565] *Zöllner/Noack* in: Baumbach/Hueck, § 53 Rn. 43.

zungsdurchbrechenden Beschlüssen nach dem Willen der Gesellschafter, jedenfalls im Falle organisationsrechtlicher Beschlüsse, eine konkludente ad-hoc Änderung der Satzung liegt,[566] um den Beschluss somit für den Einzelfall „satzungskonform" zu machen. Eine solche Auslegung ist ohne konkrete dahingehende Beschlussfassung der Gesellschafter jedoch nicht nachvollziehbar.[567] Basieren satzungsdurchbrechende Beschlüsse auf einer allseitigen Vereinbarung sämtlicher Partner im Joint Venture Vertrag, kann man von einem hierin vereinbarten konkludenten Anfechtungsverzicht der beteiligten Gesellschafter ausgehen.[568] Hierdurch können die Gesellschafter bereits durch allseitige Vereinbarung bzw. Einstimmigkeit bei der Beschlussfassung dem Beschluss zur Bestandskraft verhelfen, eine „ad-hoc Satzungsänderung" ist somit schon gar nicht mehr notwendig. Insoweit liegt die Annahme des Willens der Gesellschafter zu einer konkludenten Satzungsänderung für den Einzelfall fern. Ohne ausdrückliches Hervortreten des Willens der Gesellschafter zur Satzungsänderung liegt eine solche nicht vor und kann daher auch nicht aufgrund Verstoßes gegen die Formvorschriften nach § 241 Abs. 2 AktG i.V.m. § 53 Abs. 2 GmbHG nichtig oder nach §§ 181 AktG i.V.m. 54 GmbHG wegen fehlender Eintragung unwirksam sein.[569] Ein satzungsdurchbrechender Beschluss ist vielmehr grundsätzlich nur anfechtbar.[570]

Die bloße Anfechtbarkeit satzungsdurchbrechender Beschlüsse ist auch heute nicht unumstritten. Richtiger Weise ist jedoch nur in den Fällen des § 241 AktG von einer Nichtigkeit des Beschlusses auszugehen. Der Einwand *Karsten Schmidts*, ein satzungswidriger Zustand könne nicht durch allseitige Zustimmung rechtmäßig gemacht werden, wird von *Zöllner*[571] eingängig widerlegt: Beschlüsse, die den Satzungstext unberührt lassen, aber mit der Satzung nicht in Einklang stehen sind nicht nichtig. Auch sind solche Beschlüsse nicht

---

[566] So *Habersack*, ZGR 1994, 354, 364.
[567] Vgl. *Zöllner* in: FS Priester, S. 879, 882 f., der nicht einmal bei dahingehendem Willen der Gesellschafter von einem konkludenten (formunwirksamen) Beschluss zur Satzungsänderung ausgeht, soweit dieser Wille nicht aus dem Beschlusstext erkennbar ist.
[568] H. M., so schon *Habersack*, ZGR 1994, 354, 368 f. m.w.N. dort in Fn. 47; *Zöllner* in: FS Priester, S. 879, 890.
[569] Vgl. *Zöllner* in: FS Priester, S. 879, 883 f.
[570] A. A. aufgrund anderer Definition der „Satzungsdurchbrechung" *Habersack*, ZGR 1994, 354, 369.
[571] *Zöllner* in: FS Priester, S. 879, 883 f.

wegen fehlender Eintragung im Handelsregister unwirksam,[572] da mangels Satzungsänderung eine solche Eintragung bereits nicht erforderlich ist.

In Widerlegung der Begründung *Priesters*, dass von der Satzung abweichende Beschlüsse aus Gründen des Schutzes des Rechtsverkehrs dann unwirksam seien, wenn sie einen satzungswidrigen Zustand mit Dauerwirkung herbei führen[573] stellt *Zöllner* überdies richtig fest, dass ein über den § 15 HGB hinausgehender Schutz des Rechtsverkehrs nicht besteht.[574]

Es lässt sich also festhalten, dass satzungsdurchbrechende Beschlüsse gleich ob „punktuell" oder mit „Dauerwirkung",[575] weder nichtig noch unwirksam sind solange sie keine Änderung des Satzungstextes bezwecken. Greift man die Differenzierung nach „punktuell" und „Dauerwirkung" auf, ist diese vielmehr so zu verstehen, dass keine Satzungsdurchbrechung sondern eine (unzulässige) Satzungsänderung vorliegt, wenn eine „zukunftsgerichtete Gestaltung der Gesellschaftsverfassung"[576] beabsichtigt ist. Ein rein „punktueller", d.h. auf den konkreten Einzelfall bezogener Beschluss, der keine Dauerwirkung auf die Gesellschaftsverfassung entfaltet, mag er auch in diese für diesen Einzelfall eingreifen und „von gewisser Dauer sein,"[577] stellt dagegen grundsätzlich eine zulässige, wenn auch anfechtbare Satzungsdurchbrechung dar.

---

[572] So *Roth* in: Roth/Altmeppen, § 53 Rn. 29, der zunächst zwischen offener (nach seiner Meinung immer unwirksamer) und verschleierter Satzungsänderung (wohl Unkenntnis der Gesellschafter von der Durchbrechung) unterscheidet. Im Weiteren geht er davon aus, dass letztendlich danach zu differenzieren sei, ob der Beschluss seinem Inhalt nach nur als Satzungsregelung möglich wäre oder ob ein einfacher Beschluss genügen würde. Wie *Zöllner* in: FS Priester, S. 879, 884 dort Fn. 22 zu dieser Differenzierung bereits anmerkt, erschließt sich deren Sinnhaftigkeit nicht. Es kann nur spekuliert werden, dass *Roth* nach zwingenden und fakultativen Satzungsvorschriften differenziert; ein Eintragungserfordernis bei Satzungsdurchbrechung ablehnend auch *Noack*, S. 142.
[573] *Priester*, ZHR 151 (1987), 40, 55 ff. , *ders.* in: FS Claussen, S. 319, 331.
[574] *Zöllner* in: FS Priester, S. 879, 887; so im Ergebnis bereits *Habersack*, ZGR 1994, 354, 364, für den es nicht darauf ankommt, ob die Satzungsverletzung punktuell oder zustandsbegründend ist, sondern ob die Gesellschafter gleichzeitig die Satzung, sei es dauerhaft oder für einen begrenzten Zeitraum, ändern wollten; von einem mangelnden Schutzbedürfnis des Rechtsverkehrs außerhalb von Satzungsänderungen geht auch *Lawall*, DStR 1996, 1169, 1173 aus. Dieser sieht jedoch in einer „zustandsbegründenden" Satzungsdurchbrechung fälschlich eine eintragungspflichtige Satzungsänderung.
[575] *Noack* S. 141 weist zudem auf die Schwierigkeit der Abgrenzung nach Wirkungsdauer hin.
[576] *Leitzen*, RNotZ 2010, 566, 570.
[577] Beispiele für solche Einzelfalldurchbrechungen *Leitzen*, RNotZ 2010, 566, 570 f., insbesondere mit Verweis auf die Wirksamkeit der gegen Bestimmungen der Satzung im Einzelfall verstoßende Bestellung eines Geschäftsführers.

## c. Zwischenergebnis

Fassen die Venture Partner daher auf Basis ihres Joint Venture Vertrages einen gegen die Satzung verstoßenden Beschluss, ist dieser nur anfechtbar, was jedoch durch die Zustimmung sämtlicher Gesellschafter zu diesem ebenfalls ausgeschlossen werden kann.[578] Somit gilt, dass Beschlüsse auf Basis des Joint Venture Vertrages nach Ablauf der Anfechtungsfrist auch dann wirksam sind, wenn sie gegen die Satzung verstoßen. Ein solcher Beschluss muss allerdings auch gefasst werden. Allein aufgrund ihres Bestehens entfalten die Regelungen des Joint Venture Vertrages keine korporationsrechtlichen Wirkungen. Aus der generellen Wirksamkeit satzungsdurchbrechender Beschlüsse lässt sich zudem ableiten, dass Vereinbarungen die auf solche Satzungsdurchbrechungen gerichtet sind grundsätzlich zulässig sind. Unwirksam sind dagegen Vereinbarungen die darauf abzielen, die Satzung vorübergehend oder auf Dauer durch nicht eingetragenen Beschluss zu ändern.[579] Eine solche Vereinbarung scheitet schlicht an der Unmöglichkeit ihrer Durchführung. Im Falle des Joint Venture Vertrages auf Basis dessen die Partner in einem solchen Fall einstimmig handeln würden, ist in einem satzungsverletzenden Beschluss regelmäßig eine zulässige Satzungsdurchbrechung mit Anfechtungsverzicht zu sehen und keine – auch nur punktuelle – formunwirksame Satzungsänderung.

## d. Bedeutung für Gesellschaftervereinbarungen

Gesellschaftervereinbarungen sind keine Beschlüsse. Letztendlich können für sie jedoch keine strengeren Maßstäbe gelten als für die Beschlüsse, die auf ihrer Basis gefasst werden. Erst durch die Beschlussfassung kommt es überhaupt zu einer Relevanz der Gesellschaftervereinbarungen auf korporativer Ebene. Anders als satzungsändernde Beschlüsse etablieren Nebenvereinbarungen, die auf Dauer von einer Satzungsregelung abweichen, auf korporativer Ebene noch keine Regeländerung und sind daher zulässig.[580] Dies gilt auch, wenn sie die durch sie gebundenen Gesellschafter verpflichten, zur Durchsetzung dieser abweichenden Regelung satzungsdurchbrechende Beschlüsse zu fassen.[581] Der Unterschied liegt im Wirkungskreis der Vereinba-

---

[578] Siehe *Zöllner* in: FS Priester, S. 879, 887.

[579] *Habersack*, ZGR 1994, 354, 371.

[580] Dies erkennt auch der BGH an, indem er eine Umdeutung eines unwirksamen Beschlusses zur Satzungsänderung in eine schuldrechtliche Nebenvereinbarung zulässt, vgl. BGH, Beschl., v. 15.3.2010, Az. II ZR 4/09, NZG 2010, 988, 989; so auch *Priester* in: FS Claussen, S. 319, 331.

[581] Vgl. *Habersack*, ZGR 1994, 354, 371.

rung begründet. Während satzungsändernde Beschlüsse Auswirkungen auf Dritte entfalten können, liegen bei von der Satzung abweichenden Gesellschaftervereinbarungen lediglich Verpflichtungen unter den beteiligten Partnern vor. Deren Wille, die gesellschaftsvertraglichen Verhältnisse künftig nach der ihrer Vereinbarung und nicht nach der partiell entgegenstehenden Satzung beurteilen zu wollen, ist in den Grenzen allgemeiner gesellschaftlicher Grundsätze zu achten.[582]

## 4. Widerstreitende Geschäftsführerinteressen?

Die Anfechtbarkeit von Gesellschafterbeschlüssen auf Basis des omnilateralen Joint Venture Vertrages, wie auch einer Satzungsdurchbrechung auf Basis einer omnilateralen Nebenabrede, stehen grundsätzlich keine schützenswerten Interessen der Gesellschafter oder außenstehender Dritter entgegen. Insoweit lässt sich zusammenfassend sagen, dass die vom BGH angenommene Durchbrechung der Trennung der gesellschaftsvertraglichen und schuldrechtlichen Ebene ihre Grenzen im Schutz unbeteiligter Mitgesellschafter und einer Satzungs(text)änderung finden muss.

Daneben wird es in der GmbH regelmäßig sogenannte Fremdgeschäftsführer geben, die weder Gesellschafter der Gesellschaft noch im Verhältnis zu ihr Dritte sind, jedoch von den beschriebenen Wirkungen der Nebenabreden auf die korporative Ebene gleichwohl betroffen sind. Es stellt sich daher die Frage, inwieweit diese in die Geltung von Gesellschaftervereinbarungen einbezogen, beziehungsweise einer Wirkung derselben auf korporativer Ebene zu schützen sind.

Als weitgehend unproblematisch stellt sich hierbei der Fall des satzungsdurchbrechenden Beschlusses der Gesellschafterversammlung dar. Beruht dieser auf einer omnilateralen Vereinbarung der Gesellschafter ist er nicht anfechtbar und somit von Anfang an wirksam. Der Geschäftsführer kann und muss diesen daher als rechtmäßige Weisung im Sinne des § 37 Abs. 1 GmbHG betrachten und ausführen.[583]

---

[582] So *Noack*, S. 142; *Ehricke*, S. 26 stellt fest, dass Satzungsdurchbrechungen durch vertragliche Nebenabreden verboten seien, wegen des Trennungsprinzips können solche jedoch gar nicht stattfinden.
[583] H. M. siehe nur *Altmeppen* in: Roth/Altmeppen, § 37 Rn. 16; ein pflichtwidriges Handeln soll zudem jedenfalls dann ausgeschlossen sein, wenn mit einer erfolgreichen Anfechtung den Umständen nach nicht zu rechnen ist, siehe a.a.O. Rn. 17.

Etwas komplizierter stellt sich der Fall dar, wenn ein Beschluss der, obgleich von der Satzung gedeckt, wegen Verstoßes gegen den Joint Venture Vertrag anfechtbar ist. Kommt man, wie oben angenommen, über die Treuepflicht der Gesellschafter zu deren Pflicht, sich in ihrem Handeln auf korporativer Ebene unmittelbar durch die Regelungen im Joint Venture Vertrag leiten zu lassen, stellt sich die Frage, ob einer solchen Vorgehensweise die Interessen der Fremdgeschäftsführer in der GmbH oder Komplementär-GmbH entgegen stehen. So führt insbesondere *Winter* an, dass das Zulassen einer subjektiven Satzungsauslegung unter den Gesellschaftern und die hierauf gestützte Anfechtbarkeit von Beschlüssen vor allem auch für den Fremdgeschäftsführer ein hohes Haftungsrisiko berge.[584] Richtig ist, dass auch gegenüber den Fremdgeschäftsführern, als von den Gesellschaftern verschiedene Personen, die objektive Auslegung der Satzung gilt. Dies gilt jedoch dann nicht, wenn den Fremdgeschäftsführern Vereinbarungen über die Interpretation der Satzung durch die Gesellschafter, etwa durch die Aufstellung von Richtlinien für die Geschäftsführung, formal zur Kenntnis gebracht wurden.[585] So kann man bei einer Übertragung der Prinzipien des Joint Venture Vertrages in eine Geschäftsordnung für die Geschäftsführung von einer Weisung im Sinne des § 37 Abs. 1 GmbHG ausgehen. Jedoch wäre eine solche Weisung, wie auch einzelne auf Basis des Joint Venture Vertrag getroffenen Beschlüsse, wegen Verstoßes gegen die Satzung zunächst anfechtbar. *Winter* führt insoweit an, dass ein Fremdgeschäftsführer bei angefochtenen Weisungen in eigener Verantwortung entscheiden müsse ob er diese ausführt,[586] mit der Folge einer möglichen Haftung im Falle der nachträglichen Suspendierung des Beschlusses.[587] Grundsätzlich kann ein Geschäftsführer nach pflichtgemäßem Ermessen mit der Ausführung eines Beschlusses warten, bis der Beschluss unanfechtbar ist, wenn und solange die Anfechtbarkeit möglich und nicht völlig unwahrscheinlich ist.[588] Er handelt insoweit nicht pflichtwidrig.[589] Dem Fremdgeschäftsführer wird aus diesem Grund regelmäßig wohl nicht der gesamte Joint

---

[584] Vgl. *Winter*, ZHR 154 (1990), 259, 270.
[585] So auch *Weber*, DStR 1997, 824, 828, der diesbezüglich auf den Schutz des Fremdgeschäftsführers durch die subjektive Komponente der Haftungsbegründung verweist; vgl. auch *Hoffmann-Becking*, ZGR 1994, 442, 453 f., der jedoch in der Nebenvereinbarung selbst einen einer Weisung entsprechenden Beschluss sieht, was wegen der zeitlichen Abfolge im Falle des Joint Venture nicht möglich ist.
[586] So zutreffend; vgl. auch *Pelz*, RNotZ 2003, 415, 420.
[587] Vgl. *Winter*, ZHR 154 (1990), 259, 270.
[588] *Mennicke*, NZG 2000, 622, 624.
[589] *Altmeppen* in: Roth/Altmeppen, § 37 Rn. 17 m.w.N. dort.

Venture Vertrag, wohl aber die Regelungen, die das tägliche Geschäft des Joint Venture Unternehmen betreffen, bekannt sein,[590] um ihm insoweit die nötige Information zu bieten. Hieraus kann er sich erschließen, ob ein an sich „objektiv satzungsmäßiger" Beschluss wegen Verstoßes gegen eine Regelung im Joint Venture Vertrag der Anfechtung unterliegt. In diesem Fall ist eine Anfechtung regelmäßig überwiegend wahrscheinlich, sodass ihm ein Abwarten mit der Ausführung zuzumuten ist. In diesem Fall wird den anfechtungsberechtigen Gesellschaftern im Gesellschaftsinteresse eine zügige Stellungnahme hinsichtlich der Vornahme oder Nichtvornahme einer Anfechtung abzuverlangen sein. Versetzen die Gesellschafter ihren Fremdgeschäftsführer dagegen nicht in die Lage, eine Anfechtbarkeit des Beschlusses zu erkennen, da sie ihm hierfür notwendige Information vorenthalten, muss ein Haftungsanspruch gegen den Fremdgeschäftsführer nach § 43 Abs. 2 GmbHG wegen Ausführung des Beschlusses ausgeschlossen sein.[591] Denn dann gilt für ihn die objektive Auslegung der Satzung nach der er den Beschluss für im Ergebnis nicht anfechtbar halten musste. Ein Anspruch aus § 43 Abs. 2 GmbHG scheidet in diesem Fall aus. Ein Geschäftsführer haftet nur, wenn sein Verhalten gegenüber der Gesellschaft pflichtwidrig war[592] und er die Pflichtverletzung erkennen musste.[593] Konnte er ohne Sorgfaltspflichtverletzung die Anfechtbarkeit nicht erkennen, haftet der Geschäftsführer nicht.[594]

Somit stehen einer Wirkung des Joint Venture Vertrages auf Beschlüsse im Joint Venture Unternehmen auch keine schützenswerten Interessen eines Fremdgeschäftsführers entgegen.

## V. Rechtslage bei der GmbH & Co. KG

### 1. Existenz zweier Regelungsebenen

Teilweise wird die Ansicht vertreten, dass im Falle der Wahl der GmbH & Co. KG als Rechtsform für das Joint Venture Unternehmen gar keine zusätzliche Innengesellschaft bürgerlichen Rechts zwischen den Joint Venture Partnern entsteht.[595] Dem liegt der Gedanke zugrunde, dass eine separate Abfassung,

---

[590] Vgl. *Tegen*, S. 223.
[591] So auch *Weber*, DStR 1997, 824, 828.
[592] *Zöllner/Noack* in Baumbach/Hueck, § 43 Rn. 17.
[593] Vgl. *Pelz*, RNotZ 2003, 415, 422.
[594] *Zöllner/Noack* in: Baumbach/Hueck, § 43 Rn. 35.
[595] *Schulte* in: Schulte/Schwindt/Kuhn, § 1 Rn. 114, insoweit Bezug nehmend auf *Stengel* in: Becksches Handbuch der Personengesellschaften § 21 Rn. 93, der davon ausgeht dass hier

insbesondere wegen der grundsätzlichen Formfreiheit des Gesellschaftsvertrages der GmbH & Co. KG und der fehlenden Publizitätspflicht, überflüssig sei.[596] Es sei vielmehr hier möglich, die beiden Vereinbarungen zu kombinieren.[597] Eine solche Kombination könne rein formell erfolgen, indem Joint Venture Vertrag und Satzung als zwei eigenständige Verträge in einem gemeinsamen Dokument niedergelegt werden. Daneben sei auch eine materielle Kombination in einer Vereinbarung möglich. In diesem Fall liegt dem Joint Venture Unternehmen nur sein Gesellschaftsvertrag zugrunde, der auch die Regelungen des Joint Venture Vertrages der Partner enthält. Von den Verfechtern dieser Ansicht wird es als „gekünstelt"[598] angesehen, zwischen dem Joint Venture Vertrag der Partner und dem Gesellschaftsvertrag der GmbH & Co. KG formell, jedenfalls aber materiell zu trennen, da ein Wille der KG-Gesellschafter die Ausübung ihrer Rechte durch Abschluss einer BGB-Gesellschaft zu regeln den Gesellschaftern nicht unterstellt werden könne. Nach dieser Ansicht wären Joint Venture Vertrag und Gesellschaftsvertrag auch dann als ein materielles einheitliches Vertragswerk anzusehen, wenn sie in zwei formell getrennten Verträgen geschlossen wurden.

Diese Ansicht ist abzulehnen. Zum einen ist es gerade im komplexen Joint Venture System der notwendigen Klarheit geschuldet, zunächst formell einen Joint Venture Vertrag zu schließen in welchem die Joint Venture Partner, neben den wesentlichen Parametern ihrer Zusammenarbeit, die Gründung der Komplementärs-GmbH und der GmbH & Co. KG vereinbaren. Bei einer solchen formellen Trennung und zeitlichen Zäsur, entspricht es regelmäßig auch nicht dem Willen der Joint Venture Partner, den Inhalt des Joint Venture Vertrages gleichzeitig zum Bestandteil des Gesellschaftsvertrages der KG zu machen. Denn eine Trennung der Verträge und das Bestehen einer separaten Innengesellschaft bürgerlichen Rechts zwischen den Joint Venture Partnern, kann für diese unter verschiedenen Aspekten vorteilhaft sein. Zum einen sind die Gesellschafterkreise des Joint Ventures und des Joint Venture Unternehmens bei der GmbH & Co. KG – abgesehen vom Fall der Gestaltung als Ein-

---

alle Vereinbarungen der Gesellschafter im formfreien Gesellschaftsvertrag geregelt werden können.
[596] Nach *Baumanns/Wirbel* in: Becksches Handbuch des Gesellschaftsrechts Bd. I, § 28 Rn. 2 „bietet es sich an, die Konsortialabsprachen in den Gesellschaftsvertrag des Joint Venture Unternehmens aufzunehmen", sie halten eine Doppelstufigkeit aber auch hier grundsätzlich für möglich.
[597] *Schulte/Pohl*, S. 25 Rn. 97.
[598] *Baumanns/Wirbel* in: Münchner Handbuch des Gesellschaftsrechts Bd. I, § 28 Rn. 5.

heitsgesellschaft – schon nicht identisch, denn auch die Komplementärs-GmbH ist Gesellschafterin der KG.[599] Joint Venture Partner sind jedoch regelmäßig nur die späteren Kommanditisten der GmbH & Co. KG. Neben der außerdem bestehenden Gefahr der Unübersichtlichkeit, die solch ein integriertes Dokument bietet, kann es vorkommen, dass die Joint Venture Partner - auch im Falle der Einheitsgesellschaft - der externen Geschäftsleitung der Joint Venture Gesellschaft den Einblick in die Regelungen ihres Joint Venture Vertrag verwehren möchten.[600] Gleiches gilt für den Fall der späteren Aufnahme eines reinen Investor-Kommanditisten, der nicht auch Partner des Joint Venture Vertrages werden soll. Zudem ist zu berücksichtigen, dass Joint Venture Unternehmen oft in der Rechtsform einer GmbH & Co. KG gegründet werden, um später eine Umwandlung in eine GmbH[601] oder auch eine AG zu vollziehen. Wie oben bereits dargestellt, ist eine solche Umwandlung in eine Kapitalgesellschaft, insbesondere zur Vorbereitung eines Exits, nicht unüblich. Unabhängig davon, ob eine solche Möglichkeit im Joint Venture Vertrag bereits vorgesehen ist, ist daher davon auszugehen, das die Joint Venture Partner den Joint Venture Vertrag auch im Fall der GmbH & Co. KG immer als separates, neben dem Gesellschaftsvertrag stehendes, Regelungswerk betrachten. Das Nebeneinander von Joint Venture Vertrag und Gesellschaftsvertrag des Joint Venture Unternehmens bietet indes weniger Probleme als im Fall einer Kapitalgesellschaft. Nebenabreden aller[602] Gesellschafter, welche außerhalb des Gesellschaftsvertrages, also etwa im Joint Venture Vertrag getroffen wurden, können im Personengesellschaftsrecht verbindliche Wirkung für das Gesellschaftsverhältnis haben.[603] Dies kann auf mehreren Wegen erfolgen.

---

[599] *Schulte/Pohl*, S. 25 Rn. 97.
[600] *Schulte/Pohl*, S. 25 Rn. 97.
[601] Siehe hierzu *Sieger/Hasselbach*, NZG 1999, 485, 485.
[602] An der Nebenabrede müssen sämtliche Gesellschafter beteiligt sein, ansonsten können diese wegen des Verbotes eines Vertrages zulasten Dritter nur eingeschränkt herangezogen werden. Nach m. E. ist es jedoch unerheblich wenn die Komplementär GmbH als einzige Gesellschafterin nicht Partei des Joint Venture Vertrages ist, soweit es sich um eine Einheits-GmbH & Co. KG oder um eine personengleiche GmbH & Co. KG handelt, zumal diese ohnehin in der Regel kein Stimmrecht besitzt. Denn dann sind wegen Identität der Gesellschafter keine schützenswerten Interessen Dritter betroffen. Ist dagegen ein Kommanditist nicht Partei des Joint Venture Vertrages, etwa weil er sich als reiner Finanzinvestor am Projekt beteiligt, stehen seine Interessen einer Auslegung des Gesellschaftsvertrages auf Basis des Joint Venture Vertrages grundsätzlich entgegen.
[603] *Karsten Schmidt* in: MüKo HGB Bd. II, § 105 Rn. 151.

## 2. Auslegung des Gesellschaftsvertrages

In der Personengesellschaft können Bestimmungen des Gesellschaftsvertrages - aufgrund subjektiver Auslegung nach §§ 133, 151 BGB[604] - grundsätzlich bereits auf Basis omnilateraler Nebenabreden ausgelegt werden.[605] Dies gilt insbesondere für den Joint Venture „Standardfall" in dem seit der Gründung kein Wechsel der Gesellschafter stattgefunden hat.[606] Regelungslücken im Gesellschaftsvertrag sind in der Weise auszufüllen, dass sie „zu Ende gedacht" werden.[607] Es soll somit das tatsächliche Verständnis der Beteiligten Vorrang vor dem Wortlaut des Gesellschaftsvertrages haben.[608] Hierbei spielt insbesondere eine Rolle, was die Gesellschafter bei Abschluss des Gesellschaftsvertrages beabsichtigt haben, aber auch was über längere Zeit von alle Gesellschaftern gelebt wurde.[609] Eine solche Auslegung ist dann relevant und unproblematisch wenn der Joint Venture Vertrag den Gesellschaftsvertrag ergänzende bzw. modifizierende Ausführungen enthält. Denn diese waren bei Abschluss des Gesellschaftsvertrages bereits getroffen und können deshalb zur Ermittlung des Parteiwillens herangezogen werden.[610]

Die Auslegung des Gesellschaftsvertrages auf Basis des Joint Venture Vertrages wird dann schwierig, wenn sich die beiden Verträge im Wortlaut widersprechen. Legt der Wortlaut des Gesellschaftsvertrages ein anderes Verständnis nahe, als es sich nach den Grundsätzen der Auslegung für den Wil-

---

[604] H. M. vgl. hierzu *Karsten Schmidt* in: MüKo HGB Bd. II, § 105 Rn. 149 m.w.N. dort in Fn. 423; *Grunewald*, ZGR 1995, 68, 68 m.w.N. dort in Fn. 1; diese nimmt jedoch – in Anlehnung an das Kapitalgesellschaftsrecht - "überindividuelle" Bestimmungen von der subjektiven Auslegung aus, vgl. hierzu *Grunewald*, ZGR 1995, 68, 71; so auch *Karsten Schmidt*; Gesellschaftsrecht, § 5 I 4 b) (S. 89); *Coing*, ZGR 1978, 659, 669 will soweit nicht gehen, schränkt aber die Auslegung nach Gesellschafterwechsel auf die grundsätzlich von der Gründern beabsichtigten „Zwecke" ein.

[605] Vgl. *Karsten Schmidt* in MüKo HGB Bd. II, § 105 Rn. 151; eine Ausnahme von der subjektiven Auslegung besteht nach wohl herrschender Ansicht für Publikumsgesellschaften bzw. solche Gesellschaften, „die auf die Aufnahme einer Vielzahl von Dritten angelegt sind", *Grunewald*, ZGR 1995, 68, 72; *Coing*, ZGR 1978, 659, 663; *Karsten Schmidt* in: MüKo HGB Bd. II, § 105 Rn. 150; BGH, Urt. v. 24.3.2003, Az. II/ZR 4/01, NJW-RR 2003, 820, 821; a. A. noch *Karsten Schmidt*, Gesellschaftsrecht § 5 I b) (S. 89 f.), der nicht nach Typus der Gesellschaft, sondern danach entscheiden wollte, ob die auszulegende Klausel materiellen Charakter hat oder nicht.

[606] Vgl. *Coing*, ZGR 1978, 659, 666.

[607] BGH, Urt. v. 20.09.1993, Az. II ZR 104/92, NJW 1993, 3193, 3194; *Oetker* in: Oetker HGB, §163 Rn. 5; *Grunewald*, ZGR 1995, 68, 69 „sinnvoll weitergedacht".

[608] *Karsten Schmidt* in: MüKo HGB Bd. II, § 105 Rn. 149 m.w.N. dort in Fn. 424.

[609] Vgl. *Coing*, ZGR 1978, 659, 666; *Grunewald*, ZGR 1995, 68, 69.

[610] BGH, Urt. v. 20.09.1993, Az. II ZR 104/92, NJW 1993, 3193, 3194.

len der Gesellschafter ergeben würde, soll das Verständnis der Gesellschafter dennoch dem ausdrücklichen Wortlaut des Vertrages vorgehen.[611] Ebenso kann gemäß oben dargestellter Ansicht des BGH eine Lücke im Gesellschaftsvertrag nach Maßgabe der Joint Venture Vertrages „zu Ende gedacht" werden. Begründet liegt dies in den in der Personengesellschaft in besonders hohem Maße bestehenden Treuepflichten, die bei der Ausfüllung von Lücken und bei Fragen der Anwendung einer Vertragsklausel herangezogen werden.[612]

Durch eine auf den Joint Venture Vertrag gestützte Auslegung des Gesellschaftsvertrages, ergeben sich für die Gesellschafter der KG unmittelbare Handlungspflichten. Die in der GmbH problematische Frage, nach der Anfechtbarkeit eines dem Gesellschaftsvertrag entsprechenden, aber gegen eine omnilaterale Nebenabrede verstoßenden Beschlusses, ist hier jedenfalls dann unproblematisch, wenn sich aus der Nebenvereinbarung eine Auslegung des Gesellschaftsvertrages gemäß ihrer Bestimmung ergibt. Denn dann liegt im Verstoß gegen den Joint Venture Vertrag ein Verstoß gegen den Gesellschaftsvertrag. Gesellschaftsvertragswidrige Beschlüsse sind im Personengesellschaftsrecht grundsätzlich nichtig.[613]

### 3. Änderung des Gesellschaftsvertrages durch Joint Venture Vertrag

Daneben unterliegt der Gesellschaftsvertrag der KG, wie auch seine Änderung, grundsätzlich keinen Formvorschriften. Die Gesellschafter können Änderungen des Gesellschaftsvertrages jederzeit formlos und auch konkludent, etwa durch längere vorbehalts- und widerspruchslose Hinnahme einer vom Gesellschaftsvertrag abweichenden Übung der Gesellschafter, vornehmen,[614] soweit einer derartigen Praxis nicht eine doppelte Schriftformklausel oder besondere Formerfordernisse des Gesellschaftsvertrages entgegenstehen.[615] Der wesentliche Unterschied zur - auf den Grundsätzen der *falsa demonstratio*

---

[611] Vgl. *Grunewald*, ZGR 1995, 68, 69 f.; *Wiedemann*, DNotZ 1977 Sonderheft, 99, 101 f.; *Karsten Schmidt* in: MüKo HGB, §105 Rn. 149 m.w.N. dort in Fn. 424.

[612] Vgl. *Coing*, ZGR 1978, 659, 666.

[613] H. M. siehe nur *Weipert* in: Ebenroth/Boujong/Joost/Strohn, § 163 Rn. 47; *Schäfer* in: MüKo BGB Bd. V, § 709 Rn. 105; eine ausführliche Auflistung von Literatur und Rechtsprechung unter Einbeziehung kritischer Stimmen bei *Enzinger* in: MüKo HGB Bd. II, § 119 Rn. 4, dort in Fn. 448.

[614] Vgl. *Röthel* in: Henssler/Strohn, HGB § 105 Rn. 94; so auch *Grunewald*, ZGR 1995, 68, 70; vgl. auch bereits *Coing*, ZGR 1978, 659, 667 mit Hinweis auf die Interpretationsweise des BGH.

[615] Vgl. *Röthel* in: Henssler/Strohn, HGB § 105 Rn. 94 ff.

beruhenden - Auslegung auf Basis des Joint Venture Vertrages liegt hier darin, dass die Gesellschafter nicht meinen, sie hätten ihren Willen im Vertragstext des Gesellschaftsvertrages zum Ausdruck gebracht, sondern erst später willentlich eine andere Handhabe eingeführt.[616]

Aufgrund der besonderen Konstellation des Joint Venture Systems liegt es jedoch nahe, dass die Joint Venture Partner ihren Willen, welcher für die Auslegung des Gesellschaftsvertrages maßgeblich sein soll, im Joint Venture Vertrag niedergelegt haben. Eine Änderung des Gesellschaftsvertrages durch den Joint Venture Vertrag dürfte dagegen regelmäßig nicht gewollt sein. Denn der Joint Venture Vertrag wurde bereits vor dem Gesellschaftsvertrag des Joint Venture Unternehmens abgeschlossen, kann daher als vor Abschluss des Gesellschaftsvertrages niedergelegter Wille der Gesellschafter zu Auslegungszwecken herangezogen werden. Eine Änderungsabsicht wird regelmäßig nur dann in Betracht kommen, wenn der Joint Venture Vertrag nachträglich geändert wurde und eine Anpassung der Gesellschaftsvertragsurkunde (noch) nicht stattgefunden hat. In diesem Fall kommt nur eine wirksame Änderung nach den Grundsätzen der fehlerhaften Gesellschaft in Betracht.[617] Jedoch kann eine solche Änderungsabsicht sich auch gewissermaßen antizipiert aus einer Vorrangklausel des Joint Venture Vertrages ergeben. Hierdurch können die Gesellschafter zum Ausdruck bringen, dass sie in der Regelung im Joint Venture Vertrag eine Abänderung hiermit kollidierender Regelungen im Gesellschaftsvertrag sehen, soweit sie diese in der Folge tatsächlich leben.

## 4. Kollision

Kommt es zu einer Kollision von Regelungen, welche nicht nach Maßgabe oben stehender Ausführungen durch Auslegung oder konkludente Vertragsanpassung gelöst werden kann, stellt sich gleichsam die oben bereits für die GmbH erörterte Frage, ob ein Beschluss auf Basis des Joint Venture Vertrages gegen den Gesellschaftsvertrag „verstoßen" darf und ob sich aus dem Verstoß gegen den Joint Venture Vertrag eine Unwirksamkeit des gesellschaftsvertragskonformen Beschlusses ergeben kann.

### a. Nichtigkeit

Anders als im Recht der GmbH findet im Personengesellschaftsrecht keine Unterscheidung zwischen Nichtigkeit und Anfechtbarkeit von Beschlüssen

---

[616] Vgl. *Grunewald*, ZGR 1995, 68, 70.
[617] Vgl. *Schäfer* in: MüKo BGB Bd. V, § 709 Rn. 109.

statt.[618] Mangelhafte Beschlüsse sind nach der herrschenden Meinung nichtig.[619] Im Falle der Nichtigkeit von Beschlüssen kann die allgemeine Feststellungsklage nach § 256 ZPO gegenüber den Mitgesellschaftern erhoben werden,[620] welche an keine Frist gebunden ist.[621] Es steht den Gesellschaftern jedoch frei, derartige Ausschlussfristen im Gesellschaftsvertrag zu regeln,[622] was aus Gründen der Rechtssicherheit unbedingt zu empfehlen ist. Die Länge einer solchen vertraglichen Ausschlussfrist darf die Monatsfrist des § 246 AktG nicht unterschreiten.[623] Daneben kann abweichend von den allgemeinen Regelungen des Personengesellschaftsrechts der Gesellschaftsvertrag einer KG auch vorsehen, dass nichtige Beschlüsse durch Anfechtung gegenüber der Gesellschaft geltend zu machen sind.[624] Im Falle des Verstoßes gegen den Gesellschaftsvertrag können die Gesellschafter basierend auf dem Rechtsgedanken des § 141 BGB[625] den fehlerhaften Beschluss konkludent durch unwidersprochenen Vollzug in Kenntnis des Mangels heilen.[626] Auch eine längere Nichtgeltendmachung eines allen Beteiligten bekannten Mangels kann im Ergebnis zu dessen Heilung führen.[627] Kommt es nicht zu Heilung durch Vollzug oder Zeitablauf, kann sich ein Gesellschafter auf die Nichtigkeit eines Beschlusses jederzeit berufen, es sei denn er hat das Recht hierauf verwirkt.[628] In einer abweichenden Regelung im Joint Venture Vertrag ist, ähnlich dem Anfechtungsverzicht in der GmbH, regelmäßig eine Vereinbarung zu sehen, den Gesellschaftsvertrag nach Maßgabe des Joint Venture Vertrages auszulegen und mögliche durch Auslegung nicht zu vermeidende Verstöße nicht geltend

---

[618] BGH, Urt. v. 25.11.2002, Az. II ZR 69/01, NZG 2003, 127, 128.

[619] *Weipert* in: Münchner Handbuch des Gesellschaftsrechts, Bd. I, § 57 Rn. 92; siehe auch bereits Fn. 613.

[620] BGH, Urt. v. 16.10.2012, Az. II ZR 251/10, NZG 2013, 57, 58; *Westermann*, NZG 2012, 1121, 1122 m.w.N. dort in Fn. 9.

[621] Vgl. BGH, Urt. v. 7.6.1999, Az. II ZR 278/98, NZG 1999, 935, 935; *Westermann*, NZG 2012, 1121, 1122 m.w.N. dort in Fn. 12.

[622] BGH, Urt. v. 20.1.1977, Az. II ZR 217/75, NJW 1977, 1292, 1293; BGH, Urt. v. 7.6.1999, Az. II ZR 278/98, NZG 1999, 935, 935; BGH, Urt. v. 25.11.2002, Az. II ZR 69/01, NZG 2003, 127, 129.

[623] BGH, Urt. v. 13.2.1995, Az. II ZR 15/94, NJW 1995, 1218, 1219.

[624] Stetige Rechtsprechung des Bundesgerichtshof: BGH, Urt. v. 13.2.1995, Az. II ZR 15/94, NJW 1995, 1218, 1218; BGH, Urt. v. 16.10.2012, Az. II ZR 251/10, NZG 2013, 57, 58 m.w.N.

[625] Vgl. *Enzinger* in: MüKo HGB Bd. II, § 119 Rn. 103.

[626] Vgl. *Schäfer* in: MüKo BGB Bd. V, § 709 Rn. 110.

[627] *Schäfer* in: MüKo BGB Bd. V, § 709 Rn. 110.

[628] *Weipert* in: Ebenroth/Boujong/Joost/Strohn, § 163 Rn. 47; nach *Schäfer* in: MüKo BGB Bd. V, § 709 Rn. 110, sind die Gesellschafter aufgrund ihrer Treuepflicht gehalten, sich binnen angemessener Zeit auf den Mangel zu berufen, wollen sie sich nicht dem Verwirkungseinwand aussetzen.

zu machen. Zu Sicherung dieser Regelung empfiehlt sich im Gesellschaftsvertrag die Bestimmung, dass im Falle eines allseitigen Verzichts auf die Geltendmachung bzw. den Ablauf einer bestimmten Frist nichtige Beschlüsse geheilt sind.

### b. Anfechtbarkeit

Von einiger Seite wird dagegen vorgeschlagen, die aktienrechtliche Unterscheidung zwischen nichtigen und bloß anfechtbaren Beschlüssen auch ohne gesonderte vertragliche Regelung für das Personengesellschaftsrecht zu übernehmen.[629] Es wird insoweit zwischen Scheinbeschlüssen, nichtigen, schwebend unwirksamen und anfechtbaren Beschlüssen differenziert.[630] Die Scheinbeschlüsse einmal außen vor, sollen nur solche Beschlüsse nichtig sein, die gegen zwingende gesetzliche Bestimmungen verstoßen, wobei zur Beurteilung der Frage der Nichtigkeit der Verbotszweck der verletzten Norm heranzuziehen ist.[631] Alle übrigen Beschlussmängel führen lediglich zur Anfechtbarkeit.[632] Obgleich sich diese Ansicht noch nicht durchgesetzt hat, besteht jedoch die Möglichkeit gesellschaftsvertraglich zumindest festzulegen, dass Beschlussmängel nicht gegenüber den Mitgesellschaftern sondern gegenüber der Gesellschaft geltend zu machen sind,[633] wodurch auch ein Rechtskrafterstreckung des Feststellungsurteils auf sämtliche Gesellschafter erreicht werden kann.[634] Darüber hinaus kann der Gesellschaftsvertrag vorsehen, dass ein Gesellschafter unter bestimmten Voraussetzungen mit der Geltendmachung präkludiert ist.[635] Im Endeffekt können die Gesellschafter so zur Erhöhung der Rechtssicherheit durch vertragliche Gestaltung ein dem Kapitalgesellschaftsrecht vergleichbares Beschlussmängelsystem vereinbaren.

### 5. Zwischenergebnis

Die Gesellschafter einer GmbH & Co. KG haben es einfacher als die Gesellschafter einer GmbH, den im Joint Venture Vertrag getroffenen Vereinbarungen direkt auf Ebene des Joint Venture Unternehmens Geltung zu verschaffen. Zum einen kommt hier bereits eine Auslegung durch modifizierende oder

---

[629] Vorreiter hier war *Karsten Schmidt*, siehe etwa *ders.*, Gesellschaftsrecht § 47 V 2 c) (S. 1396 f.) sich ihm anschließend u.a. *Enzinger* in: MüKo HGB Bd. II, § 119, Rn. 94 f. m.w.N. dort in Fn. 450; *Westermann*, NZG 2012, 1121, 1123 m.w.N. dort in Fn. 13.
[630] *Enzinger* in: MüKo HGB Bd. II, § 119 Rn. 101 ff.
[631] *Enzinger* in: MüKo HGB Bd. II, § 119 Rn. 102.
[632] *Enzinger* in: MüKo HGB Bd. II, § 119 Rn. 105.
[633] *Weipert* in: Münchner Handbuch des Gesellschaftsrechts, Bd. I § 57 Rn. 92.
[634] Vgl. *Westermann*, NZG 2012, 112, 1126.
[635] *Weipert* in: Münchner Handbuch des Gesellschaftsrechts, Bd. I § 57 Rn. 92.

ergänzende Bestimmungen des Joint Venture Vertrages in Betracht. Daneben kann, jedenfalls in später vorgenommenen Änderungen des Joint Venture Vertrages, und bei entsprechendem Willen der Joint Venture Partner, gleichzeitig eine Änderung des Gesellschaftsvertrages gesehen werden, da eine Anmeldung zum Handelsregister, anders als bei Satzungsänderungen der GmbH, nicht erforderlich ist. Kommt es dennoch zu einer direkten Kollision zwischen Gesellschaftsvertrag und Joint Venture Vertrag, der nicht über die beiden vorstehenden Wege gelöst werden kann, steht es auch den Gesellschaftern der KG frei, per Beschluss gegen den Gesellschaftsvertrag zu verstoßen und die Nichtigkeit dieses Beschlusses zu heilen.

## VI. Fazit

Das Wirkungsverhältnis von Joint Venture Vertrag und Gesellschaftsvertrag des Joint Venture Unternehmens stellt die wesentliche Frage für die Steuerbarkeit des Joint Ventures durch die Partner dar. Insbesondere im Kapitalgesellschaftsrecht ist dieses Verhältnis bis heute strittig und wirft in vielen Punkten Probleme auf, die teilweise erfolgsorientiert gelöst wurden und somit zu Diskussionen über ihre dogmatische Begründbarkeit geführt haben.

1. Es besteht Einigkeit, dass einzelne oder alle Gesellschafter von Kapital- wie auch von Personengesellschaften neben dem Gesellschaftsvertrag untereinander rein schuldrechtliche Vereinbarungen treffen können, welche im Falle eines umfangreichen Regelungsgegenstandes zwischen den Parteien eine Innengesellschaft bürgerlichen Rechts begründet.

2. Nach dem im Kapitalgesellschaftsrecht bestehenden Grundsatz der Trennung zwischen Gesellschaftern und Gesellschaft, befinden sich die Vereinbarungen auf unterschiedlichen Ebenen und haben untereinander zunächst keinerlei Auswirkungen. Das gilt für ihren Regelungsumfang und ihr Zustandekommen sowie ihre Wirkung. Die Einheitslehre möchte dagegen allseitige Gesellschaftervereinbarungen in eine Verbandsordnung im weiteren Sinne integrieren. Sie sollen jedoch auch hier nur hinsichtlich der gebundenen Gesellschafter Wirkung entfalten.

3. Zu einer ersten „Durchbrechung" des vom BGH nach wie vor zugrunde gelegten Trennungsgrundsatzes führte bereits die Annahme der Voll-

streckbarkeit von schuldrechtlichen Nebenabreden.[636] Der BGH hat in diesem Urteil die gerichtliche Durchsetzbarkeit von Nebenabreden nach § 894 ZPO zugelassen. Hierdurch können Bindungen der Gesellschafter welche nicht auf dem (formellen) Gesellschaftsvertrag beruhen, auf korporativer Ebene durchgesetzt werden, indem die Mitgesellschafter zur Umsetzung verurteilt werden können.

4. Diese allgemein anerkannt durchsetzbare zweite Regelungsebene wirft im Kapitalgesellschaftsrecht Bedenken auf. So wird verschiedentlich gefordert, für bestimmte Regelungsgegenstände einen „Satzungsvorbehalt" mit der Folge der Nichtigkeit von sich auf diese Regelungsgegenstände beziehende Nebenvereinbarungen anzunehmen. Nimmt man die Trennungstheorie ernst, ist dies – mit der Minimalausnahme, dass aufgrund kollidierender Vereinbarungen die Nichtigkeit der Satzung wegen Scheingeschäft droht - nicht begründbar, da die beiden Regelungswerke zunächst keine Wechselwirkungen entfalten. In der Konsequenz wird zur Vermeidung von Kollisionen teilweise auch ein genereller Vorrang der Satzung gefordert. Ein derartiger Vorrang ergibt sich jedoch insbesondere nicht aus einer besonderen Rechtsnatur der Satzung. Rein dogmatisch betrachtet können Nebenabreden daher jeglichen Inhalt haben und auch von der Satzung abweichen. Jedoch sind aufgrund formeller Wirksamkeitserfordernisse die Mindestbestandteile des § 3 Abs. 1 GmbHG (ausschließlich bzw. ausreichend) in der Satzung zu regeln. Der Regelung in Nebenvereinbarungen entzogen, sind außerdem die Vorschriften über die Erbringung von Sacheinlagen.[637]

5. Der BGH hat in einigen Urteilen einen „direkten" Weg der Durchsetzbarkeit von Nebenabreden auf der korporativen Ebene gewählt und im Falle des Verstoßes gegen eine <u>allseitige</u> Nebenabrede, bzw. zur Durchsetzung einer solchen, die Anfechtung eines sie verletzenden Beschlusses zugelassen. Begründet wurde dies mit der „Prozessökonomie" und war letztendlich Konsequenz der allgemein anerkannten gerichtlichen Durchsetzbarkeit von Nebenabreden. Diese Bewertung ist

---

[636] BGH, Urt. v. 29.5.1967, Az. II ZR 105/66, NJW 1967, 1963, 1966.
[637] H. M. siehe *Herriger*, MittRhNotK 1993, 269, 270; *Ulmer/Löbbe* in: Großkommentar GmbHG Bd. I, § 3 Rn. 126; *Fastrich* in: Baumbach/Hueck, § 3 Rn. 57.

der Praxis geschuldet, in der die Satzung „ergänzende" Nebenabreden üblich sind.

6. Letztendlich ist die Vorgehensweise des BGH unter Beachtung der Durchsetzbarkeit von Nebenabreden konsequent und auch richtig. Es fehlte hierbei jedoch an einer dogmatischen Begründung für dieses Vorgehen:

Diskutiert wird, das Spannungsverhältnis durch Auslegung der Satzung mit Hilfe von Nebenvereinbarungen zu minimieren. Hierbei ist zwischen Kapital- und Personengesellschaftsrecht zu unterscheiden: Nach der herrschenden Meinung sind Satzungen von Kapitalgesellschaften zumindest im Hinblick auf ihre „korporativen" Bestandteile nach Eintragung objektiv auszulegen. Gesellschaftsverträge von Personengesellschaften sind dagegen subjektiv auszulegen. Insbesondere *Karsten Schmidt*[638] propagiert dagegen eine objektive Auslegung der „korporativen" Bestandteile der Gesellschaftsverträge von Personen- und Kapitalgesellschaften. Daneben wird vorgeschlagen, jeden Gesellschaftsvertrag, sei es in der Kapital- oder Personengesellschaft, zumindest solange sämtliche Gründer allein an dieser beteiligt sind, subjektiv auszulegen. So könnte eine Geltung des von den Parteien auf Basis einer Nebenvereinbarung „wirklich gewolltem" in den Gesellschaftsvertrag „hineingelesen" werden. Im Personengesellschaftsrecht könnten die Gesellschafter auch den Gesellschaftsvertrag jederzeit formlos ändern. Um den Joint Venture Vertrag in seiner Gesamtheit erfassen zu können erscheint es jedoch vorzugswürdig, in seinen Vereinbarungen Konkretisierungen des Gesellschaftsinteresses des Joint Venture Unternehmens und somit auch der Treubindungen der beteiligten Gesellschafter zu sehen. Letztendlich führen diese Treubindungen dann wieder gerade zu einer Pflicht, den Gesellschaftsvertrag - wo nötig und möglich - im Sinne des Joint Venture Vertrages auszulegen.

7. Es ist somit mit der stetigen Rechtsprechung des BGH davon auszugehen, dass Regelungen des Joint Venture Vertrages solange die Joint Venture Partner „unter sich" sind, unmittelbare Auswirkungen auf das Joint Venture Unternehmens entfalten können. Oder wie *Priester* es

---

[638] *Karsten Schmidt*, Gesellschaftsrecht, § 5 I 4b (S. 89 ff.).

ausdrückt: „Verbandsrelevante Bindungen gibt es auch außerhalb der Satzung."[639] Es ist in der Vertragsgestaltung daher eine Fokussierung der Vertragsgestaltung auf den Joint Venture Vertrag möglich, wobei jedoch darauf zu achten ist, dass der Gesellschaftsvertrag des Joint Venture Unternehmens alle Mindestbestandteile in ausreichendem Umfang regelt und „schwarz/weiß" Widersprüche zwischen Gesellschaftsvertrag und Joint Venture Vereinbarung nach Möglichkeit vermieden werden.

---

[639] *Priester* in: FS Claussen, S. 319, 335 m.w.N. dort in Fn. 104; a. A. mit Verweis auf Normativsystem und Einordnung der GmbH als juristische Person *Ulmer* in: FS Röhricht, S. 633, 653.

**Kapitel 3: Materielle Vertragsgestaltung zur Steuerung des Joint Venture Unternehmens**

**A. Gestaltungsinteressen der Joint Venture Partner**

Die Interessen der Joint Venture Partner an dem Joint Venture Unternehmen gehen über das reine Gewinnerzielungsinteresse hinaus. Vielmehr nimmt das Joint Venture Unternehmen für die Partner des Joint Ventures eine bestimmte wirtschaftliche Funktion ein.[640] Diese Funktion kann in der Auslagerung eines bereits von einem oder beiden Partnern betriebenen Geschäftsteils liegen, wie auch in der Erschließung neuer Geschäftsgebiete oder der Schaffung von gemeinsamen Zulieferungs- und Absatzwegen. Die mit der Gründung des Joint Venture Unternehmens verbundenen Ziele der Partner können jedoch nur erreicht werden, wenn es den Partnern gelingt, dem von ihnen hierfür genutzten Joint Venture Unternehmen seine Selbstständigkeit in einem gewissen Umfang zu nehmen. Es muss Ziel der Partner sein, das Joint Venture Unternehmen in ihrem Sinn wirtschaftlich zu kontrollieren. Unabhängig von der äußeren Einkleidung in das oben bereits dargestellte Joint Venture System, ist es daher entscheidend, dass die Joint Venture Partner Möglichkeiten finden, als Gesellschafter des Joint Venture Unternehmens auf dessen Organe im Sinne des Joint Venture Vertrages Einfluss zu nehmen. Darüber hinaus muss jeder Partner für sich in der Lage sein, seine Interessen auch gegenüber dem anderen Partner geltend zu machen und mögliche Streitigkeiten müssen im Ernstfall effizient beigelegt werden können ohne dass das gemeinsame Projekt hierunter leidet.[641]

Als Grundlagenvereinbarung enthält der Joint Venture Vertrag sämtliche wesentliche Vereinbarungen der Joint Venture Partner in Bezug auf ihr gemeinsames Projekt. Eine solche umfassende Niederlegung erleichtert die Gründung und das spätere „Leben" des Joint Ventures. Zudem wollen sich die Partner regelmäßig nicht den gesetzlichen Regelungen unterwerfen, sondern diese soweit wie möglich zu ihren Gunsten gestalten. Um korporative Wirkung zu erzielen, bedürfen vom Gesetz abweichende Regelungen bei der GmbH der Aufnahme in den Gesellschaftsvertrag des Joint Venture Unternehmens. Einige der Joint Venture typischen Regelungsgegenstände sind wirtschaftlich betrachtet von hoher Relevanz, stellen bei rechtlicher Betrachtung jedoch kei-

---

[640] *Gansweid*, S. 54.
[641] Vgl. *Gansweid*, S. 54.

ne wesentlichen Probleme dar. Andere Regelungen, wie etwa die Vereinbarung von Stimmbindungen, die Einräumung von Sonderrechten an einzelne Gesellschafter, sowie Fragen der Geschäftsführungsbefugnis bzw. die Beeinflussung des Umfangs des Weisungsrechts, werfen dagegen vielschichtige rechtliche Fragen auf.

In diesem Kapitel soll untersucht werden, wie die Joint Venture Partner die ihnen zu Verfügung stehende Vertragsstruktur in ihrem Sinne mit materiellem Regelungsgehalt füllen können. Im Anschluss soll in Kapitel 4 aufgezeigt werden, wo den Joint Venture Partnern in ihrer Gestaltung des Joint Ventures rechtliche Grenzen gesetzt sind. Soweit im Joint Venture Vertrag enthaltene Regelungen der zwingenden formalen Umsetzung im Gesellschaftsvertrag des Joint Venture Unternehmen bedürfen, wird hierauf gesondert hingewiesen. Es werden jedoch sämtliche Vertragsgegenstände im Zusammenhang mit dem Joint Venture Vertrag erörtert, da dieser regelmäßig die zeitliche und rechtliche Basis des später zu gründenden Joint Venture Unternehmens darstellt. Dementsprechend werden die Joint Venture Partner möglichst sämtliche Vereinbarungen im Joint Venture Vertrag treffen und auch die Eckpunkte des Gesellschaftsvertrages hierin aufnehmen bzw. eine Entwurfsversion dem Joint Venture Vertrag beifügen. Die spätere Umsetzung im Gesellschaftsvertrag des Joint Venture Unternehmens gilt dann nur noch den gesetzlichen Formanforderni ssen.

## B. Regelungsinhalte

### I. Allgemeines
Der Joint Venture Vertrag bildet die Basis der Zusammenarbeit der Joint Venture Partner. Neben der Gründung des gemeinsamen Joint Venture Unternehmens werden hierin regelmäßig weitere Vereinbarungen zur Verwirklichung des gemeinsamen Projekts „Joint Venture" geschlossen, die die Joint Venture Partner auch nach Gründung des Joint Venture Unternehmens in ihrer Eigenschaft als Gesellschafter des Joint Venture Unternehmens binden sollen. Aus diesen Vereinbarungen resultiert letztendlich auch, dass die Innen-GbR der Joint Venture Partner nicht nach Gründung des Joint Venture Unternehmens wegen Zweckerreichung gemäß § 726 BGB erlischt, sondern neben dem Gesellschaftsvertrag fortbesteht. Wegen der zahlreichen Wechselwirkungen zwischen den Ebenen des Joint Venture Systems müssen die Beziehun-

gen zwischen den Joint Venture Partnern möglichst früh und möglichst umfassend geregelt werden, um einen reibungslosen Ablauf des gemeinsamen Projekts auch in späteren Stadien sicher zu stellen. Hierbei ist jedes Joint Venture unterschiedlich aufgebaut und die personellen Verflechtungen verschieden. Es kann eine hundertprozentige Personenidentität von Joint Venture Partnern und Gesellschaftern des Joint Venture Unternehmens vorliegen oder ein teilweises Auseinanderfallen. Auch kann ein Joint Venture Partner zusätzlich Geschäftsführer des Joint Venture Unternehmens in der Rechtsform einer GmbH oder der Komplementärs-GmbH des Joint Venture Unternehmens in der Rechtsform einer KG sein.[642] Diese Struktur gilt es auch für die Zeit nach Gründung des Joint Venture Unternehmens durch Regelungen im Joint Venture Vertrag transparent und rechtssicher zu machen. Grundsätzlich haben die Gesellschafter in beiden vorherrschenden Rechtsformen einen weiten Spielraum in Bezug darauf, was sie in der Satzung des Joint Venture Unternehmens und was in dem, die Satzung des Joint Venture Unternehmen ergänzenden, Joint Venture Vertrag regeln möchten.

Regelmäßig werden im Joint Venture Vertrag, neben der Grundstruktur des Joint Venture Unternehmens, auch ausführliche Regelungen zur Sicherstellung einer angemessenen Verteilung der Leitungs- und Entscheidungskompetenzen im Joint Venture Unternehmen getroffen.[643] Diese Regelungen erfassen die Vereinbarung von Vorhand- oder Vorkaufsrechten, Stimmbindungen zwischen den Partnern, Vereinbarungen zur Besetzung der Organe des Joint Ventures und Informationsrechte, sowie Regelungen zur Sicherstellung der besonderen wirtschaftlichen (Eigen-) Interessen der Partner.[644] Regelmäßig werden auch sämtliche Maßnahmen zu vereinbaren sein, die die Joint Venture Partner zur Erreichung des unternehmerischen Zieles ihres Joint Ventures als notwendig erachten. Der Grund, warum diese Themen zumeist nicht in der Satzung, sondern im Joint Venture Vertrag geregelt werden, liegt entweder in dem Willen, Publizitätspflichten des Kapitalgesellschaftsrechts zu umgehen, Bindungen nur unter bestimmten Gesellschaftern einzugehen oder aber in der rechtlichen Unmöglichkeit, das Gewollte zum formellen oder materiellen Inhalt

---

[642] Vgl. auch *Fett/Spiering*, Kap. 7 Rn. 116.
[643] *Fett/Spiering*, Kap. 7 Rn. 120.
[644] So mit ausführlicher Analyse der einzelnen Regelungsgegenstände: *Baumann/Reiss*, ZGR 1989, 157, 181 ff.

des Gesellschaftsvertrages zu machen.[645] Einer Regelung im Joint Venture Vertrag sind nur solche Punkte entzogen, die zwingend zum Gegenstand des Gesellschaftsvertrags des Gemeinschaftsunternehmens gemacht werden müssen.[646] Dies sind bei der GmbH insbesondere die in § 3 Abs. 1 GmbHG aufgezählten Mindestbestandteile. Ein Entwurf des Gesellschaftsvertrages wird regelmäßig bereits dem Joint Venture Vertrag angefügt, oder es verpflichten sich die Partner, für eine notwendige Umsetzung im Gesellschaftsvertrag zu sorgen.

Die folgende Darstellung möglicher Regelungsgegenstände des Joint Venture Vertrages erhebt keinen Anspruch auf Allgemeingültigkeit und Vollständigkeit.[647] Dies ist bei der Vielschichtigkeit und Diversität der denkbaren Joint Venture Verträge und Konstellationen auch nicht möglich.[648] Vielmehr beschränkt sich die Darstellung auf die Regelungsgegenstände, die für die Steuerung des Joint Venture Unternehmens von Bedeutung sind.

## II. Unternehmensgründung, Unternehmensgegenstand und Unternehmenspolitik

### 1. Unternehmensgründung und Unternehmensgegenstand

Am Anfang eines Joint Ventures steht immer die Frage nach dem *„Quo vadis?"*. In meist langwierigeren Verhandlungen müssen die Joint Venture Partner aus dem Wunsch einer Zusammenarbeit auf einem bestimmten Gebiet den konkreten Unternehmensgegenstand des zu gründenden Joint Venture Unternehmens definieren und die Grundlagen der Zusammenarbeit vertraglich formulieren. Diese Aufgabe ist oft mühseliger und zeitaufwendiger als gedacht, da das Betätigungsfeld der auf Dauer angelegten Kooperation - insbesondere zum eigenen Geschäftsfeld der Partner - hinreichend abgegrenzt werden muss.[649] Dabei ist die Bestimmung des genauen Unternehmensgegenstandes schwieriger, wenn die Partner gemeinsam ein gänzlich neues Geschäftsgebiet erschließen wollen, als wenn sie Bereiche, in denen bereits einer oder beide

---

[645] Verbote statutarischer Gestaltung erfassen grundsätzlich nicht die Regelung in Nebenabreden, vgl. *Noack*, S. 124 f.
[646] Vgl. *Emmerich* in: Scholz Bd. I, § 3 Rn. 114.
[647] Ausführliche Auflistung bei *Langefeld-Wirth* in: Langefeld-Wirth, S. 115 ff.; *Ebenroth*, JZ 1987, 265, 266; *Schulte/Pohl*, S. 21, Rn. 83 ff.
[648] Ebenfalls auf typische Regelungen beschränkt: *Baumanns/ Wirbel* in: Münchner Handbuch des Gesellschaftsrechts Bd. I, § 28 Rn. 43 ff.
[649] Vgl. *Stephan* in: Schaumburg, S. 109 f.

136

tätig sind, in ein gemeinsames Unternehmen ausgliedern möchten. Die letzte-re Konstellation birgt eine hohe Streitanfälligkeit, weswegen eindeutig festge-legt werden muss, in welchem Verhältnis die Geschäftsbereiche von Mutter- und Tochterunternehmen zueinander stehen. Hier gilt es über Konkurrenz-schutz nachzudenken und möglicherweise eindeutige Abgrenzungsvereinba-rungen zu treffen. Leistungsbeziehungen zwischen den Müttern und dem Joint Venture Unternehmen müssen festgelegt werden und es muss geklärt werden, welches Knowhow auf das Joint Venture Unternehmen übertragen und somit auch dem Partner zugänglich gemacht wird. Eine genaue Bestimmung des Unternehmensgegenstandes wird daher regelmäßig bereits im Joint Venture Vertrag vorgenommen. Dabei wird auch die Verpflichtung der Partner festge-legt, das Joint Venture Unternehmen mit diesem Unternehmensgegenstand zu gründen und diesem entsprechend zu führen.

Dass der Unternehmensgegenstand im Joint Venture Vertrag zumeist genauer und ausführlicher beschrieben wird[650] als es letztendlich im diesbezüglich eher knapp und allgemein gehaltenen Gesellschaftsvertrag des Joint Venture Un-ternehmens geschieht,[651] liegt dann auch daran, dass die Joint Venture Part-ner eine untereinander bindende Festlegung hierüber ja bereits getroffen ha-ben. Hauptkriterium für diese Handhabe ist, zumindest in der GmbH, die so umgehbaren Publizitätswirkungen. Wenn die genaue Festlegung des Unter-nehmensgegenstandes nicht im veröffentlichten Gesellschaftsvertrag, sondern im nicht veröffentlichten Joint Venture Vertrag erfolgt, ist Dritten der Gegen-stand des Joint Venture Unternehmens nicht ohne weiteres ersichtlich.[652] Auch im Bedarfsfall ist eine spätere Änderung der Definition im Joint Venture Vertrag ohne formelle Änderung des Gesellschaftsvertrages möglich.[653] Hier-bei darf jedoch nicht außer Acht gelassen werden, dass die Festlegung des Unternehmensgegenstandes nach § 3 Abs. 1 Nr. 2 GmbHG zum zwingenden und zu veröffentlichenden Inhalt des Gesellschaftsvertrages gehört und daher

---

[650] *Joussen*, S. 8
[651] Vgl. *Hoffmann-Becking*, ZGR 1994, 442, 446, der von einer „farblosen Standardsatzung" spricht; ihm zustimmend Wicke, DStR 2006, 1137, 1139; *Priester* in: FS Claussen, S. 319, 321 spricht gar von einer „formularmäßig-nichtssagenden" Satzung.
[652] Vgl. *Joussen*, S. 8;. zum Schutzzweck der Bezeichnung Unternehmensgegenstandes im Gesellschaftsvertrag siehe *Streuer*, GmbHR 2002, 407, 408.
[653] *Hoffmann-Becking*, ZGR 1994, 442, 452 f.

ein Mindestmaß an Konkretisierung enthalten muss.[654] Auch in der GmbH & Co. KG ist der Gesellschaftszweck im Gesellschaftsvertrag festzulegen.

Die Definition des Unternehmensgegenstandes im Joint Venture Vertrag muss in jedem Fall genau, umfassend und eindeutig sein, da sie ja das gemeinsame Tätigkeitsfeld der Partner umreißt und somit auch die Grenzen der gemeinsamen Tätigkeit, etwa in Bezug und in Abgrenzung auf die Unternehmensgegenstände der einzelnen Partner, festlegt. Der Joint Venture Vertrag kann dann aber die Festlegung von Schwerpunkten und Grenzen der Geschäftstätigkeit innerhalb des satzungsmäßigen Unternehmensgegenstand bestimmen.[655]

## 2. Unternehmenspolitik

Daneben werden im Joint Venture Vertrag auch die Grundsätze der Sach-[656] und Geschäftspolitik geregelt. Hierzu gehört die Frage, ob das Joint Venture Unternehmen von einem der Partner Rohstoffe oder Vorprodukte bezieht und ob die vom Joint Venture Unternehmen erzeugten Produkte über die Joint Venture Partner weiter verarbeitet oder vertrieben werden sollen.[657]

## III. Beitragspflichten der Joint Venture Partner

Wie bereits angesprochen, werden die Joint Venture Partner die von ihnen als Gesellschafter des Joint Ventures zu erbringenden Leistungen zum größten Teil nicht im Gesellschaftsvertrag des Joint Venture Unternehmens regeln. Hierin liegen oft wesentliche Betriebsgeheimnisse welche Dritten nicht offenbart werden sollen.

Ein erfolgreiches Joint Venture Unternehmen ist dennoch darauf angewiesen, dass die Partner in der „Aufbauphase"[658], wie auch im Währenden, Unterstützungsleistungen an dieses erbringen. Hierbei kann es sich um finanzielle Leistungen handeln, wie auch den Transfer oder die lizenzweise Überlassung von Knowhow oder (weitere) Sacheinlagen wie etwa Betriebseinheiten, die Über-

---

[654] Die h. M. spricht vom Erfordernis einer „weitgehenden Konkretisierung" vgl. *Roth* in: Roth/Altmeppen, § 3 Rn. 6 m.w.N. dort; zur Frage der Gestaltung des Unternehmensgegenstandes in der GmbH Satzung sowie zum Umfang der notwendigen Konkretisierung vgl. auch *Streuer*, GmbHR 2002, 407, 407 ff.
[655] Vgl. *Hoffmann-Becking*, ZGR 1994, 442, 453.
[656] *Duhnkrack/Hellmann*, ZIP 2003, 1425, 1427.
[657] Vgl. hierzu auch: *Hoffmann-Becking*, ZGR 1994, 442, 453.
[658] *Langefeld-Wirth*, RIW 1990, 1, 3.

lassung von Personal, sowie die Eröffnung von Kontakten, Geschäftschancen und Vertriebskanälen.[659] Bei Erstellung des Businessplans für das Joint Venture Unternehmen sollte eine genaue Bedarfsanalyse hinsichtlich benötigter Beitrage erstellt werden. Welche konkrete Leistungspflicht dann wann, wie und in welchem Umfang jedem Partner obliegt, sollte im Joint Venture Vertrag detailliert beschrieben werden. Hierbei kommt, insbesondere bei der Erbringung von Sacheinlagen und beim Transfer von Knowhow und Lizenzeinräumungen, der Verweis auf angehängte gesonderte Vertragswerke in Betracht. Unbedingt zu beachten ist, dass die Vereinbarung einer Sacheinlage nach § 5 Abs. 4 S. 1 GmbHG Niederschlag im Gesellschaftsvertrag des Joint Venture Unternehmens (in der Rechtsform einer GmbH) finden muss. Das gilt jedoch nur für den Fall, dass es sich tatsächlich um Sacheinlagen – also Leistungen auf das Stammkapital - handelt und nicht um zusätzliche Leistungen der Joint Venture Partner.[660] Wegen der ungleich komplizierteren und fehleranfälligeren Sacheinlageregelungen des Gesetzes sowie der Publizität des Gesellschaftsvertrages im Handelsregister, ist es den Partnern zu empfehlen, im Gesellschaftsvertrag die Übernahme der Geschäftsanteile gegen Bareilage zu vereinbaren und eventuelle Sachleistungen als zusätzliche Leistungspflicht im Joint Venture Vertrag zu regeln.

## IV. Stimmbindungsvereinbarungen

Als oberste Pflicht der Joint Venture Partner gilt es, die Regelungen des Joint Venture Vertrages durch ihr Handeln als Gesellschafter oder durch ihren Einfluss auf die Organe des Joint Venture Unternehmens durchzusetzen. Eine Formulierung dieser Pflicht wird sich in nahezu jedem Joint Venture Vertrag finden. Indes ist sie wenig greifbar. Sie verpflichtet die Partner allgemein zur Förderung ohne konkrete Handlungsanweisungen zu geben. Konkreter zeigen sich die die Rechte und Pflichten der Joint Venture Partner in Mitwirkungs- und Duldungspflichten sowie der Einräumung von Entscheidungs- und Informationsrechten. Hierbei ist stets zu bedenken, dass die Joint Venture Partner zwar größtmöglichen Einfluss auf das Joint Venture Unternehmen ausüben möchten, auf der anderen Seite jedoch selbst ihre eigenen Unternehmen mit operativem Tagesgeschäft zu führen haben. Abgesehen von den rechtlichen Beschränkungen ihres Einflusses auf das Joint Venture Unternehmens, ist es daher der Praktikabilität geschuldet, dass nicht alle Joint Venture Partner an

---

[659] Vgl. zur Art möglicher Beiträge in der Personengesellschaft ausführlich *Schwindt* in: Schulte/Schwindt/Kuhn, § 5 Rn. 23 ff.; für die Kapitalgesellschaft *ebenda*, § 5 Rn. 81.
[660] Vgl. *Priester* in: FS Claussen, S. 319, 332.

jedem Entscheidungsprozess im Joint Venture Unternehmen beteiligt werden. Zur Vermeidung übermäßigen Aufwandes durch gemeinschaftliches Abstimmen des Handelns auch bei unwesentlichen Themen, müssen die Joint Venture Partner bereits in Joint Venture Vertrag festlegen, welche Themen ihnen so wichtig erscheinen, dass sie ihrer gemeinsamen Entscheidung unterliegen sollen.

Ein wesentlicher Regelungsgegenstand des Joint Venture Vertrages ist die Frage nach der Einflussnahme der Joint Venture Partner auf die Entscheidungen im Joint Venture Unternehmen. Ein wichtiges Werkzeug der Joint Venture Partner sind in diesem Zusammenhang Stimmbindungsvereinbarungen. Sie dienen der Vereinheitlichung des Abstimmungsverhaltens der Joint Venture Partner in der Gesellschafterversammlung an die zuvor im Joint Venture gefundene Vorabsprache. Genau genommen sind diese Stimmbindungsvereinbarungen jedoch kein gesonderter Regelungsgegenstand des Joint Venture Vertrages.[661] Sie sind in erster Linie Mittel zum Zweck, um bereits getroffene Vereinbarungen auf Ebene des Joint Venture Unternehmens zu transferieren. Nur soweit die Joint Venture Partner beschließen, sich vor jeglicher Beschlussfassung vorab im Joint Venture abzustimmen, erlangen Stimmbindungen eine eigenständige Bedeutung.

Der Zweck solchen vorabgestimmten Verhaltens liegt in der effektiven Lenkung des Joint Venture Unternehmens durch die Partner. In der Gesellschafterversammlung und gegenüber Geschäftsführern soll ein einheitliches Auftreten vermittelt werden. Unstimmigkeiten müssen daher bereits im Vorfeld abgeklärt werden. Zu diesem Zweck werden Auflistungen in den Gesellschaftsvertrag aufgenommen, die den Organen des Joint Venture Unternehmens bei der Fassung bestimmter Entscheidungen Konsultationspflichten auferlegen.[662] Durch solche Konsultationspflichten, verbunden mit entsprechenden Weisungsrechten der Gesellschafterversammlung,[663] soll es den Partnern ermöglicht werden, ihre durch Stimmbindung bereits vorher festgelegten Entscheidungen über Umsetzung in der Gesellschafterversammlung direkt an die operativen Organe weiterzugeben. Vorhersehbare Entscheidungen sollten nach Möglichkeit bereits im Joint Venture Vertrag vorweggenommen werden und

---

[661] Vgl. *Noack*, S. 13 f.
[662] Vgl. *Joussen*, S. 9.
[663] Vgl. *Joussen*, S. 9

mit einer antizipierten Stimmbindung für den Eintrittsfall ausgestattet werden, sodass den Partnern dann eine Vorabstimmung erspart bleibt.

Daneben ist es sinnvoll, in den Joint Venture Vertrag eine Regelung aufzunehmen, wonach den Partnern weitere Stimmbindungen mit Dritten verboten sind.[664] Zwar wird bereits aus dem Gedanken der Umgehung von Vinkulierungen auf Ebene der Gesellschaft das Verbot der Eingehung diese umgehenden Stimmbindungen geschlossen, soweit hiermit der Einfluss eines durch die Vinkulierung gerade ausgeschlossenen Dritten auf die Gesellschaft erreicht werden würde.[665] Jedoch schafft eine explizite Regelung Klarheit. Das Verbot sollte auch Stimmbindungen einzelner Partner mit Gesellschaftern des Joint Venture Unternehmens, die nicht Partner des Joint Venture sind, umfassen, um eine Aushöhlung des Joint Venture Vertrages durch „Fraktionsüberlauf" zu verhindern.

## V. Organisationsstruktur des Joint Venture Unternehmens

### 1. Vereinbarungen über die Besetzung von Gesellschaftsorganen

Im Joint Venture Vertrag können bereits konkrete Absprachen über die personelle Besetzung der Organe des Joint Venture Unternehmens getroffen werden. Wesentlich ist hierbei die Besetzung der Position des oder der Geschäftsführer der GmbH sowie die Zusammensetzung eines im Joint Venture Unternehmen oft geschaffenen fakultativen Beirates. Auch in der GmbH & Co. KG muss der Joint Venture Vertrag Regelungen betreffend die Geschäftsführer der Komplementär-GmbH beinhalten. Um eine hohe Qualität der Wahrnehmung der Führungsaufgaben im Interesse der Joint Venture Partner zu gewährleisten, sollte jeder der Joint Venture Partner in der Geschäftsführung repräsentiert sein. Dies kann durch selbst entsandte oder gemeinsam mit dem Joint Venture Partner ausgewählte kompetente Vertrauenspersonen erfolgen.[666] Die Joint Venture Partner können durch die Art der getroffenen Regelung unterschiedlich stark auf die Besetzung der Organe Einfluss nehmen. Dies ist davon abhängig, wie sie die Besetzungsregelung konkret gestalten. Im Wesentlichen kommen hierfür gesellschaftsvertragliche Entsendungsrechte

---

[664] *Schulte* in: Schulte/Schwindt/Kuhn, § 4 Rn. 164, spricht sich aus diesem Grund für die Aufnahme eines Verbotes des Abschlusses von Stimmbindungen mit Dritten in die Satzung des Gemeinschaftsunternehmens aus.

[665] Vgl. nur *Ebbing* in: Michalski, § 15 Rn. 165; *Piehler*, DStR, 1992, 1654, 1656; *Seibt* in: Scholz Bd. I, § 15 Rn. 111; (für die AG) *Cahn* in: Spindler/Stilz, AktG Bd. I, § 68 Rn. 78.

[666] *Schulte* in: Schulte/Schwindt/Kuhn, § 2 Rn. 70.

sowie bindende Vorschlagsrechte einzelner Gesellschafter in Betracht, die im Gesellschaftsvertrag oder auch im Joint Venture Vertrag nieder gelegt werden können.

### a. Gesellschaftsvertragliches Entsendungsrecht

#### i Entsendung von Geschäftsführern

Die Parteien können im Gesellschaftsvertrag der GmbH vereinbaren, dass jeder Partner das Recht hat einen Geschäftsführer zu entsenden. Ein solches bindendes Entsendungsrecht eines Gesellschafters einer GmbH kann wirksam nur im Gesellschaftsvertrag vereinbart werden[667] und stellt ein Sonderrecht des hierdurch Begünstigten dar.[668] Es ist allgemein anerkannt, dass der Gesellschaftsvertrag die Gesellschafter einer GmbH unterschiedlich behandeln darf und somit Sonderrechte an einzelne gewähren kann.[669] In diesem Fall entscheidet der begünstigte Gesellschafter selbständig anstelle der Gesellschafterversammlung über die Besetzung des Organs. Die Einräumung eines solchen Rechts kann, wegen der gesetzlichen Übertragung dieser Kompetenz auf die Gesellschafterversammlung in § 46 Nr. 5 GmbHG, nur im Gesellschaftsvertrag der GmbH wirksam vereinbart werden. Soll ein solches Sonderrecht geschaffen werden, legen die Parteien dies regelmäßig bereits umfassend im Joint Venture Vertrag nieder. Erfolgt dann durch eine dementsprechende Regelung im Gesellschaftsvertrag die Einräumung an einen Gesellschafter, ist die Bestellungskompetenz nach § 46 Nr. 5 GmbHG der Gesellschafterversammlung insoweit entzogen.[670] In diesem Fall ist auch die Abberufung des entsprechenden Geschäftsführers *e contrario* aus der Kompetenz der Gesellschafterversammlung herausgenommen und obliegt allein dem bestimmungsberechtigten Gesellschafter.[671] Gleichwohl bleibt eine Abberufung des entsandten Geschäftsführers aus wichtigem Grund auch gegen den Willen des begünstigten Gesellschafters möglich.[672] Wird jedem der Partner das

---

[667] *Römermann* in: Michalski, § 46 Rn. 221; siehe auch *Zöllner/Noack* in: Baumbach/Hueck, § 35 Rn. 7.

[668] *Jula*, S. 14; OLG Düsseldorf, Urt. v. 8. 6.1989, Az. 6 U 223/88, WM, 1990, 265, 266 f. das hierbei von einem „Bestellungs- oder Bestimmungsrecht" des Gesellschafters spricht.

[669] Vgl. *van Venrooy*, GmbHR 2010, 841, 841 f.

[670] OLG Düsseldorf, Urt. v. 8. 6. 1989, Az. 6 U 223/88, WM, 1990, 265, 266 f.

[671] OLG Düsseldorf, Urt. v. 8. 6. 1989, Az. 6 U 223/88, WM, 1990, 265, 267; *Römermann* in: Michalski, GmbHG, § 46 Rn. 240; jedenfalls ist eine Abberufung nur mit der Zustimmung des sonderrechtsbegünstigten Gesellschafter möglich, vgl. *Reichert/Weller* in: MüKo GmbHG Bd. I, § 14 Rn. 100.

[672] Vgl. *Jula*, S. 14; *Reichert/Weller* in: MüKo GmbHG Bd. I, § 14 Rn. 100.

Recht eingeräumt, einen ihm nahe stehenden Geschäftsführer zu bestellen, was aus Gründen der Parität oft der Fall ist, sollte der Gesellschaftsvertrag auch Regelungen über die Pflicht des bestellungsberechtigten Gesellschafters hinsichtlich einer möglichen Abberufung des so bestellten Geschäftsführers enthalten.

ii    Besetzung eines Beirates

Neben den obligatorischen Organen[673] kann ein Beirat geschaffen werden, dem beratende Funktionen aber auch organschaftliche Befugnisse übertragen werden können.[674] Ausgeschlossen ist lediglich die Übertragung von Befugnissen, die anderen Organen zwingend zugewiesenen sind.[675] Die Einrichtung eines solchen Beirates ist, unabhängig von den in das Aktienrecht verweisenden Regelungen über einen fakultativen Aufsichtsrat nach § 52 GmbHG, möglich.[676] Zur Klarstellung ist es ratsam, die Geltung des § 52 GmbHG ausdrücklich auszuschließen.[677] Die Gesellschafter sind in der Gestaltung der Aufgaben des Beirats, der Regelung seiner Besetzung und der Amtszeiten seiner Mitglieder weitgehend frei.[678] Als zusätzliches Gesellschaftsorgan bedarf jedoch seine Schaffung[679] und die Bestimmung seiner wesentlichen Aufgaben einer Verankerung im Gesellschaftsvertrag.[680] Regelmäßig wird zusätzlich eine Geschäftsordnung für den Beirat erlassen, in der seine interne Ordnung und konkrete Aufgaben geregelt sind. Daneben bestimmt diese zumeist auch, dass die Geschäftsordnung von den Gesellschaftern jederzeit geändert werden kann

---

[673] Hierzu gehört neben Gesellschaftergesamtheit und Geschäftsführer(n) auch ein im Rahmen der Arbeitnehmermitbestimmung möglicherweise zu bildender obligatorischer Aufsichtsrat.

[674] *Wicke* in: Wicke, GmbHG, § 52 Rn. 21; *Robertz*, MittRhNotK 1991, 239, 240 ff..

[675] So mit Verweis auf die Mindestkompetenzen der Gesellschafter sowie eines möglicherweise zu bildenden obligatorischen Aufsichtsrates, *Altmeppen* in: Roth/Altmeppen, § 52 Rn. 69; ausführlich zu den Kompetenzen *Spindler* in: MüKo GmbHG Bd. II, 52 Rn. 671 ff.; für die Kompetenzen in der KG vgl. *Mutter* in: Münchner Handbuch des Gesellschaftsrecht Bd. II § 8 Rn. 7 ff.

[676] Vgl. *Wicke* in: Wicke, GmbHG, § 52 Rn. 1; zur Abgrenzung siehe *ebenda*, Rn. 22, sowie *Giedinghagen* in: Michalski, § 52 Rn. 11 ff. und 401 f.

[677] Zur Indizfunktion eines solchen Ausschlusses in der Satzung siehe *Giedinghagen* in: Michalski, § 52 Rn. 12 und Rn. 401.

[678] *Wicke* in: Wicke, GmbHG, § 52 Rn. 22.

[679] Weitaus häufiger ist die Ermächtigung zu einer späteren Errichtung durch Gesellschafterbeschluss, vgl. *Giedinghagen* in: Michalski, § 52 Rn. 404.

[680] H. M. siehe nur *Robertz*, MittRhNotK 1991, 239, 245; *Wicke* in: Wicke, GmbHG, § 52 Rn. 22; ansonsten liegt nur ein „schuldrechtlicher" Beirat ohne Organkompetenz vor, vgl. *Altmeppen* in: Roth/Altmeppen, § 52 Rn. 71; *Giedinghagen* in: Michalski, § 52 Rn. 402; ebenso *Zöllner* in: Baumbach/Hueck, § 45 Rn. 23, der diese Bezeichnung jedoch für „unglücklich" hält.

oder einzelne Entscheidungen durch Beschluss der Gesellschafterversammlung zu dieser „zurückgeholt" werden können.[681]

### iii Stellungnahme

Im Gesellschaftsvertrag verankerte Entsendungsrechte geben den berechtigten Partnern zweifelsohne ein starkes Instrument an die Hand, da hierdurch ein korporativ durchsetzbares Recht zur Organbesetzung geschaffen wird. Gleichwohl sind sie in Joint Venture Unternehmen nicht der Regelfall. Die Gründe liegen in dem Wunsch, die Publizität derartiger Regelungen zu vermeiden sowie diese „intern" jederzeit aufheben oder abändern zu können.

### b. Schuldrechtliches Vorschlagsrecht

Will man, aus den oben genannten Gründen oder aufgrund der Beteiligung weiterer Gesellschafter am Joint Venture Unternehmen nicht so weit gehen, den einzelnen Partnern verbindliche Entsendungsrechte im Gesellschaftsvertrag einzuräumen, können sich die Joint Venture Partner auch auf andere Weise über die Modalitäten der Besetzung der Organe vorab verständigen. Dies kann über die Einräumung eines „Benennungs- oder Präsentationsrechtes"[682] geschehen. In diesem Fall wird einem Gesellschafter das Recht eingeräumt, der Gesellschafterversammlung einen Kandidaten vorzuschlagen, dessen Bestellung die übrigen Gesellschafter dann zustimmen müssen. Derartige Vereinbarungen können als Teil der Vereinbarungen über das Stimmrecht eingeordnet werden, die sämtliche Gesellschafter dahingehend binden, der Bestellung des von einem bestimmten Partner vorgeschlagenen Kandidaten in der Gesellschafterversammlung zuzustimmen.[683] Die Zulässigkeit einer solchen Stimmbindung hinsichtlich der Bestellung und Abberufung von Geschäftsführern ist allgemein anerkannt.[684] Inwieweit die anderen Gesellschafter das Recht haben, den an sich bindenden Vorschlag abzulehnen, bestimmt sich nach der getroffenen Vereinbarung. Das Recht zur Zurückweisung aus wichtigem Grund nach § 38 Abs. 2 GmbHG bleibt jedoch zwingend unbe-

---

[681] Somit wird klargestellt, dass keine verdrängende Übertragung der Kompetenzen an den Beirat erfolgen soll, vgl. *Giedinghagen* in: Michalski, § 52 Rn. 421.

[682] OLG Düsseldorf, Urt. v. 8. 6. 1989, Az. 6 U 223/88, WM 1990, 265, 267; vgl. auch *Jula*, S. 14.

[683] Vgl. *Joussen*, S. 7.

[684] BGH, Urt. v. 7.2.1983, Az. II ZR 25/82, ZIP 1983, 432, 433; OLG Köln, Urt. v. 16.3.1988, Az. 6 U 38/87, GmbHR 1989, 76, 77; OLG Frankfurt a.M. Urt. v. 16.9.1999, Az. 1 U 137/98, NZG 2000, 378, 378.

rührt.[685] Anders als bei der Vereinbarung von Entsendungsrechten, wird der Gesellschafterversammlung die Bestellungskompetenz durch derartige Vereinbarungen nicht entzogen. Bloße Benennungs- und Vorschlagsrechte können daher sowohl in der Satzung als auch im Joint Venture Vertrag getroffen werden.[686] Die Vor- und Nachteile der Regelung in dem einen oder anderen Vertrag entsprechen den oben bereits erläuterten allgemeinen Erkenntnissen. Eine Regelung im Joint Venture Vertrag werden die Parteien auf jeden Fall dann treffen, wenn sie beabsichtigen, weitere Investoren in das Joint Venture Unternehmen aufzunehmen. Denn dann müssen sie sicherstellen, dass sie sich im Vorfeld untereinander über die zu bestellenden Geschäftsführer einigen und diese dann mit ihren gemeinsamen Stimmen in der Gesellschafterversammlung wählen. Auch hier kann der Joint Venture Vertrag weitergehende Vorschlags- und Entsendungsrechte enthalten, als die im Regelfall dann allgemein gehaltene Satzungsvorschrift zur Besetzung der jeweiligen Organe. Die Einbringung solcher vorabgestimmter Vorschläge in die Gesellschafterversammlung kann im Wege des jedem Gesellschafter zustehenden unverbindlichen Vorschlagsrechtes[687] geschehen.

Das Spiegelbild bzw. die Konsequenz von Vereinbarungen zur Wahl einer von einem Partner vorgeschlagenen Person sind zum einen Regelungen, die die Partner verpflichten, auf von ihnen vorgeschlagene Personen im Sinne des Joint Venture Vertrages einzuwirken, sie mithin auf die Ausübung ihres Amtes im Sinne der Regelungen des Joint Venture Vertrages zu kontrollieren. Hiermit einher geht auch die dann im Joint Venture vereinbarte Pflicht, in der Gesellschafterversammlung an der Abberufung eines Organs mitzuwirken, wenn dieses nicht (mehr) im Sinne des Joint Venture Vertrages handelt.[688] Die Gesellschafter können sich in oben aufgeführten Grenzen auch gegenüber einem nicht an dem Joint Venture Unternehmen beteiligten Dritten dazu verpflichten, einen von ihm vorgeschlagenen Kandidaten zum Geschäftsführer des Joint Venture Unternehmens zu machen.[689]

---

[685] OLG Hamm, Urt. v. 8.7.1985, Az. 8 U 295/83, ZIP 1986, 1188, 1194; *Römermann* in: Michalski, GmbHG, § 46 Rn. 222; vgl. auch *Fleck,* ZGR 1988, 104, 121.
[686] Vgl. *Römermann* in: Michalski, GmbHG, § 46 Rn. 222.
[687]*Römermann* in: Michalski, § 46 Rn. 200 mit Verweis auf OLG Hamm, Urt. v. 8.7.1985, Az. 8 U 295/83, ZIP 1986, 1188, 1194.
[688] Vgl. (zum Aufsichtsrat) *Joussen,* S . 7.
[689] Vgl. hierzu auch *Fleck,* ZGR 1988, 104, 122 ff. für den Fall der Verpflichtung der Gesellschaft zur Bestellung eines Geschäftsführers auf Weisung eines Dritten.

Ein einem Gesellschafter bzw. Partner in der Satzung oder im Joint Venture Vertrag eingeräumtes Benennungsrecht besteht jedoch nicht grenzenlos. Die mit diesem verbundene Stimmbindung der anderen Gesellschafter/Partner findet ihre Grenzen in der gesellschafterlichen Treuepflicht, sodass die Ausübung des Benennungsrechts und die Inanspruchnahme der Stimmbindung dann entfallen, wenn die Gesellschaft hierdurch einen unzumutbaren Nachteil erleiden würde.[690]

## 2. Einflussnahme auf die Geschäftsführung des Joint Venture Unternehmens

### a. Weisungen

Die Geschäfte der GmbH werden nach § 35 GmbHG durch den oder die Geschäftsführer geführt, die Geschäfte der GmbH & Co. KG nach § 164 HGB durch die Komplementärs-GmbH, diese wiederum vertreten durch deren Geschäftsführer. Die Geschäftsführung einer GmbH unterliegt in ihrem Handeln nach § 37 GmbHG den Weisungen der Gesellschafterversammlung. Die Joint Venture Partner werden daher regelmäßig versuchen, der Geschäftsführung ihres Joint Venture Unternehmens umfassende Konsultations- und Informationspflichten aufzuerlegen, um so ihren Einfluss auf deren Handeln zu gewährleisten. Möglicher Regelungsort derartiger Pflichten, wenngleich mit unterschiedlicher Bindungswirkung, ist die Satzung des Joint Venture Unternehmens, aber auch eine Geschäftsordnung für die Geschäftsführung oder der Geschäftsführeranstellungsvertrag. Daneben können die Partner bestimmte Kompetenzen der Geschäftsführung durch Regelung im Gesellschaftsvertrag von vorneherein an sich ziehen oder Richtlinien für den Umgang mit bestimmten Sachgebieten und Themen aufstellen.

### b. Informationsrechte

Aufgrund ihrer Stellung als oberstes Entscheidungsorgan der Gesellschaft steht der Gesellschafterversammlung ein Recht auf die Erteilung von Information durch die Geschäftsführung zu. Daher hat der Geschäftsführer die Gesellschafter auch ohne konkrete Nachfrage umfassend über Relevantes zu unterrichten.[691] Wie weit das Informationsrecht geht, hängt vom konkreten Einzelfall ab. Die Joint Venture Partner sind hier frei und sicherlich gut beraten, den An-

---

[690] OLG Düsseldorf, Urt. v. 8. 6.1989, Az. 6 U 223/88, WM 1990, 265, 267; siehe zu Stimmbindungen ausführlich unten unter Kapitel 5 B.
[691] Vgl. *Schneider*, GmbHR 2008, 638, 639.

lass und den Umfang der von ihnen gewünschten Informationserteilung explizit zu regeln. Wenn es um das Informationsrecht der gesamten Gesellschafterversammlung geht, ist deren Gestaltungsfreiheit hinsichtlich der Auferlegung von Pflichten an die Geschäftsführung nahezu unbegrenzt.

Daneben steht jedem Gesellschafter einer GmbH nach § 51a GmbHG ein eigenes umfassendes Einsichts- und Informationsrecht zu. Das Informationsrecht ist ein grundlegendes Recht jedes Gesellschafters und somit grundsätzlich nicht beschränkbar.[692] Es findet seine Grenze erst bei einer nicht zweckentsprechenden Wahrnehmung.[693] Da die Partner eines Joint Ventures regelmäßig ein besonders Informationsinteresse am täglichen Geschäft des Joint Venture Unternehmens haben, ist das Recht nach § 51a GmbHG für sie wesentlich. Nach § 51a Abs. 2 S. 1 GmbHG dürfen die Geschäftsführer Auskunft und Einsicht nur verweigern, wenn zu besorgen ist, dass der Gesellschafter sie zu gesellschaftsfremden Zwecken verwenden und dadurch der Gesellschaft einen nicht unerheblichen Nachteil zufügen wird. Die Joint Venture Partner betreiben zumeist keine direkten Konkurrenzunternehmen zu ihrem Joint Venture Unternehmen. Somit beschränkt sich der Anwendungsbereich auf die Fälle, in denen ein Joint Venture Partner aus Informationen des Joint Venture Unternehmens echte Vorteile zugunsten seines Unternehmens ziehen und hierdurch das Joint Venture Unternehmen und somit seine Partner schädigen könnte. Der Geschäftsführer kann sich dann im Zwiespalt befinden, ob er eine Information an einen Gesellschafter herausgeben kann. In diesem Fall ist er bereits nach § 51a Abs. 2 S. 2 GmbHG verpflichtet, die Entscheidung der Gesellschafterversammlung über die Verweigerung der Herausgabe von Informationen herbeizuführen.

## VI. Gesellschafterstruktur

### 1. Notwendiger Gleichlauf Joint Venture und Gemeinschaftsunternehmen
Den Joint Venture Partnern ist daran gelegen, den Gesellschafterkreis des Joint Venture Unternehmens zu kontrollieren, um die Umsetzung des Joint Venture Vertrages dauerhaft zu gewährleisten. Aufgrund der eingangs beschriebenen Intensität der Zusammenarbeit der Partner und der Eigenschaft des Joint Venture Unternehmens als Vehikel zur Umsetzung der im Joint Ven-

---

[692] *Schneider*, GmbHR 2008, 638, 639.
[693] BGH Beschl. v. 6.3.1997, Az. II ZB 4/96, NJW 1997, 1985, 1987; *Zöllner* in: Baumbach/Hueck, § 51a Rn. 27.

ture Vertrag gemeinsam festgelegten Ziele, muss ein nachträgliches Auseinanderfallen der Beteiligungen vermieden werden. Es ist daher ein Gleichlauf
zwischen der Beteiligung der Partner am Joint Venture und am Joint Venture
Unternehmen zu schaffen.

## 2. Kündigung des Joint Venture Vertrages

Läuft es zwischen den Joint Venture Partnern nicht wie geplant, besteht das
Risiko, dass sich ein Joint Venture Partner ohne Aufgabe seiner Beteiligung
am Joint Venture Unternehmen von den ihm auferlegten Verpflichtungen des
Joint Venture Vertrages lösen möchte. Dies ist nach dem Gesetz möglich, da
die Beteiligung an einer Innengesellschaft bürgerlichen Rechts nach § 723
BGB jederzeit kündbar ist. Würde dies auch für den Fall der Innengesellschaft
der Joint Venture Partner gelten, wäre der dann ehemalige Joint Venture Partner zwar noch Gesellschafter des Joint Venture Unternehmens, unterläge jedoch nicht mehr den Regelungen des Joint Venture Vertrages. Gerade wenn
es zwischen den Joint Venture Partnern zum Streit kommt, besteht die Gefahr,
dass sich ein Partner unter Beibehaltung seiner Beteiligung am Joint Venture
Unternehmen von den Regelungen des Joint Venture Vertrages lösen möchte.
Ein solches Vorgehen kann im schlimmsten Fall geeignet sein, jegliche Steuerung des Joint Venture Unternehmens unmöglich zu machen. Es besteht daher ein Interesse der Joint Venture Partner, die jederzeitige Kündbarkeit des
Joint Venture Vertrages auszuschließen.

a. Befristung auf die Dauer des Joint Venture Unternehmens

Nach § 732 Abs. 1 S. 2 BGB ist eine ordentliche Kündigung dann ausgeschlossen, wenn die Gesellschaft auf bestimmte Zeit eingegangen wurde.
Somit würde es aus Sicht der Joint Venture Partner Sinn machen, das Joint
Venture auf die Zeit des Bestehens bzw. der gemeinsamen Beteiligung am
Joint Venture Unternehmen zu befristen.[694] Eine solche Befristung ist indes
nicht unproblematisch.[695] Dies liegt bereits daran, dass die Zeit des Bestehens
des Joint Venture Unternehmens zumeist nicht von vorneherein feststeht und
für den gebundenen Gesellschafter die tatsächliche Zeit seiner Bindung somit
ex ante nicht erkennbar ist.[696] Hiergegen lässt sich argumentieren, dass für die
Befristung einer Gesellschaft deren kalendermäßige Bestimmung nicht not-

---

[694] Vgl. zum parallel gelagerten Interesse beim Beteiligungsvertrag *Weitnauer*, Hdb. Venture
Capital, S. 314 Rn. 86.
[695] *Groß-Bölting*, S. 32; für die grundsätzliche Möglichkeit einer derartigen Befristung *Pentz*
in: MüKo AktG Bd. I § 23 Rn. 191.
[696] *Groß-Bölting*, S. 32; *Noack*, S. 232.

wendig ist. Vielmehr soll eine hinreichend bestimmbare Festlegung auf andere Art und Weise genügen.[697] So kann sich die Dauer insbesondere auch aus der Art des Gesellschaftszwecks ergeben.[698] Der Gesellschaftszweck des Joint Ventures liegt in der gemeinsamen Steuerung des Joint Venture Unternehmens durch die Partner. Erst wenn das Joint Venture Unternehmen nicht mehr besteht, bzw. die gemeinsame Beteiligung der Partner über einen Exit erlischt, entfällt der Gesellschaftszweck. Eine solche Bindung der Partner ist von diesen auch gerade gewollt. Sie gehen die Verpflichtungen des Joint Venture Vertrages gerade zu dem Zweck ein, diesen für die Dauer ihrer gemeinsamen Beteiligung am Joint Venture Unternehmen als Grundvereinbarung ihres Handelns gelten zu lassen. Eine solche an die Dauer des Bestehens des Joint Venture Unternehmens gekoppelte Befristung soll nach der Rechtsprechung jedoch nur dann möglich sein, wenn das Joint Venture Unternehmen seinerseits für eine bestimmte Zeit errichtet ist.[699] Da dies beim Joint Venture regelmäßig nicht der Fall ist, scheidet eine Befristung des Joint Venture auf die Dauer des Joint Venture Unternehmens aus.

b. Beschränkung der ordentlichen Kündigung

Kommt man somit zu dem Schluss, dass eine Befristung der Gesellschaft nach dem Gesellschaftszweck auf die Dauer des Joint Venture Unternehmens nicht zulässig ist, stellt sich die Frage, ob die ordentliche Kündigung des Joint Venture Vertrages derart beschränkt werden kann, dass der beabsichtigte Gleichlauf mit der Beteiligung der Partner am Joint Venture Unternehmen sicher gestellt werden kann. Nach § 723 Abs. 3 BGB sind kündigungsbeschränkende Vereinbarungen zwingend ausgeschlossen. Dies erfasst auch den Fall, dass der Kündigungswillige aufgrund ihm durch die Kündigung drohender wirtschaftlich nachteiliger vermögensrechtlicher Folgen von der Kündigung abgehalten wird.[700] Die Verknüpfung des Kündigungsrechts mit einer Andienungsverpflichtung des ausscheidenden Partners bzw. mit einem Übernahmerecht der verbleibenden Partner hinsichtlich seiner Anteile am Joint Venture Unternehmen zwingt den ausscheidenden Partner zur Aufgabe seiner Beteiligung. Jedoch soll eine solche Regelung nach der h. M. keine unzulässige Beschrän-

---

[697] Vgl. *Sprau* in: Palandt, § 723 Rn. 3; *Schäfer* in: MüKo BGB Bd. V, § 723 Rn. 23; BGH Urt. v. 1.7.1968, Az. II ZR 179/66, NJW 1968, 2003, 2004.

[698] *Sprau* in: Palandt, § 723 Rn. 3; BGH Urt. v. 1.7.1968, Az. II ZR 179/66, NJW 1968, 2003, 2004; BGH, Urt. v. 17.6.1953, Az. II ZR 205/52, NJW 1953, 1217, 1218.

[699] BGH Urt. v. 1.7.1968, Az. II ZR 179/66, NJW 1968, 2003, 2004.

[700] BGH, Urt. v. 13.6.1994, Az. II ZR 38/93, NJW 1994, 2536, 2537.

kung des Kündigungsrechts darstellen.[701] Auch der BGH[702] hat diese Verknüpfung ausdrücklich als zulässig erachtet.[703] Die Zulässigkeit liegt nach Auffassung des BGH primär darin begründet, dass sich nur durch derartige Abreden die Bindung der Anteile an die bestehende Stimmbindung aufrechtzuerhalten und so eine spätere Veräußerung an der Innengesellschaft nicht angehören Dritte verhindert werden kann.[704]

Jedoch wollen sich die Partner gegenseitig, zusätzlich zu vorgenannter Verknüpfung der Beteiligungen, auch regelmäßig für eine gewisse Dauer an das Joint Venture binden. Hierbei handelt es sich um den Zeitraum, welchen die Partner für notwendig erachten, um das gemeinsame Projekt "ins Rollen" zu bringen. Um das zu erreichen, muss man jedoch durch Festlegung einer gewissen Grunddauer *de facto* das ordentliche Kündigungsrecht für einen bestimmten Zeitraum ausschließen, da sich sonst ein Joint Venture Partner jederzeit aus dem gemeinsamen Projekt verabschieden und den anderen Partner mit seiner Investition im Stich lassen könnte.[705] Aus diesem Grund vereinbaren die Joint Venture Partner regelmäßig eine Sperrfrist, während der der Joint Venture Vertrag nicht gekündigt und die Beteiligung am Joint Venture Unternehmen nicht veräußert werden kann. Die Zulässigkeit und Dauer einer solchen Sperrfrist bzw. Mindestlaufzeit ist durch Interessenabwägung unter Berücksichtigung aller Umstände zu bestimmen.[706] Dabei ist auch auf den Gesellschaftszweck abzustellen.[707] Es dürfte vor diesem Hintergrund sachgerecht

---

[701] Vgl. *Sprau* in: Palandt, § 723 Rn. 7.
[702] BGH, Urt. v. 13.6.1994, Az. II ZR 38/93, NJW 1994, 2536, 2537 f.; zuletzt (für die AG) wieder BGH Urt. v. 22.1.2013, Az. II ZR 80/10, NZG 2013, 220, 221.
[703] Mit BGH Urt. v. 22.1.2013, Az. II ZR 80/10, NZG 2013, 220 ff. hatte der BGH die Frage zu entscheiden, ob ein „Partnerschaftsvertrag" zwischen einer AG und ihren Aktionären einen diese kündigenden Gesellschafter zur unentgeltlichen Übertragung seiner Aktien an die AG verpflichten konnte. Der BGH hat die Nichtigkeit (§ 138 Abs. 1 BGB) eines solchen Vertrages jedenfalls für den Fall angenommen, dass der Aktionär seine Aktien zuvor entgeltlich erworben hatte. Die grundsätzliche Wirksamkeit ließ er offen. Eine Zulässigkeit bejahend *Noack*, NZG 2013, 281, 281ff. (Entscheidungsbesprechung); siehe hierzu auch *Cziupka/Kliebisch*, BB 2013, 715, 715 ff.
[704] BGH, Urt. v. 13.6.1994, Az. II ZR 38/93, NJW 1994, 2536, 2538.
[705] *Schulte* in: Schulte/Schwindt/Kuhn, § 4 Rn. 55.
[706] Vgl. BGH, Urt. v. 18.9.2006, Az. II ZR 137/04, NJW 2007, 295, 296; BGH, Urt. v. 22.5.2012, Az. II ZR 205/10, DNotZ 2012, 869, 872; BGH, Urt. v. 22.5.2012, Az. II ZR 2/11, NZG 2012, 903, 907.
[707] *Noack*, S. 234.

sein, das Kündigungsrecht zumindest für die Anlaufphase des Joint Ventures auszuschließen.[708]

### c. Kündigung aus wichtigem Grund

Im Fall der Befristung des Joint Venture Vertrags auf das Bestehen des Joint Venture Unternehmens bzw. bei Vereinbarung einer Mindestdauer, kommt ein Ausscheiden nur durch Kündigung aus wichtigem Grund in Betracht. So kann etwa ein Partner den anderen Partner wegen groben Verstoßes gegen den Joint Venture Vertrag kündigen. Die Rechtsfolgen einer solchen Kündigung müssen die Parteien ebenfalls im Joint Venture Vertrag festlegen.

### i GmbH

Für den Fall der Kündigung aus wichtigem Grund muss der Gesellschaftsvertrag des Joint Venture Unternehmens Regelungen enthalten, wonach der Partner, der Anlass zur Kündigung des Joint Venture Vertrags geboten hat, ebenfalls aus dem Joint Venture Unternehmen ausscheidet. In diesem Zusammenhang kann der Gesellschaftsvertrag einer GmbH vorsehen,[709] dass die Geschäftsanteile eines aus dem Joint Venture ausscheidenden Gesellschafters eingezogen werden können.[710] Zwar empfiehlt sich eine möglichst konkrete Regelung aller Einziehungsgründe im Gesellschaftsvertrag, jedoch ist es ausreichend, wenn dieser eine Klausel enthält, nach der die Einziehung wegen eines in der Person des Gesellschafters liegenden wichtigen Grund als Voraussetzung für die Einziehung genügt.[711] Nach Maßgabe einer subjektiven Auslegung dieser Bestimmung sowie einer Konkretisierung unbestimmter Rechtsbegriffe[712] nach Maßgabe des Joint Venture Vertrages, würde ein (hinreichend schwerwiegender) Verstoß gegen den Joint Venture Vertrag zur Einziehung des Geschäftsanteils am Joint Venture Unternehmen berechtigen, da hierin regelmäßig nicht nur ein Verstoß gegen den Joint Venture Vertrag, sondern gegen den durch den Joint Venture Vertrag konkretisierten Gesell-

---

[708] *Schulte* in: Schulte/ Schwindt/Kuhn, § 4 Rn. 55 hält hierbei jedenfalls zwei bis drei Jahre für angemessen. Je nach Umfang des Projektes und Investitionsvolumen können längere Zeiträume sachgerecht sein.

[709] Zur notwendig gesellschaftsvertraglichen Regelung der Einziehungsvoraussetzungen bei der GmbH vgl. *Wicke*, in: Wicke, GmbHG, § 34 Rn. 1; *Strohn* in: MüKo GmbHG Bd. I, § 34 Rn. 8 ff.; *Priester* in: FS Claussen, S. 319, 332.

[710] Vgl. *Baumanns/Wirbel* in: Münchner Handbuch des Gesellschaftsrechts Bd. I, § 28 Rn. 76.

[711] *Hoffmann-Becking*, ZGR 1994, 442, 461; vgl. auch *Battke*, GmbHR 2008, 850, 855.

[712] Vgl. *Hoffmann-Becking*, ZGR 1994, 442, 461 f.

schaftszweck des Joint Venture Unternehmens liegt.[713] Eine derartige Relevanz „fehlender Vertragstreue jenseits der Satzungspflichten" zur Rechtfertigung einer Einziehung wird auch von den striktesten Vertretern des Trennungsprinzips und der objektiven Satzungsauslegung anerkannt.[714] Mit Wirksamwerden der Einziehung geht der Geschäftsanteil unter.[715] Fehlt eine wirksame Zulassung der Einziehung[716] des Geschäftsanteils wegen Verstoßes gegen den Joint Venture Vertrag im Gesellschaftsvertrag, ist ein Einziehungsbeschluss nichtig.[717] Neben der Bestimmung einer solchen Einziehungsmöglichkeit kommt auch die Vereinbarung des wahlweise alternativen Ausschlusses des gegen den Joint Venture Vertrag verstoßenden Partners aus dem Joint Venture Unternehmen in Betracht.[718] In diesem Fall muss eine Verpflichtung des Ausgeschlossenen zur Andienung seines Geschäftsanteils an den Joint Venture Partner vereinbart werden. Eine solche Andienungsverpflichtung für den Fall der Kündigung des Joint Venture Vertrages kann rein schuldrechtlich auch im Joint Venture Vertrag geregelt sein.[719]

ii  GmbH & Co. KG

Bei der beteiligungsgleichen GmbH & Co. KG bedarf es einer Bestimmung im Gesellschaftsvertrag der Komplementärs-GmbH wie auch im Gesellschaftsvertrag der KG, dass in einer außerordentlichen Kündigung des Joint Venture Vertrages ein wichtiger Grund für einen Ausschluss aus der jeweiligen Gesellschaft gesehen wird.[720] Eine derartige vertragliche Vereinbarung der außerordentlichen Kündigung als „wichtiger Grund" für eine Ausschließung ist zulässig, da sich diese störend auf die Fortsetzung des Gesellschaftsverhältnisses auswirkt.[721] Grundsätzlich erfolgt der Ausschluss aus einer KG durch Ausschließungsklage nach §§ 161 Abs. 2, 140 Abs. 1 S. 2 HGB.[722] Jedoch kann

---

[713] Vgl. *Hoffmann-Becking*, ZGR 1994, 442, 461 f.

[714] Siehe nur *Ulmer* in: FS Röhricht, S. 633, 654.

[715] Zum Zeitpunkt des Wirksamwerdens der Einziehung vgl. Grundsatzurteil des BGH, Urt. v. 24.1.2012, Az. II ZR 109/11, NZG 2012, 259 ff.

[716] Diese Zulassung muss entweder bereits bei Anteilserwerb des Betroffenen bestehen oder später mit Zustimmung aller Gesellschafter zu deren Lasten sie gehen soll, vgl. *Fastrich* in: Baumbach/Hueck, § 34 Rn. 8.

[717] *Strohn* in: MüKo GmbHG Bd. I, § 34 Rn. 10; *Fastrich* in: Baumbach/Hueck, § 34 Rn. 7.

[718] Vgl. *Battke*, GmbHR 2008, 850, 855.

[719] Vgl. hierzu sogleich unter 3 a v.

[720] Zur Zulässigkeit gesellschaftsvertraglicher Regelungen über Ausschließungsgründe vgl. *Roth* in: Baumbach/Hopt, § 140 Rn. 30; *Karsten Schmidt* in: MüKo HGB Bd. II, § 140 Rn. 94.

[721] Vgl. zum Bezug auf das Gesellschaftsverhältnis *Karsten Schmidt* in: MüKo HGB Bd. II, § 140 Rn. 17.

[722] *Jäger* in: Sudhoff, GmbH & Co. KG, § 30 Rn. 30.

der Gesellschaftsvertrag vorsehen, dass ein Ausschluss auch durch bloßen Gesellschafterbeschluss erfolgen kann.[723] In der Folge des Ausschlusses kommt es in der KG zur Anwachsung des Anteils des ausscheidenden Gesellschafters bei den übrigen Gesellschaftern nach §§ 161 Abs. 2, 105 Abs. 2, 738 Abs. 1 BGB. Nach welcher Quote diese Anwachsung erfolgen soll ist dispositiv und somit einer Regelung durch die Gesellschafter überlassen.[724] Verbleiben mehr als ein Gesellschafter mit unterschiedlichen Beteiligungsquoten, ist unbedingt auf eine gleichmäßige Beteiligungsstruktur in GmbH und KG zu achten.

### iii Schlussfolgerung

Insbesondere wenn am Joint Venture Unternehmen auch Gesellschafter beteiligt sind, die nicht Partner des Joint Venture Unternehmens sind, ist es ratsam, im Falle der außerordentliche Kündigung des Joint Venture Vertrages sich nicht auf gesellschaftsvertragliche Regelungen zu verlassen, sondern stattdessen im Joint Venture Vertrag ein Erwerbsrecht zugunsten der verbleibenden Joint Venture Partner zu günstigen Konditionen[725] festzulegen. Nur so hat der vertragstreue Partner die Wahl, ob er einen Verstoß gegen den Joint Venture Vertrag dulden möchte, seine Erfüllung gerichtlich durchsetzt oder diesen kündigt und vom vertragsbrüchigen Partner die Übertragung seiner Anteile am Joint Venture Unternehmen verlangt.

### 3. Anteilsübertragung am Joint Venture Unternehmen

Spiegelbildlich ist zu vereinbaren, dass ein Partner seine Beteiligung am Joint Venture Unternehmen nur mit Zustimmung des anderen Joint Venture Partners übertragen kann. Dieser soll seine Zustimmung von dem Ausscheiden des Veräußerungswilligen aus dem Joint Venture Vertrag abhängig machen oder aber diesem auferlegen können, den Anteilserwerber auch zum Beitritt zum Joint Venture Vertrag zu verpflichten.[726]

---

[723] *Roth* in: Baumbach/Hopt, § 140 Rn. 30 m.w.N. dort.
[724] Vgl. *Schäfer* in: MüKo BGB Bd. V, § 738 Rn. 13; siehe auch *Roth* in: Baumbach/Hopt, § 131 Rn. 39.
[725] Vergleichbar mit der Abfindung bei Einziehung bzw. Ausschluss.
[726] Vgl. zur Zulässigkeit der bedingten Zustimmung *Blasche*, RNotZ 2013, 515, 522.

## a. GmbH

### i  Vinkulierung von Anteilen

Die Gesellschafter einer GmbH haben grundsätzlich das Recht, ihre Geschäftsanteile frei zu veräußern. Um dies zu verhindern, können die Joint Venture Partner eine sogenannte Vinkulierungsklausel in die Satzung des Gemeinschaftsunternehmens aufnehmen, nach welcher zwar nicht der Verkauf wohl aber die dingliche Abtretung von Anteilen ausgeschlossen oder eingeschränkt wird.[727] Im Recht der GmbH kann nach heute herrschender Ansicht die Abtretbarkeit eines Geschäftsanteils sogar gänzlich ausgeschlossen werden.[728] Den Gesellschaftern verbleibt dann nur ein Austrittsrecht aus wichtigem Grund.[729]

Ein solcher völliger Ausschluss ist jedoch weder praktikabel noch gewollt. Denn die Joint Venture Partner wollen flexibel reagieren können, sei es wegen einer möglichen Umstrukturierung aus steuerlichen Gründen oder im Zuge eines Exits. Sehr wohl gewollt ist jedoch die Sicherheit, dass sich im Fall des Auftretens von Problemen kein Partner einfach aus der Verantwortung stehlen und seine Anteile am Joint Venture Unternehmen veräußern kann. Mögliche Schadensersatzansprüche, die dem zurückgebliebenen Partner in so einem Fall aus dem Joint Venture Vertrag zustehen können, müssten erst geltend gemacht und gegebenenfalls gerichtlich durchgesetzt werden. Das kostet Zeit und Geld. Aus diesem Grund sollte vereinbart werden, dass eine Veräußerung von Geschäftsanteilen nur mit Zustimmung der Partner erlaubt ist. Nach § 15 Abs. 5 GmbHG ist die Abtretung ohne Zustimmung „der Gesellschaft" im Falle einer Vinkulierung unwirksam. Die Vinkulierung muss hierfür in der Satzung angeordnet werden. Beschränkende Vereinbarungen der Gesellschafter außerhalb der Satzung sind ebenfalls möglich, haben jedoch nur schuldrechtliche Wirkung.[730] Die Wirksamkeit der Veräußerung kann hierbei entgegen dem Wortlaut des § 15 GmbHG an die Zustimmung der Gesellschaft, der Gesellschafterversammlung oder jedes Gesellschafters einzeln geknüpft werden. Letztere Regelung stellt zwar sicher, dass jeder der Joint Venture Partner ver-

---

[727] H. M., vgl. statt aller *Fastrich* in: Baumbach/Hueck, § 15 Rn. 37.
[728] H. M., siehe *Fastrich* in: Baumbach/Hueck, § 15 Rn. 38 m.w.N. dort in Fn. 237; *Seibt* in: Scholz Bd. I, § 15 Rn. 135 m.w.N. dort in Fn. 9; *Ebbing* in: Michalski, § 15 Rn. 138; *Bayer* in: Lutter/Hommelhoff ,§ 15 Rn. 57.
[729] *Ebbing* in: Michalski, § 15 Rn. 138.
[730] *Reichert/Weller* in: MüKo GmbHG Bd. I, § 15 Rn. 392; *Bayer* in: Lutter/Hommelhoff, § 15 Rn. 60; *Seibt* in: Scholz Bd. I, § 15 Rn. 108.

hindern kann, dass sich der Kreis der Gesellschafter am Joint Venture Unternehmen verändert, birgt jedoch auf der anderen Seite ein sehr hohes Blockierungspotential. Praktikabel und für den angestrebten Schutzzweck ausreichend, ist die Verknüpfung mit der „Zustimmung der Gesellschaft die durch die Gesellschafterversammlung erteilt wird". Aus gesagten Gründen sollte hierfür eine Mehrheitsentscheidung ausreichen, was ebenfalls in der Satzung nieder geschrieben werden sollte, um Auslegungsstreitigkeiten zu vermeiden. Enthält die Satzung keine weiteren Regelungen, ist die Abstimmung jedes einzelnen Gesellschafters hierüber allein seiner Treuepflicht unterworfen. Aus diesem Grund sollten die Joint Venture Partner im Joint Venture Vertrag weitere Vereinbarungen treffen, wann einer Anteilsveräußerung in der Gesellschafterversammlung zuzustimmen ist. Hierbei kann es sich um qualitative Kriterien, etwa in der Person des Erwerbers handeln oder Situationen beschreiben in denen ein Partner/Gesellschafter in jedem Fall zur Anteilsübertragung berechtigt sein soll. Hiervon erfasst, ist oft etwa die Pflicht zur Erteilung der Zustimmung bei der Veräußerung an verbundene Unternehmen eines Partners, wenn dieser an der Umschichtung wesentliche wirtschaftliche Interessen hat.[731] Hierbei ist jedoch in jedem Fall darauf zu achten, dass das Tochterunternehmen dann auch dem Joint Venture Vertrag beitritt, um das genannte Auseinanderfallen der Beteiligungen zu verhindern.

Ein generelles *carve-out* der Übertragung an Tochtergesellschaften beziehungsweise verbundene Unternehmen aus der Vinkulierung, ist dagegen gefährlich und nicht zu empfehlen.[732] Denn dies ermöglicht einem Partner über Umwege einen Ausstieg unter Umgehung der Vinkulierung. So könnte er zunächst seine Anteile am Joint Venture Unternehmen zustimmungsfrei und somit wirksam an eine eigens hierfür gegründete Tochtergesellschaft verkaufen und anschließend die Anteile an dieser Tochtergesellschaft an einen Dritten weiter veräußern. Nach zutreffender Ansicht erfasst eine Vinkulierungsklausel letzteren Fall nicht,[733] da die Verfügung über die Anteile an der neu errichteten Tochtergesellschaft eines Partners nicht durch Regelungen im Gesellschafts-

---

[731] Siehe zu den Problemen bei Übertragung auf eine zwischengeschaltete Holdinggesellschaft sogleich.
[732] So im Ergebnis auch *Blasche*, RNotZ 2013, 515, 532.
[733] Vgl. *Bayer* in Lutter/Hommelhoff, § 15 Rn. 81; *Altmeppen* in: Roth/Altmeppen, § 15 Rn. 113; *Seibt* in: Scholz Bd. I, § 15 Rn. 111a; *Ebbing* in: Michalski § 15 Rn. 166; *Blasche*, RNotZ 2013, 515, 531.

vertrag des Joint Venture Unternehmens beschränkt werden kann.[734] Der so handelnde Partner macht sich in einem solchen Fall „nur" schadensersatzpflichtig, zum einen wegen Verletzung seiner Treuepflichten zum anderen aufgrund eines Verstoßes gegen den Joint Venture Vertrag. Um Streit zu vermeiden und nicht auf in einem solchen Fall möglicherweise bestehende schuldrechtliche Ansprüche auf Rückübertragung der Anteile durch die Tochtergesellschaft angewiesen zu sein, empfiehlt sich eine strenge Vinkulierungsklausel, der durch schuldrechtliche Verpflichtungen zur Erteilung der Zustimmung in bestimmten Fällen die Absolutheit in gewissen Umfang wieder genommen wird. Hierbei ist stets im Hinterkopf zu behalten, dass die Joint Venture Partner mit dem Joint Venture Unternehmen kein reines Finanzinvestment verfolgen. Sie schließen sich vielmehr bewusst zur Verwirklichung eines bestimmten Projekts zusammen, das durch das Vehikel Joint Venture Unternehmen durchgeführt werden soll. Eine strenge Vinkulierung ist daher gerechtfertigt, um den Partnern ein gewisses Maß an Sicherheit zu geben, dass ihr gemeinsames Projekt auch gemeinsam durchgeführt wird.

ii    Anwendbarkeit von Vinkulierungen auf Gesamtrechtsnachfolge in den Geschäftsanteil?

Auch die strengste Vinkulierungsklausel verhindert jedoch nur eine ungenehmigte Übertragung von Anteilen im Wege der Sonderrechtsnachfolge. Die Behandlung des Übergangs durch Gesamtrechtsnachfolge, etwa durch Verschmelzung[735], ist hierdurch nicht geregelt. § 13 Abs. 2 UmwG erfasst hierbei nur den Fall, dass die Anteile des übertragenden Rechtsträgers vinkuliert sind. Vorliegend geht es jedoch darum, dass ein Joint Venture Partner auf ein drittes Unternehmen verschmolzen wird und es hierdurch zu der Übertragung der Beteiligung an dem Joint Venture Unternehmen auf einen Dritten kommt. Für sämtliche Fälle der Umwandlung wird, unabhängig davon, ob der übertragende Rechtsträger auch nach der Umwandlung fortbesteht oder aber erlischt, eine Vinkulierung überwiegend als nicht anwendbar angesehen.[736] Es tritt vielmehr nach § 20 Abs. 1 Nr. 1 UmwG Gesamtrechtnachfolge des aufnehmenden Rechtsträgers in alle Vertragsverhältnisse ein. Da der Joint Venture Vertrag regelmäßig eine grundsätzliche Übertragbarkeit der hieraus bestehen-

---

[734] So auch *Ebbing* in: Michalski § 15 Rn. 166.
[735] Vgl. *Blasche*, RNotZ 2013, 515, 518.
[736] *Burg/Marx*, NZG 2013, 127, 128 f., mit ausführlicher Darstellung des Meinungsstandes.

den Rechtsposition, wenn auch nur mit Zustimmung, erlauben wird,[737] ist davon auszugehen, dass im Falle der Gesamtrechtsnachfolge durch Umwandlung der übernehmende Rechtsträger auch in die Position als Joint Venture Partner eintritt.[738] Wegen der mangelnden Habhaftwerdung von Gesamtrechtsnachfolgen am Geschäftsanteil eines Joint Venture Partners, empfiehlt sich dringend die Vereinbarung von Sekundärrechten, wie etwa der Möglichkeit der Einziehung der übertragenen Geschäftsanteile, für den anderen Partner im Fall einer derartigen, von ihm auch durch eine Vinkulierung nicht zu verhindernden, Übertragung.[739]

### iii Vinkulierung in der Insolvenz bzw. Zwangsvollstreckung in den Geschäftsanteil eines Partners

Ein weiteres Problem stellt die vieldiskutierte Frage dar, ob in der Insolvenz eines Gesellschafters der Insolvenzverwalter bei der Veräußerung von zur Insolvenzmasse gehörenden Anteilen an eine Vinkulierung gebunden ist. Die wohl herrschende Meinung verneint dies.[740] Daneben soll auch die Zwangsvollstreckung in einen vinkulierten Geschäftsanteil an einer GmbH und dessen Verwertung möglich sein.[741] Auch für diese Fälle empfiehlt sich daher die Vereinbarung von Übernahme- oder Einziehungsrechten zugunsten des Partners.

### iv Change of control

Eine weitere Umgehungsmöglichkeit einer satzungsmäßigen Vinkulierung bietet ein *change of control* direkt bei dem die vinkulierten Anteile innehabenden Gesellschafter bzw. Joint Venture Partner.[742] Anders als in den oben dargestellten Fällen, ändert sich nicht die unmittelbare Berechtigung am Geschäftsanteil des Joint Venture Unternehmens. Ein solches *change of control* liegt

---

[737]Vgl. zur Anteilsübertragung in der GbR: *Schäfer* in: MüKo BGB Bd. V, § 719 Rn. 25 f.; zur Zulässigkeit der Vereinbarung der Übertragbarkeit im Gesellschaftsvertrag (h. M.) *ebenda*, Rn. 27 m.w.N. dort in Fn. 49.

[738] *Burg/Marx*, NZG 2013, 127, 130 wollen bei Fehlen einer solchen vertraglichen Regelung auch eine „stillschweigende Übertragbarkeitsabrede" annehmen.

[739] Vgl. *Burg/Marx*, NZG 2013, 127, 130 f.

[740] *Seibt* in: Scholz Bd. I, § 15 Rn. 254, 256; *Ebbing* in: Michalski, § 15 Rn. 251; *Fastrich* in: Baumbach/Hueck, §15 Rn. 64; *Wicke* in: Wicke, GmbHG, § 15 Rn. 33; *Bayer* in: Lutter/Hommelhoff, § 15 Rn. 88; *Peters* in: MüKo InsO Bd. I, § 35 Rn. 241; a. A. *Skauradszun*, NZG 2012, 1244, 1245, mit gewichtiger Argumentation; ebenso *Blasche*, RNotZ 2013, 515, 520.

[741] *Seibt* in: Scholz Bd. I, § 15 Rn. 202 m.w.N. dort in Fn. 3; *Fastrich* in: Baumbach/Hueck, §15 Rn. 61;*Ebbing* in: Michalski, § 15 Rn 236; *Bayer* in: Lutter/Hommelhoff, § 15 Rn. 83 ff.; *Wicke* in: Wicke, GmbHG, § 15 Rn. 33; *Altmeppen* in: Roth/Altmeppen, § 15 Rn. 62; vgl. ausführlich *Binz/Mayer*, NZG 2012, 201, 211.

[742] Vgl. hierzu *Wilde*, DB 2007, 269, 270 f.; *Seibt* in: Scholz Bd. I, § 15 Rn. 111a.

regelmäßig bei einem Wechsel des Mehrheitsgesellschafters eines Joint Venture Partners vor, kommt jedoch - je nach Ausgestaltung der dortigen Einflussstruktur - auch schon beim Erwerb geringerer Beteiligungen in Betracht. Eine derartige Änderung der mittelbaren Beteiligung eines Dritten ändert zunächst nichts an der Stellung des betroffenen Unternehmens als Joint Venture Partner und als Gesellschafter des Joint Venture Unternehmens. Sie ist somit in keinem Fall von einer Vinkulierung der Anteile am Joint Venture Unternehmen erfasst. Trotz bestehender Vinkulierung kann also ein Dritter, auch ein Wettbewerber, indirekt über einen Kontrollerwerb an einem der Joint Venture Partner Einfluss auf das Joint Venture Unternehmen bekommen. Da eine so zustande kommende mittelbare Beteiligung eines Dritten von Seiten der anderen Partner jedoch ebenso unerwünscht ist wie ein unmittelbarer Gesellschafterwechsel im Joint Venture Unternehmen, bedarf dieser Fall einer speziellen Regelung. Es wird den Partnern generell nicht möglich sein, einen solches *change of control* beim jeweils anderen Partner zu verhindern, da sie hierfür mit den Gesellschaftern des Partners für den Fall der Veräußerung einen Zustimmungsvorbehalt zu ihren Gunsten vereinbaren müssten.[743] Ein solcher ist rechtlich umstritten, wegen der vielfältigen anderen wirtschaftlichen Interessen der am Joint Venture Partner beteiligten Gesellschafter regelmäßig nicht zu erlangen und würde auch zu weit führen.[744]

Es bleibt den Joint Venture Partnern daher nur die Möglichkeit, auf ein unerwünschtes *change of control* an einem Joint Venture Partner durch „Anteilsentzug" im Joint Venture Unternehmen zu reagieren und hierdurch einen unerwünschten Einfluss im Nachhinein wieder loszuwerden. Hierzu können im Gesellschaftsvertrag des Joint Venture Unternehmens Andienungsverpflichtungen, Ankaufsrechte wie auch bedingte Anteilsabtretungen vorgesehen werden.[745] Daneben kann der Gesellschaftsvertrag des Joint Venture Unternehmens auch die Einziehung der betroffenen Geschäftsanteile ermöglichen.[746] Diese Regelungen können, mit Ausnahme der Einziehung und dann allerdings nur mit schuldrechtlicher Wirkung, auch im Joint Venture Vertrag vorgesehen werden. In jedem Fall ist es sinnvoll, für den Fall eines bevorste-

---

[743] *Wilde*, DB 2007, 269, 271; *Blasche*, RNotZ 2013, 515, 532..
[744] Siehe ausführlich *Blasche*, RNotZ 2013, 515, 530 ff.
[745] *Seibt* in: Scholz Bd. I, § 15 Rn. 111a; siehe auch *Reichert/Weller* in: MüKo GmbHG Bd. I, § 15 Rn. 386; *Blasche*, RNotZ 2013, 515, 532 m.w.N. dort in Fn. 242.
[746] *Reichert/Weller* in: MüKo GmbHG Bd. I, § 15 Rn. 386; *Blasche*, RNotZ 2013, 515, 532 m.w.N. dort in Fn. 242.

henden *change of control* bei einem Joint Venture Partner im Joint Venture Vertrag die Pflicht zur Mitteilung zu vereinbaren und im Falle des Widerspruchs des Partners oben beschriebene Maßnahmen vorzusehen, welche idealerweise schon eingreifen bevor der *change of control* tatsächlich vollzogen ist.

Eine so gestaltete Vertragskonstellation bietet dann ausreichenden Schutz, wenn es sich bei den Joint Venture Partnern um Einzelgesellschaften oder Konzernobergesellschaften handelt. Denn in diesem Fall ist ein Wechsel des Mehrheitsgesellschafters zu dem Zweck, sich über die dann greifenden „Ausschlussmechanismen" vorzeitig aus dem Joint Venture zu entziehen, recht gering und widerspricht in der Regel den gesamtwirtschaftlichen Interessen des betroffenen Partners. Anders liegt der Fall, wenn der Joint Venture Partner über eine zwischengeschaltete Holdinggesellschaft an dem Joint Venture Unternehmen beteiligt ist. In diesem Fall könnte der Joint Venture Partner die *change of control* Mechanismen gerade missbrauchen, um im Fall einer negativen wirtschaftlichen Entwicklung aus dem Joint Venture Unternehmen auszusteigen.[747] Eine in diesem Fall wohl bereits aus der Vinkulierung ableitbare schuldrechtliche Verpflichtung, eine solche Übertragung ohne Zustimmung zu unterlassen,[748] bietet keinen dinglichen Schutz. Da in diesem Fall nicht nur ein Gleichlauf zwischen Beteiligung am Joint Venture und am Joint Venture Unternehmen sicher gestellt sondern zudem gewährleistet sein muss, dass ein Joint Venture Partner sich nicht über einen Verkauf seiner Anteile an der zwischengeschalteten Holdinggesellschaft diesem Gleichlauf entziehen kann, ist im Falle der Wahl einer solchen Beteiligungsstruktur eine dingliche Vinkulierung der Anteile an der zwischengeschalteten Holdinggesellschaft zugunsten des (jeweils) anderen Partners vorzunehmen.[749] Anders als im oben geschilderten Fall der Einzelgesellschaft oder Konzernobergesellschaft, stehen einer solchen Vinkulierung der Anteile einer allein als Holding für die Beteiligung am Joint Venture Unternehmen geschaffenen Gesellschaft auch keine weitergehenden wirtschaftlichen Interessen des diese haltenden Joint Venture Partners entgegen. Die dingliche Vinkulierung von Anteilen an einer GmbH zugunsten

---

[747] Vgl. *Wilde*, DB 1007, 269, 271.
[748] Umstritten, vgl. *Ebbing* in: Michalski, § 15 Rn. 167 m.w.N. dort in Fn. 3, zustimmend *Reichert* in: Sudhoff, GmbH & Co.KG, § 28 Rn. 3 m.w.N. dort in Fn. 22; so auch *Blasche*, RNotZ 2013, 515, 530 m.w.N. dort in Fn. 220.
[749] Vgl. *Wilde*, DB 2007, 269, 271.

eines Dritten ist jedoch umstritten.[750] Zudem ist zu beachten, dass, selbst wenn eine solche zulässig sein sollte, diese durch Satzungsänderung ohne Zustimmung des begünstigten Partners wieder aufgehoben werden kann.[751] *Wilde* schlägt aus diesem Grund vor, im Falle der Beteiligung über eine zwischengeschaltete Holdinggesellschaft, dem jeweils anderen Partner eine Minderheitsbeteiligung ohne Gewinnbezugsrecht einzuräumen, um hierdurch eine Satzungsänderung ohne dessen Zustimmung zu verhindern.[752] Somit müsste der Joint Venture Partner einem Einstimmigkeitserfordernis für Satzungsänderungen (und auch Maßnahmen nach dem Umwandlungsgesetz) auf Basis seiner zwischengeschalteten Holdinggesellschaft unter Beteiligung des Joint Venture Partners zustimmen, beziehungsweise diesem für derartige Maßnahmen, wie Anteilsübertragung und nicht-identitätswahrenden Umwandlungsmaßnahmen sowie der identitätswahrenden Umwandlung in eine Aktiengesellschaft,[753] einen Zustimmungsvorbehalt einräumen.[754] Ob dies den meisten Fällen gangbar ist, darf angezweifelt werden.[755] Jedoch ist das Risiko eines Ausstiegs eines Partners, der sich über eine reine Holdinggesellschaft beteiligen möchte, als um ein vielfaches erhöht einzustufen und bedarf zusätzlicher Regelungen zur Sicherung des anderen Partners. Als Alternative bleibt nur die Möglichkeit, eine Holdinggesellschaft auf Seiten des Partners nicht zu akzeptieren.

v   Vorkaufsrecht bzw. Übernahmerecht

Ergänzend zum Erfordernis der Zustimmung zur Veräußerung von Geschäftsanteilen kann die Satzung oder der Joint Venture Vertrag auch vorsehen, dass den Joint Venture Partnern ein Vorkaufsrecht oder ein Übernahmerecht (basierend auf einer Andienungspflicht) an den Anteilen des anderen Partners zusteht. Dies kann helfen, die Interessen des Veräußerungswilligen wie des „übrigbleibenden" Joint Venture Partners miteinander zu vereinbaren. Übernahmerechte können zudem auch den Fall erfassen, dass sich die Beteili-

---

[750] Vgl. *Reichert/Weller* in: MüKo GmbHG Bd. I, § 15 Rn. 384 m.w.N. dort in Fn. 2; *Blasche*, RNotZ 2013, 515, 527 m.w.N. dort in Fn. 170.
[751] Vgl. *Reichert/Weller* in: MüKo GmbHG Bd. I, § 15 Rn. 384.
[752] Vgl. *Wilde*, DB 2007, 269, 271.
[753] Dies ist wegen des Risikos eines dort durchgeführten *squeeze-out* nötig, siehe *Wilde*, DB 2007, 269, 272.
[754] Vgl. zur satzungsgemäßen Gestaltungsmöglichkeit der Anforderungen an Beschlüsse im Rahmen einer Verschmelzung: *Reichert* in: Semler/Stengel, UmwG, § 50 Rn. 9.
[755] So im Ergebnis auch *Blasche*, RNotZ 2013, 515, 532.

gungsverhältnisse bei Joint Venture Partner selbst ändern.[756] Solche Rechte können mannigfaltig ausgestaltet und mit der satzungsmäßigen Vinkulierung der Anteile verbunden werden.[757] So kann etwa bereits die Satzung vorsehen, dass eine Veräußerung an einen anderen Gesellschafter (hier den Joint Venture Partner) bereits nicht der Zustimmung der Gesellschaft bedarf. Oder der Joint Venture Vertrag enthält Vorerwerbsregelungen, nach denen jeder Partner im Falle der Veräußerungsabsicht seine Anteile zunächst dem anderen Partner anbieten muss.[758]

Derartige Übernahmerechte schützen den Partner vor einer willkürlichen Veräußerung an Dritte. Die Einräumung eines solchen Rechts muss nicht in der Satzung des Joint Venture Unternehmens geregelt werden.[759] Es handelt sich um rein schuldrechtliche Vereinbarungen, die auf die spätere Übertragung des Gesellschaftsanteils gerichtet sind, und daher auch ihren Niederschlag im Joint Venture Vertrag finden können, von zumeist auch Gebrauch gemacht wird.[760] Ist das Joint Venture Unternehmen allerdings in der Rechtsform einer GmbH errichtet bedarf die Einräumung sämtlicher derartiger Rechte, wegen ihrer Natur als Verpflichtung zur Übertragung eines Geschäftsanteils, nach § 15 Abs. 4 GmbHG der notariellen Beurkundung.[761]

Das Vorkaufsrecht ist als doppelt bedingter Kaufvertrag anzusehen[762] und kann gegenüber Gesellschaftern, der Gesellschaft und auch Dritten bestellt werden.[763] Es ermöglicht dem Vorkaufsberechtigten, im Falle des Abschluss eines Vertrages zwischen dem Vorkaufsverpflichteten und einem Dritten, in diesen Vertrag anstelle des Dritten einzutreten. Es gilt dagegen nicht bei anderen Rechtsgeschäften wie Schenkung, Tausch oder der Einbringung des Anteils in eine Gesellschaft.[764] Nicht nur aus diesem Grund erweist sich die (zusätzliche) Vereinbarung eines Übernahmerechts als vorzugswürdig. In diesem

---

[756] Vgl. *Reichert/Weller* in: MüKo GmbHG Bd. I, § 15 Rn. 386.
[757] Vgl. *Blasche*, RNotZ 2013, 515, 534.
[758] Zur Zulässigkeit einer solchen Regelung jüngst BGH, Urt. v. 22.1.2013, Az. II ZR 80/10, NZG 2013, 220, 221; vgl. zur Andienungsregelung in Konsortialverträgen auch *von der Osten*, GmbHR 1993, 798, 801.
[759] Siehe auch *Ebbing* in: Michalski, § 15 Rn. 68.
[760] Vgl. *Hoffmann-Becking*, ZGR 1994, 442, 443.
[761] H. M., vgl. *Fastrich* in: Baumbach/Hueck, § 15 Rn. 33; *Ebbing* in: Michalski, § 15 Rn. 70; *Bayer* in: Lutter/Hommelhoff, § 15 Rn. 46.
[762] Vgl. *Ebbing* in: Michalski, § 15 Rn. 69 m.w.N.
[763] Vgl. *Ebbing* in: Michalski, § 15 Rn. 71.
[764] Vgl. *Ebbing* in: Michalski, § 15 Rn. 73.

Fall muss der andere Partner nicht auf den Abschluss eines notariellen Kaufvertrages mit einem Dritten warten.[765] Der veräußerungswillige Partner muss ihm seinen Anteil vielmehr im Vorfeld des Drittverkaufs anbieten. Da ein solcher Vorerwerb nicht an Konditionen eines konkreten Drittverkaufs geknüpft ist, muss der in diesem Fall zu zahlende Kaufpreis sich aus den getroffenen Vereinbarungen über den Vorerwerb ergeben. Daneben wird vorgeschlagen, dass zusätzlich ein Vorkaufsrecht vereinbart werden sollte, um Scheinangebote zu verhindern.[766]

### b. Rechtslage bei der GmbH Co. KG

### i Kontrolle der Übertragbarkeit

Die Ausgangslage liegt bei gleicher Zielsetzung dann völlig anders, wenn das Joint Venture Unternehmen in der Rechtsform einer GmbH & Co. KG errichtet wird. Nach dem Recht der Personengesellschaften ist eine Übertragung der Mitgliedschaft nicht vorgesehen.[767] Vielmehr findet ein Gesellschafterwechsel durch Austritt eines alten bzw. Eintritt eines neuen Gesellschafters statt. Nach mittlerweile allgemeiner Ansicht ist jedoch eine rechtsgeschäftliche Übertragung der Kommanditbeteiligung auch im Wege der Sonderrechtsnachfolge möglich,[768] wenn und soweit es der Gesellschaftsvertrag vorsieht oder alle Mitgesellschafter im konkreten Fall der Übertragung zustimmen.[769] Der Gesellschaftsvertrag kann eine solche generelle Übertragbarkeit gleichzeitig unter den Vorbehalt der Zustimmung[770] der Gesellschaft und/oder der Gesellschafter stellen. Es kann somit durch gesellschaftsvertragliche Gestaltung eine mit der Vinkulierung der Anteile einer GmbH vergleichbare Situation erreicht werden.

Außer im Fall der Einheitsgesellschaft ist es zudem zwingend zu empfehlen, auf eine Personengleichheit von Kommanditisten der KG und Gesellschaftern der Komplementärs GmbH zu achten. Es wird in der Praxis daher die unterschiedliche Ausgangslage der Übertragbarkeit der Anteile durch eine vertragli-

---

[765] Vgl. *Seibt* in: MAH GmbH, § 2 Rn. 215; siehe auch *Blasche*, RNotZ 2013, 515, 534.

[766] *Seibt* in: MAH GmbH, § 2 Rn. 216.

[767] *Binz/Sorg*, § 6 Rn. 5.

[768] „Übertragungsmodell", siehe *Hannes* in: Hesselmann/Tillmann/Mueller-Thuns, § 9 Rn. 3.

[769] BGH, Urt. v. 28.4.1954, Az. II ZR 8/53, NJW 1954, 1155, 1156; *Hannes* in: Hesselmann/Tillmann/Mueller-Thuns, § 9 Rn. 9 bzw. Rn. 5; *Binz/Sorg*, § 6 Rn. 5.

[770] *Skauradszun*, NZG 2012, 1244, 1244, der insoweit von einer „Ausnahme von der Ausnahme" spricht.

che Verknüpfung, eine sogenannte „Verzahnung"[771] der Vereinbarungen in den Gesellschaftsverträgen der beiden Gesellschaften egalisiert.[772] So wird die Übertragbarkeit der GmbH Anteile soweit beschränkt und die der Kommanditanteile soweit erweitert, dass ein Gleichlauf möglich ist. Am praktikabelsten ist es jegliche Übertragung, sei es bei der Komplementär GmbH sei es in der KG, an die Zustimmung der jeweiligen Gesellschafterversammlung zu knüpfen.[773] In Ergänzung sollten die Joint Venture Partner im Joint Venture Vertrag vereinbaren, wann sie eine solche Zustimmung erteilen wollen und sich zudem verpflichten auf den Gleichlauf der Beteiligungsverhältnisse in GmbH und KG zu achten. Auch in der GmbH & Co. KG können Vorkaufs- oder Übernahmerechte vereinbart werden. Es gilt insoweit das zur GmbH gesagte.

ii  Kündigung eines Gesellschafters

Ein dem Gesellschaftsrecht gemeiner Gedanke ist, dass kein Gesellschafter für immer an die Gesellschaft gebunden sein soll. Die bei Kapitalgesellschaften grundsätzlich bestehende freie Übertragbarkeit der Gesellschaftsbeteiligung spiegelt sich im Personengesellschaftsrecht in einem ordentlichen Kündigungsrecht jedes Gesellschafters wieder. Nach §§ 132, 161 Abs. 2 HGB kann jeder Gesellschafter einer KG die Gesellschaft mit Frist von sechs Monaten zum Ende eines Geschäftsjahres kündigen. Eine derartige Regelung ist natürlich für ein Joint Venture Unternehmen fatal, da es zu einer von den Partnern dringend gewünschten und benötigten Planungssicherheit im Widerspruch steht. Den Partnern ist aus diesem Grunde daran gelegen, das Kündigungsrecht im Joint Venture Unternehmen an die Beendigung des Joint Venture Vertrages zu knüpfen. Wegen der Anwendbarkeit der Regelung des § 723 BGB kann das ordentliche Kündigungsrecht durch gesellschaftsvertragliche Regelung jedoch lediglich zeitlich beschränkt, jedoch nicht gänzlich ausgeschlossen werden.[774] Aus diesem Grund werden die Joint Venture Partner im Gesellschaftsvertrag der KG das ordentliche Kündigungsrecht für eine Anlaufphase begrenzen.

c. Zwischenergebnis

Gesellschaftsvertragliche Beschränkungen der Übertragbarkeit der Anteile an dem Joint Venture Unternehmen sind besonders dann relevant, wenn sämtli-

---

[771] *Liebscher* in: Sudhoff, GmbH & Co. KG, § 1 Rn. 4.
[772] Vgl. *Binz/Sorg*, § 6 Rn. 7; siehe hierzu auch *Blasche*, RNotZ 2013, 515, 523.
[773] Dies ist auch im Personengesellschaftsrecht möglich, vgl. *Hannes* in: Hesselmann/Tillmann/Mueller-Thuns, § 9 Rn. 9 m.w.N. dort in Fn. 4.
[774] *Binz/Sorg*, § 6 Rn. 52; siehe oben 2 b.

che Gesellschafter auch Partner des Joint Ventures sind. Aber auch wenn daneben reine Finanzinvestoren aufgenommen werden, haben die Joint Venture Partner ein Interesse zu kontrollieren, an wen Anteile übertragen werden. Aus diesem Grund wird der Gesellschaftsvertrag des Joint Venture Unternehmens in jedem Fall eine Vinkulierung der Anteile sämtlicher Gesellschafter enthalten. Der Joint Venture Vertrag enthält regelmäßig die Kriterien, nach denen die Partner die Zustimmung erteilen oder verweigern.

Es sei bereits an dieser Stelle angesprochen, dass selbst die juristisch findigste Vinkulierung keine Problemlösung bieten kann, wenn der ausscheidenswillige Joint Venture Partner als Folge der Verweigerung einer Zustimmung die weitere Mitarbeit im Joint Venture faktisch verweigert. Daneben sind auch Andienungspflichten, Options- und Vorkaufsrechte *de facto* wirkungslos, wenn den anderen Joint Venture Partnern im konkreten Fall die wirtschaftlichen Mittel zum Erwerb der zur Veräußerung stehenden Beteiligung fehlen. In diesem Falle kann es sinnvoll sein, den Parteien vertragliche Möglichkeiten eines „Gesamtausstiegs" als Alternative zu bieten. Insbesondere kommen hier sogenannte *tag-along* und *drag-along* Regelungen in Betracht. Im Einzelfall kann auch eine Liquidation die einzige Lösung sein.

Die Vertragswerke müssen somit zum einen einen Gleichlauf der Beteiligungen an Joint Venture und Joint Venture Unternehmen sicherstellen und zum anderen gewährleisten, dass sich die Joint Venture Partner für eine gemeinsam festgelegte Mindestlaufzeit ohne Zustimmung des Partners nicht aus dem gemeinsamen Projekt verabschieden können. Sollte ein Ausstieg dennoch unumgänglich sein, müssen hierfür ebenfalls antizipiert geschaffene Mechanismen bereitstehen.

### VII. Wettbewerbsverbot, Nutzung geistigen Eigentums und Abwerbeverbote

Auch Wettbewerbs- und Abwerbeverbote, sowie der Schutz des geistigen Eigentums der Partner und des Gemeinschaftsunternehmens, sind für eine effiziente Steuerung des Joint Ventures unerlässlich. Hierbei geht es in erster Linie darum, mögliche Konflikte zwischen den Joint Venture Partnern von vornherein auszuschließen. So kann den Partnern die notwendige Sicherheit für einen Wissens- und Personaltransfer gegeben werden. Denn zumeist sind die Joint Venture Partner außerhalb des gemeinsamen Joint Venture Unternehmens direkte Wettbewerber oder bewegen sich zumindest in eng verwandten

Geschäftsbereichen. Aus der Hoffnung durch die Ausnutzung von Synergien Erfolg und Marktvorsprung zu erzielen, ergeben sich oft die Beweggründe für die Zusammenarbeit. Das in das Joint Venture Unternehmen transferierte oder von diesem selbst geschaffene Knowhow sowie die Eröffnung von Vertriebskanälen hat daher für alle Partner einen großen wirtschaftlichen Wert. Um Missbrauch oder Benachteiligung eines Partners oder des Joint Venture Unternehmens zu vermeiden, muss gewährleistet werden, dass die Joint Venture Partner ihre Anstrengungen hinsichtlich des Unternehmensgegenstandes des Joint Ventures allein auf dieses konzentrieren. Sie dürfen weder offen noch verdeckt mit dem Joint Venture Unternehmen in Wettbewerb treten. Das von einem Partner eingebrachte oder durch Lizensierung zur Verfügung gestellte Knowhow sowie vom Joint Venture Unternehmen generierte Weiter- oder Neuentwicklungen müssen ausschließlich im Joint Venture Unternehmen verbleiben. Sie dürfen von den Partnern auch außerhalb des Unternehmensgegenstandes des Joint Venture Unternehmens nur genutzt werden, wenn dies vertraglich vereinbart ist. Insoweit ist ein striktes Verbot mit Erlaubnisvorbehalt im Joint Venture Vertrag sinnvoll. Rechtliche Unsicherheit in dieser Sache fördert Misstrauen und ist für den Erfolg des gemeinsamen Projekts hinderlich. Ebenfalls notwendig sind vertragliche Regelungen, dass das Wettbewerbsverbot nicht durch das Abwerben von Wissensträgern des Partners oder des Joint Venture Unternehmens umgangen werden darf. Nur so kann die Bereitschaft der Partner erhöht werden, dem Joint Venture fähige Arbeitnehmer zur Verfügung zu stellen.

## VIII. Gewinnverwendung und Gewinnabführung

Beim Geld hört bekanntlich jede Freundschaft auf, und somit erst recht jede noch so freundschaftliche Geschäftsbeziehung. Dementsprechend müssen die Joint Venture Partner bereits zu Beginn umfassend regeln, welcher Anteil am Gewinn des Gemeinschaftsunternehmens jedem von ihnen zustehen soll. Hat man sich - gegebenenfalls abweichend von der prozentualen Beteiligung - auf eine quotale Verteilung geeinigt, folgt üblicherweise eine ausdauernde Diskussion mit den wirtschaftlichen und rechtlichen Beratern über eine „besonders steuergünstige" Umsetzung dieser Verteilung. Hierbei ist jedoch sowohl bei der Frage nach dem „wie viel" als auch bei der Frage nach dem „wie", insbesondere in Anbetracht der Regelungen zur verdeckten Gewinnausschüttung und der Kapitalerhaltung, bei der GmbH Vorsicht geboten. Auch bergen sogenannte „Ergebnisabführungsverträge" mit dem Joint Venture Unternehmen nicht nur Vorteile für die Partner sondern auch Risiken, da sie nur wirksam geschlossen werden können, wenn sie nicht nur die Gewinne sondern auch die Verluste des Gemeinschaftsunternehmens auf die Unternehmen der Partner übertragen.[775] Eine solche Verlusttragung ist regelmäßig nicht gewollt, da sie die bei der Wahl der Rechtsform sorgfältig bedachte Haftungsbeschränkung konterkarieren würde.

## IX. Regelung des Verhältnisses zu des Joint Venture Partnern

Die Interessen der Joint Venture Partner bezüglich des Joint Venture Unternehmens liegen zumeist im der Sicherung des Zugangs zu einem Markt oder der Schaffung von Zuliefer- oder Abnahmewegen. Insbesondere produzierende oder Vertriebs-Joint Venture Unternehmen schließen daher mit ihren Partnern Liefer- bzw. Abnahmeverträge. Hierbei ist aus wettbewerbsrechtlicher und steuerlicher Sicht besondere Aufmerksamkeit geboten. So dürfen solche Verträge das Joint Venture Unternehmen nicht verpflichten, ausschließlich Geschäfte mit den Müttern zu machen. Auch muss das Joint Venture Unternehmen eine adäquate Gegenleistung erhalten, die Vereinbarung somit steuerlich dem sogenannten „Drittvergleich" standhalten können. Dies ist unbedingt zu beachten, um die Gesellschafter in finanziell angespannten Situationen nicht dem Verdacht unerlaubter Gewinnausschüttungen auszusetzen.[776]

## X. Streitbeilegungsmechanismen

### 1. Konfliktfälle

Kooperationen jeder Art bieten ein hohes Maß an Konfliktpotential, da es neben den gemeinsamen Interessen der Partner auch immer darum geht, deren Individualinteressen angemessen zu berücksichtigen und zum Ausgleich zu bringen. Gerade bei Joint Ventures mit paritätischer Beteiligung, ist ein wirksames Konfliktmanagement unabdingbar. Zwar sind Mechanismen zur Stimmbindung effektive Mittel, eine Entscheidung zwischen den Partnern herbeizuführen und so die Steuerung des Joint Venture Unternehmens zu gewährleisten. Jedoch leiden die zumeist schuldrechtlichen Stimmbindungsvereinbarungen an der fehlenden direkten Verbindlichkeit auf der Ebene des Joint Venture Unternehmens. Wie oben dargestellt, schließt ein wirksamer Mehrheitsbeschluss auf der Ebene der Joint Venture Partner nicht zwingend aus, dass die Partner in der Gesellschafterversammlung des Joint Venture Unter-

---

[775] Vgl. zum Ergebnisabführungsvertrag *Liebscher* in: MüKo GmbHG Bd. I, Anhang Die GmbH als Konzernbaustein Rn. 668 ff.
[776] Vgl. BGH, Urt. v. 1.12.1986, Az. II ZR 306/85, NJW 1987, 1194, 1195.

nehmens abredewidrig abstimmen. Ein solcher Beschluss ist nach der hier vertretenen Ansicht zwar wegen Verstoßes gegen den Joint Venture Vertrag anfechtbar. Jedoch führt die Anfechtung des abredewidrigen Beschlusses nicht zur Fassung eines abredegemäßen Beschlusses an dessen Stelle. Trotz gerichtlicher Durchsetzbarkeit einer dem Joint Venture Vertrag gemäßen Abstimmung spricht daher oft das Zeitmoment gegen eine hierauf gestützte Willensdurchsetzung. Dazu kommt, dass sich viele Probleme oft erst nach einiger Zeit der Zusammenarbeit zeigen. Sei es der vom Partner entsandte Geschäftsführer, mit dessen Handeln der andere Partner nicht mehr einverstanden ist oder ein Streit über die strategische Ausrichtung des Joint Venture Unternehmens und seine Platzierung am Markt. Aber auch personelle oder unternehmerische Veränderungen in den Gesellschaften der Joint Venture Partner können Konfliktpotentiale bergen. Ändern sich etwa die strategischen Ziele eines Partners dahingehend, dass sein Interesse an dem Joint Venture Unternehmen abnimmt, kann das zu einer Verminderung seines finanziellen und organisatorischen Einsatzes für das Unternehmen führen und den Interessen der anderen Partner zuwider laufen. Auch besteht die Gefahr, dass ein Partner versucht, das Joint Venture einseitig für seine Interessen einzusetzen. Weiterhin ist der Fall denkbar, dass ein Partner durchaus seine Beiträge nach dem Joint Venture Vertrag erbringen möchte, dies aber aufgrund einer Veränderung seiner wirtschaftlichen Situation nicht kann oder er durch ihn selbst betreffende rechtliche Veränderungen, wie etwa eine Fusion, Übernahme oder einfach Gesetzesänderungen, in seiner Entscheidungsbefugnis beschränkt wird.

## 2. Beilegung eines „Patts"

Der Joint Venture Vertrag muss Regelungen für den Fall enthalten, dass trotz vereinbarter Stimmbindung eine einheitliche Meinung unter den Joint Venture Partnern nicht erzielt werden kann. Es muss gewährleistet sein, dass das Joint Venture zu jedem Zeitpunkt handlungsfähig ist.[777] Während alleinige Entscheidungsrechte aufgrund der Bindung an die Stimme eines Partners bereits in der Stimmbindung verankerte Praktikabilitätslösungen zur Vermeidung eines Patts[778] darstellen, vermögen sie es nicht zwischen den Partnern bestehende Uneinigkeiten tatsächlich zu lösen. Die Partner müssen sich beim Entwurf ihres Joint Venture Vertrages darüber im Klaren sein, dass es zu Situati-

---

[777] Vgl. *Schütze/Vormann* in: Dieners/Reese, § 19 Rn. 29.
[778] Man spricht hier auch von „Deadlock", „Pattsituation" oder „Entscheidungsstillstand", siehe *Elfring*, NZG 2012, 895, 895.

onen kommen kann, die ein Partner nicht mittragen möchte, oder man an Punkte gelangt, an denen die Partner unterschiedliche Richtungen mit dem Joint Venture Unternehmen einschlagen wollen. Hier reicht es nicht mehr, eine Entscheidung unter den Partnern durch Stimmbindung zu erzwingen. Denn diese ist nicht uneingeschränkt möglich, nicht uneingeschränkt wirksam und nicht uneingeschränkt durchsetzbar. Vielmehr muss der Joint Venture Vertrag Streitbeilegungsmechanismen vorsehen. In Betracht kommen hier – neben oben bereits genannten Letztentscheidungsrechten die jedoch letztlich nur eine „Streitumgehung" darstellen – informelle oder formelle Schlichtverfahren sowie letztendlich natürlich die Herbeiführung einer verbindlichen gerichtlichen Entscheidung.

Beim Joint Venture trifft der bekannte Spruch vom Namen der Programm ist zu. Ein Joint Venture lebt vom Einsatz und dem Zusammenwirken der Partner für die gemeinsame Idee. Konfliktprävention in der Vertragsgestaltung ist daher wichtig aber nicht ausreichend. Im Joint Venture Vertrag vereinbarte scheinbar einflusssichernde Instrumente, wie Stimmbindungsvereinbarungen und Weisungs- oder Entsendungsrechte, leiden oft an ihrer fehlenden direkten Wirksamkeit im Joint Venture Unternehmen. Diesem Problem könnte man natürlich dadurch begegnen, dass derartige Vereinbarungen durch eine Aufnahme in die Satzung des Joint Venture Unternehmens auch gesellschaftsrechtlich verbindlich gemacht werden. Jedoch stehen einer solchen Übernahme der schuldrechtlichen Vereinbarungen oft Publizität, Formerfordernisse oder schlichtweg die rechtliche Unmöglichkeit einer solchen Aufnahme in den Gesellschaftsvertrag im Weg. Selbst wenn die Vereinbarungen der Joint Venture Partner zum Gegenstand des Gesellschaftsvertrages gemacht werden, bedarf es zur Durchsetzung der Rechte Einzelner oft eines gerichtlichen Verfahrens. Nach einem solchen Gerichtsverfahren kann dann der obsiegende Partner zwar seinen Willen im gemeinsamen Unternehmen durchsetzen. Das Vertrauen und die Atmosphäre zwischen den Partnern ist aber regelmäßig zerstört. Ein Joint Venture, in dem nicht mehr alle Partner an einem Strang ziehen, ist mittelfristig zum Scheiten verurteilt. Dazu kommt, dass ein gerichtliches Verfahren über die Wirksamkeit und Bindungswirkung von Klauseln, Vereinbarungen und Beschlüssen, je nach Komplexität des Sachverhalts und Findigkeit der rechtlichen Berater der Parteien, durch mehrere Instanzen geführt werden und sich so über Jahre hinziehen kann. Handelt es sich bei den streitigen Vorgängen um operativ notwendige Geschäfte, wird das Joint Venture Unternehmen die gerichtliche Entscheidung unter Umständen schon gar nicht mehr erleben, da es vorher Insolvenz anmelden muss. So kann eine Entscheidung über eine Nachkapitalisierung binnen Tagen zu fällen sein, wenn sie dringend notwendig ist um das Joint Venture Unternehmen liquide zu halten. Dagegen kann eine solche aber auch nur den Expansionsplänen eines Partners zu dienen bestimmt sein, die der andere Partner aufgrund des wirtschaftlichen Risikos nicht eingehen will oder aufgrund seiner finanziellen Situation nicht kann. Wie die Redensart sagt, erfordern unterschiedliche Situationen unterschiedliche Maßnahmen. Dieser Spruch gilt auch für die potentiellen Konflikte in Joint Ventures. Dementsprechend ist im Rahmen der Vertragsgestaltung im Joint Venture System darauf Wert zu legen, dass den Partnern effektive Mittel zur Beilegung späterer Konflikte an die Hand gegeben werden.

Ein grundsätzlicher Irrtum ist oft, dass Konflikte nur entstünden, wenn eine Partei einen Fehler gemacht habe.[779] Nach dieser Theorie gibt es immer ein richtig und ein falsch, ein gut und ein böse, mithin eine einzige Richtung nach der die Verantwortung zielt und in die die Lösung des Konfliktes laufen muss. Diese Theorie kann unter Zugrundelegung des oben Gesagten jedoch nicht gelten. Konflikte in Joint Ventures entstehen zwar natürlich auch durch Vertragsverletzungen einzelner Partner, zumeist jedoch deshalb, weil die Wege, die die Partner mit dem Joint Venture Unternehmen gehen wollen, nicht die gleichen sind. Der Grund für ein Auseinanderdriften der Ansichten über den richtigen Weg kann in einer nicht vorhergesehenen Entwicklung des Joint Venture Unternehmens, der Marktsituation oder der wirtschaftlichen Lage einzelner Partner liegen. Richtiger Ausgangspunkt einer wirksamen Konfliktbewältigung ist daher die grundsätzliche Frage nach den Ursachen und Folgen des Konfliktes, auf deren Grundlage eine Strategie zur Konfliktbewältigung entwickeln werden kann.[780]

### 3. Mechanismen zur Beilegung eines „Deadlocks"

#### a. Deadlock

Was ist also zu tun, wenn es zwischen den Parteien trotz aller vertraglichen Vorkehrungen zum „Deadlock" kommt. Zunächst ist zu fragen, wie sich eine

---

[779] *Schmoll*, S. 128.
[780] *Schmoll*, S. 129.

„Deadlock"-Situation definiert.[781] Grundsätzlich ist hierunter jede Uneinigkeit zwischen den Joint Venture Partnern zu verstehen, wegen der eine bindende Entscheidung nicht gefasst werden kann. Aus diesem Grund sind all die Situationen nicht erfasst, in denen zwar Uneinigkeit zwischen den Partnern besteht, aber aufgrund alleiniger Entscheidungsrechte, antizipierter Zustimmung oder anderweitiger vertraglicher Regelung im Joint Venture Vertrag trotzdem faktisch eine Entscheidung herbeigeführt werden kann. Teilweise wird eine weitere Eingrenzung dahingehend vorgenommen, dass nicht alle Pattsituationen zum „Deadlock" führen sollen, sondern nur solche, die einen derartigen wirtschaftlichen oder strukturellen Stellenwert haben nach dem sich die Ingangsetzung eines Schlichtungsverfahren rechtfertigt.[782] Dem ist insoweit zuzustimmen, dass nicht jede Pattsituation zwingend die Titulierung „Deadlock" rechtfertigende Auswirkungen auf die Steuerung des Joint Venture Unternehmens mit sich bringt. Es ist daher im Joint Venture Vertrag festzulegen, ob den Partnern in jeder Pattsituation oder nur in Fällen von bestimmter wirtschaftlicher oder struktureller Relevanz der Weg in ein Schlichtungsverfahren offen stehen soll.[783] Da ein Schlichtungsverfahren regelmäßig dann zum tragen kommt, wenn sich die gemeinsame Linie der Partner nicht aus den „in guten Zeiten" getroffenen gemeinsamen Absprachen im Joint Venture Vertrag ergibt, oder unerwartete Veränderungen eintreten, sollte der Anwendungsbereich möglichst offen gelassen werden. Auf der anderen Seite muss auch eine vertragliche Gestaltung gefunden werden, die eine missbräuchliche Inanspruchnahme der Streitschlichtungs-Mechanismen verhindert. Ob dies durch die Beschränkung auf einen Schwellenwert und/oder „wesentliche" Geschäfte[784] oder durch die Ausnahme von Fragen des Tagesgeschäfts geschieht, ist eine Einzelfallfrage, die von den Parteien vorab zu überlegen und zu entscheiden ist.

b. Lösung des „Deadlock"

Im Falle des Eintritts einer „Deadlock" Situation gibt es verschiedene Möglichkeiten dieses aufzulösen und eine Entscheidung der Partner herbeizuführen. Teilweise wird diskutiert, einem der Partner, entweder differenziert nach Ent-

---

[781] Das OLG Nürnberg, Urt. v. 20.12.2013, Az. 12 U 49/13, NZG 2014, 222, 223 spricht von einer „Selbstblockade der Gesellschaftsorgane"; vgl. ausführlich *Elfring*, NZG 2012, 895, 895 f.
[782] *Elfring*, NZG 2012, 895, 896.
[783] Ausführlich *Elfring*, NZG 2012, 895, 896.
[784] So der Vorschlag von *Elfring*, NZG 2012, 895, 896.

scheidungsgegenstand oder im jährlichen Turnus, ein Letztentscheidungsrecht („Casting-Vote") einzuräumen.[785] Ein solches ist zwar, ebenso wie antizipierte Alleinentscheidungsrechte, grundsätzlich geeignet eine Entscheidung unter Gewährleistung der Steuerungsfähigkeit herbeizuführen. Jedoch handelt es sich auch hierbei letztendlich um eine Streitumgehung und keine Lösung des Konflikts. Dem Grundgedanken des Joint Ventures, nach dem dieses von der gemeinsamen Leitung der Partner geprägt ist, wird ein solches Vorgehen nicht gerecht.[786] Es liegt daher näher einen Dritten in die Lösung des Konflikts zu involvieren. Im Wesentlichen kommen hierbei in Betracht:[787]

- Einschaltung höherer Gremien der Muttergesellschaften;
- Eischaltung eines weiteren Gesellschaftsorgans, wie etwa eines Beirats;
- Einschaltung externer Schlichter, Mediation;
- Schiedsgerichtsentscheidung.

Es wird teilweise als sinnvoll angesehen, dass „Deadlock"-Situationen auf eine „höhere Instanz" verlagert werden, mithin sich die Leitungsgremien der Joint Venture Partner mit der Thematik beschäftigen.[788] Indes dürfte ein solches Vorgehen regelmäßig nur zur Problemverlagerung führen. Sind die handelnden Personen nicht, wie zumeist, bereits identisch, unterliegen sie doch regelmäßig den Weisungen der Joint Venture Partner, eben gerade vertreten durch deren Leitungsorgane. Eine abweichende Positionierung wird sich durch eine solche Verlagerung – wenn sie überhaupt als solche zu betrachten ist - regelmäßig nicht ergeben.

Dasselbe gilt für die Einschaltung eines Organs zur Streitschlichtung, etwa eines Beirates. Die Einrichtung eines Beirats und die Übertragung von organschaftlichen auf diesen, sind in der GmbH und in der GmbH & Co. KG möglich.[789] Zu beachten ist, dass aufgrund des Grundsatzes der Verbandssouve-

---

[785] *Kuhn* in: Schulte/Schwindt/Kuhn, § 8 Rn. 11 ff.; *Schulte/Pohl*, S. 160 Rn. 682 ff.; *Elfring*, NZG 2012, 895, 897.
[786] So auch *Elfring*, NZG 2012, 895, 897.
[787] Vgl. *Elfring*, NZG 2012, 895, 897 ff.; vgl. auch *Schulte/Sieger*, NZG 2005, 24, 24.
[788] *Elfring*, NZG 2012, 895, 897.
[789] Vgl. zur GmbH: *Robertz*, MittRhNotK 1991, 239, 241 f.; *Nießen/Kempermann*, NJW-Spezial 2012, 271, 271 f.; vgl. zur GmbH & Co. KG: *Reichert* in: Sudhoff GmbH & Co. KG, § 18 Rn. 28 ff.

ränität die wesentlichen Entscheidungen in der Gesellschaft,[790] insbesondere hinsichtlich ihres Bestandes und ihrer Verfassung, in der Kompetenz der Gesellschafter verbleiben müssen.[791] Unabhängig von dieser Einschränkung dürfte sich auch hier aufgrund der Besetzung des Organs mit Vertretern der Joint Venture Partner bzw. von diesen gewählten oder entsandten Personen[792] nur eine bessere Chance zur Konfliktlösung ergeben, wenn sich bei den konkreten Vertretern um einigungsbereitere oder mit höheren Kompetenzen für einen Kompromiss ausgestatte Personen handelt. Daneben ist ein freiwilliger Beirat auf Ebene des Joint Venture Unternehmens nur solange geeignet, als Streitschlichter zwischen den Joint Venture Partnern zu fungieren, wie diese alleinige Gesellschafter des Joint Venture Unternehmens sind.

Aus diesem Grund werden die Partner, jedenfalls ergänzend zu obigen Mechanismen, die Möglichkeit der Einschaltung unabhängiger Dritter zur Konfliktlösung vorsehen. Im Rahmen einer sogenannten „Schlichtung" oder „Mediation" können sich die Partner Hilfe bei der eigenen Konfliktlösung durch eine dritte hierfür gesondert ausgebildete Person, etwa einen Wirtschaftsmediator, holen. Vorteil dieses Verfahrens ist die Ent-Emotionalisierung und hierdurch Objektivierung des Konfliktes durch eine Moderation der Gespräche durch einen unabhängigen Dritten. Dies führt oft erst dazu, dass die Parteien die ihnen jeweils wichtigen Punkte spezifizieren und formulieren. Die Partner werden gezwungen, sich zu überlegen, um was es ihnen in dem Konflikt eigentlich geht. Kennt man deren Beweg- und Hintergründe ist es oft möglich doch noch einen für alle zufriedenstellenden Kompromiss zu finden. Die Mediation kann daher, soweit die Parteien grundsätzlich einigungsbereit sind, zum Erhalt einer harmonischen Geschäftsbeziehung beitragen.[793]

Anstatt oder im Falle einer erfolglosen Schlichtung können die Parteien die Entscheidung auch in die Kompetenz eines Schiedsgerichts stellen. In diesem Fall begeben sie sich der Möglichkeit, selbst eine Lösung für ihren Konflikt zu finden oder sind mit einem derartigen Versuch gescheitert. Die Berufung eines Schiedsgerichts zur Entscheidung in internen Streitigkeiten muss im Joint Ven-

---

[790] Katalog bei *Priester*, DStR 2007, 28, 28 f. m.w.N. dort in Fn. 12; sowie *Robertz*, MittRhNotK 1991, 239, 241 f.
[791] Vgl. *Elfring*, NZG 2012, 895, 897f.; sowie *Hüffer* in: Großkommentar GmbHG Bd. II, § 45 Rn. 13; *Römermann* in: Michalski, § 45 Rn. 24.
[792] Vgl. *Elfring*, NZG 2012, 895, 898.
[793] Vgl. *Elfring*, NZG 2012, 895, 898.

ture Vertrag gesondert vereinbart werden und das Verfahren muss dem von den staatlichen Gerichten gewährten Rechtsschutz gleichwertig sein.[794] Regelmäßig werden die Partner auch die Besetzung des Schiedsgerichts bereits im Joint Venture Vertrag regeln oder einer hierfür kompetenten Stelle übertragen.[795]

### c. Zusammenfassung

Die Joint Venture Partner können die „schlichtungsfähigen" Gegenstände bereits im Joint Venture Vertrag begrenzen. Zudem können grundsätzlich verschiedene Verfahren der Streitbeilegung hintereinander geschaltet werden. Bei allem vertraglichen Gestaltungseifer sollten die Parteien im Blick behalten, dass jedes Schlichtungsverfahren hilfreich sein kann, ihnen aber auch die Kompetenz zur eigenen Entscheidung in gewissem Maße nimmt. Es erscheint daher sinnvoll, in jedem Joint Venture Vertrag für den Konfliktfall „Time-Out"-Mechanismen zu vereinbaren, nach denen die Partner nach einer verpflichtenden Bedenkzeit erneut zu Beratungen und Entscheidungsversuchen zusammentreten.

## XI. Beendigung des Joint Ventures/ Folgen für das Gemeinschaftsunternehmen

Kommt es im Konfliktfall zu keiner einvernehmlichen Lösung oder haben die Partner erkannt, dass eine gemeinsame Zukunft nicht mehr sinnvoll ist, ist oft die Beendigung des Joint Ventures der letzte Ausweg. Auch wenn die Partner Vereinbarungen zum Gleichlauf der Beteiligungen am Joint Venture und am Joint Venture Unternehmen getroffen haben, stellt die einvernehmliche Beendigung des Joint Ventures nicht immer auch ein Ende des Joint Venture Unternehmens dar. Dieses kann vielmehr – so es sich nicht in einer wirtschaftlichen Schieflage befindet - in verschiedenen Beteiligungskonstellationen weiter geführt werden.

### 1. Kündigung des Joint Venture Vertrages

Es ergeben sich, insbesondere im zwei Personen Joint Venture, vier „klassische" Beendigungsszenarien:

---

[794] Vgl. *Elfring*, NZG 2012, 895, 899; BGH, Urt. v. 6.4.2009, Az. II ZR 255/08, NZG 2009, 620, 620 ff. ("Schiedsfähigkeit II").
[795] Gerne wird hier auf internationale Regularien, wie die Schiedsgerichtsordnung der *International Chamber of Commerce* zurückgegriffen.

1. Ein Partner scheidet aus dem Joint Venture aus und überträgt seine Anteile am Joint Venture Unternehmen an den anderen Partner der dieses alleine weiter führt.
2. Ein Partner überträgt seine Anteile an dem Joint Venture Unternehmen unter der Bedingung des Beitritts zum Joint Venture Vertrag und mit Zustimmung des verbleibenden Partners an einen Dritten.
3. Alle Partner veräußern ihre Anteile am Joint Venture Unternehmen an einen Dritten.
4. Die Partner beenden gemeinsam das Joint Venture Unternehmen.

Neben Vorkaufsrechten (relevant für Variante 1) werden Gesellschaftsvertrag des Joint Venture Unternehmens oder Joint Venture Vertrag daher auch sogenannte *tag-along* und *drag-along* Regelungen enthalten, nach denen ein Partner im Falle eines Kaufangebots einen Dritten, zu im vorneherein festgelegten Bedingungen oder nach gemeinschaftlicher ad-hoc Festlegung, den Partner zum Mitverkauf seiner Anteile am Joint Venture Unternehmen verpflichten kann (*drag-along*). Andersherum ist der andere Partner berechtigt, von dem Partner, der das Kaufangebot erhalten hat, zu fordern, dass dieser eine Erweiterung des Erwerbs auf seine Anteile zu den gleichen Konditionen mit dem Dritten verhandelt (*tag-along*). Andernfalls ist dieser berechtigt, seine, aufgrund der Vinkulierung der Anteile notwendige, Zustimmung zur Veräußerung zu verweigern.

**2. Abfindung aus dem Joint Venture ausscheidender Gesellschafter**
Legt man oben dargestellte Beendigungsszenaren zugrunde, hat der Joint Venture Vertrag im Wesentlichen drei Konstellationen zu regeln.

1. Die Verteilung des Gesamterlöses im Falle eines gemeinsamen Exits.
2. Die Verteilung des Erlöses im Falle einer Liquidation der Gesellschaft.
3. Die Bewertung des Anteils eines Gesellschafters im Falle seines Ausscheidens und Fortführung des Joint Ventures durch den/die anderen Joint Venture Partner.

Das Ausscheidens eines Partners durch genehmigte Anteilsveräußerung an einen Dritten regelt sich die „Abfindung" des oder der ausscheidenden Gesellschafter aus dem Kaufvertrag heraus „von selbst".

In den Varianten 1) und 2) stellt sich zudem nur die Frage nach der Verteilung tatsächlich zu erlangender bzw. vorhandener Werte. Schwieriger gestaltet sich regelmäßig der Fall, dass ein Gesellschafter und Joint Venture Partner aus dem Joint Venture (Unternehmen) ausscheidet ohne dass Dritte involviert sind. In jedem denkbaren Fall eines solchen Ausscheidens stellt sich die Frage, wie die Abfindung für die Anteile des Ausscheidenden zu bemessen ist.[796] Hierbei muss zunächst eine Methode gefunden werden, anhand der man ermittelt, was die Anteile des Ausscheidenden tatsächlich wert sind. Danach kann man sich überlegen, inwieweit hinsichtlich der unterschiedlichen Ausstiegszenarien bei der Zahlung der Abfindung differenziert werden soll. Eine diesbezügliche vertragliche Regelung muss im Gesellschaftsvertrag und im Joint Venture Vertrag enthalten sein.[797] Soweit die beiden Regelungswerke voneinander abweichende Bestimmungen enthalten, ist zu differenzieren: Im Falle der Vereinbarung von Vorkaufsrechten kann eine Regelung im Joint Venture Vertrag aufgrund der obligatorischen Vorrangklausel die Regelung des Gesellschaftsvertrages überlagern. Schwieriger ist es, wenn es um Ansprüche des ausscheidenden Gesellschafters gegen die Gesellschaft geht. Der BGH hat in anderer Sache, nämlich für den Fall der schuldrechtlichen Vereinbarung geringerer Zahlungsansprüche als sie in der Satzung vorgesehen waren, nach Maßgabe eines Vertrages zugunsten der Gesellschaft die Maßgeblichkeit dieser geringeren Ansprüche angenommen.[798] Jedoch wird es im hier interessierenden Fall der Einziehungsvergütung regelmäßig so sein, dass der ausscheidende Partner aufgrund der Regelungen[799] im Joint Venture Vertrag seinen Anteil höher bewertet, als es eine reine Bewertung auf Basis der Satzung zulässt.[800] In diesem Fall wird, mangels vertraglicher Bindung der Gesellschaft an die Nebenvereinbarung und insbesondere aus Gründen des Gläubigerschutzes, angenommen, dass Vorteile des ausscheidenden Gesellschafters, die sich nur aus der Nebenabrede ergeben, bei der Bemessung des Unternehmenswertes keine Berücksichtigung finden dürfen.[801] Geht man jedoch mit der hier vertretenen Ansicht davon aus, dass Gläubiger der Gesellschaft (bzw. der Gesellschafter) über den Geltungsbereich der §§ 10 GmbHG, 15 HGB hinaus keinen Schutz hinsichtlich der Übereinstimmung von Sat-

---

[796] Vgl. *Schulte* in: Schulte/Schwindt/Kuhn, § 4 Rn. 60.
[797] *Schulte* in: Schulte/Schwindt/Kuhn, § 4 Rn. 61.
[798] BGH, Beschl. v. 15.3.2010, Az. II ZR 4/09, NZG 2010, 988, 989.
[799] Z.B. über geleistete Einlagen und erbrachte Leistungen.
[800] Vgl. *Hoffmann-Becking*, ZGR 1994, 442, 464.
[801] So im Ergebnis *Hoffmann-Becking*, ZGR 1994, 442, 464.

zungswortlaut und faktischer Handhabe durch die Gesellschafter genießen, kann im Zuge einer subjektiven Auslegung der Satzung eine Ermittlung des Wertes des einzuziehenden Geschäftsanteils auch auf Basis omnilateraler Nebenabreden getroffen werden. In jedem Fall kann eine abweichende Vereinbarung im Joint Venture Vertrag die Partner auf Basis ihrer Treupflicht zur Fassung eines von der Satzung abweichenden Beschlusses über die Abfindungshöhe verpflichten.

Aufgrund der Vielzahl der denkbaren Ausscheidungsszenarien, die bei Vertragsschluss noch gar nicht absehbar sind, werden die Partner regelmäßig vorranging danach differenzieren, ob es sich um ein einvernehmliches (*„good leaver"*) oder streitiges Ausscheiden eines Partners (*„bad leaver"*) handelt.[802] Unabhängig davon was der ausscheidende Gesellschafter am Ende bekommen soll, ist in einen ersten Schritt eine objektive Grundlage für die Ermittlung des Wertes seiner Anteile zu suchen. Das Bundesverfassungsgericht hat 1999 in einem Beschluss über die Höhe einer Abfindung eines Gesellschafters einer AG entschieden, dass die von Art. 14 GG geforderte „volle" Entschädigung des ausscheidenden Gesellschafters nicht unter dem Verkehrswert liegen darf.[803] Eine Ermittlung nach dem Buchwert scheidet somit regelmäßig aus. Da ein Verkehrswert für den Anteil des Ausscheidenden abseits einer vertraglichen Veräußerung an einen Dritten regelmäßig nicht feststeht, muss dieser über eine Bewertung des gesamten Joint Venture Unternehmens ermittelt werden und dann quotal auf den Anteil des Ausscheidenden umgelegt werden[804] Bei der Ermittlung des Verkehrswertes haben sich in der deutschen Bewertungspraxis ertragswertorientierte Verfahren durchgesetzt, vor allem das „reine" Ertragswertverfahren und das Discounted Cash Flow Verfahren.[805] Daneben wird der Einfachheit halber, insbesondere wenn der Gesellschafter am Management der Gesellschaft beteiligt war, auch gerne eine Bemessung unter Bezugnahme auf das EBITDA vorgenommen. Eine Bewertung nach dem Substanzwert[806] – ähnlich wie im Falle der Liquidation – kann ausnahmsweise sinnvoll sein, wenn das Unternehmen auf absehbare Zeit keine Erträge erzielt

---

[802] So auch: *Schulte* in: Schulte/Schwindt/Kuhn, § 4 Rn. 65.

[803] BVerfG, Beschl. v. 27.4.1999, Az. 1 BvR 1613-94, NJW 1999, 3769, 3771.

[804] Vgl. *Sosnitza* in: Michalski, § 34 Rn. 47.

[805] *Theyson-Wadle* in: Beisel/Klumpp, 3. Kap. Rn. 14.

[806] Grundsätzlich wird eine Bewertung nach dem Substanzwert abgelehnt, vgl. *Karsten Schmidt* in: MüKo HGB Bd. II, § 131 Rn. 143 m.w.N. dort in Fn. 440, wobei Ausnahmen zuzulassen sind.

aber von den Partnern mit „Substanz" ausgestattet wurde[807] oder wenn der Substanzwert den Ertragswert weit übersteigt.[808] Die Wahl der Berechnungsmethode bleibt in diesen Grenzen letztendlich den Joint Venture Partnern überlassen.

Hat man sich auf eine solche objektive Berechnungsmethode verständigt, werden die Partner Abschläge differenzierend nach dem Grund des Ausscheidens vorsehen.[809] Zuschläge dürften eher selten sein, hat sich der Ausscheidende doch entweder etwas zuschulden kommen lassen oder aber er lässt den anderen mit dem Unternehmen allein „sitzen". Anderes mag dann gelten, wenn sich ein Vertragspartner für bestimmte Fälle Call-Optionen auf die Anteile des anderen hat einräumen lassen. Grundsätzlich ist hierbei viel Verhandlungssache. In den meisten Fällen wissen die Partner auch bei Vertragsgestaltung nicht, wer von ihnen letztendlich von welcher Regelung betroffen sein wird und differenzieren somit nicht nach eigenen Interessen, sondern nach „gut" und „böse". Somit ist eine einvernehmliche Gestaltung zu diesem Zeitpunkt zumeist noch zu erreichen. Zur Sicherheit ist in die Vertragsgestaltung aufzunehmen, dass für den Fall der Unwirksamkeit der getroffenen Regelung in jedem Fall die niedrigste mögliche Abfindung geschuldet ist.[810]

### 3. „Russian Roulette"

Viele Joint Venture Verträge enthalten Klauseln, nach denen jeder Partner (nach Ablauf einer Mindestdauer oder im Falle des Eintritts bestimmter Ereignisse z.B. eines *Deadlock*) berechtigt ist, dem anderen Partner seine Beteiligung zu einem bestimmten Preis zum Kauf anzubieten. Nimmt der Partner das Angebot nicht an, ist er verpflichtet dem Partner seine Beteiligung zu den gleichen Konditionen zu veräußern.[811] Wegen des ungewissen Ausgang eines solchen Prozesses bezeichnet man solche Klauseln als „Russian Roulette".[812] Derartige Klauseln sind grundsätzlich zulässig, auch wenn diesen in ihrer

---

[807] Vgl. *Schulte* in: Schulte/Schwindt/Kuhn, § 4 Rn. 63.

[808] BGH, Urt. v. 13.3.2006, Az. II ZR 295/04, NZG 2006, 425, 425 f.

[809] Vgl. *Schulte* in: Schulte/Schwindt/Kuhn, § 4 Rn. 66ff.;für die Zulässigkeit einer Abfindung in Höhe eines bestimmten Prozentsatzes des anteiligen Ertragswertes *Ulmer* in: FS Quack, S. 477, 500; *Sosnitza* in: Michalski, § 34 Rn. 73; *Fastrich* in: Baumbach/Hueck, § 34 Rn. 37.

[810] *Schulte* in: Schulte/Schwindt/Kuhn, § 4 Rn. 67.

[811] Vgl. OLG Nürnberg, Urt. v. 20.12.2013, Az. 12 U 49/13, NZG 2014, 222, 224.

[812] OLG Nürnberg, Urt. v. 20.12.2013, Az. 12 U 49/13, NZG 2014, 222, 224 mit weiteren Darstellungen zu Unterarten wie „Texan Shoot Out" oder „sizilianischer Eröffnung"; siehe hierzu auch ausführlich *Werner*, GmbHR 2005, 1554, 1556 ff.; sowie *Schulte/Sieger*, NZG 2005, 24 25 ff.

Ausübungssituation zuweilen ein Missbrauchsrisiko innewohnt.[813] Jedoch sind sie nur in begrenzten Fällen geeignet eine geordnete und faire Trennung der Joint Venture Partner zu gestalten. Sie sollten deshalb auf ein enges Anwendungsfeld beschränkt werden.

---

[813]Vgl. OLG Nürnberg, Urt. v. 20.12.2013, Az. 12 U 49/13, NZG 2014, 222, 224.

**Kapitel 4: Zulässigkeit und Grenzen der Steuerung von Joint Ventures durch Vereinbarungen im Joint Venture Vertrag**

Der Joint Venture Vertrag stellt das grundlegende Regelungswerk der Joint Venture Partner dar. Im Hinblick auf den Gesellschaftsvertrag des Joint Venture Unternehmens beinhaltet er eine Reihe von modifizierenden, ergänzenden und zuweilen auch ersetzenden Regelungen. Da der Gesellschaftsvertrag - gleich ob es sich um eine Kapital- oder eine Personengesellschaft handelt – das Herzstück des eine Gesellschaft betreffenden Vertragswerk ist, stellt sich die grundsätzliche Frage, inwieweit die Joint Venture Partner neben diesem weitere vertragliche Vereinbarungen treffen können. Daneben ist die Praxis, diesen Vereinbarungen gegenüber dem Gesellschaftsvertrag einen Geltungsvorrang einzuräumen, zu betrachten. Hierzu ist zunächst der allgemeine Gestaltungsspielraum der Joint Venture Partner auf Ebene des Joint Ventures zu beleuchten und anschließend zu fragen, ob den auf dieser Ebene geschlossenen Vereinbarungen zwingende Regelungen des Kapital- oder Personengesellschaftsrechts auf Ebene des Gemeinschaftsunternehmens entgegenstehen.

**A. Gestaltungsspielraum bei Nebenvereinbarungen**

Die Regelungen des Joint Venture Vertrages unterliegen zunächst den gesetzlichen Vorschriften über die Gesellschaft bürgerlichen Rechts. Diese sind weitgehend disponibel und erlauben flexible Gestaltungen durch die Partner je nach Interessenlage. Aus Sicht der Joint Venture Partner sind sie daher ein einfach zu handhabendes Instrument zur Durchsetzung ihrer Interessen. Aus Sicht des Joint Venture Unternehmens beschränken jedoch solche Gesellschaftervereinbarungen, wie sie dem Joint Venture Vertrag zugrunde liegen, regelmäßig das Joint Venture Unternehmen in seiner Autonomie.[814] Hierbei ist anzumerken, dass der Joint Venture Vertrag die Organe des Joint Venture Unternehmens in ihren Handlungen für das Unternehmen nicht unmittelbar bindet. Allerdings legen die Joint Venture Partner im Joint Venture Vertrag regelmäßig untereinander bestimmte Prinzipien und Handlungen fest und setzen diese anschließend in den Organen des Joint Venture Unternehmens durch. Diese Durchsetzung erfolgt zum einen durch Stimmbindung in der Gesellschafterversammlung der Joint Venture Gesellschaft zum anderen durch antizipiert im Joint Venture Vertrag festgelegte Handlungsanweisungen und anschließende Vollzugsweisung an die Exekutivorgane. Hierdurch werden diese Themen einer konkreten Entscheidung der Gesellschafterversammlung oder

---

[814] *Langefeld-Wirth* in: Langefeld-Wirth, S. 131.

der Organe des Joint Venture Unternehmens von vorneherein entzogen. Zumeist verpflichten sich die Joint Venture Partner nicht nur, ihr Stimmrecht in der Gesellschafterversammlung in einer bestimmten Art und Weise auszuüben sondern auch, ihre Vertreter in den Organen des Joint Venture Unternehmens zu veranlassen, ihre Handlungen den Bestimmungen des Joint Venture Vertrages zu unterwerfen.[815] Die Satzung des Gemeinschaftsunternehmens beschränkt sich in der Konsequenz zumeist auf die rechtliche Umsetzung dessen, was im Joint Venture Vertrag antizipiert festgelegt wurde und was die Joint Venture Partner auf dieser Basis zum Zwecke der Steuerung des Joint Venture Unternehmens im Einzelfall entscheiden.[816]

Solche schuldrechtliche Vereinbarungen der Gesellschafter außerhalb des Gesellschaftsvertrages des Gemeinschaftsunternehmens sind nach allgemeiner Ansicht zulässig und folgen nach stetiger Rechtsprechung des BGH schon aus dem allgemeinen zivilrechtlichen Grundsatz der Vertragsfreiheit.[817] Jedoch sind auch Absprachen außerhalb der Satzung gewissen Grenzen unterworfen. Handelt es sich bei den im Joint Venture Vertrag getroffenen Regelungen um Vereinbarungen der Gesellschafter einer GmbH dürfen die Regelungen, ebenso wie der Gesellschaftsvertrag des Gemeinschaftsunternehmens, nicht gegen zwingendes Kaitalgesellschaftsrecht verstoßen.[818] Bestehen die schuldrechtlichen Bindungen der Joint Venture Partner neben dem Gesellschaftsvertrag einer GmbH & Co. KG sind die Grenzen des Gestaltungsfreiraums aufgrund der weniger strengen Regelungen des Personengesellschaftsrechts nur dort weiter, wo sie nicht die mit der Geschäftsführung betraute Komplementärs-GmbH betreffen. Auch dürfen durch die schuldrechtlichen Vereinbarungen keine allgemeinen gesetzlichen Verbote oder zwingende Vorschriften des Personengesellschaftsrechts verletzt werden. Daneben besteht in den Gestaltungsformen der GmbH wie auch der GmbH & Co. KG immer die Problematik der Pflichtenkollision zwischen der gesellschaftlichen Bindung der Joint Venture Partner in der Innen-GbR des Joint Venture und derselben auf Ebene des Joint Venture Unternehmens.

---

[815] Vgl. hierzu *Langefeld-Wirth* in: Langefeld-Wirth, S. 148 f.
[816] *Hoffmann-Becking*, ZGR 1994, 442, 445.
[817] Grundlegend, BGH Urt. v. 14.6.1965, Az. VIII ZR 309/62, JurionRS 1965, 12129 Rz. 13; BGH, Urt. v. 24.11.2008, Az. II ZR 116/08, NJW 2009, 669, 670; BGH, Beschl. v. 15.3.2010, Az. II ZR 4/09, NZG 2010, 988, 988 f.; zuletzt wieder BGH Urt. v. 22.1.2013, Az. II ZR 80/10, NZG 2013, 220, 221; *Ehricke*, S. 21
[818] *Heckschen* in: Heckschen/Heidinger, § 4 Rn. 4.

Zusammenfassend lässt sich daher festhalten, dass sich im Joint Venture System nicht die Frage nach dem „ob" der Zulässigkeit des Joint Venture Vertrages als einer den Gesellschaftsvertrag des Joint Venture Unternehmens ergänzenden Gesellschaftervereinbarung stellt. Vielmehr ist nach dem Inhalt und Grenzen derartiger Vereinbarungen zu fragen. Diese Grenzen beziehen sich regelmäßig sowohl auf die gegenseitige Beschränkung der Joint Venture Partner im Rahmen ihrer Stimm- und Entscheidungsbefugnisse als auch auf die Vereinnahmung von Macht und die Übertragung von Eigeninteressen der Joint Venture Partner im Joint Venture Unternehmen, die sowohl die Interessen eventuell beteiligter Minderheitsgesellschafter als auch des Rechtsverkehrs berücksichtigen müssen. Es sind somit – auch abhängig von der im Joint Venture und Gemeinschaftsunternehmen bestehenden Beteiligungsstruktur - verschiedene Schutzrichtungen denkbar, aus denen sich die Grenzen der Gestaltungsmacht der Joint Venture Partner im Joint Venture Vertrag ergeben. Aufgrund der neuen „Zwei-Stufen-Rechtsprechung" des Bundesgerichtshofs sind zudem nicht nur die Wirksamkeit und die Grenzen der Vereinbarungen an sich zu prüfen. Die schuldrechtlichen Vereinbarungen unterliegen zusätzlich auf einer zweiten Stufe einer Ausübungskontrolle,[819] die primär an der Treuepflicht der Gesellschafter orientiert ist und insbesondere die Pflichtenkollision zwischen den Gesellschafterstellungen im Joint Venture und im Gemeinschaftsunternehmen abfedern soll.

Im Folgenden wird daher auf die Zulässigkeit und Grenzen von Gesellschaftervereinbarungen zur Lenkung des Joint Venture Unternehmens eingegangen. Hierbei soll zunächst der Schutzbereich derartiger Vereinbarungen definiert werden. Im Anschluss wird eine generelle verbotsorientierte Betrachtung an den allgemeinen Vorschriften des bürgerlichen Rechts und des Gesellschaftsrechts erfolgen. Zuletzt wird auf die Risiken von Gesellschaftervereinbarungen einzugehen sein.

## B. Allgemeine Grenzen von den Gesellschaftsvertrag ergänzenden Nebenvereinbarungen

### I. Schutzbereich – geschützte Interessen

Um die Diskussion über die Grenzen generell zulässiger satzungsergänzender Nebenvereinbarungen, wie sie der Joint Venture Vertrag enthält, einordnen zu

---

[819] Vgl. zur Einzelfallkontrolle: BGH, Urt. v. 24.11.2008, Az. II ZR 116/08, NJW 2009, 669, 672.

können, muss man sich zunächst die Frage stellen, wessen Interessen durch derartige Vereinbarungen potentiell beeinträchtigt sind und inwieweit solche schützenswert sind. Dies lässt sich am besten am Beispiel von Stimmbindungsvereinbarungen darstellen. Je nach Konstellation ergibt sich hierbei ein anderes Bild.

### 1. Vereinbarung der Joint Venture Partner mit paritätischer Beteiligung

Vereinbarungen der Joint Venture Partner mit paritätischer Beteiligung sind darauf zu prüfen, ob und inwieweit einem der Partner besondere Rechte, etwa Letztentscheidungsbefugnisse, eingeräumt werden, die den anderen Partner binden sollen. Der Joint Venture Vertrag ist insoweit darauf zu überprüfen, ob die allgemeinen Grundsätze des Zivilrechts und des Personengesellschaftsrechts zum Schutz des gebundenen Gesellschafters berücksichtigt wurden.[820] Über den Joint Venture Vertrag dürfen nicht wesentliche Rechte eines Gesellschafters ausgeschlossen oder beeinträchtigt werden.

### 2. Vereinbarung der Joint Venture Partner mit unterschiedlicher Beteiligung als einzige Gesellschafter des Joint Venture Unternehmens

Exemplarisch ist hier ein Joint Venture zweier Partner, in dem einer mit 60% der Stimmen, der andere mit 40% der Stimmen beteiligt ist und das für sämtliche Entscheidungen eine Beschlussfassung mit einfacher Mehrheit vorsieht. An dieses Abstimmungsergebnis sollen die Partner in der Gesellschafterversammlung des Joint Venture Unternehmens gebunden sein. In diesem Fall bedeutet die Vereinbarung *de facto* die alleinige Entscheidungsmacht des Mehrheitspartners, egal welche Mehrheiten der Gesellschaftsvertrag vorsieht. Schützenswert sind auch hier die Interessen des Minderheitsgesellschafters nach den allgemeinen Grundsätzen.[821]

### 3. Vereinbarung der Joint Venture Partner die gemeinsam die Mehrheit im Joint Venture Unternehmen halten

Wie bereits dargestellt besteht auch die Möglichkeit, dass die Joint Venture Partner, meist zu Finanzierungszwecken, weitere Gesellschafter im Joint Venture Unternehmen aufnehmen. Jedoch wollen sie trotzdem gemeinsam die Mehrheit der Stimmen in der Gesellschafterversammlung behalten. Die Partner werden in diesem Fall zur Gewährleistung der Steuerbarkeit des Joint

---

[820] Vgl. hierzu auch *König*, ZGR, 2005, 417, 422.
[821] Zu der Problematik unterschiedlicher Mehrheitserfordernisse in Joint Venture und Joint Venture Unternehmen siehe im Einzelnen unten unter Kapitel 5 B IV.

Venture Unternehmen regelmäßig Vereinbarungen treffen, die ihre einheitliche Stimmausübung in der Gesellschafterversammlung sicherstellen. Neben dem gebundenen Joint Venture Partner ist hierbei insbesondere auf den Schutz des nicht gebundenen Minderheitsgesellschafters (Finanzinvestor) abzustellen, der sich einer formalen Mehrheit der Stimmen in der Gesellschaftervereinbarung gegenüber sieht, die materiell nicht immer vom Willen sämtlicher beteiligter Gesellschafter getragen wird, sondern allein aufgrund einer Vorabstimmung im Pool erfolgt.[822]

## 4. Zwischenergebnis

Zusammenfassend lässt sich sagen, dass bei der Frage nach den allgemeinen Grenzen von Gesellschaftervereinbarungen die Antwort sein muss, dass die Interessen der beteiligten Partner und die dritter Gesellschafter des Joint Venture Unternehmens gewahrt sein müssen. Nicht geschützt sind jedoch die Interessen des Joint Venture Unternehmens selbst. Es muss lediglich der Schutz der Interessen der Minderheitsgesellschafter und, im Interesse der Vertragspartner und somit des Rechtsverkehrs, ein Mindestmaß an Eigenständigkeit des Joint Venture Unternehmens gewährleistet sein. Dies wird im Folgenden ebenfalls zu erörtern sein, da sich die Vereinbarungen im Joint Venture Vertrag regelmäßig nicht auf eine Einschränkung der einzelnen Partner in ihrer Funktion als Gesellschafter des Joint Venture Unternehmens beschränken. Vielmehr haben die Vereinbarungen zumeist auch Auswirkungen auf die Geschäftsführer als gesetzliche Vertreter des Joint Venture Unternehmens sowie auf das dem Joint Venture Unternehmen zur Verfügung stehende Kapital.

## II. Allgemeine gesetzliche Verbote als Grenzen der Privatautonomie

Der BGH sieht in Gesellschaftervereinbarungen einen Ausfluss der Vertragsfreiheit.[823] Die Vertragsfreiheit ist Bestandteil der verfassungsrechtlich geschützten Privatautonomie[824] und bedeutet die Freiheit des Einzelnen im Rahmen der verfassungsmäßigen Ordnung seine Lebensverhältnisse durch Verträge eigenverantwortlich zu gestalten.[825] Die Joint Venture Partner sind daher nicht nur in der Frage, ob sie Gesellschaftervereinbarungen abschließen, frei sondern auch grundsätzlich in ihrer Entscheidung, deren Regelungs-

---

[822] Vgl. hierzu *König*, ZGR 2005, 417, 432.
[823] BGH, Urt. v. 24.11.2008, Az. II ZR 116/08, NJW 2009, 669, 670.
[824] Siehe ausführlich *Di Fabio* in: Maunz/Düring, GG, Art. 2 Rn. 109 f.
[825] *Ellenberger* in: Palandt, Einf. v. § 145 Rn. 7.

inhalt abweichend von den Bestimmungen des Gesetzes zu vereinbaren. Die Schranken der verfassungsmäßigen Ordnung sind in den einfach-gesetzlichen zwingenden Vorschriften des Privatrechts konkretisiert. In diesen Normen liegen auch hier die äußersten Grenzen des Gestaltungsspielraums der Joint Venture Partner. Diese Grenzen dienen entweder dem Schutz Dritter, der Allgemeinheit, des Rechtverkehrs oder aber des schwächeren Vertragspartners. Der Rahmen der Zulässigkeit von Gesellschaftervereinbarungen ist daher zunächst an den allgemeinen Grundsätzen des Zivilrechts über die Wirksamkeit von Rechtsgeschäften zu messen.

## 1. §§ 305 ff BGB

Im Allgemeinen können schuldrechtliche Nebenabreden als Gestaltungsformen des allgemeinen Vertragsrechts der AGB-Kontrolle gemäß §§ 305 ff BGB unterliegen. Dies gilt jedoch für Joint Venture Verträge generell nicht, da durch diese eine Innengesellschaft bürgerlichen Rechts begründet wird, welche nach § 310 Abs. 4 BGB von der AGB-Kontrolle ausgenommen ist.[826]

## 2. § 134 BGB

Verstößt ein Rechtsgeschäft gegen ein gesetzliches Verbot so ist es nach § 134 BGB nichtig, wenn sich nicht aus dem Gesetz etwas anders ergibt. Dieser Grundsatz gilt für den Verstoß gegen sämtliche zweiseitige gesetzliche Verbote. Gleichwohl kommen im Zusammenhang mit Nebenvereinbarungen insbesondere Verstöße gegen zwingende gesellschaftsrechtliche Regelungen, etwa § 47 IV GmbHG oder §§ 32, 35 BGB in Betracht.

Gerade für Joint Ventures relevant ist auch die Gefahr des Verstoßes des Joint Venture Vertrages gegen das Kartellverbot in § 1 GWB. Der Joint Venture Vertrag, darf nicht dazu führen, dass der Wettbewerb zwischen den Joint Venture Partnern in unzulässiger Weise beschränkt wird. Tut er dies, ist er nach § 134 BGB nichtig.[827] Seit dem „Mischwerke-Beschluss"[828] des BGH unterstehen sämtliche Gemeinschaftsunternehmen, unabhängig von der Frage nach der Einhaltung der Grenzen des Kartellverbots, zudem grundsätzlich

---

[826] Vgl. *Wälzholz*, GmbHR 2009, 1020, 1023; *Bayer* in: Lutter/Hommelhoff, § 3 Rn. 90.
[827] Vgl. *Zimmer* in: Immenga/Mestmäcker, § 1 Rn. 9, 24.
[828] BGH, Urt. v. 1.10.1985, Az. KVR 6/84, NJW 1986, 1874, 1875.

auch der Fusionskontrolle nach § 35 ff. GWB (sogenannte „Doppelkontrolle").[829]

Für die Anwendbarkeit des § 1 GWB wird primär auf die Frage abgestellt, ob es sich um ein „kooperatives" oder „konzentratives" Gemeinschaftsunternehmen handelt.[830] Die Differenzierung wird nach der Dauer und dem Grad der wirtschaftlichen und unternehmerischen Eigenständigkeit vorgenommen.[831] Letztendlich kommt es darauf an, ob gerade Sinn und Zweck der Gründung des Gemeinschaftsunternehmens in einer Koordinierung des Verhaltens der Partner am Markt zu sehen ist.[832] Die Bestimmung muss anhand der spezifischen Ausgangslage des Joint Venture Unternehmens, der betroffenen Märkte und der konkreten Vereinbarungen sowie deren Auswirkungen für jedes Gemeinschaftsunternehmen gesondert überprüft werden. Im Falle eines reinen Hilfsunternehmens, welches nicht selbstständig am Markt auftritt,[833] soll ein kooperatives Gemeinschaftsunternehmen vorliegen. Auf kooperative Gemeinschaftsunternehmen findet, neben §§ 35 ff. GWB, die Kontrolle des § 1 GWB zusätzliche Anwendung.[834] Erfüllt das Gemeinschaftsunternehmen dagegen alle wesentlichen marktbezogenen Funktionen eines selbstständigen Unternehmens, findet zudem wegen verschiedener Tätigkeitgebiete bzw. Zielmärkte kein Wettbewerb zwischen ihm und den Muttergesellschaften statt und wird das Gemeinschaftsunternehmen auch nicht ausschließlich für die Mutterunternehmen tätig, soll § 1 GWB nicht anwendbar sein.[835] In diesem Fall findet nur eine Zusammenschlusskontrolle nach §§ 35 ff. GWB statt.[836] Wegen der dann geltenden niedrigeren Maßstäbe sollten die Joint Venture Partner darauf achten, dass sie ihrem Joint Venture Unternehmen das Maß an Selbstständigkeit lassen das es benötigt, um als konzentratives Gemeinschaftsunternehmen

---

[829] So auch „Mischwerke" bestätigend: BGH, Urt. v. 23.6.2009, Az. KZR 58/07, NJW-RR 2010, 615, 616; BGH, Beschl. v. 8.5.2001, Az. KVR 12/99, NJW 2001, 3782, 3783; *Zimmer* in: Immenga/Mestmäcker, § 1 Rn. 316 ff.; *Lindemann* in: Loewenheim/Meessen/Riesenkampff, Anhang zu § 1 GWB Rn. 3 f.
[830] *Zimmer* in: Immenga/Mestmäcker, § 1 Rn. 321 ff.
[831] Vgl. *Zimmer* in: Immenga/Mestmäcker, § 1 Rn. 322 m.w.N.
[832] *Zimmer* in: Immenga/Mestmäcker, § 1 Rn. 323.
[833] Vgl. *Zimmer* in: Immenga/Mestmäcker, § 1 Rn. 322 f.
[834] BGH, Beschl. v. 1.1.1985, Az. KVR 6/84, NJW 1986, 1874, 1875 ("Mischwerke"); BGH, Beschl. v. 8.5.2001, Az. KVR 12/99, NJW 2001, 3782, 3783 ("Ost-Fleisch").
[835] Hierzu ausführlich: *Lindemann* in: Loewenheim/Meessen/Riesenkampff, Anhang zu § 1 GWB Rn. 6 ff.
[836] Zur Abgrenzung vgl. *Zimmer* in: Immenga/Mestmäcker, § 1 Rn. 323 und 328 ff.

ausschließlich der Fusionskontrolle zu unterfallen.[837] Die Anwendbarkeit der Zusammenschlusskontrolle der §§ 35 ff. GWB sowie des § 1 GWB kann auch unabhängig von den Vereinbarungen des Joint Venture Vertrages gegeben sein, wenn die formellen und materiellen Vorschriften bereits durch die Gründung des Joint Venture Unternehmens an sich erfüllt sind. Jedoch bietet der Joint Venture Vertrag aufgrund seines Koordinierungscharakters das häufigste Einfallstor für deren Anwendbarkeit.

### 3. § 138 BGB

Unwirksam sind weiterhin Vereinbarungen im Joint Venture Vertrag, welche gegen die guten Sitten verstoßen.[838] Ein Rechtsgeschäft ist dann sittenwidrig, wenn es gegen das Anstandsgefühl aller billig und gerecht denkenden verstößt.[839] Konkret bedeutet dies, dass ein Rechtsgeschäft nicht die durchschnittlich in der Gesellschaft bzw. in dem betroffenen Verkehrskreis vorherrschenden Anstands- und Moralanschauungen verletzen darf. Hierbei können sowohl der Inhalt als auch der Gesamtcharakter eines Rechtsgeschäfts dessen Sittenwidrigkeit begründen.[840]

Unter die Problematik der Sittenwidrigkeit fallen insbesondere Verträge, die sich auf unzulässige Beschlussgegenstände oder -ergebnisse richten. Erfasst sind aber auch so genannte „Knebelverträge" in denen zwar die Zielrichtung der Bindung legitim sein mag, die Beschränkung der Entscheidungsfreiheit des gebundenen Gesellschafters jedoch in keinem angemessenen Verhältnis zu den mit der Stimmbindung verfolgten Zielen des begünstigten Gesellschafters steht[841] und mithin also zu einer unerträglichen Bindungswirkung führt.[842] Indes ist der zweite Fall, wegen der Bindung der Joint Venture Partner an die gemeinsam vereinbarten Leitgedanken des Joint Venture Vertrages, wohl eher selten. Problematisch ist dagegen, dass die Steuerung von Joint Venture Unternehmen oft von dem Grundgedanken getragen ist, dass das Joint Venture Unternehmen den Unternehmen seiner Gesellschafter dienlich sein soll. Dennoch werden die Joint Venture Partner regelmäßig mit ihrer Stimmbindung

---

[837] Zur Fusionskontrolle bei Joint Ventures vgl. *Schulte/Pohl*, S. 126 ff., Rn. 511 ff.

[838] Dagegen sind Beschlüsse in der GmbH nur nichtig, wenn sie ihrem Inhalt nach gegen die guten Sitten verstoßen, vgl. BGH, Urt. v. 16.12.1991, Az. II ZR 58/91, MittBayNot, 1992, 213, 217.

[839] Vgl. *Armbrüster* in: MüKo BGB Bd. I, § 138 Rn. 14.

[840] *Ellenberger* in: Palandt, § 138 Rn. 7 f.

[841] Vgl. hierzu bereits *Busse*, BB, 1961, 261,261; *Piehler*, DStR 1992, 1654, 1655 f.

[842] *Karsten Schmidt* in: Scholz Bd. II, § 47 Rn. 44.

keine direkte Schädigung ihres Joint Venture Unternehmens beabsichtigen, weshalb eine generelle Sittenwidrigkeit zumeist nicht vorliegen wird. Denkbar ist vielmehr die Sittenwidrigkeit einer konkreten Beschlussfassung, welche jedoch die grundsätzliche Wirksamkeit der Stimmbindungsvereinbarung unberührt lässt.[843]

### a. Knebelverträge

Sittenwidrig sind Vereinbarungen, die einem Vertragspartner ungerechtfertigte Vorteile gewähren, insbesondere wenn dies auf dem Rücken und zum Nachteil eines Anderen geschieht. § 138 BGB bildet die äußerste Grenze für die Gewährung von Sonderrechten an Gesellschafter und statuiert die Nichtigkeit von Vereinbarungen, die einen Partner knebeln oder ihn ausbeuten. Aufgrund der Grundintention der Joint Venture Partner, sich durch einen Zusammenschluss als Partner gemeinsam auf dem Gebiet des Gemeinschaftsunternehmens zu betätigen, ist eine vertragliche Knebelung indes sehr unwahrscheinlich. Zu betrachten ist bei einer solchen Bewertung immer das gesamte Vertragswerk.[844] Wie einzelne Bestimmungen erst in ihrem Zusammenwirken zu einer Sittenwidrigkeit führen können,[845] können auch auf den ersten Blick unausgewogen erscheinende Einzelvorteile zugunsten eines Partners in der Gesamtschau aller Vereinbarungen ausgeglichen und berechtigt sein.

### b. Hinauskündigungsklauseln

In der GmbH und in Personengesellschaften sind weiterhin Klauseln, nach denen ein Gesellschafter berechtigt ist, einen anderen Gesellschafter ohne sachlichen Grund aus der Gesellschaft auszuschließen wegen Verstoßes gegen § 138 BGB nichtig.[846] Der Grund hierfür liegt darin, dass ein Gesellschafter, dessen Stellung willkürlich von einem anderen beendet werden kann, gehindert oder zumindest wesentlich behindert ist, seine Rechte und Pflichten als Gesellschafter in eigener Verantwortung und Entscheidung auszuüben.[847] Es

---

[843] Dies ergibt sich aus der zweistufigen Beschlusskontrolle des BGH, vgl. BGH, Urt. v. 24.11.2008, Az. II ZR 116/08, NJW 2009, 669, 672 f. („Schutzgemeinschaft II").
[844] Stetige Rechtsprechung, vgl. *Armbrüster* in: MüKo BGB Bd. I, § 138 Rn. 30 m.w.N. dort in Fn. 10.
[845] Vgl. *Armbrüster* in: MüKo BGB Bd. I, § 138 Rn. 30 m.w.N. dort in Fn. 11.
[846] BGH Urt. v. 14.3.2005, Az. II ZR 153/03, DNotZ 2005, 792, 793, unter Verweis auf die stetige Rechtsprechung des BGH; BGH, Urt. v. 19.9.2005, Az. II ZR 342/03, NZG 2005, 971, 972; BGH, Urt. v. 7.5.2007, Az. II ZR 181/05, ZIP 2007, 1309, 1310; OLG Nürnberg, Urt. v. 20.12.2013, Az. 12 U 49/13, NZG 2014, 222, 224.
[847] Vgl. BGH Urt. v. 14.3.2005, Az. II ZR 153/03, DNotZ 2005, 792, 793 f.

liegt vielmehr die Gefahr nahe, dass er unter dem Eindruck der drohenden Beendigung seiner Gesellschafterstellung seine Gesellschafterrechte und - pflichten nicht mehr ordnungsgemäß erfüllt sondern sein Handeln nach den Interessen des zu Kündigung berechtigten Gesellschafters ausübt, auch wenn selbst der Ansicht ist, dass dieses Handeln sachlich nicht gerechtfertigt ist.[848]

Eine ohne besonderen Grund eingeräumte Kündigungsmöglichkeit kann nur dann ausnahmsweise zulässig sein, wenn sie wegen besonderer Umstände sachlich gerechtfertigt und zeitlich begrenzt ist.[849] Dies kann insbesondere dann der Fall sein, wenn es sich um die so gestaltete Einrichtung einer „Probezeit" für einen neuen Gesellschafter handelt.[850] Im Falle eines Joint Ventures kann eine derartige „Probezeit" eines Partners nur dann gerechtfertigt sein, wenn dieser in ein bereits bestehendes Unternehmen des anderen Partners einsteigt und dieses fortan im Joint Venture fortgeführt wird. Gründen die Partner jedoch ein neues Joint Venture Unternehmen oder erschließen mit einem bestehenden Unternehmen neue Geschäftsfelder, besteht kein sachlicher Grund, einem der Partner ein grundloses Kündigungsrecht hinsichtlich der Mitgliedschaft des anderen einzuräumen.

Daneben sollen nach Ansicht des BGH Ausschlussklauseln dann nicht sittenwidrig sein, wenn als Grund für die Ausschließung im Gesellschaftsvertrag die ordentliche Beendigung eines Kooperationsvertrages bestimmt ist, demgegenüber die gesellschaftsrechtliche Bindung von gänzlich untergeordneter Bedeutung ist.[851] Dieser Fall bezieht sich freilich nicht auf die Hinauskündigung aus dem Joint Venture Vertrag. Vielmehr kann hier eine Parallele zu dem Fall gezogen werden, dass der Gesellschaftsvertrag des Joint Venture Unternehmens eine Ausschließung eines Partners als Gesellschafter für den Fall vorsieht, dass der Joint Venture Vertrag mit diesem gekündigt wurde.

Es ist somit festzuhalten, dass Hinauskündigungsklauseln sowohl auf Ebene des Joint Venture Unternehmens wie auch auf Ebene des Joint Venture Vertrages gegen § 138 BGB verstoßen und somit unwirksam sind. Zulässig ist jedoch eine Verknüpfung der Mitgliedschaften dergestalt, dass bei Verlust der

---

[848] Vgl. zur KG: BGH, Urt. v. 13.7.1981, Az. II ZR 56/80 NJW 1981, 2565, 2566.
[849] BGH, Urt. v. 7.5.2007, Az. II ZR 281/05, ZIP 2007, 1309, 1311; vgl. zur Annahme einer sachlichen Rechtfertigung durch die Rechtsprechung auch *Battke*, GmbHR 2008, 850, 856.
[850] BGH, Urt. v. 7.5.2007, Az. II ZR 181/05, ZIP 2007, 1309, 1311.
[851] BGH, Urt. v. 14.3.2005, Az. II ZR 153/03, DNotZ 2005, 792, 792 (Urteilstenor).

Gesellschafterstellung im Joint Venture Unternehmen eine Kündigung des Joint Venture Vertrages aus wichtigem Grunde erfolgen kann, sowie die Vereinbarung im Gesellschaftsvertrag, nach der eine Einziehung der Gesellschaftsanteile eines Partners erfolgen kann, wenn dessen Gesellschafterstellung im Joint Venture etwa infolge Kündigung nicht mehr besteht.[852] In vorbeschriebenen Fallgestaltungen liegen keine unzulässigen Hinauskündigungsklauseln.

### III. Grenzen des Kapital- und Personengesellschaftsrechts

**1. Vorrang bzw. Vorbehalt der Satzung der GmbH?**
„Die Konkurrenz von Satzung und Vertrag ist damit eröffnet."[853] Dieses Resümee zieht *Noack* aus der allgemein anerkannten Zulässigkeit von schuldrechtlichen Verträgen im Gesellschaftsrecht. Schuldrechtliche Nebenabreden sind auch dann zulässig, wenn sie wirtschaftlich so gewichtig sind, dass erst durch sie der Gesellschaftszweck erreicht werden kann.[854] Es ist jedoch zu fragen, ob dieser Konkurrenz durch einen generellen Vorrang der Satzung oder eine Gestaltungsexklusivität in bestimmten Bereichen Grenzen gesetzt sind.

    a. „Satzungsvorbehalt"

    i  Echte Satzungsbestandteile
Grundsätzlich liegen die Grenzen für Nebenvereinbarungen unter den Gesellschaftern einer GmbH allein in der Einhaltung zwingender gesetzlicher Regelungen.[855] Hiervon abgesehen ist ihr zulässiger Inhalt nicht begrenzt.[856] Nach verbreiteter Ansicht in der Literatur sind der Regelung in satzungsergänzenden Nebenvereinbarungen bei der GmbH jedoch solche Gegenstände entzogen, die als echte Satzungsbestimmungen zwingend der Gestaltung im Gesellschaftsvertrag bedürfen.[857] Insoweit wird ein „organisationsrechtlicher Sat-

---

[852] Vgl. hierzu bereits oben Kapitel 3 B VI 2 b.
[853] *Noack*, NZG 2013, 281, 282.
[854] So bereits BGH Urt. v. 14.6.1965, Az. VIII ZR 309/62, Jurion RS 1965, 12129 Rz. 13; *Ulmer/Löbbe* in: Großkommentar GmbHG Bd. I, § 3 Rn. 125 m.w.N. dort in Fn. 257.
[855] Vgl. *Joussen*, S. 100, „allgemeine Grenze".
[856] H. M. vgl. nur *Fastrich* in: Baumbach/Hueck, § 3 Rn. 57 m.w.N. dort in Fn. 192; *Ulmer/Löbbe* in: Großkommentar GmbHG Bd. I, § 3 Rn. 124 m.w.N. dort in Fn. 239.
[857] So auch *Wicke*, DStR 2006, 1137, 1138; *Jäger*, DStR 1996, 1935, 1935; *Ehricke*, S. 25 „satzungsfest"; vgl. auch *Noack*, S. 122, der von „satzungspflichtigen" Regelungen spricht; so wohl auch *Wälzholz*, GmbHR 2009, 1020, 1020, der jedoch davon spricht dass „zwingende Satzungsbestimmungen" nicht „ausgelagert" werden dürfen.

zungsvorbehalt"[858] angenommen. Als echte Satzungsbestandteile sollen neben den Mindestbestandteilen sämtliche Regelungen gelten, welche die Grundlagen der Gesellschaft, ihre Beziehungen zu den Gesellschaftern und die Rechtsstellung ihrer Organe mit dinglicher Wirkung gestalten.[859] Wegen des Trennungsprinzips ist diese Ansicht jedoch abzulehnen. Auch schuldrechtliche Gesellschaftervereinbarungen über echte Satzungsbestimmungen sind grundsätzlich zulässig.[860]

### ii Mindestinhalt der Satzung § 3 Abs. 2 GmbHG

Indes kann der herrschenden Ansicht im Hinblick auf die zwingenden Mindestbestandteile nach § 3 Abs. 1 GmbHG über die Firma und den Sitz der Gesellschaft, Gegenstand des Unternehmens, den Betrag des Stammkapitals und die Zahl und die Nennbeträge der Geschäftsanteile die jeder Gesellschafter gegen Einlage auf das Stammkapital übernimmt, ein berechtigtes Störgefühl nicht abgesprochen werden.[861] Fehlen ausreichende Bestimmungen zum Mindestinhalt im Gesellschaftsvertrag ist dieser nichtig. Eine von vorneherein geplante abweichende Regelung des Unternehmensgegenstandes durch Nebenabrede birgt auf Ebene der Satzung das Risiko der Annahme eines Scheingeschäfts nach § 117 BGB.[862] Daneben sind die Vereinbarungen über die Art der Erbringung der Kapitalleistungen durch die Gesellschafter als echte Satzungsbestandteile mit alleiniger Regelungskompetenz durch die Satzung anzusehen.[863] Vereinbarungen der Gesellschafter außerhalb des Gesellschaftsvertrags, die eine Erbringung durch Sacheinlage anstatt satzungsmä-

---

[858] *Bayer* in: Lutter/Hommelhoff, § 3 Rn. 85.

[859] *Wicke*, DNotZ 2006, 419, 427; *Fastrich* in Baumbach/Hueck, § 3 Rn. 57, der von „Regelungen für das Gesellschaftsverhältnis selbst" spricht; siehe auch bereits oben Kapitel 2 E II 2.

[860] Für die Zulässigkeit von Nebenvereinbarungen auch über echte Satzungsbestandteile: *Tegen*, S. 197; so wohl im Grundsatz auch *Ulmer/Löbbe* in: Großkommentar GmbHG Bd. I, § 3 Rn. 124; *Emmerich* in: Scholz Bd. I § 3 Rn. 114, der nur die Mindestbestandteile einer (Parallel-)Regelung durch Nebenabrede entzieht.

[861] Ausdrücklich für die Unzulässigkeit von Nebenvereinbarungen über den Mindestinhalt *Oppenländer* in: Oppenländer/Trölitzsch, § 10 Rn. 2; *Emmerich* in: Scholz Bd. I, § 3 Rn. 114; *Wicke* in: MüKo GmbHG Bd. I, § 3 Rn. 132; *Weitnauer*, Hdb. Venture Capital, S. 309 Rn. 72.

[862] *Wicke*, DStR 2006, 1137, 1138; *Priester* in: FS Claussen, S. 319, 333; *ders.* in: MüKo GmbHG Bd. I, § 13 Rn. 132; a. A. *Noack*, S. 132, nach dessen Ansicht kein Scheingeschäft vorliegen kann, wenn der gewünschte Rechtserfolg nur durch Abgabe einer gültigen Willenserklärung erlangt werden kann. Dieser Bewertung sind jedoch Bedenken entgegen zu bringen. Denn die Gesellschafter wollen zwar die Eintragung der Gesellschaft auf Basis der Regelung im Gesellschaftsvertrag, jedoch sollen diese materiell unter ihnen nicht gelten.

[863] Vgl. *Oppenländer* in: Oppenländer/Trölitzsch, § 10 Rn. 2; *Emmerich* in: Scholz Bd. I, § 3 Rn. 114; *Weitnauer*, Hdb. Venture Capital, S. 309 Rn. 72.

ßiger Bareinlage statuieren, sind nichtig.[864] Dies liegt jedoch bereits im Verstoß einer derartigen Abrede gegen zwingendes Gesetzesrecht, hier § 19 Abs. 4 GmbHG, bzw. einer unzulässigen Umgehung begründet.[865]

*Emmerich* spricht sich zudem, insbesondere auch unter Verweis auf § 9 c GmbHG dafür aus, zumindest einer Aufnahme der zentralen Abreden durch die Gegenstand, Zweck und Organisation der Gesellschaft näher mit Leben gefüllt werden, unter die echten Vertragsbestandteile der Satzung zu verlangen.[866] Die Nicht-Einhaltung der Form des § 2 GmbHG hinsichtlich dieser Regelungen bürge das Risiko der Nichtigkeit.[867] Hieraus würde dann *e contrario* ein Ausschluss der Möglichkeit folgen, diese in einer Nebenvereinbarung zu regeln. Dieser Überlegung ist nicht zu folgen. Der Rechtsverkehr ist ausreichend durch § 15 HGB geschützt. Gegen Dritte gelten nur Firma, Sitz, Unternehmensgegenstand und Stammkapital wie sie im Gesellschaftsvertrag stehen und im Handelsregister eingetragen wurden. Es ist aus diesem Grund darauf zu achten, dass der Gesellschaftsvertrag alle Mindestbestandteile enthält. Abweichende Vereinbarungen in Nebenabreden über Mindestbestandteile sind tatsächlich mangels Einhaltung der Form des § 2 Abs. 1 GmbHG nichtig. Einer Erweiterung des § 2 Abs. 1 GmbHG auf „zentrale Abreden" lässt sich dem jedoch nicht entnehmen.[868]

In der Praxis relevant wird diese Thematik bei Vereinbarungen im Joint Venture Vertrag, die einen weit gefassten satzungsmäßigen Unternehmensgegenstand konkretisieren oder einschränken. Da der Unternehmensgegenstand dem Schutzbereich des § 15 HGB unterliegt, ist er objektiv auszulegen. Beabsichtigen die Gesellschafter bereits zum Zeitpunkt der Abfassung des Gesellschaftsvertrages die Vereinbarung eines anderen Unternehmensgegenstand als ihn die Satzung objektiv beschreibt, liegt ein Scheingeschäft nach § 117 BGB mit der Rechtsfolge der Nichtigkeit dieser Regelung und Löschung der Gesellschaft von Amts wegen vor.[869] Vor dem Hintergrund des Risikos der

---

[864] *Wicke*, DStR 2006, 1137,1138, mit Verweis auf BGH, Urt. v. 7.7.2003, Az. II ZR 235/01, DStR 2003, 1844, 1845.
[865] H. M. vgl. *Ulmer/Löbbe* in: Großkommentar GmbHG Bd. I, § 3 Rn. 126; *Fastrich* in: Baumbach/Hueck, § 3 Rn. 57
[866] Vgl. *Emmerich* in: Scholz Bd. I, § 3 Rn. 105.
[867] Vgl. *Emmerich* in: Scholz Bd. I, § 3 Rn. 105, 114.
[868] Letztendlich hält auch *Emmerich* in: Scholz, Bd. I, § 3 Rn. 114, nur „insbesondere § 3 Abs. 1 und § 5 Abs. 4 GmbHG" für der Regelung in Nebenvereinbarungen entzogen.
[869] Vgl. *Emmerich* in: Scholz Bd. I, § 3 Rn. 19.

Nichtigkeit nach § 117 BGB ist insoweit eine höchst vorsichtige Vertragsgestaltung anzuempfehlen.[870] Es ist darauf zu achten, dass der Joint Venture Vertrag den satzungsmäßigen Unternehmensgegenstand vor Gründung der Gesellschaft lediglich konkretisiert, und nicht einen völlig abweichenden Inhalt bestimmt. Vereinbaren die Gesellschafter nach Abschluss des Gesellschaftsvertrages eine einschränkende Modifizierung des Unternehmensgegenstandes durch eine entsprechende Regelung im Joint Venture Vertrag, liegt hierin nichts anderes als eine Beschränkung desselben durch tatsächliche Übung, gemeinhin – höchst missverständlich – als faktische bzw. tatsächliche Änderung des Unternehmensgegenstandes bezeichnet, welche jedoch nicht die Folge der Nichtigkeit des satzungsmäßigen Unternehmensgegenstandes nach sich zieht.[871] Die anderen Mindestbestandteile des Gesellschaftsvertrages sind mangels Konkretisierungsbedürftigkeit regelmäßig gar nicht Gegenstand weiterer Regelungen des Joint Venture Vertrages, weswegen hier eine Kollision nicht vorkommen dürfte.

Zusammenfassend lässt sich daher festhalten, dass die Gegenstände der §§ 3 Abs. 1 und 5 Abs. 4 GmbHG vor Gründung des Joint Venture Unternehmens reinen schuldrechtlichen Abreden der Joint Venture Partner entzogen sind. In der Praxis häufige und notwendige Regelungen im Joint Venture Vertrag zum Unternehmensgegenstand und zur Unternehmenspolitik, dürfen nicht im Widerspruch zu dem in der Satzung festgelegten Unternehmensgegenstand stehen. Sie können diesen jedoch konkretisieren.

b. Satzungsdispositives Gesetzesrecht

Handelt es sich bei den unter a. angesprochenen Mindestbestandteilen der Satzung um Regelungen, welche nach dem Wortlaut des Gesetzes im Gesellschaftsvertrag enthalten sein „müssen"[872], stellt sich weiterhin die Frage, ob Nebenvereinbarungen von Vorschriften des Gesetzes abweichen dürfen, von denen eine Abweichung (nur) durch gesellschaftsvertragliche Bestimmungen vorgesehen ist. Aus der Zulässigkeit vom Gesetz abweichender gesellschaftsvertraglicher Gestaltung kann nicht die Unzulässigkeit anderweitiger Abwei-

---

[870] Der BGH hat jedoch in seiner „Kerbnägel-Entscheidung" eine den satzungsgemäßen Unternehmensgegenstand eingrenzende Nebenvereinbarung für zulässig und sogar auf die korporative Ebene durchschlagend erachtet.
[871] Siehe ausführlich *Emmerich* in: Scholz Bd. I, § 3 Rn. 19 m.w.N. zur beabsichtigten analogen Anwendung der §§ 75, 397 S. 2 FamFG in der Literatur, sowie der Ablehnung eines solchen Vorgehens durch die Rechtsprechung *ebenda* in Fn. 2 und 3.
[872] Vgl. § 3 Abs. 1 GmbHG

chung mit Nichtigkeitsfolge nach § 134 BGB hergeleitet werden.[873] Denn durch die Möglichkeit der Abweichung hat der Gesetzgeber ja gerade erkennen lassen, dass eine solche erlaubt sein soll.[874] Aufgrund des Trennungsprinzips bleibt es jedoch im Falle schuldrechtlicher Abweichungen auf korporativer Ebene beim Gesetzesrecht.[875] Abweichende schuldrechtliche Regelungen sind regelmäßig in die Verpflichtung einer entsprechenden Satzungsänderung umzudeuten, da anders eine Geltung auf korporativer Ebene nicht erreicht werden kann. Insbesondere scheidet hier wegen der Notwendigkeit einer Satzungsänderung eine Geltendmachung abweichender Vereinbarungen durch satzungsdurchbrechenden Beschluss aus. Besonders relevant wird dies bei der Einziehung von Geschäftsanteilen, die nach den Bestimmungen des § 34 GmbHG im Gesellschaftsvertrag ausdrücklich zugelassen sein muss.[876] Das gleiche gilt für Sacheinlageverpflichtungen nach § 5 Abs. 4 GmbHG.[877] Diese können nicht allein aufgrund schuldrechtlicher Abreden vereinbart werden.

c. Stellungnahme

Ausgehend vom Trennungsprinzip ergibt sich aus den Regelungen des GmbHG kein Satzungsvorbehalt für bestimmte Regelungsgegenstände. Es ist jedoch im Hinblick auf das Risiko der Nichtigkeit der Satzung darauf zu achten, dass die Mindestbestandteile in dieser vollständig und ausreichend geregelt sind. Regelungen in Nebenvereinbarungen können diese nicht ersetzen. Vielmehr können sie deren Wirksamkeit gefährden. Daneben ist zu beachten, dass auch alle weiteren Nebenabreden unter den Gesellschaftern nur schuldrechtlichen Charakter haben. Soll durch sie eine Wirkung auf Ebene des Joint Venture Unternehmens herbeigeführt werden, bedarf es entweder einer Satzungsänderung oder eines satzungsdurchbrechenden Beschlusses.[878] Korporative Satzungsbestandteile betreffende Gesellschaftervereinbarungen sind daher Stimmbindungen, die die Gesellschafter zum Handeln auf Gesellschaftsebene verpflichten.[879] Satzungsdurchbrechenden Beschlüssen sind

---

[873] Vgl. *Noack*, S. 128 f.
[874] So *Noack*, S. 129.
[875] *Noack*, S. 129 f. mit dem gleichen Ergebnis.
[876] Vgl. *Ehricke*, S. 24.
[877] Vgl. *Ehricke*, S. 24.
[878] Vgl. hierzu auch anschaulich *Leitzen*, RNotZ 2010, 566, 569, der jedoch weiter geht und grundsätzlich - unter partieller Durchbrechung des Trennungsprinzips – auch eine direkte korporative Wirkung von Nebenabreden zulässt, jedoch nur dort, wo nicht auf den innerorganisatorischen Bereich der Gesellschaft eingewirkt wird.
[879] Für eine Zulässigkeit von Stimmbindungen auch im Bereich korporativer Satzungsbestandteile, *Leitzen*, RNotZ 2010, 566, 570.

dort Grenzen gesetzt, wo die Umsetzung des Willens der Joint Venture Partner zwingend der satzungsbasierten Durchführung bedarf.[880] Dies ist insbesondere der Fall bei der korporativen Abweichung vom dispositiven Gesetzesrecht sowie bei der Inanspruchnahme gesetzlicher Ermächtigungen, wie etwa der Schaffung oder Änderung der Grundorganisation fakultativer Organe, z.B. eines satzungsmäßigen fakultativen Beirats,[881] der Ermöglichung von Sacheinlagen[882] oder der Einziehung von Geschäftsanteilen auf Basis der Satzung.[883]

### d. Widerspruch zur Satzung

Weiterhin stellt sich die Frage, ob die Satzung generell, soweit sie bestimmte Gegenstände bereits regelt, als abschließend zu betrachten ist. In der Konsequenz wäre eine weiterer Gestaltung der von ihr erfassten Gegenstände durch Nebenabreden unzulässig. Wäre dies zu bejahen, wären in der Satzung bereits geregelte Gegenstände einer abweichenden oder konkretisierenden Regelung im Joint Venture Vertrag entzogen. Grundsätzlich ist das Auseinanderfallen von Satzung und schuldrechtlichen Nebenabreden ohne Belang.[884] Es gibt jedoch Ansichten in der Literatur, nach denen schuldrechtliche Nebenvereinbarungen die dem Gesellschaftsvertrag entgegenstehen, nichtig sind[885] oder zumindest eine nachrangige Geltung besitzen.[886]

### i Nichtigkeit/Unwirksamkeit wegen Verstoßes gegen §§ 53, 54 GmbHG

Nebenvereinbarungen welche dem Gesellschaftsvertrag widersprechen sind – mit Ausnahme solcher die auf die Umgehung von Vinkulierungsklauseln (und im Fall eine AG von Höchststimmrechten) gerichtet sind[887] – grundsätzlich

---

[880] Ausführlich *Priester* in: FS Claussen, S. 319, 332 f.

[881] *Wälzholz* in GmbHR 2009, 1020, 1024; *Priester* in: FS Claussen, S. 319, 333, der jedoch auf die Möglichkeit der Schaffung eines Beirats allein auf schuldrechtlicher Ebene hinweist.

[882] *Priester* in: FS Claussen, S. 319, 332.

[883] Vgl. *Oppenländer* in Oppenländer/Trölitzsch, § 10 Rn. 2; ausführlich *Leitzen*, RNotZ 2010, 566, 569 f.

[884] *Ulmer/Löbbe* in: Großkommentar GmbHG Bd. I, § 3 Rn. 121 mit Verweis auf die Rechtsprechung des BGH dort in Fn. 228.

[885] Vgl. *Ehricke*, S. 23 ff.; dasselbe soll nach diesem gelten für den Fall einer Umgehung in "unlauterer Weise", vgl. bereits Zluhan AcP 128 (1927), 257, 271.

[886] So *Groß-Bölting*, S. 115 ff., basierend auf der Annahme einer in ihrer Rechtsnatur begründeten Sonderstellung der Satzung der AG; *Ebenroth*, JZ 1987, 265, 268, jedoch ohne Begründung für diesen „Geltungsvorrang"; *Tegen*, S. 198 f.; zum Kollisionsfall ausführlich *Noack*, S. 122 ff.

[887] *Joussen* S. 102 ff., mit Verweis auf weitere Stimmen in Literatur und Rechtsprechung in Fußnote 92, S 103; im Ergebnis für diese Ausnahmen auch *Noack*, S. 133 ff.

wirksam.[888] Im Übrigen liegt der Fall einer omnilateralen gegen den Gesellschaftsvertrag verstoßenden Vereinbarung im Joint Venture Vertrag ähnlich wie im Fall eines allseitigen gegen die Satzung verstoßenden Beschlusses. Denn erst durch Umsetzung einer derartigen Vereinbarung durch Beschluss, kommt es überhaupt erst zum Transfer des Willens der Joint Venture Partner auf die korporative Ebene.

Regelmäßig haben die Joint Venture Partner die Absicht, die Handhabung der betreffenden Gegenstände im Joint Venture Vertrag in Abweichung von der Satzung zu regeln. Die Partner beabsichtigen – durch entsprechende „Umsetzungsklauseln" oder Stimmbindungen gesichert – dem Joint Venture Vertrag Vorrang vor dem Gesellschaftsvertrag des Joint Venture Unternehmens einzuräumen. Würden die Joint Venture Partner hierdurch materielle Satzungsbestandteile für die Zukunft ändern wollen, wären derartige Vereinbarungen im Joint Venture Vertrag mangels Einhaltung der für die Satzungsänderung notwendigen Form nichtig. Abgesehen einer solchen Formnichtigkeit, wollen die Parteien durch ihre internen Vereinbarungen im Joint Venture Vertrag jedoch regemäßig bewusst nicht den (öffentlich zugänglichen) Satzungstext ändern.[889] Es soll vielmehr nur aufgrund der Regelung des Joint Venture Vertrages unter den Partnern ein anderes „gelebt werden". Mangels Anerkennung einer „faktischen" Satzungsänderung[890] durch satzungswidriges Handeln abseits der Beschlussfassung, kann dieser Wille der Joint Venture Partner für die Wirksamkeit des Joint Venture Vertrages jedoch nicht schädlich sein. Da in einer Nebenvereinbarung regelmäßig keine Satzungsänderung liegt, steht deren Wirksamkeit die Nichtbeachtung der Formvorschriften der §§ 53, 54 GmbHG nicht entgegen.

ii  Unwirksamkeit nach Maßgabe einer „Umgehung" des
    Gesellschaftsvertrages

Mangels Willen zur Satzungsänderung kann eine Vereinbarung im Joint Venture Vertrag in den Fällen bewusster Divergenz zur Satzung nicht dahinge-

---

[888] *Joussen*, S. 99 f.; so wohl auch der BGH, Beschl. v. 15.3.2010 Az. II ZR 4/09, NZG 2010, 988, 989; *Wälzholz*, GmbHR 2009, 1020, 1020 erkennt dies indirekt auch an, indem er die Umdeutung der Herbeiführung satzungswidriger Zustände durch formlosen Beschluss in eine schuldrechtliche Nebenabrede zulässt; so auch *Overrath*, S. 33.
[889] *Joussen*, S. 100.
[890] Es handelt sich vielmehr um eine „faktische Diskrepanz" zwischen der Satzung und den tatsächlich gelebten Verhältnissen in der Gesellschaft, vgl. für den Fall der Satzungsdurchbrechung *Zöllner* in: FS Priester, S. 879, 887 mit Erläuterung dort Fn. 32.

hend umgedeutet werden, dass die Joint Venture Partner sich verpflichten wollen, die Satzung dementsprechend formwirksam zu ändern.[891] Zwar werden im Joint Venture Vertrag oft derartige Satzungsanpassungsklauseln aufgenommen.[892] Diese beziehen sich jedoch eher auf den Fall, dass durch nachträgliche Ereignisse eine Anpassung der Satzung an die Ziele des Joint Venture Vertrages notwendig wird, etwa weil eine Organisationsänderung vorgenommen werden soll. Vielmehr ist daher zu prüfen, ob die Partner durch eine von der Satzung abweichende Vereinbarung verpflichtet sein können, die Satzung dauerhaft durch satzungsverletzende Beschlüsse zu durchbrechen[893] oder ob in einer solchen Vereinbarung eine unzulässige Umgehung des Gesellschaftsvertrages läge.

Wie oben bereits dargestellt sind satzungsdurchbrechende Beschlüsse, egal ob sie punktuelle oder zustandsbegründende Wirkung haben und egal ob sie einmal oder mehrmals hinsichtlich der gleichen Satzungsbestimmung erfolgen, lediglich anfechtbar. Soweit sie auf einer omnilateralen Gesellschaftervereinbarung beruhen, sind die wegen des in dieser liegenden Anfechtungsverzichts, sogar sofort wirksam. *E contrario* kann eine Gesellschaftervereinbarung, die auf ein solches Vorgehen gerichtet, ist nicht allein wegen „Verstoßes" gegen die Satzung nichtig oder unwirksam sein.[894] Eine quasi analoge Ausdehnung des Schutzes der §§ 53, 54 GmbHG kommt hier nicht in Betracht.

Die Gesellschafter, die sich durch die Vereinbarung im Joint Venture Vertrag zur Satzungsdurchbrechung verpflichten, sind selbst nicht schutzwürdig. Es ist allgemein anerkannt, dass sich die Gesellschafter einer GmbH auch formlos zu einer Änderung der Satzung verpflichten können.[895] Derartige Stimmbindungen sind nach allgemeiner Ansicht auch durchsetzbar. Dies liegt darin begründet, dass die Vorschriften der §§ 53, 54 BGB nicht dem Übereilungsschutz, sondern primär der Beweissicherung[896] und somit der Rechtssicherheit

---

[891] So aber *Groß-Bölting,* S. 121.

[892] Vgl. (dort Punkt 3. der Beispielklausel) *Fett/Spiering,* Kap. 7 Rn. 249.

[893] Gegen eine „Umgehung" der Satzung wegen „Verletzung des Prioritätsgrundsatzes" *Ehricke,* S. 25.

[894] So jedoch *Ehricke,* S. 26, der „Satzungsdurchbrechungen durch vertragliche Nebenabreden" ablehnt.

[895] Darstellung zum Meinungsstand bei *Khalilzadeh,* GmbHR 2013, 232, 237 m.w.N. zur h. M. dort in Fn. 74.

[896] *Roth* in: Roth/Altmeppen, § 53 Rn. 21.

und der Erleichterung der registergerichtlichen Überprüfung dienen.[897] Somit muss auch die formlose Verpflichtung zur Satzungsdurchbrechung zulässig sein. In Betracht kommt lediglich ein Verstoß gegen die gesellschaftliche Treuepflicht, was jedoch grundsätzlich unabhängig von der Frage des Satzungsverstoßes bzw. der Verpflichtung hierzu zu betrachten ist und nicht in diesem per se begründet liegt.

Dritte sind nur vor Satzungsänderungen, nicht aber vor satzungsverletzenden Beschlüssen geschützt. Dies gilt auch für die planmäßige Fassung solcher Beschlüsse auf Basis einer omnilateralen Gesellschaftervereinbarung. Ein eintretender Gesellschafter darf sich auf die Eintragungen im Handelsregister sowie das Bestehen des zuletzt zum Handelsregister eingereichte Wortlautes des Gesellschaftsvertrages verlassen. Er darf sich jedoch nicht darauf verlassen, dass er in der Gesellschaft nur dieser Satzung entsprechende Zustände vorfindet. Dies ist jedoch auch unerheblich. Im Zeitpunkt des Eintreten eines dritten Gesellschafters wird dieser entweder selbst Partei des Joint Venture Vertrags oder, sollte er sich lediglich als Investor beteiligen, steht ihm im Falle seinen Interessen zuwiderlaufenden satzungsdurchbrechenden Beschlüssen zukünftig das Recht zur Anfechtung zu. Außenstehende Dritte genießen ebenfalls nur den Schutz des § 15 HGB sowie der drittschützenden gesetzlichen Vorschriften. So unterliegen etwa Regelungen, die gegen die Grundsätze der Kapitalaufbringung verstoßen, bereits den Rechtsfolgen der §§ 30 f. GmbHG. Einen Anspruch aber, dass die Gesellschafter beispielsweise nur Geschäftsführer bestellen, die den Anforderungen der Satzung genügen, hat der Rechtsverkehr nicht.

### iii Anwendungsvorrang der Satzung

Weiterhin wird von einiger Seite eine Art „Nichtanwendbarkeit" gegen die Satzung verstoßender Nebenvereinbarungen postuliert. Begründet wird dies zum einen mit der Sonderstellung der Satzung nach dem Gesetz aus der sich ergäbe, dass die Satzung das grundlegende Regelungswerk hinsichtlich gesellschaftsrechtlicher Fragestellungen bilden soll.[898] In diesem Fall wäre jedoch die oben hinsichtlich der Frage der Durchbrechung des Trennungsprinzips geführte Diskussion nahezu obsolet. Basierend auf dem hier vertretenen

---

[897] Vgl. *Hoffmann* in: Michalski, § 53 Rn. 2.
[898] Vgl. (für die Satzung der AG) *Groß-Bölting*, S. 118; *Habersack*, ZHR 164 (20), 1, 9 f.; so auch *Ebenroth*, JZ 1987, 265, 268; *Ehricke*, S. 23; a. A., jedoch beruhend auf dem von ihm angenommenen alleinig vertraglichen Rechtsnatur der Satzung, *Tegen*, S. 218 f.

Trennungsgrundsatz, kann ein solcher Anwendungsvorrang nicht überzeugen. Denn – abgesehen von möglichen Durchbrechungen – sind die beiden Ebenen völlig getrennt voneinander zu betrachten.

Teilweise wird auch hier der durch die Publizität vermittelte Drittschutz der Satzung ins Feld geführt.[899] Sie solle Gesellschaftsgläubigern und potentiellen zukünftigen Gesellschaftern eine Einschätzung der gesellschaftlichen Organisationsstruktur bieten und somit als Grundlage für deren wirtschaftliche Entscheidungen zu dienen geeignet sein.[900] Deswegen müssten „Dritte darauf vertrauen können, dass eine durch die Gesellschafter in dieser Form nach Außen getragene Regelung nicht unter allen oder einzelnen Gesellschaftern in gegenteiligem Sinne vereinbart ist".[901] Diese Ansicht, welche zwar nicht zur Nichtigkeit entgegenstehender Nebenvereinbarungen, wohl aber zu einem Anwendungsvorrang statutarischer Bestimmungen führen würde,[902] überzeugt aus zwei Gründen nicht: Zum einen ist eine derartige Erstreckung einer hierdurch zwangsläufig bedingten objektiven Auslegung der gesamten Satzung auch auf rein formelle Satzungsbestandteile nicht mit deren Rechtsnatur als Vereinbarungen unter den Gesellschaftern vereinbar. Auch bei Aufnahme in die Satzung hat der Rechtsverkehr an dem Bestand, Nichtbestand oder der tatsächlichen Ausgestaltung rein formeller Satzungsregelungen keinerlei Schutzinteresse, da diese nicht die Gesellschaft, sondern nur die Gesellschafter betreffen. Zum anderen besteht auch hinsichtlich der materiellen Satzungsbestandteile lediglich ein Schutzinteresse, dass die Satzung in dem beim Handelsregister eingereichten Wortlaut gegenüber Dritten Wirkungen entfaltet. Es besteht jedoch kein Schutz des Rechtsverkehrs, dass die Gesellschafter untereinander tatsächlich kein anderes Verständnis „leben". Dies zeigt sich insbesondere in der Zulässigkeit satzungsdurchbrechender Beschlüsse.[903] Aber auch eine noch nicht eingetragene Satzungsänderung entfaltet gegenüber Neugesellschaftern, wie auch zwischen den Gesellschaftern, bereits vergleichbare Wirkungen.[904]

---

[899] *Groß-Bölting,* S. 118 (für die Satzung der AG).
[900] *Groß-Bölting,* S. 118 f. (für die Satzung der AG).
[901] *Groß-Bölting,* S. 118 f. (für die Satzung der AG).
[902] *Groß-Bölting,* S. 120.
[903] Vgl. *Zöllner* in: FS Priester, S. 879, 887.
[904] Siehe (für die AG) *Stein* in: MüKo AktG Bd. IV, § 181 Rn. 71.

## e. Zwischenergebnis

Zusammenfassend lässt sich daher sagen, dass Nebenabreden nicht den Mindestinhalt der Satzung betreffen können. Damit ist sowohl eine ausschließliche, wie auch jede von der Satzung abweichende Vereinbarung gemeint: ebenso wie der zwingende Mindestinhalt der Satzung in dieser geregelt werden muss, können Nebenabreden die hierzu abweichende Regelungen enthalten keine Wirksamkeit entfalten.[905] Insoweit kommt auch keine Satzungsdurchbrechung in Betracht. Auch soweit der Satzung zwingendes Recht zugrunde liegt, kann der Joint Venture Vertrag dieses nicht verdrängen.[906] Insoweit geht der mit dem Gesetz bezweckte Allgemeinschutz den übereinstimmenden Gestaltungsinteressen der Gesellschafter und Joint Venture Partner vor.[907] Dies ergibt sich insbesondere auch aus der Entscheidung des BGH vom 7. Juni 1993. Hierin stellte der BGH bereits fest, dass eine außerhalb des Gesellschaftsverhältnisses getroffene Abrede nicht bewirken könne, dass eine bestimmte organisationsrechtliche Regelung in der Satzung ohne weiteres geändert wird.[908] Steht eine Regelung im Joint Venture Vertrag im Widerspruch mit dem zwingenden Inhalt der Satzung, besteht aufgrund des Charakters des Joint Venture Vertrages jedoch regelmäßig eine Pflicht der Partner, dieser Regelung durch Änderung der Satzung Gültigkeit zu verschaffen.[909]

## f. Personengesellschaftsrecht

Dasselbe gilt für den Mindestgehalt des Gesellschaftsvertrages der GmbH & Co. KG. Dieser muss zumindest den Gesellschaftszweck enthalten sowie eine Festlegung über Komplementär und Kommanditisten und die Höhe der von diesen zu erbringenden Kommanditeinlage. § 163 HGB legt für die KG ausdrücklich fest, dass die Regelungen der §§ 164 bis 169 HGB durch Gesellschaftsvertrag modifiziert werden können. Es gilt somit das zum dispositiven Gesetzesrecht der GmbH Gesagte entsprechend. Im Übrigen sind die Gesellschafter einer KG freier als die einer GmbH zu bestimmen, was sie im Gesellschaftsvertrag regeln möchten und was nicht.

---

[905] *Jäger*, DStR 1996, 1935, 1935.
[906] Vgl. *Langefeld-Wirth* in: Langefeld-Wirth, S. 145; etwas anderes kann nach *Stephan* in: Schaumburg, S. 108 Fn. 26 u.U. gelten, wenn Joint Venture Vertrag und Gesellschaftsvertrag unterschiedlichem Recht unterliegen.
[907] So auch *Jäger*, DStR 1996, 1935, 1939.
[908] BGH, Urt. v. 7.6.1993, Az. II ZR 81/92, NJW 1993, 2246, 2247.
[909] Siehe zum Verhältnis von Joint Venture Vertrag und Satzung des Joint Venture Unternehmens oben Kapitel 2 F.

## 2. Gesellschaftsrechtliche Grenzen

### a. Unabdingbares Gesetzesrecht

Nach allgemeiner Ansicht dürfen sich die Joint Venture Partner im Joint Venture Vertrag nicht über zwingende kapitalgesellschaftsrechtliche Regelungen hinwegsetzen. Angeführt werden hierbei §§ 42a Abs. 2 S. 2, 51a Abs. 3 und 53 Abs. 2 S. 2 GmbHG.[910] *Noack* differenziert nach Vorschriften die „jegliche" und Vorschriften die eine „statutarische" Abweichung untersagen.[911] Nach dem Trennungsprinzip sind in jedem Fall Vorschriften, die lediglich eine statutarische Abweichung versagen, für rein schuldrechtliche Gesellschaftervereinbarungen grundsätzlich nicht maßgeblich.[912] Dies ist auch unter Berücksichtigung einer oben herausgestellten Möglichkeit der Durchbrechung des Trennungsprinzips nicht anders zu verstehen, da es im Fall der Durchbrechung niemals zu einer Satzungsänderung und somit zu keiner Regelung des betreffenden Gegenstandes in der Satzung kommt.[913] Dagegen gelten Beschränkungen, durch die absolute Verbote des Kapitalgesellschaftsrechts statuiert werden, auch für Nebenvereinbarungen. Hierfür kommt je nach Vorschrift eine unmittelbare Verbotswirkung oder eine Unwirksamkeit wegen Gesetzesumgehung in Betracht.

### b. Stimmenkauf

Verschiedene Gesetze statuieren ein Verbot, sich das Stimmrecht gegen Gewährung eines Sondervorteils zu „erkaufen". Das Aktiengesetz legt dies in § 405 AktG fest, das Genossenschaftsgesetz in § 152 GenG. Eine vergleichbare Regelung fehlt im Recht der GmbH und im Recht der Personengesellschaften. In der Literatur nach wie vor strittig ist insbesondere die Frage, ob eine entgeltliche Stimmbindung gegen die guten Sitten verstößt und somit nach § 138 BGB nichtig ist.[914] § 405 Abs. 3 Nr. 6 und Nr. 7 AktG normieren insoweit eine Sonderregelung für Aktiengesellschaften nach der es untersagt

---

[910] *Emmerich* in: Scholz Bd. I, § 3 Rn. 105.

[911] Vgl. *Noack*, S. 123 ff.

[912] Zuletzt für die Zulässigkeit von Nebenabreden die in der Satzung einer AG nicht zulässig wären BGH, Urt. v. 22.1.2013, Az. II ZR 80/10, NZG 2013, 220 unter Bezugnahme auf die herrschende Rechtsprechung auch für die GmbH; *Drygalla* in: Kölner Kommentar, § 54 Rn. 31 m.w.N. dort in Fn. 67.

[913] Vgl. zur Satzungsdurchbrechung oben Kapitel 2 F IV 3.

[914] Bejahend: *Zöllner* in: Baumbach/Hueck, § 47 Rn. 114; *Karsten Schmidt* in: Scholz Bd. II, § 47 Rn. 45; *ders.*, Gesellschaftsrecht, § 21 II 4 (S. 617); *Hillmann* in: Henssler/Strohn, GmbHG § 47 Rn. 88; *Podewils*, BB 2009 733, 734; verneinend: *Drescher* in: MüKo GmbHG Bd. II, § 47 Rn. 247; *Römermann* in. Michalski, § 47 Rn. 521; *Overrath*, S. 30.

ist, sich besondere Vorteile für ein bestimmtes Abstimmungsverhalten versprechen zu lassen oder solche anzubieten. Das GmbHG, wie auch das HGB, sieht eine solche ausdrückliche Verbotsregelung nicht vor, weswegen eine Nichtigkeit einer solchen Regelung nach § 134 BGB ausscheidet.[915] Die Nichtigkeit einer Vereinbarung über eine Vorteilsgewährung, im Gegenzug zur einer bestimmten Stimmabgabe, könnte daher nur nach Maßgabe des § 138 BGB bestehen, soweit eine solche den Tatbestand der Sittenwidrigkeit erfüllen würde. Im Vorfeld einer solchen Prüfung ist zunächst festzustellen, dass nach allgemeiner Ansicht nicht nur ein tatsächlicher Kauf im Sinne des § 433 BGB den Tatbestand des Stimmkaufs erfüllt,[916] sondern - in Anlehnung an die Regeln des Aktienrechts - jeder Vorteil erfasst sein soll, der eine Gegenleistung für die Stimmabgabe mit einem bestimmten Inhalt darstellt.[917] In einem Joint Venture Vertrag wird jedoch gerade der Ausgleich zwischen den gemeinsamen Interessen der Partner und der, möglicherweise in einem gewissen Konflikt hierzu und zueinander stehenden, jeweiligen Einzelinteressen gesucht. Der gesamte Joint Venture Vertrag basiert aus diesem Grund im Wesentlichen auf dem Gedanken des *do ut des*. Es sollen gerade Übereinkünfte gefunden werden, deren vertragliche Fixierung von vorneherein Konfliktpotential aus der Gesellschafterversammlung nimmt. Dies geht mit Kompromisslösungen und wechselseitigen Zugeständnissen einher. Insbesondere die so gefundenen antizipierten Stimmbindungen, etwa über die Wahl bestimmter Personen in Organe der Gesellschaft, die Festlegung des Abschlusses von Liefer- oder Abnahmeverträgen mit einzelnen Partnern oder die Vereinbarungen über verschiedene Unternehmensentscheidungen, finden ihren Konsens auf Basis einer Balance der Interessen sämtlicher Partner in der Gesamtheit alle vertraglicher Vereinbarungen. Einfacher formuliert bedeutet dies, dass Partner A sich damit einverstanden erklärt, einen von Partner B vorgeschlagenen Kandidaten zum Geschäftsführer des Joint Venture Unternehmens (mit) zu bestellen. Dies geschieht um den Preis, dass Partner B sich verpflichtet, seinerseits einen durch Partner A benannten Kandidaten (mit) zu bestellen. Oder Partner B ist bereit, sich einer Stimmbindung an Partner A hinsichtlich der täglichen Entscheidungen des Geschäftsbetriebs zu unterwerfen, soweit Partner B ihm hierfür eine interne Umverteilung möglicher Verluste zu seinen Gunsten zusichert. Auch in diesen Fällen werden Zugeständnisse und Gegen-

---

[915] *Römermann* in: Michalski, § 47 Rn. 520.
[916] *Karsten Schmidt* in: Scholz Bd. II, § 47 Rn. 45.
[917] *Römermann* in. Michalski, § 47 Rn. 517.

leistungen für Stimmbindungen erbracht. Verstoßen solche Vereinbarungen in jedem Fall gegen die guten Sitten?

Die als herrschend zu bezeichnende Ansicht, die den Stimmkauf für nach § 138 BGB nichtig betrachtet[918] ist in ihrer Bewertung der im Gegenzug zur Stimmbindung erlangten Vorteile uneinheitlich. Während ein Teil jegliche Gegenleistung als erfasst ansehen will,[919] sieht ein anderer Teil den Tatbestand der Sittenwidrigkeit nur dann als erfüllt an, wenn "sachfremde Vorteile"[920] für die Bindung gewährt werden. Nach der zweiten Ansicht sollen rein organisationsrechtliche Vorteile, wie eben die wechselseitige Verpflichtung zur Geschäftsführerbestellung oder die gemeinsame Festlegung eines Kompromisskandidaten, zulässig sein.[921] Doch wann ist ein Vorteil dann „sachfremd"? Die von dieser Ansicht exemplarisch angeführten unzulässigen Gegenleistungen[922] verstoßen allesamt bereits gegen die Treuepflicht und schädigen Minderheiten, weshalb ihre Sittenwidrigkeit allein hierin, nicht aber per se in der „Sachfremdheit" des gewährten Vorteils zu sehen ist.

Aufgrund ihrer pauschalen Bezugnahme auf die Regelungen des § 405 AktG, ist die herrschende Ansicht abzulehnen. Nicht jede Leistung an einen Gesellschafter hat Bestechungscharakter[923] und dem Gesellschafter obliegt auch keine Pflicht zur Freihaltung seiner Entscheidung von persönlichen Interessen, wie sie etwa einem deutschen Amtsträger auferlegt ist.[924] Auch soweit vertreten wird, dass lediglich „sachfremde" Vorteile zu einer Sittenwidrigkeit führen, ist die Begrifflichkeit und Differenzierung nicht verständlich. Versteht man „sachfremd" als das Fehlen eines organisationsrechtlichen Zusammenhangs,[925] erfasst auch diese Einschränkung nahezu jegliche Gegenleistung die ein Gesellschafter für ein bestimmtes Abstimmungsverhalten erlangt. Es ist jedoch von dem Grundgedanken auszugehen, dass eigennütziges Handeln

---

[918] Vgl. *Wolff* in: Münchner Handbuch des Gesellschaftsrechts § 38 Rn. 89 m.w.N. dort in Fn. 355; so auch bereits *Piehler*, DStR 1992, 1654, 1655 m.w.N. dort in Fn. 24.
[919] Vgl. *Römermann* in: Michalski, § 47 Rn. 517.
[920] *Karsten Schmidt* in: Scholz Bd. II, § 47 Rn. 45.
[921] *Karsten Schmidt* in: Scholz Bd. II, § 47 Rn. 45.
[922] Siehe Auflistung bei *Karsten Schmidt* in: Scholz Bd. II, § 47 Rn. 45.
[923] *Drescher* in: MüKo GmbHG Bd. II, § 47 Rn. 27; dies bejahend aber *Piehler*, DStR 1992, 1654, 1655; sowie *Koppensteiner/Gruber* in: Rowedder/Koppensteiner GmbHG § 47 Rn. 33.
[924] Vgl. *Römermann* in: Michalski, § 47 Rn. 521.
[925] So indiziert bei *Karsten Schmidt* in: Scholz Bd. II, § 47 Rn. 45.

sowohl den Gesellschaftern einer GmbH[926] als auch den Gesellschaftern einer GmbH & Co. KG grundsätzlich nicht verboten ist. Es ist daher vielmehr anzunehmen, dass ein Stimmkauf nicht per se sittenwidrig und somit unwirksam ist.

Die Vereinbarung einer Gegenleistung für eine zulässige (!) Stimmbindung ist nur dann sittenwidrig, wenn die versprochene Gegenleistung selbst sittenwidrig ist. Dies gilt etwa für das Versprechen, als Gegenleistung Vorteile zu gewähren, die die Gesellschaft oder Minderheitsgesellschafter schädigen. Da die Beschlussfassung über solche Vorteile regelmäßig gegen die gesellschafterlichen Treuepflichten sämtlicher Gesellschafter verstößt,[927] ist das Versprechen, jedenfalls aber der Beschluss über die Gewährung einer solchen Gegenleistung, unwirksam. Die Unwirksamkeit muss sich dann auch auf die an sich zulässige Stimmbindung erstrecken, da regelmäßig davon auszugehen ist, dass die Parteien eine einheitliche Vereinbarung gewollt haben und ansonsten der Gesellschafter, der mit dem Versprechen einer sittenwidrigen Gegenleistung die Bindung des Partners erlangen wollte, bevorzugt werden würde.

Insgesamt kann daher gesagt werden, dass ein Stimmkauf zunächst nicht sittenwidrig ist. Unwirksam ist insofern nur die Vereinbarung einer sittenwidrigen Gegenleistung. Diese Unwirksamkeit bezieht sich dann auch auf die Stimmbindung selbst. Dass die Stimmabgabe, durch die der Vorteil erlangt wird, nicht gegen die Treuepflicht verstoßen darf, wurde bereits erörtert. Die Bindung an die Treuepflicht ist jedoch ein allgemeiner Grundsatz und gilt unabhängig davon, ob der Gesellschafter durch die Stimmabgabe einen Vorteil erlangt oder nicht.

c. Stimmverbot

Nach allgemeiner Ansicht dürfen durch Nebenabreden auch keine Stimmverbote nach § 47 Abs. 4 GmbHG umgangen werden.[928] Denkbar ist eine solche Umgehung insbesondere durch Stimmbindungsvereinbarungen in denen sich ein Gesellschafter verpflichtet, nach dem Willen einer von einem Stimmrechtsausschluss betroffenen Person abzustimmen.[929] Nach § 47 Abs. 4 GmbHG ist

---

[926] *Drescher* in: MüKo GmbHG Bd. II, § 47 Rn. 27; *Römermann* in Michalski, § 47 Rn. 521.
[927] So auch *Drescher* in: MüKo GmbHG, § 47 Rn. 27; *Römermann* in Michalski, § 47 Rn. 521.
[928] BGH, Urt. v. 29. 5.1967, Az. II ZR 105/66, NJW 1967, 1963, 1964; *Noack*, S. 124.
[929] Vgl. hierzu *Braunfels*, MittRhNotK 1994, 233, 242.

ein Gesellschafter von der Beschlussfassung ausgeschlossen, wenn durch diese über seine Entlastung oder die Befreiung von einer Verbindlichkeit beschlossen wird. Eine gegen dieses Verbot abgegebene Stimme ist nichtig.[930] So soll verhindert werden, dass ein Gesellschafter, möglicherweise unter Verletzung der Interessen der Gesellschaft, sein Stimmrecht zum eigenen Nutzen ausübt. Dabei ist die Beschränkung des Stimmrechts auf die gesetzlich aufgeführten Fälle beschränkt. Der Gesetzgeber wollte mit dem § 47 Abs. 5 GmbHG kein allgemeines Stimmverbot für jeglichen Fall der Interessenkollision schaffen.[931] Außerhalb der gesetzlich normierten Fälle, kann sich ein Stimmverbot wegen Interessenkollision nur unter der weiteren Voraussetzung einer Treuepflichtverletzung ergeben. In einem solchen Fall darf ein ausgeschlossener Gesellschafter das Stimmrecht auch nicht für andere ausüben. Um dies zu verhindern, darf auch eine Stimmbindungsvereinbarung dem betroffenen Gesellschafter nicht ermöglichen, indirekt Einfluss auf eine unter § 47 Abs. 4 GmbHG fallende Beschlussfassung zu nehmen.[932] Der vom Stimmverbot betroffene Gesellschafter ist vielmehr gänzlich gehindert, an der Abstimmung teilzunehmen.[933] Eine Stimmbindung ist insofern gemäß § 134 BGB i. V. m. § 47 Abs. 4 GmbHG nichtig.[934] § 47 Abs. 4 GmbHG stellt eine Schranke für den einzelnen Abstimmungsfall dar, die die Stimmbindung nur im Einzelfall des Verstoßes entfallen lässt und somit die Vereinbarung nicht per se unwirksam macht.[935]

Im Recht der Personengesellschaften fehlt eine solche Generalklausel.[936] Regelungen über den Stimmrechtsausschluss finden sich jedoch in einzelnen Vorschriften.[937] Der Grundgedanke des Ausschlusses des Stimmrechts gilt je-

---

[930] Vgl. *Zöllner* in: Baumbach/Hueck, § 47 Rn. 104; *Römermann* in: Michalski, § 47 Rn. 308.

[931] Vgl. *Lohr*, NZG 2002, 551, 551.

[932] BGH, Urt. v. 29.5.1967, Az. II ZR 105/66, NJW 1967, 1963, 1964; *Zöllner* in: Baumbach/Hueck, § 47 Rn. 114; *Noack*, S. 124; vgl. auch *Lohr*, GmbH-StB 2009, 287, 288.

[933] *Drescher* in: MüKo GmbHG Bd. II, § 47 Rn. 242.

[934] So bereits indiziert von BGH, Urt. v. 29.5.1967, Az. II ZR 105/66, NJW 1967, 1963, 1964; siehe *Römermann* in: Michalski, § 47 Rn. 507; *Zöllner* in: Baumbach/Hueck, § 47 Rn. 114; *Drescher* in: MüKo GmbHG Bd. II, § 47 Rn. 242; *Noack*, der die Gesellschaftervereinbarung als zweite Stufe einer einheitlichen Verbandsordnung betrachtet, leitet die Unwirksamkeit aus einer direkten Anwendung des § 47 GmbHG her und begründet die damit, dass eine Stimmbindung eine direkte Einwirkung auf die korporative Regelungsebene habe, siehe *Noack*, S. 124.

[935] Vgl. *Kramer*, GmbHR 2010, 1023, 1027.

[936] *Karsten Schmidt*, Gesellschaftsrecht, § 21 II 2 (S. 610).

[937] Vgl. Auflistung bei *Finckh* in: Henssler/Strohn, § 119 Rn. 16.

doch auch für die Gesellschafter einer Personengesellschaft.[938] Auch hier sollen die Gesellschafter nicht „Richter in eigener Sache"[939] sein. Dieser algemeine Grundsatz[940] wird von der Rechtsprechung aus § 47 Abs. 4 GmbHG sowie aus dem Grundgedanken der Regelungen in §§ 712 Abs. 1, 715, 737, S. 2 BGB, § 34 BGB, § 43 GenG und § 136 Abs. 1 S. 1 AktG abgeleitet.[941] Auch die Gesellschafter einer Personengesellschaft müssen sich demnach ihrer Stimme enthalten, wenn ihre Entlastung, die Befreiung von einer Verbindlichkeit oder die Einleitung eines Rechtsstreits zwischen ihnen und der Gesellschaft Gegenstand der Beschlussfassung ist.[942] So sind die Stimmverbote des § 47 Abs. 4 GmbHG wegen seines grundsätzlichen Charakters auf ein Unternehmen in der Rechtsform einer GmbH & Co. KG entsprechend anwendbar.[943]

Im Joint Venture sind regelmäßig die Fälle der Entlastung, der Befreiung von einer Verbindlichkeit und des Abschluss von Rechtsgeschäften relevant. So ist etwa für den Fall, dass dieselbe Person sowohl Geschäftsführer des Gemeinschaftsunternehmens wie auch eines Gesellschafters ist, dieser Gesellschafter von der Beschlussfassung über die Entlastung des besagten Geschäftsführers ausgeschlossen.[944] Dieser Ausschluss erstreckt sich dann auch auf eine mögliche Vorabstimmung im Joint Venture. Soweit vorhanden, kann der betroffene Gesellschafter (Joint Venture Partner) zumeist jedoch in der Abstimmung im Joint Venture Unternehmen durch einen anderen seiner Geschäftsführer (welcher nicht auch Geschäftsführer des Joint Venture Unternehmens ist) vertre-

---

[938] Vgl. *Lohr*, NZG 2002, 551, 553 f.; *Braunfels*, MittRhNotK 1994, 233, 23.
[939] H. M., siehe nur BGH, Urt. v. 7.02.2012, Az. II ZR 230/09, NZG 2012, 625, 626 m.w.N. dort.
[940] Siehe *Martens* in: Schlegelberger, § 119 Rn. 39.
[941] Vgl. BGH, Urt. v. 7.02.2012, Az. II ZR 230/09, NZG 2012, 625, 626.
[942] So schon *Busse*, BB 1961, 261, 263; vgl. auch *Martens* in: Schlegelberger, § 119 Rn. 39 f.; *Roth* in: Baumbach/Hopt, § 119 Rn. 8; *Schulte/Pohl*, S. 134 f. Rn. 552; *Schäfer* in: MüKo BGB Bd. V, § 709 Rn. 65 jeweils m.w.N.; BGH, Urt. v. 7.02.2012, Az. II ZR 230/09, NZG 2012, 625, 626 mit Verweis auf weitere Rechtsprechung und Literatur.
[943] HansOLG, Urt. v. 29.10.1999, Az. 11 U 45/99, NZG 2000, 421, 422; *Schulte/Pohl*, S. 135 Rn. 554; *Karsten Schmidt* in: Scholz Bd. II, Anhang zu § 45 Rn. 46; für ein „Stimmverbot bei Interessenkonflikt" entsprechend § 34 BGB, § 47 Abs. 4 GmbHG *Roth* in: Baumbach/Hopt, § 119 Rn. 8; vgl. auch *Koller* in: Koller/Roth/Morck, § 119 Rn. 3; *Psaroudakis* in: Heidel/Schall, § 119 Rn. 4; zumindest hinsichtlich einer ausnahmslosen Geltung kritisch, *Westermann*, NZG 2012, 1121, 1125 f.
[944] Vgl. *Lohr*, NZG 2002, 551, 553.

ten werden.[945] Die Befreiung von einer Verbindlichkeit steht dann im Raum, wenn ein Gesellschafter von gesellschaftsvertraglichen oder aus Verträgen mit der Gesellschaft resultierenden Verpflichtungen befreit werden soll. Zum Schutz der anderen Gesellschafter darf der betroffene Gesellschafter auch bei Beschlüssen hierüber in der Gesellschafterversammlung nicht mit abstimmen und andere auch nicht durch Stimmbindungsvereinbarungen verpflichten. Zu beachten ist, dass das Stimmverbot auch für jegliche Art von Umgehungen gilt.[946] So hat die Rechtsprechung etwa entschieden, dass ein Gesellschafter dann von der Abstimmung über die Abschaffung eines für alle Gesellschafter geltenden satzungsmäßigen Wettbewerbsverbotes ausgeschlossen ist, wenn die Abschaffung im konkreten Fall primär seiner Befreiung dient.[947] Daneben stellt sich die Frage, inwieweit der Abschluss von Verträgen bzw. die Eingehung von Rechtsbeziehungen zwischen dem Joint Venture Unternehmen und den Unternehmen der Joint Venture Partner den Bereich des § 47 Abs. 4 GmbHG erfassen kann. Nach § 47 Abs. 4 S. 2 1. Alt. GmbHG hat ein Gesellschafter bei einer Beschlussfassung über die Vornahme eines Rechtsgeschäfts ihm gegenüber kein Stimmrecht.[948] Oft wird im Joint Venture Vertrag bereits festgelegt, dass ein Gesellschafter/Joint Venture Partner mit dem Joint Venture Unternehmen einen Liefer- oder Abnahmevertrag schließen soll und die Partner dies in der Gesellschafterversammlung des Joint Venture Unternehmens und durch Weisung an deren Geschäftsführer verwirklichen werden. Dabei ist auschlaggebend, dass in diesem Fall ein bestimmter Gesellschafter bereits als Vertragspartner feststeht. Ob dem Geschäftsführer dann durch Weisung konkrete Vorgaben zur Ausgestaltung des Rechtsgeschäfts gegeben werden ist irrelevant. Diese Vorgehensweise wirft regelmäßig die Problematik des § 47 Abs. 4 S. 2 1. Alt GmbHG auf. Das Zustandekommen des Liefer- oder Abnahmevertrages muss nach Gründung des Joint Venture Unternehmens noch durch Beschluss und Weisung der Gesellschafterversammlung an die Geschäftsführer auf den Weg gebracht werden. Bei dieser Beschlussfassung ist der Gesellschafter der im konkreten Fall Geschäftspartner des Joint Venture Unternehmens wird, regelmäßig von der Abstim-

---

[945] *Baumanns/Wirbel* in: Münchner Handbuch des Gesellschaftsrechts Bd. I, § 28 Rn. 71; vgl. auch *Schulte/Pohl*, S. 134 Rn. 548.
[946] *Fischer/Gerber* in: Becksches Handbuch der GmbH, § 4 Rn. 122.
[947] OLG Bamberg, Urt. v. 11.12.2009, Az. 6 U 12/09, NZG 2010, 385, 386.
[948] BGH, Urt. v. 31.5.2011, Az. II ZR 109/10, NJW-RR 2011, 1117, 1118; auch in diesem Fall besteht ebenfalls für den Gesellschafter einer Personengesellschaft ein Stimmverbot, vgl. *Roth* in: Baumbach/Hopt, § 119 Rn. 8; *Karsten Schmidt*, in: Scholz Bd. II, Anh § 45 Rn. 46.

mung ausgeschlossen. Es obliegt somit, trotz vorheriger Vereinbarung im Joint Venture Vertrag, allein dem/den anderen Partner(n) zu entscheiden, ob sie den betreffenden Vertrag tatsächlich durch die Geschäftsführer des Joint Venture Unternehmens abschließen lassen wollen. Dies gilt nur dann nicht, wenn von dem konkreten Vertrag alle Gesellschafter gleichmäßig betroffen sind, es also etwa um Abnahmeverträge mit sämtlichen Partnern geht.

Indes hat jedoch die gesamte Problematik eine eher dogmatische Bedeutung als eine tatsächliche Relevanz. Denn die im Joint Venture Vertrag vereinbarten Verträge werden regelmäßig bereits kurz nach Gründung des Joint Venture Unternehmens unterzeichnet. In diesem Stadium herrscht zwischen den Partnern im Regelfall noch ein breiter Konsens über die Umsetzung der gemeinsamen Strategie. Wirkt bei einer solchen, dann zumeist einstimmig getroffenen, Beschlussfassung der ausgeschlossene Gesellschafter mit und hat seine Stimme auf das Zustandekommen des Beschlusses keinen Einfluss, so hat seine Teilnahme an der Abstimmung auch für die Wirksamkeit des Beschlusses keine Relevanz.[949] Darüber hinaus gibt es eine breite Ansicht in Literatur[950] und Rechtsprechung,[951] nach denen das gesetzliche Stimmverbot für den Fall von Rechtsgeschäften zwischen Gesellschaft und Gesellschaftern vertraglich aufgehoben werden kann.

Das Stimmverbot des § 47 Abs. 4 GmbHG findet zudem keine Anwendung bei sogenannten „körperschaftlichen Sozialakten".[952] Hierbei handelt es sich um Vorgänge, die die inneren Angelegenheiten der Gesellschaft betreffen und bei denen der Gesellschafter sein Mitgliedsrecht ausübt, wie etwa Organbestellungsakte und die Genehmigung von Anteilsübertragungen.[953] Bei derartigen Beschlüssen zu innergesellschaftlichen Angelegenheiten tritt regelmäßig das Eigeninteresse des betroffenen Gesellschafters in den Hintergrund,[954] weswegen ein Einfluss von Sonderinteressen auf das Abstimmungsverhalten, welcher durch § 47 Abs. 4 GmbHG verhindert werden soll, gerade nicht zu befürchten ist.

---

[949] Vgl. *Zöllner* in: Baumbach/Hueck, § 47 Rn. 104.
[950] *Schulte/Pohl*, S. 135 Rn. 555; *Jaeger* in: Oppenländer/Trölitzsch, § 19 Rn. 65; *Zöllner* in: Baumbach/Hueck, § 47 Rn. 106.
[951] OLG Stuttgart, Urt. v. 7.2.2001, Az. 20 U 52/97, NJOZ 2001, 335, 346; OLG Hamm, Urt. v. 5.11.2002, Az. 27 U 15/02, NZG 2003, 545, 546.
[952] BGH, Urt. v. 31. 5.2011, Az. II ZR 109/10, NJW-RR 2011, 1117, 1118.
[953] BGH, Urt. v. 31. 5.2011, Az. II ZR 109/10, NJW-RR 2011, 1117, 1118 m.w.N.
[954] BGH, Urt. v. 31. 5.2011, Az. II ZR 109/10, NJW-RR 2011, 1117, 1118.

### d. § 136 II AktG analog

§ 136 Abs. 2 AktG untersagt es Aktionären einer Aktiengesellschaft, ihr Stimmrecht nach Weisung der Gesellschaft, des Vorstandes, des Aufsichtsrates der Gesellschaft oder eines abhängigen Unternehmens auszuüben. Die analoge Anwendbarkeit des § 136 Abs. 2 AktG auf eine Gesellschaft in der Rechtsform einer GmbH – die Anwendbarkeit auf eine Gesellschaft in der Rechtsform einer GmbH & Co. KG kommt strukturell bedingt ohnehin nicht in Betracht - wird jedoch von der h. M. abgelehnt.[955]

### e. Verstoß gegen Kapitalerhaltungsvorschriften, Bestandsschutz

Obgleich dies nach vorangegangener Darstellung der Beschränkungen des Joint Venture Vertrags durch Vorschriften des Gesellschaftsrechts bereits auf der Hand liegt, sei noch einmal betont, dass das Joint Venture Unternehmen in keinem Fall zum Spielball der Joint Venture Partner verkommen darf. In diesem Zusammenhang wesentlich ist die Frage, inwieweit das Joint Venture Unternehmen ein von den Joint Venture Partnern nicht beeinflussbares Erhaltungsinteresse vor Eingriffen der Joint Venture Partner als dessen Gesellschafter besitzt.

### i Kapitalerhaltungsvorschriften §§ 30, 31 GmbHG

Die GmbH hat grundsätzlich gegen ihre Gesellschafter keinen Anspruch auf Gewährleistung ihres Bestandes.[956] Jedoch müssen sich die Gesellschafter im Interesse der Gläubiger der GmbH an die gesetzlichen Vorschriften der Kapitalerhaltung halten. Die in der GmbH nach § 13 Abs. 2 GmbHG auf das Stammkapital beschränkte Haftung wird durch strenge Vorschriften der Kapitalerhaltung „erkauft". Das registrierte und von den Gesellschaftern einmal eingezahlte Stammkapital muss als Mindesthaftmasse bei der Gesellschaft verbleiben und darf nicht auf irgendeine Art an die Gesellschafter zurück fließen. Dies gilt auch im Falle von Leistungen an Dritte auf Geheiß und für Rechnung eines Gesellschafters.[957] Die §§ 30, 31 GmbHG sind zwingendes Recht und als solche nicht abdingbar.[958] Nebenabreden, die gegen sie verstoßen, sind jedoch nicht nach § 134 BGB nichtig.[959] Allerdings muss und darf die

---

[955] Vgl. *Kramer*, GmbHR 2010, 1023, 1026 m.w.N. dort in Fn. 37; *Herriger*, MittBayNot 1993, 269, 273 f. mit ausführlicher Begründung; a. A. *Piehler*, DStR 1992, 1654, 1657.
[956] BGH, Urt. v. 24.6.2002, Az. II ZR 300/00, NJW 2002, 3024, 3025.
[957] Vgl. *Wicke* in: Wicke, GmbHG, § 30 Rn. 16.
[958] *Jung/Otto* in: Becksches Handbuch der GmbH, § 8 Rn. 3.
[959] H. M. vgl. zu gegen § 30 GmbHG verstoßende Verpflichtungsgeschäften: *Ekkenga* in: MüKo GmbHG Bd. I, § 30 Rn. 276.

GmbH auf eine Verletzung des § 30 GmbHG gerichtete Beschlüsse nicht ausführen,[960] wodurch es unter Umständen zur Unmöglichkeit der Umsetzung bestimmter Nebenabreden auf Ebene des Joint Venture Unternehmens kommt. § 30 GmbHG schützt dem Wortlaut nach das zur Erhaltung des Stammkapitals notwendige Vermögen vor *Auszahlung* an die Gesellschafter. Darüber hinaus sind hiervon Leistungen aller Art aus dem Vermögen der Gesellschaft erfasst, die das Gesellschaftsvermögen wirtschaftlich verringern.[961] § 30 GmbHG schützt jedoch nicht das Vermögen der Gesellschaft als solches, sondern nur seinen Wert in Höhe des registrierten Stammkapitals. Leistungen an Gesellschafter sind daher zulässig, solange und soweit sie nicht zu einer Unterbilanz bei der Gesellschaft führen[962] oder eine solche vertiefen oder wenn die Leistung an den Gesellschafter zu einer Überschuldung der Gesellschaft führt oder diese vertieft.[963] Durch diese "Rückkehr zur bilanziellen Betrachtungsweise"[964] soll eine Leistung nach § 30 Abs. 1 S. 2 2. Halbsatz GmbHG auch noch dann zulässig sein, wenn der Eintritt oder die Vertiefung der Unterbilanz nur durch die Aktivierung eines vollwertigen Gegenleistungs- oder Rückgewähranspruch gegen den empfangenden Gesellschafter verhindert werden kann.[965] Die Bewertung einer solchen Vollwertigkeit ist nach den allgemeinen bilanziellen Grundsätzen vorzunehmen.[966] Bei Austauschverträgen muss der Zahlungsanspruch gegen einen Gesellschafter nicht nur vollwertig sein, sondern auch wertmäßig nach Marktwerten und nicht nach Abschreibungswerten den geleisteten Gegenstand decken.[967]

Die Gläubiger sind durch §§ 30, 31 GmbHG davor geschützt, dass die Gesellschafter Rückzahlungen oder hiermit vergleichbare Leistungen aus dem Stammkapital der Gesellschaft erhalten und so eine Verminderung der den Gläubigern zur Verfügung stehenden Haftungsmasse eintritt. Ihr Schutz ist jedoch auch hierauf beschränkt.

---

[960] Vgl. *Ekkenga* in: MüKo GmbHG Bd. I, § 30 Rn. 276.
[961] H. M. siehe nur *Fastrich* in: Baumbach/Hueck § 30 Rn. 33 m.w.N.; *Jung/ Otto* in: Becksches Handbuch der GmbH, § 8 Rn. 6.
[962] Vgl. *Desch* in: Bunnemann/Zirngibl, § 7 Rn. 115.
[963] *Wicke* in: Wicke, GmbHG, § 30 Rn. 4, 7.
[964] BGH, Urt. v. 1.12.2008, Az. II ZR 102/07, DNotZ 2009, 465, 467 unter Verweis auf die Gesetzesbegründung; siehe hierzu RegE. BT-Drucks. 16/6140, S. 41.
[965] Vgl. *Fastrich* in: Baumbach/Hueck, § 30 Rn. 8.
[966] RegE. BT-Drucks. 16/6140, S. 41, zustimmend: *Heidinger* in: Michalski, § 30 Rn. 191; *Altmeppen* in: Roth/Altmeppen, § 30 Rn. 111.
[967] Siehe RegE. BT-Drucks. 16/6140, S. 41; ausführlich *Rothley/Weinberger*, NZG 2010, 1001, 1004 f.; so auch *Wicke* in: Wicke, GmbHG, § 30 Rn. 13.

## ii Existenzvernichtender Eingriff

Dagegen besteht von Gesetzes wegen kein Schutz gegen konzernintegrative Maßnahmen, wie etwa die Einwirkung durch den Abzug von Führungskräften, den Entzug von Geschäftschancen und betriebsnotwendiger Liquidität sowie die Veranlassung zur Vornahme riskanter und verlustträchtige Geschäfte.[968] Auch auf der Rechtsfolgenseite weisen die §§ 30, 31 GmbHG Defizite auf, da sie lediglich eine Rückgewährverpflichtung der Gesellschafter für pflichtwidrig entnommenes Kapital statuieren, nicht jedoch den Ersatz damit eventuell verbundener Schäden.[969] Zur Schließung dieser „durch das Haftungssystem der §§ 30, 31 GmbH offengelassenen Schutzlücke"[970] hat der Bundesgerichtshof die Regelungen zum sogenannten „existenzvernichtenden Eingriff" geschaffen.[971] Hiernach besteht eine Haftung des Alleingesellschafters oder einverständlich handelnder Gesellschafter für missbräuchliche, zur Insolvenz der GmbH führende oder diese vertiefende kompensationslose Eingriffe in das der Zweckbindung zur vorrangigen Befriedigung der Gesellschaftsgläubiger dienende Gesellschaftsvermögen.[972] Denn auch wenn die Gesellschafter frei sind, nach ihrem Willen eine GmbH jederzeit zu liquidieren, müssen sie sich hierbei doch die gesetzlichen Vorschriften einhalten, nach denen die Vermögenswerte der GmbH zunächst zur Befriedigung der Gläubiger zu verwenden sind.[973]

Die Gesellschafter einer GmbH haften für eine vorsätzliche sittenwidrige Einflussnahme auf das Vermögen der Gesellschaft, welches die Vernichtung der Existenz der Gesellschaft nach sich zieht.[974] Als eigener Anspruch auf die „Gewährleistung des Bestandsschutzes" der GmbH begründet,[975] handelt es sich nunmehr um eine deliktische Schadensersatzhaftung der Gesellschafter

---

[968] Vgl. *Habersack* in: Emmerich/Habersack, Anh. § 318 Rn. 33.

[969] Siehe *Römermann* in: MAH GmbH, § 20 Rn. 160; BGH, Urt. v. 16.7.2007, Az. II ZR 3/04, NZG 2007, 667, 669 („Trihotel").

[970] BGH, Urt. v. 16.7.2007, Az. II ZR 3/04, NZG 2007, 667, 668 („Trihotel").

[971] Begründung der Haftung aus „bestandsvernichtendem Eingriff" durch BGH, Urt. v. 17.9.2001, Az. II ZR 178/99, NJW 2001, 3622, 3623 f. („Bremer Vulkan"); Weiterführung als „existenzvernichtender Eingriff" durch BGH, Urt. v. 24.6.2002, Az. II ZR 300/00, NJW 2002, 3024, 3025 f; Bezeichnung als „Existenzvernichtungshaftung" durch BGH, Urt. v. 16.7.2007, Az. II ZR 300/00, NZG 2007, 667, 668 („Trihotel").

[972] BGH, Urt. v. 16.7.2007, Az. II ZR 3/04, NZG 2007, 667, 668 („Trihotel").

[973] Vgl. BGH, Urt. v. 24.6.2002, Az. II ZR 300/00, NJW 2002, 3024, 3025.

[974] Ausführlich zu den Haftungsvorrausetzungen mit Fallbeispielen: *Vogt* in: Becksches Handbuch der GmbH, § 17 Rn. 329 ff.

[975] Vgl. BGH, Urt. v. 17.9.2001, Az. II ZR 178/99, NJW 2001, 3622, 3623 („Bremer Vulkan").

im Falle der von ihnen durch missbräuchlichen Eingriff verursachten oder vertieften Insolvenz der Gesellschaft. Durch diese werden Verstöße gegen die, im Gegenzug zur Haftungsbegrenzung auf das Gesellschaftsvermögen von den Gesellschaftern zu respektierende, Zweckbindung desselben zur vorrangingen Befriedigung der Gesellschaftsgläubiger[976] sanktioniert.

Die Haftung ist seit der „Trihotel"-Entscheidung als besondere Fallgruppe des § 826 BGB einzuordnen.[977] In eben dieser Trihotel-Entscheidung kehrte der BGH auch von der ursprünglich angenommen unmittelbaren Außenhaftung der Gesellschafter gegenüber den Gesellschaftsgläubigern ab und nimmt seither eine reine Innenhaftung gegenüber der GmbH an.[978] Sie „soll wie eine das gesetzliche Kapitalerhaltungssystem ergänzende, aber deutlich darüber hinausgehende „Entnahmesperre" wirken, indem sie die sittenwidrige, weil insolvenzverursachende oder vertiefende, „Selbstbedienung des Gesellschafters vor den Gläubigern der Gesellschaft" durch eine diese Entnahme ausgleichende Schadensersatzpflicht sanktioniert.[979] Wie aufgrund der vom BGH herausgestellten ergänzenden Funktion der Existenzvernichtungshaftung neben den gesetzlichen Vorschriften zur Kapitalerhaltung zu erwarten, besteht hinsichtlich der Haftung aus §§ 30, 31 GmbHG und § 826 BGB Anspruchskonkurrenz.[980]

iii  Rechtslage bei der GmbH & Co. KG
Die GmbH & Co. KG unterliegt nur soweit das Stammkapital ihrer Komplementärs-GmbH betroffen ist den Vorschriften der §§ 30 ff. GmbHG. Hinsichtlich der Kapitalaufbringung ist jedoch strikt darauf zu achten, dass die KG und ihre Komplementärs GmbH zwei unterschiedliche Gesellschaften sind. Die Gesellschafter haben ihre Einlageverpflichtungen gegenüber der KG und ihrer Komplementärs-GmbH jeweils gesondert zu erfüllen und die Vermögensmassen beider Gesellschaften getrennt zu halten.[981] Aufgrund dieser separaten Betrachtung muss darauf geachtet werden, dass die Gesellschafter ihre Einlagen an die richtige Gesellschaft erbringen. Zahlungen der KG an ihre Kommanditisten lösen nach dem HGB nur insoweit eine Haftung gegenüber Gesell-

---

[976] BGH, Urt. v. 16.7.2007, Az. II ZR 3/04, NZG 2007, 667, 670 („Trihotel").
[977] BGH, Urt. v. 16.7.2007, Az. II ZR 3/04, NZG 2007, 667, 669 f. („Trihotel").
[978] BGH, Urt. v. 16.7.2007, Az. II ZR 3/04, NZG 2007, 667, 669 („Trihotel").
[979] BGH, Urt. v. 16.7.2007, Az. II ZR 3/04, NZG 2007, 667, 669 („Trihotel").
[980] BGH, Urt. v. 16.7.2007, Az. II ZR 3/04, NZG 2007, 667, 672 („Trihotel").
[981] BGH, Urt. v. 10.12.2007, Az. II ZR 180/06, DNotZ 2008, 545, 547.

schaftsgläubigern aus, als es sich hierbei um eine Rückgewähr ihrer Hafteinlage handelt, § 172 Abs. 4 HGB. Darüber hinausgehende Zahlungen an die Kommanditisten bleiben jedenfalls in der „normalen" KG ohne Folgen, da sich ja im Falle des Ausfalls der Gesellschaft ein Gläubiger an den unbeschränkt haftenden Komplementär wenden kann.[982] Jedoch liegt wegen der ihrerseits bei der Komplementär-GmbH bestehenden Haftungsbeschränkung der Fall in der GmbH & Co. KG anders.[983] Der BGH hat in verschiedenen Fällen eine analoge Anwendung der Kapitalerhaltungsvorschriften des GmbHG auf Zahlungen der KG an ihre Kommanditisten bestätigt.[984] Eine Zahlung der KG an einen Kommanditisten verstößt dann gegen das Verbot des § 30 GmbHG, wenn sie dazu führt, dass das Vermögen der Komplementär-GmbH nach Abzug der Verbindlichkeiten nicht mehr der Höhe des Stammkapitals entspricht.[985] Dies gilt unabhängig davon, ob der betroffene Kommanditist zugleich als Gesellschafter an der Komplementär-GmbH beteiligt ist.[986] Denn die analoge Anwendung soll der besonderen Verknüpfung in der GmbH & Co. KG Rechnung tragen nach der die „Bremsfunktion,"[987] die eine unumschränkt haftende natürliche Person erbringen würde, durch die selbst beschränkt haftende Komplementär-GmbH nicht mehr erfüllt wird. Daneben sollen für die GmbH & Co. KG auch die Grundsätze über kapitalersetzende Gesellschafterleistungen Anwendung finden.[988] Die Literatur stimmt dieser Anwendung auf den „Nur-Kommanditisten" im Falle der Einheitsgesellschaft zu.[989] Aus diesem Grund ist im Falle der GmbH & Co. KG darauf zu achten, dass auch Zahlungen der KG aus ihrem Vermögen das Stammkapital der Komplementärs-GmbH nicht mindern dürfen.

---

[982] *Henze* in: Ebenroth/Boujong/Joost/Strohn, Anhang nach § 177a Rn. 187.
[983] BGH, Urt. v. 19.2.1990, Az. II ZR 268/88, NJW 1990, 1725, 1726.
[984] BGH, Urt. v. 29.3.1973, Az. II ZR 25/70, NJW 1973, 1036, 1038; BGH, Urt. v. 29.9.1977, Az. II ZR 157/76, NJW 1978, 160, 161; BGH, Urt. v. 19.2.1990, Az. II ZR 268/88, NJW 1990, 1725, 1726, ihm folgend OLG Celle, Urt. v. 18.6.2003, Az. 9 U 2/03, NZG 2004, 183, 183 f.; zuletzt FG Berlin-Brandenburg, Urt. v. 4.3 2012, Az. 6 K 6267/05 B, DStRE 2013, 69, 71.
[985] BGH, Urt. v. 19.2.1990, Az. II ZR 268/88, NJW 1990, 1725, 1726, OLG Celle, Urt. v. 18.6.2003, Az. 9 U 2/03, NZG 2004, 183, 183 f. (hier war der betroffene Kommanditist nicht Gesellschafter der Komplementär-GmbH); so auch schon BGH, Urt. v. 29.3.1973, Az. II ZR 25/70, NJW 1036, 1038; BGH, Urt. v. 29.9.1977, Az. II ZR 157/76, NJW 1978, 160, 161 (beide für den Fall, dass Kommanditist auch Gesellschafter der Komplementär-GmbH war).
[986] BGH, Urt. v. 19.2.1990, Az. II ZR 268/88, NJW 1990, 1725, 1726; OLG Celle, Urt. v. 18.6.2003, Az. 9 U 2/03, NZG 2004, 183, 183 f.
[987] OLG Celle, Urt. v. 18.6.2003, Az. 9 U 2/03, NZG 2004, 183, 183 f.
[988] BGH, Urt. v. 19.2.1990, Az. II ZR 268/88, NJW 1990, 1725, 1726.
[989] *Ekkenga* in: MüKo GmbHG Bd. I, § 3 Rn. 192.

## 3. Grenzen der Einräumung von Sonderrechten an einzelne Gesellschafter bzw. Partner

### a. Satzungsmäßige Sonderrechte in der GmbH

Als Sonderrechte werden solche Mitgliedschaftsrechte bezeichnet, die einem oder mehreren Gesellschaftern eine Vorzugsstellung gegenüber den anderen Gesellschaftern gewähren.[990] Die Möglichkeit der Einräumung von Sonderrechten an einzelne Gesellschafter ist grundsätzlich akzeptiert.[991] Es ist hierbei allgemeine Ansicht, dass sie wirksam nur durch Aufnahme in den Gesellschaftsvertrag begründet werden können.[992] Dies ist Ausdruck der Satzungsautonomie der Gesellschafter.[993] Es wird unterschieden, ob die Sonderrechte einem Geschäftsanteil anhaften, also dem jeweiligen Berechtigten hieran zustehen sollen, oder aber direkt an die Person eines Gesellschafters als diesem zustehender Sondervorteil gebunden sind.[994] Insoweit wird terminologisch zumeist zwischen „Vorzugs-Geschäftsanteil"[995] und „Sondervorteil"[996] differenziert. Auf diese Weise begründete Sonderrechte können sich auf die verschiedensten Gegenstände beziehen. Häufig werden besondere Liefer- und Leistungsbeziehungen gegenüber der Gesellschaft vereinbart sowie unter den Partnern Put-und Call-Optionen, Vorkaufs- und Mitverkaufsrechte oder sonstige Vorrechte an Anteilen, Ansprüche auf höheren Anteil am Gewinn, das Recht zur Geschäftsführerbestellung oder Geschäftsführung, das Recht auf einen Platz im Aufsichtsrat oder Beirat oder Vorschlags- oder Benennungsrechte hinsichtlich dieser Personen, Weisungsrechte gegenüber der Ge-

---

[990] *Pentz* in: Rowedder/Schmidt-Leithoff, § 14 Rn. 26; *Seibt* in: Scholz Bd. II, § 14 Rn. 19 m.w.N.

[991] *Van Venrooy*, GmbHR 2010, 841, 841.

[992] Siehe nur *Raiser* in: Großkommentar GmbHG Bd. I, § 14 Rn. 31; *Ulmer/Löbbe* in: Großkommentar GmbHG Bd. I § 3 Rn. 117; *Pentz* in: Rowedder/Schmidt-Leithoff, § 14 Rn. 27; *Seibt* in: Scholz Bd. I, § 14 Rn. 20; *Ebbing* in: Michalski, § 14 Rn. 82, jew. m.w.N.; *Reichert/Weller* in: MüKo GmbHG Bd. I, § 14 Rn. 102 m.w.N. dort in Fn. 1; *van Venrooy*, GmbHR 2010, 841, 843 m.w.N.; so auch bereits BGH, Urt. v. 4.11.1968, Az. II ZR 63/67, NJW 1969, 131, 131; BGH, Urt. v. 16.2. 1981, Az. II ZR 89/79, GmbHR 1982, 129, 130.

[993] Vgl. *Aker*, S. 33.

[994] Vgl. *Bayer* in: Lutter/Hommelhoff, § 14 Rn. 8,

[995] *Bayer* in: Lutter/Hommelhoff, § 14 Rn. 8, *Raiser* in: Großkommentar GmbHG Bd. I, § 14 Rn. 27; *Schiessl/Böhm* in: Münchner Handbuch des Gesellschaftsrechts Bd. III, § 31 Rn. 13; *Pentz* in: Rowedder/Schmidt-Leithoff, § 14 Rn. 26, begrifflich hier „Vorzugsanteil"; in der Definition abweichend *Seibt* in: Scholz Bd. I, § 14 Rn. 19 und 63, wobei dieser keine Differenzierung nach Träger vornimmt, mithin einen „Vorzugsgeschäftsanteil" annimmt, egal ob das Sonderrecht auf einen Erwerber übergeht oder nicht.

[996] *Bayer* in: Lutter/Hommelhoff, § 14 Rn. 8, *Pentz* in: Rowedder/Schmidt-Leithoff, § 14 Rn. 27.

schäftsführung, Mehrstimmrechte, Entscheidungs- und Vetorechte oder Zustimmungserfordernisse für besondere Geschäfte vereinbart.[997] Beschlüsse, die gegen im Gesellschaftsvertrag eingeräumte Sonderrechte verstoßen, sind (schwebend) unwirksam.[998]

Die Grenzen für die Einräumung von Sonderrechten ergeben sich aus zwingendem Gesetzesrecht.[999] So dürfen sie nicht gegen die oben geschilderten Grenzen allgemeinen Gesetzesrechts, wie § 134 BGB und § 138 BGB, sowie des zwingenden Kapitalgesellschaftsrechts verstoßen.[1000] Es versteht sich hierbei von selbst, dass sie sich auf keinen unzulässigen Gegenstand, wie etwa die Verletzung der Kapitalerhaltungsvorschriften, richten dürfen. Auch dürfen sie nicht zwingende Kompetenzverteilungsvorschriften, mitbestimmungsrechtliche Vorschriften oder unentziehbare Rechte anderer Gesellschafter verletzen.[1001] Aus dem gesellschaftsrechtlichen Gleichbehandlungsgrundsatz,[1002] der eine „willkürliche, sachlich nicht gerechtfertigte Behandlung der Gesellschafter"[1003] verbietet, ergibt sich dagegen kein generelles Verbot der Einräumung von Sonderrechten. Vielmehr können Sonderrechte auch ohne sachlichen Grund eingeräumt werden, soweit der schlechter gestellte Mitgesellschafter dieser Einräumung zustimmt.[1004] Dieses Zustimmungserfordernis wird allgemein auch im Fall einer sachgerechtfertigten Benachteiligung eines Gesellschafters angenommen,[1005] sodass eine Einräumung durch satzungsändernde qualifizierte Mehrheit (ohne Zustimmung des Betroffenen) wohl nur ausnahmsweise ausreicht.[1006] In den meisten Fällen ist ein ohne die Zustimmung des benachteiligten Gesellschafters zustande gekommener Beschluss über die Einräumung von Sonderrechten anfechtbar.[1007]

---

[997] Siehe hierzu *Pentz* in: Rowedder/Schmidt-Leithoff, § 14 Rn. 29 ff.; *Seibt* in: Scholz Bd. I, § 14 Rn. 21; *Reichert/Weller* in: MüKo GmbHG Bd. I, § 14 Rn. 98 ff. jew. m.w.N.
[998] *Ebbing* in: Michalski, § 14 Rn. 91.
[999] *Seibt* in: Scholz Bd. I, § 14 Rn. 33.
[1000] Vgl. *Ebbing* in: Michalski, § 14 Rn. 80; *Reichert/Weller* in: MüKo GmbHG Bd. I, § 14 Rn. 97.
[1001] Vgl. *Reichert/Weller* in: MüKo GmbHG Bd. I, § 14 Rn. 97.
[1002] Vgl. hierzu *Michalski/Funke* in: Michalski, § 13 Rn. 120.
[1003] BGH, Urt. V. 16.12.1991, Az. II ZR 58/91, NJW 1992, 892, 896 f. m.w.N. dort.
[1004] Vgl. *Michalski/Funke* in: Michalski, § 13 Rn. 120
[1005] Vgl. *Fastrich* in: Baumbach/Hueck, § 14 Rn. 18; *Ebbing* in: Michalski, § 14 Rn. 82f.; *Reichert/Weller* in: MüKo GmbHG Bd. I; § 14 Rn. 103.
[1006] Vgl. *Ebbing* in: Michalski, § 14 Rn. 82 f.
[1007] H. M. vgl. *Ebbing* in: Michalski, § 14 Rn. 82 f.

### b. „Sonderrechte" im Joint Venture Vertrag

Eine Einräumung von Sonderrechten durch den Joint Venture Vertrag kraft derer einzelne Gesellschafter besser gestellt werden sollen als andere Gesellschafter kann – für den Fall, dass keine nachträgliche Aufnahme in die Satzung des Joint Venture Unternehmens erfolgt - mangels dinglicher Wirkung derartiger Regelungen praktisch durch Vereinbarung einer Stimmbindung erreicht werden.[1008] In diesem Fall muss die tatsächliche Einräumung noch durch Beschluss erfolgen.

### c. Situation bei der GmbH & Co. KG

Die Gesellschafter einer KG sind in der Ausgestaltung ihres Gesellschaftsvertrages weitgehend frei. Hierbei kommt auch die Einräumung von Sonderrechten in Betracht.[1009] Wie bei der GmbH bedarf es auch hier zur wirksamen Begründung der Aufnahme in den Gesellschaftsvertrag.[1010] Der Gleichbehandlungsgrundsatz steht auch im Personengesellschaftsrecht der Einräumung von Sonderrechten nicht entgegen,[1011] soweit diese mit Zustimmung aller Gesellschafter, insbesondere der nachteilig betroffenen,[1012] erfolgt.

## 4. Vereinbarungen mit gesellschaftsfremden Dritten

### a. Grundsätzliche Zulässigkeit

Die Möglichkeit der Beteiligung Dritter an der gesellschafterlichen Willensbildung, insbesondere als Mitglied eines fakultativen Beirates,[1013] ist in der GmbH wie auch in der GmbH & Co. KG anerkannt.[1014] Als Nebenvereinbarungen mit gesellschaftsfremden Dritten im Joint Venture Vertrag kommen im

---

[1008] Vgl. *van Venrooy*, GmbHR 2010, 841, 844.

[1009] *Aker*, S. 43.

[1010] Vgl. *Aker*, S. 43

[1011] Vgl. *Aker*, S. 43.

[1012] *Aker,* S. 43.

[1013] Siehe für die GmbH *Müller* in: Becksches Handbuch der GmbH, § 6 Rn. 19; *Spindler* in: MüKo GmbHG Bd. II, § 52 Rn. 659 f.; sowie für die KG: *Mutter* in. Münchner Handbuch des Gesellschaftsrechts Bd. II, § 8 Rn. 48; *Weipert* in: Ebenroth/Boujong/Joost/Strohn, § 163 Rn. 12.

[1014] Der BGH, Urt. v. 22.2.1960, Az. VII ZR 83/59, NJW 1960, 963, 964 hat sogar die Einräumung eines eigenen Stimmrechts an einen außenstehenden Dritten in der Gesellschafterversammlung der OHG als zulässig erachtet, da hierin keine unzulässige Stimmrechtsabspaltung läge; dem zustimmend *Weipert* in: Ebenroth/Boujong/Joost/Strohn, § 163 Rn. 12; zu Recht anderer Ansicht (jeweils im Hinblick auf das weniger gewichtige Widerspruchsrecht) *Rawert* in: MüKo HGB Bd. II, § 115 Rn. 41 m.w.N. dort in Fn. 111; *Roth* in: Baumbach/Hopt, § 115 Rn. 7 m.w.N. dort; für die GmbH wird eine Begründung eines Stimmrechts ohne Gesellschafterstellung ebenfalls allgemein abgelehnt, vgl. *Römermann* in: Michalski, § 47 Rn. 45 m.w.N. dort in Fn. 1; *Drescher* in: MüKo GmbHG Bd. II, § 47 Rn. 69.

Wesentlichen die Pflicht zur Abführung von Gesellschaftergewinnen, Informationsrechte sowie die Pflicht auf Weisung des Dritten von seinen Gesellschafterrechten, insbesondere seinem Stimmrecht, Gebrauch zu machen in Betracht. Derartige Regelungen sind nur als Nebenvereinbarungen denkbar, da Nicht-Gesellschafters aus dem Gesellschaftsvertrag keine Rechte herleiten können.[1015] Nach Ansicht der Rechtsprechung sind auch Stimmbindungen mit gesellschaftsfremden Dritten grundsätzlich ohne Einschränkung zulässig.[1016] Dennoch begegnen Stimmbindungsvereinbarungen mit Dritten auf den ersten Blick Bedenken, da hierdurch Personen, die nicht der gesellschaftlichen Treuepflicht unterworfen sind, Einfluss auf die Gesellschaft gewährt wird.[1017] Argumentiert wird von den Vertretern dieser Bedenken hierbei auch mit der Verbandsautonomie der Gesellschafter.[1018] So wird eine Stimmbindung mit Dritten jedenfalls im Hinblick auf Satzungsänderungen von einer breiten Ansicht abgelehnt.[1019] Aber auch jenseits von Satzungsänderungen ist die Zulässigkeit nach wie vor umstritten. Teilweise wird rigoros eine gänzliche Unzulässigkeit von Stimmbindungen gegenüber Dritten angenommen.[1020] Die h. M. geht jedoch für die GmbH mittlerweile mit der Rechtsprechung von der grundsätzlichen Zulässigkeit von Stimmbindungen mit Dritten aus,[1021] wenn auch teilweise mit gewissen Einschränkungen auf Person und Interessenlage des Dritten.[1022]

---

[1015] Vgl. *Hergeth/Mingau*, DStR 2001, 1217, 1217; unter Gesellschaftern ist dagegen auch eine Stimmbindung im Gesellschaftsvertrag möglich, deren Missachtung die Stimmabgabe unwirksam macht, *Zöllner* in: Baumbach/Hueck, § 47 Rn. 112.

[1016] Grundlegend: BGH, Urt. v. 7.2.1983, Az. II ZR 25/82, ZIP 1983, 432, 433 dort für den Fall der Bindung an die Zustimmung des Geschäftsführers zu dessen Abberufung; so auch OLG Celle, Urt. v. 26.9.1990, Az. 9 U 113/90, GmbHR 1991, 580, 580 jedoch für den Fall der reinen Begünstigung eines Dritten.

[1017] *Bayer* in: Lutter/Hommelhoff, § 47 Rn. 16, m.w.N. dort in Fn. 6; so auch *Hüffer* in: Großkommentar GmbHG Bd. II, § 47 Rn. 75.

[1018] Ausführlich *Priester* in: FS Werner, S. 657, 667 ff.

[1019] *Bayer* in: Lutter/Hommelhoff, § 47 Rn. 16 m.w.N. dort in Fn. 7; *Priester* in: FS Werner, S. 657, 671 f.; *Karsten Schmidt* in: Scholz Bd. II, § 47 Rn. 42 will eine solche nur zulassen wenn der Dritte "im materiellen Sinne Träger von Gesellschafterinteressen" ist.

[1020] Siehe nur *Flume*, § 7 VI, (S. 242) jedoch mit Ausnahmen für Treuhand und Sicherungsabtretung, a.a.O., S. 243 f.) da Treugeber und Sicherungsgeber als die „wirklichen Mitglieder" anzusehen sind; *Hüffer* in: Großkommentar GmbHG Bd. II, § 47 Rn. 75.

[1021] *Koppensteiner/Gruber* in: Rowedder/Schmidt-Leithoff, § 47, Rn. 29 m.w.N. dort in Fn. 129.

[1022] So bereits: BGH, Urt. v. 29.5.1967, Az. II ZR 105/66, NJW 1967, 1963, 1964 f.; siehe *Drescher* in: MüKo GmbHG Bd. II, § 47 Rn. 241; *Zöllner* in: Baumbach/Hueck § 47 Rn. 113, der eine solche Zulässigkeit ohne weiteres selbst hinsichtlich Satzungsänderungen annimmt; *Römermann* in: Michalski, § 47 Rn. 503 ff., mit der Zustimmung verdienenden Ausnahme, dass hierdurch keine Vinkulierungen umgangen werden dürfen; *Roth* in: Roth/Altmeppen,

Genau andersherum stellt sich das Meinungsbild im Personengesellschaftsrecht dar. Während teilweise auch hier die Zulässigkeit der Bindung an Dritte generell bejaht wird,[1023] wird eine solche grundsätzliche Zulässigkeit von der überaus herrschenden Meinung verneint.[1024] Vermittelnde Ansichten differenzieren auch hier hinsichtlich der Zulässigkeit entweder nach der Art der zu fassenden Beschlüsse[1025] oder nach dem Vorliegen eines eigenen wirtschaftlichen Interesses beim bindenden Dritten.[1026]

Jedoch kann die fehlende Bindung an das Gesellschaftsinteresse die Zulässigkeit von Stimmbindungen nicht ausschließen. Dieses Fehlen beim Dritten hat insofern keine Auswirkung auf die Willensbildung in der Gesellschaft, als der die Stimmabgabe in die Gesellschaft „hineintragende"[1027] Gesellschafter seinerseits nur insoweit gebunden ist, wie er die ihm trotz Stimmbindung obliegende Treuepflicht als Gesellschafter nicht verletzt.[1028] Den Joint Venture Partnern sind daher auch Stimmbindungen mit Dritten, die selbst nicht Gesell-

---

§ 47 Rn. 38a nimmt eine Unzulässigkeit jedoch dann an, wenn eine Übertragung des Gesellschaftsanteils unwirksam wäre; *Bayer* in: Lutter/Hommelhoff, § 47 Rn. 16, der jedoch Satzungsänderungen ausnimmt; *Karsten Schmidt* in: Scholz Bd. II, § 47 Rn. 42 der auch außerhalb von Satzungsänderungen eine "Rechtfertigung" der Bindung an den Dritten verlangt; *Fichtelmann/Bartl* in: HK GmbHG § 47 Rn. 18 wollen auf die „Umstände des Einzelfalls" abstellen.

[1023] So *Westermann* in: Westermann, Handbuch der Personengesellschaften, § 24 Rn. 503 m. N. zur Gegenansicht dort in Fn. 2; *Karsten Schmidt*, Gesellschaftsrecht, § 21 II 4 a cc (S. 619) der jedoch gegen Vinkulierungen verstoßende Bindungen ausnimmt und auch ansonsten bei dauernden Stimmbindungen verschiedene Einschränkungen fordert; *Overrath*, S. 35 f., der jedoch eine dauerhafte Bindung hiervon ausnimmt.

[1024] Siehe nur *Enzinger* in: MüKo HGB Bd. II, § 119 Rn. 37 m.w.N. dort in Fn. 157; *Weitemeyer* in: Oetker HGB, § 119 Rn. 19 m.w.N. dort in Fn. 58; *Roth* in: Baumbach/Hopt, § 119 Rn. 18 m.w.N.

[1025] So *Priester* in: FS Werner, S. 657, 667 ff., der die Bindung hinsichtlich Satzungs- und Strukturänderungen grundsätzlich als unzulässig erachtet. Zu Ausnahmekonstellationen siehe *ebenda*, S. 672 ff.

[1026] So will auch die h. M. Stimmbindungen mit Dritten im Falle der Treuhand, Nießbrauch und Unterbeteiligungen zulassen, vgl. *Finckh* in: Henssler/Strohn, HGB § 119 Rn. 22 m.w.N dort, *Roth* in: Baumbach/Hopt, § 119 Rn. 18; *Weitemeyer* in: Oetker HGB, § 119 Rn. 19; *Koller* in: Koller/Roth/Morck, § 119 Rn. 5; *Plückelmann* in: MAH Personengesellschaftsrecht, § 4 Rn. 55 nur wenn Dritter zumindest ansatzweise wirtschaftliche Stellung eines Gesellschafters inne hat, wobei ad-hoc Stimmbindungen ausgeschlossen sein sollen.

[1027] *Römermann* in: Michalski, § 47 Rn. 503.

[1028] Vgl. *Römermann* in: Michalski, § 47 Rn. 503; so auch *Weipert* in: Ebenroth/Boujong/Joost/Strohn, § 163 Rn. 13.

schafter des Joint Venture Unternehmens sind, grundsätzlich erlaubt.[1029] Dies gilt sowohl für Stimmbindungen in Personen- sowie in Kapitalgesellschaften.[1030]

Im Falle der hier interessierenden Inkongruenz von Beteiligungen am Joint Venture und am Joint Venture Unternehmen, wird ein solches Interesse des keine Beteiligung am Joint Venture Unternehmen haltenden Dritten in den meisten Fällen gegeben sein. Denn zumeist ist diesem, zwar nicht aufgrund von Haftungsrisiken jedoch aufgrund finanzieller Beteiligung, ein wirtschaftlich schützenswertes Interesse an den Geschicken des Joint Venture Unternehmen zuzugestehen. Wie *Zöllner*[1031] bereits herausgearbeitet hat, stehen dem keine schützenswerten Interessen entgegen, da eine der mitgliedschaftlichen Bindung zuwiderlaufende Stimmrechtsausübung ohnehin unwirksam ist.

### b. Vinkulierung von Anteilen

Nebenabreden mit Dritten dürfen nicht die Vinkulierung von Anteilen nach § 15 Abs. 5 GmbHG umgehen.[1032] § 15 Abs. 5 GmbHG bezweckt den Schutz

---

[1029] So bereits: BGH, Urt. v. 29.5.1967, Az. II ZR 105/66, NJW 1967, 1963, 1964 f.; siehe *Drescher* in: MüKo GmbHG Bd. II, § 47 Rn. 241; *Römermann* in: Michalski, § 47 Rn. 503 ff., mit der Zustimmung verdienenden Ausnahme, dass hierdurch keine Vinkulierungen umgangen werden dürfen; *Zöllner* in Baumbach/Hueck § 47 Rn. 113, der eine solche Zulässigkeit selbst hinsichtlich Satzungsänderungen annimmt; *Römermann* in: Michalski, § 47 Rn. 503 ff. mit der Zustimmung verdienenden Ausnahme, dass hierdurch keine Vinkulierungen umgangen werden dürfen; *Roth* in: Roth/Altmeppen, § 47 Rn. 38a nimmt eine Unzulässigkeit jedoch dann an, wenn eine Übertragung des Gesellschaftsanteils unwirksam wäre; *Bayer* in: Lutter/Hommelhoff, § 47 Rn. 16, der jedoch Satzungsänderungen ausnimmt; *Karsten Schmidt* in: Scholz Bd. II, § 47 Rn. 42, der auch außerhalb von Satzungsänderungen eine "Rechtfertigung" verlangt - für Personengesellschaften: im Grundsatz bei allen Handelsgesellschaften die Zulässigkeit bejahend *Karsten Schmidt*, Gesellschaftsrecht, § 21 II 4 a cc (S. 619), siehe zu Einschränkungen bei dauernden Bindungen dort; für die allgemeine Zulässigkeit der Bindung auch gegenüber Nicht-Gesellschaftern *Westermann* in: Westermann, Handbuch der Personengesellschaften, § 24 Rn. 503; *Plückelmann* in: MAH Personengesellschaftsrecht, § 4 Rn. 55, jedoch nur wenn Dritter zumindest ansatzweise wirtschaftliche Stellung eines Gesellschafters inne hat, wobei ad-hoc Stimmbindungen ausgeschlossen sein sollen; nach *Koller* in: Koller/Roth/Morck, § 119 Rn. 5 nur zulässig soweit ein berechtigtes Interesse des Dritten (z.B. als Pfandnehmer, Treugeber oder Nießbraucher) besteht; für eine grundsätzliche Unzulässigkeit von Stimmbindungen mit Dritten dagegen: *Flume*, § 7 VI (S. 242); *Habersack*, ZHR 164 (2000), 1, 11 der jedoch bei einer wirtschaftlichen Gesellschafterstellung des Dritten eine Ausnahme machen möchte; einschränkend hinsichtlich Satzungs- und Strukturänderungen *Priester* in: FS Werner, S. 657, 671 ff.; eingehend zur Gesamtproblematik auch *Zöllner*, ZHR 155 (1991), 168, 179 ff., der eine grundsätzliche Zulässigkeit der Stimmbindung mit Dritten annimmt.

[1030] *Von der Osten*, GmbHR 1993, 798, 798.

[1031] *Zöllner*, ZHR 155 (1991), 168, 182.

[1032] Vgl. *Joussen*, S. 102ff.

der Gesellschafter vor dem ungenehmigtem Einfluss Dritter. Nebenvereinbarungen, die einem gesellschaftsfremden Dritten, dessen Erwerb von Geschäftsanteilen der Zustimmung der Gesellschaft bedürfen würde, ohne Zustimmung der anderen Gesellschafter Einfluss auf die Gesellschaft einräumen, sind nicht zulässig, wenn dies in der Absicht geschieht, eine solche Zustimmung zu umgehen.[1033] Im Falle eines Joint Ventures wird dies dann relevant, wenn nicht alle Partner des Joint Venture auch Gesellschafter des Gemeinschaftsunternehmens werden, dem außenstehenden Partner aber über Stimmbindungen Einfluss auf die Geschicke der Gesellschaft eingeräumt wird. Jedoch liegt zumeist ein berechtigtes Interesse des außenstehenden Dritten vor und die zur Zustimmung berufenen Gesellschafter haben ihre Zustimmung zur Stimmbindung erteilt. In dieser Konstellation läge also keine Umgehung vor.

**5. Ergebnis**

Zusammenfassend lässt sich sagen, dass Nebenvereinbarungen als schuldrechtliche Vereinbarungen den allgemeinen gesetzlichen Wirksamkeitsschranken unterliegen. Daneben dürfen sie nicht gegen zwingendes Kapital- bzw. Personengesellschaftsrecht verstoßen. Abweichungen von der Satzung ziehen wegen des Trennungsprinzips jedoch keine grundsätzlichen Wirksamkeitsbeeinträchtigungen nach sich. Aus demselben Grund sind Nebenvereinbarungen, die satzungsdispositives Gesetzesrecht zum Gegenstand haben, grundsätzlich wirksam, da sie nur Wirkung zwischen den Joint Venture Partnern entfalten.

**C. Gefahren satzungsergänzender Nebenvereinbarungen**

Wie gesehen gibt es eine Reihe von Grenzen, die der Joint Venture Vertrag einhalten muss, um keine Unwirksamkeit der in ihm enthaltenen Bestimmungen zu riskieren. Neben den Risiken der Unwirksamkeit sind jedoch noch weitere Problematiken zu berücksichtigen, die sich aus der Existenz des Joint Venture Vertrages bzw. seiner Regelungen an sich ergeben.

Dies bezieht sich zunächst auf das Spannungsverhältnis zwischen Gesellschaftsvertrag und Joint Venture Vertrag und der hiermit einhergehenden Pflichtenkollision, soweit eine Koexistenz nach Maßgabe der oben gefundenen Ergebnisse möglich ist. Eine weitere Gefahr des Joint Venture Vertrages liegt

---

[1033] H. M. vgl. *Roth* in: Baumbach/Hopt, § 119 Rn. 18; *Karsten Schmidt*, Gesellschaftsrecht, § 21 II 4 (S. 619); *Overrath*, S. 48; *Joussen*, S. 103 f.

in der möglichen Begründung eines Beherrschungsverhältnisses zwischen den Joint Venture Partnern und dem Gemeinschaftsunternehmen, was weitreichende Haftungsfolgen nach sich ziehen kann.

## 1. Gefahr der Pflichtenkollision zwischen schuldrechtlicher Verpflichtung und korporativer Gesellschafterpflicht im Joint Venture Unternehmen

Im Einzelfall kann es, unabhängig von einzelnen Vertragsklauseln, zur generellen Kollision der Interessen des Joint Ventures und des Joint Venture Unternehmens kommen. In diesem Fall besteht regelmäßig eine Interessenkollision des Joint Venture Partners zwischen seiner gesellschafterlichen Treuepflicht aus dem Joint Venture und der gesellschafterlichen Treuepflicht als Gesellschafter des Gemeinschaftsunternehmens. Insbesondere Stimmbindungsvereinbarungen dürfen nicht dazu führen, dass der aufgrund des Joint Venture Vertrages zu einer bestimmten Stimmabgabe verpflichtete Partner durch diese im Joint Venture Unternehmen gegen seine gesellschaftliche Treuepflicht verstößt. Denn dies würde – zumindest im Falle der Beteiligung dritter Gesellschafter - zur Anfechtbarkeit so zustande gekommener Beschlüsse im Joint Venture Unternehmen führen.[1034]

## 2. Verdeckte Beherrschung/faktischer GmbH-Konzern

Eine besondere Gefahr schuldrechtlicher Vereinbarungen der Gesellschafter zur Lenkung eines Joint Venture Unternehmens in der Rechtsform einer GmbH, liegt in der verdeckten Beherrschung. Eine gänzliche Unterminierung der Eigenständigkeit des Joint Venture Unternehmens in der Rechtsform einer Kapitalgesellschaft hätte weitreichende rechtliche Folgen für sämtliche Beteiligten und soll bei allen Steuerungsabsichten regelmäßig vermieden werden. *Langefeld-Wirth* führt zwar zutreffend an, dass Fälle „krasser Missbräuche der Rechtsform der Kapitalgesellschaft" im Joint Venture, wegen der gegenseitigen Kontrolle der Partner, wohl eher selten vorkommen dürften.[1035] Jedoch besteht die Gefahr einer verdeckten Beherrschung auch hier.

### a. Unternehmensverträge

§ 291 AktG stellt mit dem Beherrschungsvertrag ein zulässiges Instrument zur Fremdsteuerung einer Kapitalgesellschaft bereit. Ein Beherrschungsvertrag nach § 291 Abs. 1 S. 1 Alt. 1 AktG besteht aber nur dann, wenn eine AG ihre

---

[1034] Vergleiche zur Definition des Gesellschaftsinteresses und der Treuepflichten im Joint Venture Unternehmen bereits oben unter Kapitel 2 F IV d i und ii.
[1035] *Langefeld-Wirth*, RIW 1990, 1, 5.

Leitung einem anderen Unternehmen durch Vertragsschluss förmlich unterstellt. Auch für die GmbH wird die Möglichkeit des Bestehens von Gewinnabführungs- und Beherrschungsverträgen gemäß § 291 AktG nunmehr in § 30 Abs. 1 S. 2 GmbH ausdrücklich vorausgesetzt.[1036] Ein Beherrschungsvertrag verleiht dem herrschenden Unternehmen regelmäßig das Recht, gemäß § 308 AktG auf die Leitung der beherrschten Gesellschaft durch Weisungen Einfluss zu nehmen. Dem gegenüber steht die Pflicht des herrschenden Unternehmens zur Verlustübernahme nach § 302 AktG.[1037] Außerdem muss das herrschende Unternehmen bei Liquidation des beherrschten Unternehmens dessen Gläubigern nach § 303 AktG Sicherheiten gewähren. Trotz unterschiedlicher Struktur von GmbH und AG folgt die Behandlung auch im GmbH-Recht im Wesentlichen den dargestellten Grundsätzen.[1038] Einen formellen Beherrschungsvertrag mit dem Gemeinschaftsunternehmen werden die Joint Venture Partner, die ja gerade an einer Haftungsbeschränkung ihres „gemeinsamen Wagnisses" durch die ideale Rechtsformgestaltung interessiert sind, daher regelmäßig nicht abschließen.

Aufgrund des bei der GmbH ohnehin bestehende Weisungsrechts der Gesellschafter nach § 37 Abs. 1 GmbHG ist die Bedeutung des Beherrschungsvertrages für eine GmbH in dieser Hinsicht ohnehin nicht allzu groß. Durch einen Beherrschungsvertrag könnte, über die gesetzliche gemeinschaftliche Kompetenz der Gesellschafterversammlung hinaus, einem einzelnen Gesellschafter die Leitungsmacht in der GmbH übertragen werden, was im Joint Venture allerdings nicht gewollt ist. Weiterhin begründet ein Beherrschungsvertrag das Recht, in der beherrschten GmbH eigene Ziele der herrschenden Gesellschaft zu verfolgen.[1039] Genau dieses Interesse beabsichtigen nun natürlich auch die Joint Venture Partner mit ihrem Gemeinschaftsunternehmen umzusetzen, freilich ohne einen formal wirksamen Beherrschungsvertrag mit diesem abzuschließen. Die Fälle, in denen ein Gesellschafter auf eine GmbH ohne das Bestehen eines Beherrschungsvertrags beherrschenden Einfluss nimmt, werden als „faktische" Beherrschung bezeichnet

---

[1036] Die Möglichkeit des Abschlusses war bereits vorher anerkannt, vgl. BGH, Beschl. v. 24.10.1988, Az. II ZB 7/88, NJW, 1988, 295, 296 ff.

[1038] *Emmerich* in: Emmerich/Habersack, § 291 AktG Rn. 66; im Einzelnen *Lutter/Hommelhoff* in: Lutter/Hommelhoff, Anh. zu § 13 Rn. 42 ff.

[1039] Vgl. zu den Wirkungen des Beherrschungsvertrages: *Lutter/Hommelhoff* in: Lutter/Hommelhoff, Anh zu § 13 Rn. 46.

## b. Faktische Beherrschung

Unternehmen im Sinne des § 15 ff. AktG ist jeder Gesellschafter, der sich auch außerhalb der Gesellschaft „unternehmerisch betätigt"[1040] und hierdurch (auch) anderweitige wirtschaftliche Interessen hegt, weswegen ein, in diesem Interessenkonflikt begründeter, nachteiliger Einfluss auf die Gesellschaft denkbar ist.[1041] Legt man die eingangs gefundene Annahme zugrunde, dass ein Großteil der Joint Venture Partner auch dem Unternehmensbegriff des §§ 15 AktG unterfallen, stellt sich die Frage, wann nun ein Joint Venture Unternehmen durch einen oder beide Joint Venture Partner als Unternehmensgesellschafter im Sinne des § 17 AktG beherrscht wird und was die daraus resultierenden Konsequenzen sind. Ist von einer Abhängigkeit des Gemeinschaftsunternehmens auszugehen, wird gemäß § 18 Abs. 1 S. 3 AktG vermutet, dass dieses mit den herrschenden Unternehmen einen Konzern bildet. Unter einem Konzern versteht man nach § 18 AktG die Zusammenfassung eines herrschenden und eines oder mehrerer abhängiger Unternehmen unter der einheitlichen Leitung des herrschenden Unternehmens. Es ist daher zu überprüfen, ob die Joint Venture Partner durch die Regelungen im Joint Venture Vertrag eine Abhängigkeit des Gemeinschaftsunternehmens von seinen Mutterunternehmen schaffen.

### i Abhängigkeit nach §§ 17 Abs. 1, Abs. 2, 16 AktG

Gemäß § 17 Abs. 2 AktG wird von einem im Mehrheitsbesitz stehenden Unternehmen vermutet, dass es von dem an ihm mit Mehrheit beteiligten Unternehmen abhängig ist. Somit besteht dann eine Vermutung für eine Abhängigkeit des Joint Venture Unternehmens wenn einer der Joint Venture Partner an diesem die Mehrheit der Anteile hält. Dies ergibt sich aus § 16 Abs. 1 AktG. In einem Joint Venture besteht jedoch zumeist eine 50/50 Beteiligung der Partner. Es stellt sich daher die Frage, inwieweit Stimmbindungen die Zurechnung fremder Beteiligungen an den einen oder den anderen Partner ermöglichen können. Früher war es generell herrschende Meinung,[1042] dass Stimmbindungen aufgrund ihrer rein schuldrechtlichen Natur per se nicht geeignet sein sollen, die Zurechnung von Anteilen an den hierdurch begünstigten Partner zu begründen.[1043] Denn die Vereinbarung entfaltet aufgrund ihres grundsätzlich

---

[1040] *Joussen,* GmbHR 1996, 574, 577.
[1041] Vgl. *Bauer,* NZG 2001, 742, 743 m.w.N. dort in Fn. 4.
[1042] Vgl. *Bayer* in: MüKo AktG Bd. I, § 16 Rn. 41 m.w.N. dort in Fn. 7.
[1043] Wohl immer noch weitgehend herrschende Meinung: *Schall* in Spindler/Stilz, AktG Bd. I, § 16 Rn. 23, jedenfalls bei Fehlen einer „wirtschaftlicher Flankierung"; *Hüffer* in: Hüffer AktG,

rein schuldrechtlichen Charakters in der Regel keine bindende Wirkung auf Ebene des Gemeinschaftsunternehmens. Noack[1044] lehnt einen solchen „Stimmrechtsisolationismus" jedenfalls dann ab, wenn die Stimmbindung mit „quasi-dinglicher Wirkung" gesichert ist, mithin der Bindende einen tatsächlichen Zugriff auf die Stimmrechte des Gebundenen hat. Eine andere Meinung möchte eine Zurechnung entsprechend § 16 Abs. 4 AktG bereits dann vornehmen, wenn rechtliche, tatsächliche oder auch wirtschaftliche Umstände den nötigen Einfluss eines Gesellschafters ausreichend sichern, da sie eine bewusste, gewollte und zielgerichtete Zusammenarbeit mit hinreichender Stabilität und Kontinuität begründen.[1045] Nach dieser Einschätzung wären bereits rein vertragliche Stimmbindungen für die Begründung eines Abhängigkeitsverhältnisses ausreichend. Es sollen sogar gleichgerichtete Interessen der Gesellschafter der Mütter ausreichen, wenn sich diese Interessenkongruenz „objektiv manifestieren" würde.[1046]

Im Falle rein schuldrechtlicher Bindungen zwischen den Joint Venture Partnern, selbst wenn sie durch Vertragsstrafen bewehrt und nach der Rechtsprechung des BGH[1047] vollstreckbar sind, wird jedoch kein Zustand begründet, der auf die Berechnung einer Mehrheitsbeteiligung – vgl. den Wortlaut „Mehrheitsbesitz" in § 17 Abs. 2 AktG - Auswirkungen haben kann.[1048] Für eine analoge Anwendung fehlt es aufgrund des vielfachen Eingreifens des § 17 Abs. 1 AktG zudem bereits an einer planwidrige Regelungslücke.[1049]

ii  Abhängigkeit nach § 17 Abs. 1 AktG
Durch Gesellschafterabsprachen kann auch Gesellschaftern, die eigentlich nicht über die Mehrheit der Stimmen verfügen, die Führung des Gemeinschaftsunternehmens übertragen werden, wodurch sie zum allein herrschen-

---

§ 16 Rn. 13; *Koppensteiner* in: Kölner Kommentar, § 16 Rn. 43; *Krieger* in: Münchner Handbuch des Gesellschaftsrechts Bd. IV, § 68 Rn. 33; *Hüffer* in: FS Karsten Schmidt, S. 747, 751 f.; im Ergebnis so auch *Vetter* in: Schmidt/Lutter Bd. I, § 16 Rn. 29.
[1044] *Noack*, S. 91.
[1045] *Liebscher*, S. 43 Rn. 107; für eine Zurechnung analog § 16 Abs. 4 AktG bereits *Mertens* in: FS Beusch, S. 583, 589 ff.; im Anschluss: *Bayer* in: MüKo AktG Bd. I, § 16 Rn. 41; *Emmerich* in: Emmerich/Habersack, § 16 Rn. 25.
[1046] *Liebscher*, S. 43 Rn. 107.
[1047] BGH, Urt. v. 29.5.1967, Az. II ZR 105/66, NJW 1967, 1963, 1966.
[1048] Vgl. *Noack*, S. 91.
[1049] *Schall* in: Spindler/Stilz, AktG Bd. I, § 16 Rn. 23; *Groß-Bölting*, S. 54 (Fehlen einer „planwidrigen Regelungslücke").

den Unternehmen werden.[1050] Eine Stimmbindung führt etwa zwangsläufig dazu, dass die gebundenen Stimmen dem Begünstigten zugerechnet werden.[1051] Aufgrund der von den Joint Venture Partnern beabsichtigten gemeinsamen Steuerung des Joint Venture Unternehmens wird es indes sehr selten zu einer Abhängigkeit von einem der Joint Venture Partner kommen. Vielmehr üben die Joint Venture Partner aufgrund der Koordinierung ihrer Interessen im Joint Venture Vertrag gemeinsam herrschenden Einfluss auf das Gemeinschaftsunternehmen aus.[1052] Die Möglichkeit einer solchen gemeinsamen Herrschaftsausübung ist heute allgemein anerkannt.[1053]

Es ist in Rechtsprechung[1054] und Literatur[1055] weitgehend herrschende Ansicht, dass eine Abhängigkeit des Gemeinschaftsunternehmens nach § 17 Abs. 1 AktG von sämtlichen Joint Venture Partnern sich insbesondere aus den zwischen den Joint Venture Partnern getroffenen Absprachen im Joint Venture Vertrag und der damit einhergehenden Koordinierung ihres Einflusses ergeben kann. Basierend auf der Tatsache, dass zumeist nicht ein Partner für sich wohl aber alle Partner gemeinsam über die Mehrheit der Stimmen im Joint Venture Unternehmen verfügen, stellt sich die Frage, wie die Koordination der Willensbildung beschaffen sein muss, um zu einer Abhängigkeit des Gemeinschaftsunternehmens von sämtlichen Joint Venture Partnern zu führen.[1056] Hierzu ist es erforderlich, dass die gemeinsame Beherrschung eine „sichere

---

[1050] *Joussen*, S. 167 mit Verweis auf die Entscheidungen BGH, Beschl. v. 30.9.1986, Az. KVR 8/85, NJW 1987, 1639, 1640; BGH, Beschl. v. 18.11.1986, Az. KVR 9/85, NJW 1987, 1700, 1701.

[1051] *Noack*, S. 92.

[1052] Vgl. hierzu *Joussen*, S. 164 f.; siehe auch *Schall* in: Spindler/Stilz § 17 Rn. 15; sowie *Vetter* in: Schmidt/Lutter Bd. I, § 17 Rn. 45.

[1053] So bereits zu AG: BGH Urt. v. 4.3.1974, Az. II ZR 89/72, NJW 1974, 855, 856 f.; *Liebscher* in: MüKo GmbHG Bd. I, Anhang Die GmbH als Konzernbaustein, Rn. 109 m.w.N. dort in Fn. 5; *Bauer*, NZG 2001, 742, 742 m.w.N. dort in Fn. 1; *Leuering/Görtz* in: Hölters, § 311 Rn. 25.

[1054] Vgl. OLG Frankfurt a. M., Beschl. v. 22.12.2003, Az. 19 U 78/03, NZG 2004, 419, 420; auch für den Fall einer Koordinierung ohne Absprache allein aufgrund rechtlicher und tatsächlicher Umstände siehe BGH, Urt. v. 4.3.1974, Az. II ZR 89/72, NJW 1974, 855, 856 ff.; dies gilt jedoch nicht für den Fall rein wirtschaftlicher Abhängigkeiten, BGH, Urt. v. 26.3.1984, Az. II ZR 172/83, NJW 1984, 1893, 1896 f.; OLG Frankfurt a. M., Beschluss vom 22.12.2003, Az. 19 U 78/03, NZG 2004, 419, 420

[1055] *Wicke*, DStR 2006, 1137, 1141 m.w.N.; vgl. auch *Noack*, S. 92; *Joussen*, S. 165 ff.; *Emmerich* in: Scholz Bd. I, Anh § 13 Rn. 27 f. m.w.N dort in Fn. 2; *Liebscher* in: MüKo GmbHG Bd. I, Anhang Die GmbH als Konzernbaustein, Rn. 108 m.w.N; *Leuering/Görtz* in: Hölters, § 311 Rn. 25.; Bayer in: MüKo AktG Bd. I, § 17 Rn. 78.

[1056] *Noack*, S. 92.

Grundlage" besitzt.[1057] Als solche „sichere und dauerhafte Grundlage" werden unter anderem Koordinierungs- oder Stimmbindungsvereinbarungen, wie sie der Joint Venture Vertrag regelmäßig enthält, angesehen.[1058]

In diesem Zusammenhang mag man anführen, dass sich doch im Rahmen eines „klassischen" Joint Ventures mit zwei paritätisch beteiligten Partnern und dem Zwang zur Einigung, deren Macht gegenseitig neutralisiert. Allein der Umstand des so gegebenen "aufeinander angewiesen sein bei der Willensbildung",[1059] stellt jedenfalls keine ausreichende Grundlage für die Annahme einer gemeinsamen Beherrschung dar.[1060] Wesentliches Charakteristikum des Joint Venture Vertrages ist jedoch gerade die der Entscheidung in der Gesellschafterversammlung des Joint Venture Unternehmens vorgelagerte Entscheidungsfindung im Joint Venture. Gerade diese planmäßige Koordinierung und Vorabstimmung stellt die für die Feststellung eines Abhängigkeitsverhältnisses maßgebliche Bevorteilung der beteiligten Gesellschafter dar.[1061] Denn der wesentliche Unterschied zu einer Mehrheitsbildung in der Gesellschafterversammlung liegt hier bereits in der Planmäßigkeit der Abstimmung und anschließenden Durchsetzung von Interessen, die hierdurch bereits rein organisatorisch der Erzielung von ad-hoc Mehrheiten in der Gesellschafterversammlung überlegen ist.[1062] Setzt deren Regelung im Joint Venture Vertrag - wie bei der Beteiligung zweier 50/50 Partner - Einstimmigkeit voraus oder steht jedem Partner ein Veto-Recht zu, reicht auch dies für den Tatbestand der einheitlichen vorgelagerten Willensbildung aus.[1063] In diesem Fall ist von einer Abhängigkeit von sämtlichen, an der zur Steuerung des Joint Venture Unternehmens

---

[1057] BGH Urt. v. 4.3.1974, Az. II ZR 89/72, NJW 1974, 855, 857; OLG Düsseldorf, Urt. v. 22.7.1993, Az. 6 U 84/92, ZIP 1993, 1791, 1793; so auch *Emmerich* in: Scholz Bd. I, Anh § 13 Rn. 27; *ders.* in: Emmerich/Habersack, § 17 Rn. 30 m.w.N. dort in Fn. 66; *Liebscher* in: MüKo GmbHG Bd. I, Anhang Die GmbH als Konzernbaustein, Rn. 109; *Vetter* in: Schmidt/Lutter Bd. I, § 17, Rn. 48; Bayer in: MüKo AktG Bd. I, § 17 Rn. 78.
[1058] *Emmerich* in: Emmerich/Habersack, § 17 Rn. 30 m.w.N. dort in Fn. 67; *Liebscher* in: MüKo GmbHG Bd. I, Anhang Die GmbH als Konzernbaustein, Rn. 109; *Bayer* in: MüKo AktG Bd. I, § 17 Rn. 78 m.w.N dort in Fn. 4 und 5; BGH Urt. v. 4.3.1974, Az. II ZR 89/72, NJW 1974, 855, 857 spricht von „vertraglichen und organisatorischen Bindungen".
[1059] Siehe (zum GWB) BGH, Beschl. v. 6.9.1979, Az. KVR 1/78, NJW 1979, 2401, 2403.
[1060] *Liebscher* in: MüKo GmbHG Bd. I, Anhang Die GmbH als Konzernbaustein, Rn. 108 m.w.N. dort in Fn. 2; *Hüffer,* in: Hüffer AktG, § 17 Rn. 16 m.w.N. dort; *Emmerich* in: Emmerich/Habersack, § 17 Rn. 31 m.w.N. dort in Fn. 72; *Bauer,* NZG 2001, 742, 743; *Noack,* S. 94 m.w.N. dort in Fn. 170; a. A. *Altmeppen* in: MüKo AktG Bd. V, § 311 Rn. 66.
[1061] Vgl. *Emmerich* in: Emmerich/Habersack, § 17 Rn. 31 m.w.N. dort in Fn. 72; siehe auch die Nachweise oben in Fn. 1052.
[1062] Vgl. hierzu: *Noack,* S. 93.
[1063] *Noack,* S. 94.

getroffenen Absprache beteiligten, Gesellschafter auszugehen. Der wesentliche Grund für die Annahme einer mehrfachen Beherrschung liegt darin, dass die Joint Venture Partner regelmäßig Vereinbarungen über Beschlussgegenstände treffen, die für die Führung des Joint Venture Unternehmens am Markt relevant sind oder gar nicht erst eine Eingrenzung ihrer Koordinierungsabsichten vornehmen.[1064] Als herrschende Unternehmen wird dann jeder einzelne einflussnehmende Partner angesehen.[1065]

Ist das Joint Venture Unternehmen somit von mehreren der Joint Venture Partner abhängig, finden die konzernrechtlichen Regelungen auf die Rechtsverhältnisse zu sämtlichen Joint Venture Partnern Anwendung.[1066]

---

[1064] Vgl. auch *Noack*, S. 92.
[1065] Weitgehend h. M. siehe *Liebscher* in: MüKo GmbHG Bd. I, Anhang Die GmbH als Konzernbaustein, Rn. 10 m.w.N. dort in Fn. 11; *Hüffer* in: Hüffer AktG § 17 Rn. 13 ff. m.w.N. dort; *Emmerich* in: Emmerich/Habersack, § 17 Rn. 32 m.w.N. dort in Fn. 74; Die zwischen den Joint Venture Partnern bestehende Innen-GbR kann dagegen – mangels Rechtsfähigkeit wie auch mangels Unternehmensqualifikation - kein „herrschendes Unternehmen" sein, vgl. auch *Hüffer* in: Hüffer AktG § 17 Rn. 14.
[1066] Vgl. *Emmerich* in: Emmerich/Habersack, § 17 Rn. 32; *Schall* in: Spindler/Stilz § 17 Rn. 15.

# Kapitel 5: Willensbildung und Willenstransfer

## A. Willensbildung

### I. Die Gesellschafter als Organ der Willensbildung

Da die Gesamtheit der Gesellschafter, sowohl in der GmbH als auch in der GmbH & Co. KG, das höchste Organ der Willensbildung darstellt,[1067] ist es für die Joint Venture Partner besonders wichtig, ihren Einfluss auf deren Entscheidungen und eine Steuerung im Sinne des Joint Venture Vertrages sicher zu stellen. Die Gesamtheit der Gesellschafter bildet das Organ, durch welches das von den Partnern im Joint Venture Vertrag Vereinbarte auf die korporative Ebene des Gemeinschaftsunternehmens übertragen wird und hierdurch Bindungswirkung für das Joint Venture Unternehmen entfaltet. Die Joint Venture Partner wollen größtmöglichen Einfluss auf die Abstimmung in der Gesellschafterversammlung (oder in sonstigen Abstimmungsformen) nehmen und legen somit regelmäßig im Joint Venture Vertrag umfassende Vereinbarungen über das Abstimmungsverhalten jedes Joint Venture fest. Stimmbindungen sind somit die bedeutendsten Nebenabreden, die zur Steuerung des Joint Venture Unternehmens im Joint Venture Vertrag getroffen werden.[1068] Der den Joint Venture Partnern hierbei zur Verfügung stehende Gestaltungsspielraum soll im Folgenden untersucht werden.

### II. Verbot der Abspaltung des Stimmrechts des Gesellschafters

Das Stimmrecht ist als Instrument der Leitungsmacht eines der zentralen Mitgliedschaftsrechte[1069] eines Gesellschafters. Es ist das wesentliche Mittel, um die Willensbildung der Gesellschaft mitzubestimmen.[1070] Von der Gesellschafterstellung kann es nicht isoliert abgespalten werden.[1071] Es gilt insoweit das sogenannte „Abspaltungsverbot" als allgemeines Prinzip des Gesellschaftsrechts.[1072] Das Abspaltungsverbot basiert auf § 717 S. 1 BGB und liegt in der verbandsrechtlich zwingenden Selbstbestimmung begründet, nach der das Mitgliedschaftsrecht und die daraus folgenden Einzelrechte den Gesellschaf-

---

[1067] Vgl. nur *Roth* in: Roth/Altmeppen, § 45 Rn. 2; sowie bereits oben Kapitel 2 D

[1068] Generell können Stimmbindungen auch außerhalb von Joint Ventures als Hauptfall der schuldrechtlichen Gesellschaftervereinbarung gesehen werden, vgl. *Hoffmann-Becking*, ZGR 1994, 442, 443.

[1069] Vgl. *Mayer*, GmbHR 1990, 61, 61.

[1070] *Herriger*, MittRhNotK 1993, 269, 270.

[1071] Allg. Meinung, siehe nur *von der Osten*, GmbHR 1993, 798, 798; *Ebbing* in: Michalski, § 14 Rn. 70.

[1072] Siehe hierzu *Roth* in: Baumbach/Hopt, § 109 Rn. 15 ff.

tern vorbehalten sind.[1073] Wegen seines zwingenden Charakters kann auch der Gesellschaftsvertrag nicht von ihm abweichen und etwa Verwaltungsrechte wie das Stimmrecht auf andere übertragen.[1074] Das Stimmrecht ist daher unbedingt mit der rechtlichen Stellung als Gesellschafter verknüpft.

Im GmbH Recht normiert § 47 Abs. 2 GmbHG diese Abhängigkeit des Stimmrechts vom Geschäftsanteil. Die hierdurch indizierte Verknüpfung ist auch nicht deshalb anders zu bewerten, da § 47 Abs. 2 GmbHG dispositiv ist. Dies bedeutet nur, dass die Satzung die Gewichtung der Stimmkraft anders als gesetzlich normiert festlegen kann,[1075] hat jedoch keine Auswirkung auf das grundsätzliche Prinzip der Untrennbarkeit von Gesellschafterstellung und Stimmrecht. Grundsätzlich können auch Mehrstimmrechte geschaffen[1076] oder Anteile stimmlos[1077] gestaltet werden. In der KG wird gemäß §§ 119 Abs. 2, 161 Abs. 2 HGB nicht nach Anteil am Kapital der Gesellschaft sondern nach Köpfen abgestimmt. Bereits wegen dieser Verknüpfung ist eine vollständige Übertragung des Stimmrechts als Verwaltungsrecht isoliert von der Gesellschafterstellung nicht möglich.[1078] Einer unzulässigen Abspaltung steht die Erteilung einer unwiderruflichen und verdrängenden Stimmrechtsvollmacht gleich.[1079] Die Joint Venture Partner wären aus diesen Gründen daran gehindert, einem von ihnen oder einem Dritten das Recht einzuräumen, dauerhaft auch die Stimmrechte des/der anderen Partner in der Gesellschafterversammlung wahr zu nehmen. Stimmbindungen hingegen verstoßen grundsätzlich nicht gegen das Abspaltungsverbot. Denn hierkommt es gerade zu keinem formalen Auseinanderfallen von Mitgliedschaft und Ausübung des Stimmrechts, sondern lediglich zu einem faktischen Wechsel der Bestimmungsmacht, die vom Abspaltungsverbot nicht erfasst wird.[1080]

---

[1073] Vgl. *Roth* in: Baumbach/Hopt, § 109 Rn 16.

[1074] Vgl. *Roth* in: Baumbach/Hopt, § 109 Rn 16; BGH Urt. v. 15.12.1969, Az. II ZR 69/67, NJW 1979, 468, 468.

[1075] *Drescher* in: MüKo GmbHG Bd. II, § 47 Rn. 124.

[1076] Vgl. etwa *Zöllner* in: Baumbach/Hueck, § 47 Rn. 68.

[1077] Vgl. etwa *Zöllner* in: Baumbach/Hueck, § 47 Rn. 70; grundlegend BGH Urt. v. 14.7.1954 , Az. II ZR 342/53, NJW 1954, 1563, 1563.

[1078] Vgl. *Roth* in: Baumbach/Hopt, § 119 Rn. 19.

[1079] BGH, Urt. v. 11.10.1976, Az. II ZR 119/75, GmbHR 1977, 244, 246 m.w.N. dort; *Drescher* in: MüKo GmbHG Bd. II, § 47 Rn. 76

[1080] Vgl. *Römermann* in: Michalski, § 47 Rn. 503.

## B. Stimmbindungen

### I. Zweck von Stimmbindungen

Eine Übertragung von Stimmrechten ist somit sowohl in der GmbH wie auch in der GmbH & Co. KG unzulässig. Sie wäre im Joint Venture jedoch auch gar nicht gewollt. Die Partner wollen vielmehr einen Mechanismus schaffen, mit dem sie eine Einigung untereinander erzielen, die – insbesondere im Falle der Beteiligung weiterer Gesellschafter - eine effiziente Steuerung des Joint Venture Unternehmens mit der gemeinsamen Mehrheit gewährleistet oder die Partner an ein vorab festgelegtes Abstimmungsverhalten bindet. Die Stimmbindung im Joint Venture Vertrag ist somit eine rein vertragliche Übereinkunft, durch die sich die Joint Venture Partner verpflichten, in einer bestimmten Weise abzustimmen.

Wie bereits aufgezeigt, können die Gesellschafter einer GmbH wie auch einer GmbH & Co. KG durch gesellschaftsvertragliche Gestaltung - aber auch durch einfachen Beschluss - nahezu jeden Regelungsgegenstand an sich ziehen und hierüber beschließen. Aus diesem Grund ist es bei Joint Ventures besonders wichtig, eine reibungslose Abstimmung unter den Partnern zu gewährleisten und den so gebildeten Willen auf das Joint Venture Unternehmen zu übertragen. Stimmbindungen stellen somit das wichtigstes Steuerungsinstrument der Partner eines Joint Venture Vertrags dar. Sie sind geeignet, Mehrheiten zu gewährleisten und Minderheiten zu schützen sowie sämtliche Partner dauerhaft an bereits vorab getroffenen Entscheidungen und der Joint Venture Vertrag zu binden.

### II. Arten von Stimmbindungen

Nahezu alle Joint Venture Verträge enthalten Stimmbindungsvereinbarungen.[1081] Zu diesen zählen nicht nur die grundsätzlichen Regelungen über eine einheitliche bzw. vorabgestimmte Stimmabgabe, sondern auch antizipierte Vereinbarungen über die Auswahl oder Entsendung bestimmter Personen in die Organe des Gemeinschaftsunternehmens oder die Verständigung über die Modi ihrer Auswahl. Stimmbindungen sollen ein einheitliches Stimmverhalten der Joint Venture Partner im Joint Venture Unternehmen gewährleisten[1082] und die wichtigsten Vereinbarungen für die operative Leitung und Steuerung des Joint Venture Unternehmens durch die Joint Venture Partner durchsetzen.

---

[1081] *Baumanns/Wirbel* in: Münchner Handbuch des Gesellschaftsrechts Bd. I, § 28 Rn. 47.
[1082] *Von der Osten*, GmbHR 1993, 798, 798.

In Literatur[1083] und Rechtsprechung[1084] ist die Zulässigkeit von schuldrechtlichen Stimmbindungsvereinbarungen grundsätzlich anerkannt. Solche Vereinbarungen sind nicht nur in Joint Ventures, sondern in der gesamten gesellschaftsrechtlichen Praxis weit verbreitet. Stimmbindung bedeutet in diesem Zusammenhang, dass die Parteien vereinbaren, von ihren Stimmrechten nur in einem vertraglich festgelegten Sinne Gebrauch zu machen.[1085] Die Stimmbindung in Joint Venture Verträgen erfolgt regelmäßig von Gesellschaftern gegenüber Mitgesellschaftern,[1086] ist jedoch in bestimmten Konstellationen auch gegenüber Dritten ratsam. Die Zulässigkeit von Stimmbindungen mit Dritten ist jedoch strittig.[1087] Stimmbindungen allein zwischen Gesellschaftern, wie sie im Joint Venture wegen der Identität von Partnern und Gesellschaftern des Joint Venture Unternehmens zumeist vorkommen, begegnen keinen grundsätzlichen Bedenken,[1088] da sämtliche Beteiligte dann auch ihrer Treuepflicht als Gesellschafter unterliegen und eine Einflussnahme durch gesellschaftsfremde Dritte aufgrund der Stimmbindung ausgeschlossen ist.[1089]

Bei der tatsächlichen Ausgestaltung sind im Wesentlichen drei Konstellationen möglich:[1090]

1. Antizipierte Abstimmungsvereinbarung
Bei der antizipierten Stimmbindung legen die beteiligten Gesellschafter bereits im Joint Venture Vertrag bzw. Konsortialvertrag fest, wie sie im Falle des Aufkommens bestimmter Fragestellungen in der Gesellschaf-

---

[1083] *Bayer* in: Lutter/Hommelhoff § 47 Rn. 15; *Baumanns/Wirbel* in: Münchner Handbuch des Gesellschaftsrechts Bd. I, § 28 Rn. 47; *Zöllner* in: Baumbach/Hueck, § 47 Rn. 113; *Römermann* in: Michalski, § 47 Rn. 492; *Karsten Schmidt* in: Scholz Bd. II, § 47 Rn. 39; *Noack*, S.66 ff.; *von der Osten*, GmbHR 1993, 798, 798; *Karsten Schmidt*, ZIP 2009, 737, 741; für die KG: *Weipert* in: Münchner Handbuch des Gesellschaftsrechts Bd. II, § 12 Rn. 65; *Westermann* in: Westermann Handbuch der Personengesellschaften, § 24 Rn. 501; *Roth* in: Baumbach/Hopt § 119 Rn. 17; *Plückelmann* in: MAH Personengesellschaftsrecht, § 4 Rn. 55.
[1084] So bereits BGH, Urt. v. 29.5.1967, Az. II ZR 105/66, NJW 1967, 1963, 1964 ff.; seither in ständiger Rechtsprechung, zuletzt BGH, Urt. v. 24.11.2008 Az. II ZR 116/08, NJW 2009, 669 ff.; BGH, Urt. v. 22.1.2013, Az. II ZR 80/10, NZG 2013, 220, 221 m.w.N. dort.
[1085] *Bayer* in: Lutter/Hommelhoff § 47 Rn. 15.
[1086] *Müller*, GmbHR, 2007, 113, 113; deren Zulässigkeit ist allgemein anerkannt, vgl. bereits *Flume*, § 7 VI, (S. 242).
[1087] Siehe generell zu Nebenabreden mit Dritten bereits oben Kapitel 4 B III 4.
[1088] BGH, Urt. v. 24.11.2008, Az. II ZR 116/08, NJW 2009, 669, 670.
[1089] Vgl. *Drescher* in: MüKo GmbHG Bd. II, § 47 Rn. 239.
[1090] Vgl. hierzu auch *Roth* in: Roth/Altmeppen § 47 Rn. 38, 40a.

terversammlung der Joint Venture Gesellschaft abstimmen bzw. entscheiden werden. Hierzu gehören auch Verständigungen über die Organbesetzung im Joint Venture Unternehmen.

2. Stimmunterwerfung

Die Gesellschafter können weiterhin vereinbaren, sich in bestimmten Fragen dem Willen einer Partei zu beugen und nach dessen Weisung abzustimmen. Diese Gestaltung stößt grundsätzlich dann auf Bedenken, wenn sich die Gesellschafter gegenüber Dritten binden.[1091] Daneben ist auch eine dauerhafte Unterwerfung eines Gesellschafters unter den Willen eines anderen Gesellschafters untypisch für den Charakter eines Joint Ventures, dessen kennzeichnendes Merkmal ja gerade die Mitwirkung sämtlicher Partner am Management der Gesellschaft ist.

3. Vorgelagerte Abstimmung im Konsortium

Die häufigste Gestaltungsform ist eine vorgelagerte Abstimmung im Joint Venture, deren Ergebnis die Gesellschafter in ihrem Abstimmungsverhalten in der Gesellschafterversammlung des Joint Venture Unternehmens bindet. Auch hierbei sind vielerlei Gestaltungen möglich, welche im Wesentlichen davon abhängen, in welchen prozentualen Verhältnis die Beteiligungen der Joint Venture Partner am Joint Venture Unternehmen zueinander stehen. Dies reicht von der Vereinbarung eines notwendigen Mehrheitskonsenses im Joint Venture, über die Vorabstimmung mit einfacher Mehrheit, bis zur Einräumung von Vetorechten an einen Partner mit Minderheitsbeteiligung für wesentliche Unternehmensentscheidungen[1092] oder einer Kombination je nach Beschlussgegenstand.

Ein Joint Venture Vertrag kann sämtliche der genannten Modi wie auch Kombinationen derselben enthalten. So werden die Partner für bereits vorhersehbare Fragestellungen, wie etwa Beschlüsse zur Organbesetzung, bereits antizipierte Vereinbarungen treffen. Daneben ist es möglich, dass sich ein Partner in bestimmten Fragen dem Willen bzw. der Fachkunde seines Partners unterwirft. Regelmäßig vereinbaren die Partner in Ergänzung hierzu, dass zumindest in wesentlichen Fragen eine Vorabstimmung im Konsortium erfolgen und

---

[1091] Vgl. hierzu *Bayer* in: Lutter/Hommelhoff § 47 Rn. 16.
[1092] Vgl. hierzu *König*, ZGR 2005, 417, 420.

die Partner an dieses Ergebnis in der Gesellschafterversammlung gebunden sein sollen. Sind sämtliche Partner auch Gesellschafter des Joint Venture Unternehmens macht eine solche Regelung vor allem dann Sinn, wenn daneben weitere reine Finanzinvestoren am Joint Venture beteiligt sind.

Obgleich die generelle Zulässigkeit von Stimmbindungsvereinbarungen in Literatur und Rechtsprechung seit langem anerkannt ist,[1093] waren die konkrete Ausgestaltung und der erlaubte Regelungsinhalt lange umstritten. Im Wesentlichen besteht die Problematik bei Stimmbindungen jeder Art in der möglichen Kollision zwischen der vertraglichen (Stimm-) Bindung und der mitgliedschaftlichen Bindung aus dem Gesellschaftsverhältnis.[1094]

Der BGH hat im Jahr 2008 in einem Grundsatzurteil seiner Rechtsprechung zu Zulässigkeit von Stimmbindungsverträgen eine zweistufige Beschlusskontrolle geschaffen.[1095] Dies bedeutet, dass eine zwischen Gesellschaftern jedweder Gesellschaftsform geschlossene Stimmbindung einer zweifachen Überprüfung unterliegt. Zunächst ist eine Stimmbindung per se auf ihre Wirksamkeit zu untersuchen. In einem zweiten Schritt ist immer die konkrete Anwendung der Stimmbindung zu betrachten und zu hinterfragen, ob dem Vollzug der Stimmbindung im konkreten Fall Gründe entgegenstehen.[1096]

## III. Wirksame Vereinbarung von Stimmbindungsklauseln

Für die Praxis der Vertragsgestaltung besonders relevant, ist die Gestaltung der Stimmbindungsvereinbarung im Joint Venture Vertrag.

### 1. Allgemeine Voraussetzungen und inhaltliche Grenzen

Wie sämtliche schuldvertragliche Nebenabreden, dürfen auch Stimmbindungsvereinbarungen nicht gegen allgemeines Gesetzesrecht verstoßen. In

---

[1093] Vgl. zur historischen Entwicklung: *Zöllner*, ZHR 155 (1991), 168, 170 f.

[1094] Vgl. *Zöllner*, ZHR 155 (1991), 168, 168.

[1095] BGH, Urt. v. 24.11.2008, Az. II ZR 116/08, NJW 2009, 669, 671.

[1096] Diesem Aufbau wird im Grundsatz in der Literatur zugestimmt. Lediglich *Karsten Schmidt*, ZIP 2009, 737, 738 f. zieht einen dreistufigen Prüfungsaufbau vor, da er die vom BGH auf die Ebene der Inhaltskontrolle bezogenen Schlagworte „Kernbereich der Mitgliedschaft" und „Belastungsverbot" als eigenhändige Zwischenstufe zwischen Ermächtigungsebene und Inhaltskontrollebene betrachtet. Dieser Ansicht ist zuzugeben, dass sich diese beiden Punkte des „Individualschutzes" in der Tat zum einen in der Ermächtigung zum anderen in der Inhaltskontrolle des Beschlussergebnisses wieder finden müssen. Jedoch kann dies – was von Karsten Schmidt ebenfalls zugestanden wird - durch Modifikation der vom BGH geschaffenen Anforderungen an die zweistufige Kontrolle erreicht werden und bedarf nicht der Zwischenschaltung einer weiteren Prüfungsinstanz.

Betracht kommen hier sämtliche bereits für die generelle Zulässigkeit schuldrechtlicher Nebenabreden dargestellten Unwirksamkeitsgründe. Insbesondere sind die gesetzlichen Verbote, die guten Sitten sowie das Abspaltungsverbot[1097] zu beachten.

## 2. Statutarisches Verbot von Stimmbindungen

Verbietet der Gesellschaftsvertrag Stimmbindungen sind diese, ebenso wie die hierauf basierende Stimmbindung, gleichwohl wirksam.[1098] Jedoch kann ein solches Verbot eine innerverbandliche Verpflichtung der Gesellschafter bedeuten, keine Stimmbindungen einzugehen.[1099] Die Eingehung solcher „verbotener" Stimmbindungen kann dann eine Verletzung der Treuepflicht der Gesellschafter darstellen und zu Schadensersatzansprüchen[1100] führen. Da der Gesellschaftsvertrag des Joint Venture ein derartiges Verbot in der Regel nicht enthalten wird, soll hierauf nicht näher eingegangen werden.

## 3. Treuepflicht als Gesellschafter des Joint Venture Unternehmens

Da Stimmbindungen das Instrument sind, um die Vereinbarungen des Joint Venture Vertrages auf die Ebene des Joint Venture Unternehmens zu transferieren, dürfen sie generell nicht gegen die den Gesellschaftern dort obliegenden Treuepflichten verstoßen. Hierbei geht es nicht um den oben angesprochenen Fall der grundsätzlichen Eingehung trotz Verbotes, sondern um die Zielrichtung dieser Stimmbindung und ihre mögliche Kollision mit korporativen Interessen.

Die gesellschafterliche Treuepflicht beinhaltet die Verpflichtung der Gesellschafter zur Rücksichtnahme auf ihre wechselseitigen Interessen.[1101] Das Bestehen solcher mitgliedschaftlichen Treubindungen ist im Gesellschaftsrecht allgemein anerkannt[1102] und gilt somit – wenn auch in unterschiedlichem Ausmaß - sowohl für die Gesellschafter einer GmbH[1103] wie auch für die Gesell-

---

[1097] Siehe oben A II.
[1098] *Karsten Schmidt* in: Scholz Bd. II, § 47 Rn. 48; *Fischer/Gerber* in: Becksches Handbuch der GmbH, § 4 Rn. 122; *Zöllner* in: Baumbach/Hueck, § 47 Anm. 116.
[1099] *Zöllner* in: Baumbach/Hueck, § 47 Rn. 116 m.w.N. dort in Fn. 335.
[1100] *Fischer/Gerber*, Becksches Handbuch der GmbH, § 4 Rn. 122.
[1101] Vgl. *Römermann* in: Michalski, Anhang § 47 Rn. 331.
[1102] *Bayer* in: Lutter/Hommelhoff, § 14 Rn. 20; *Henze* in: Ebenroth/Boujong/Joost/Strohn, Anhang nach § 177a Rn. 84.
[1103] Siehe nur *Römermann* in: Michalski, § 47 Rn. 511; *Bayer* in: Lutter/Hommelhoff, § 14 Rn. 20.

schafter einer GmbH & Co. KG.[1104] Die Treuepflicht der Gesellschafter fußt auf ihrer mitgliedschaftlich vermittelten Möglichkeit, auf die Interessen der anderen Gesellschafter in der Gesellschaft einzuwirken.[1105] Gegen die Treuepflicht verstoßende Stimmabgaben in der Gesellschafterversammlung sind nichtig, der durch sie bedingte Beschluss jedenfalls anfechtbar[1106] – und zwar völlig unabhängig davon, ob sie auf eine Stimmbindung beruhen oder nicht. Zu einer unzulässigen Stimmabgabe kann sich der Gesellschafter jedoch bereits nicht wirksam verpflichten.[1107] Eine Vereinbarung, die auf eine treuwidrige Stimmabgabe im Joint Venture Unternehmen gerichtet ist, bindet daher einen Joint Venture Partner von vorneherein nicht.[1108]

## 4. Formanfordernisse an Stimmbindungen

Grundsätzlich unterliegen Stimmbindungsvereinbarungen als Teil der Regelungen des Joint Venture Vertrages keinen besonderen Formerfordernissen. Anderes gilt nur, wenn sie aufgrund ihres speziellen Inhalts Formerfordernissen genügen müssen. Dies gilt in der GmbH etwa für Vereinbarungen über Put- oder Call-Rechte, da es sich hierbei um Verpflichtungen zur Verfügung über einen Geschäftsanteil im Sine des § 15 Abs. 4 GmbHG handelt. Da eine solche Regelung, wie auch die regelmäßig enthaltene Verpflichtung zur Gründung einer GmbH, ohnehin den gesamten Joint Venture Vertrag beurkundungspflichtig macht, [1109] ist die Frage, ob weitere Stimmbindungsvereinbarungen wegen ihres Inhalts der notariellen Form unterliegen, regelmäßig von geringer praktischer Relevanz.

Es besteht jedoch die Möglichkeit, dass Nebenvereinbarungen generell keine weiteren formbedürftige Regelungen enthalten. In diesem Fall wird die Frage relevant, ob eine allgemeine Stimmbindung, welche gegebenenfalls auch die Verpflichtung zur Zustimmung zur Änderung der Satzung in der Gesellschaf-

---

[1104] Vgl. *Grunewald* in: MüKo HGB Bd. III, § 161 Rn. 30; *Koller* in: Koller/Roth/Morck, § 105 Rn. 44 ff., § 161 Rn. 15; *Eberl* in: Heidel/Schall, § 161 Rn. 26; *Henze* in: Ebenroth/Boujong/Joost/Strohn, Anhang nach § 177a Rn. 84.
[1105] *Bayer* in: Lutter/Hommelhoff, § 14 Rn. 20.
[1106] H. M. siehe nur *Wertenbruc*h in: MüKo GmbHG Bd. II, Anhang § 47 Rn. 129 m.w.N. dort in Fn. 1.
[1107] *Römermann* in: Michalski, § 47 Rn. 512.
[1108] Vgl. *Hillmann* in: Henssler/Strohn, GmbHG § 47 Rn. 88; *Zöllner* in: Baumbach/Hueck, § 47 Rn. 113; *Römermann* in: Michalski, § 47 Rn. 512.
[1109] *Müller*, GmbHR 2007, 113, 113.

terversammlung nach sich zieht,[1110] die Vereinbarung und somit die gesamten Nebenabrede beurkundungspflichtig machen. Anlass zu dieser Fragestellung gibt § 53 Abs. 2 GmbHG, nach dem ein Beschluss durch den die Satzung einer GmbH abgeändert wird, notariell beurkundet werden muss. In der GmbH & Co. KG stellt sich diese Problematik, wegen der grundsätzlichen Formfreiheit der Änderung des Gesellschaftsvertrages, regelmäßig nicht.

Aufgrund der Trennung zwischen schuldrechtlicher und kapitalgesellschaftsrechtlicher Ebene sind kapitalgesellschaftsrechtliche Formerfordernisse nicht auf die Innengesellschaft bürgerlichen Rechts der Joint Venture Partner zu übertragen. Dies muss auch für die Form von Stimmbindungen gelten. Die Stimmbindung im Joint Venture Vertrag hat keine unmittelbare Auswirkung auf die Willensbildung in der GmbH, sondern nur auf die Willensbildung eines Gesellschafters.[1111] Dennoch will ein Teil der Literatur die Vereinbarung, die zur Stimmangabe über einen formbedürftigen Beschlussgegenstand – etwa einer Satzungsänderung - verpflichtet, den Formerfordernissen des GmbHG unterwerfen.[1112] Demnach würde man die Stimmbindungsabrede gleichsam als bindenden Vorvertrag zur Satzungsänderung[1113] betrachten und ihr den gleichen Stellenwert beimessen. Eine mit § 15 Abs. 4 GmbHG vergleichbare Regelung fehlt jedoch für die Verpflichtung zur formbedürftigen Stimmabgabe bei der Satzungsänderung. Somit stellt sich hier letztendlich das gleiche Problem wie bei der Frage nach dem Durchschlagen von in der Hauptgesellschaft erforderlichen Mehrheitserfordernissen auf das Joint Venture, nämlich ob sich aus bestimmten Erfordernissen an die Beschlussfassung im Joint Venture Unternehmen Parallelwirkungen auf die diesen zugrundeliegenden Vereinbarungen im Joint Venture Vertrag ableiten lassen.

Um die Notwendigkeit oder Überflüssigkeit einer solchen Erweiterung der GmbH-rechtlichen Formvorschriften auf dieser vorgelagerte Stimmbindungen zu bewerten, ist ein Vergleich zum Zweck der Formvorschrift des § 53 Abs. 2 S. 1 GmbHG heranzuziehen, der die Notwendigkeit der notariellen Beurkundung satzungsändernder Beschlüsse der Gesellschafterversammlung statu-

---

[1110] Die Wirksamkeit von Stimmbindung ist auch hinsichtlich Satzungsänderungen allgemein anerkannt, siehe statt vieler: *Zöllner* in: Baumbach/Hueck, § 53 Rn. 86.
[1111] *Römermann* in: Michalski, § 47 Rn. 485.
[1112] *Wicke* in: Wicke, GmbHG, § 53 Rn. 23.
[1113] Mit dieser Begründung *Wicke* in: Wicke, GmbHG, § 53 Rn. 23; für diese Einordnung aber mit anderer Schlussfolgerung auch *Herriger*, MittRhNotK 1993, 269, 270.

iert. Zweck dieser Vorschrift ist es, die notarielle Niederschrift als verlässliche Dokumentation der Änderungen im Interesse der Rechtssicherheit zu gewährleisten.[1114] Die der Gewährleistung der Rechtssicherheit dienende Beweisfunktion der gesetzlichen Form steht somit bei dieser Regelung im Vordergrund.[1115] Dagegen soll den Gesellschaftern gerade kein Übereilungsschutz geboten werden, wie dies etwa § 311b Abs. 1 S. 1 BGB für Veräußerer und Erwerber eines Grundstücks tut.[1116] Für die vom Gesetzgeber beabsichtigte Beweissicherung durch formale Dokumentation der Änderung der Satzung, ist jedoch die notarielle Niederschrift des Beschlusses der Gesellschafterversammlung ausreichend. Daher kann eine Stimmbindungsabrede zwischen Gesellschaftern einer GmbH grundsätzlich auch dann formfrei geschlossen werden, wenn sie sich auf eine formbedürftige Stimmabgabe in der Gesellschafterversammlung bezieht.[1117]

## IV. Vereinbarung von Mehrheitsentscheidungen im Joint Venture

Somit können sich die Gesellschafter im Joint Venture Vertrag formlos zu nahezu jeder Stimmabgabe verpflichten. Es stellt sich nun jedoch die Frage, ob dies gleichermaßen gilt, wenn es sich nicht um eine antizipierte Stimmbindung auf einen bestimmten Beschlussgegenstand handelt dem alle Gebundenen zugestimmt haben, sondern um den weit häufigeren Fall der Unterwerfung unter den Willen der Mehrheit für bei Vertragsschluss noch nicht bekannte Beschlussgegenstände. In diesem Fall stellt sich die Frage, inwieweit sich die Joint Venture Partner dem Willen der Mehrheit unterwerfen können und welche formale Grundlage eine solche Unterwerfung erfordert.

## 1. Grundsätzliche Zulässigkeit von Mehrheitsentscheidungen im Personengesellschaftsrecht

Die Willensbildung im Joint Venture unterliegt zunächst den Regelungen über die Gesellschaft bürgerlichen Rechts. Dort, wie generell im Personengesell-

---

[1114] Vgl. *Herriger*, MittRhNotK 1993, 269, 270.

[1115] *Roth* in: Roth/Altmeppen, § 53 Rn. 21; *Hoffmann* in: Michalski, § 53 Rn 2; *Wicke* in: Wicke, GmbHG, § 53 Rn. 23; *Piehler*, DStR 1992, 1654, 1654; *Herriger*, MittRhNotK 1993, 269, 270.

[1116] *Piehler*, DStR 1992, 1654, 1654; für eine solche Warnfunktion aber *Tegen*, S. 199.

[1117] H. M., siehe OLG Köln, Urt. v. 25.7.2002, Az. 18 U 60/02, GmbHR 2003, 416, 416; *Roth* in: Roth/Altmeppen, § 53 Rn. 21a; *Bayer* in: Lutter/Hommelhoff § 53 Rn. 40; *Hergeth/Mingau*, DStR, 2001, 1217, 1219; *Müller*, GmbHR, 2007, 113, 114; *Zöllner/Noack* in: Baumbach/Hueck, § 53 Rn. 86; *Herriger*, MittRhNotK 1993, 269, 270; *Piehler*, DStR 1992, 1654, 1654; so im Ergebnis auch *Hermanns* in: Michalski, § 55 Rn. 7; wohl auch *Wicke* in: Wicke, GmbHG, § 53 Rn. 23.

schaftsrecht, gilt grundsätzlich das Prinzip der Einstimmigkeit. Normiert ist dies für die GbR in § 709 Abs. 1 BGB. Dieses Prinzip ist jedoch weitgehend disponibel, wovon in der Praxis auch in großem Umfang Gebrauch gemacht wird,[1118] um Entscheidungsprozesse zu beschleunigen und die Handlungsfähigkeit der Gesellschaft zu erhöhen. Die Zulässigkeit der gesellschaftsvertraglichen Vereinbarung von Mehrheitsentscheidungen ergibt sich insoweit bereits aus § 709 Abs. 2 BGB bzw. 119 Abs. 2 HGB und ist vom BGH anerkannt.[1119]

## 2. Besondere Problematik der Divergenz einfacher und qualifizierter Mehrheitserfordernisse in Konsortium und Hauptgesellschaft

Die Vereinbarung der einfachen Mehrheit für Entscheidungen im Joint Venture darf auch von den Mehrheitserfordernissen des Gesellschaftsvertrages der Joint Venture Unternehmens abweichen. Insbesondere stehen die im Falle der Rechtsform einer GmbH unabdingbaren qualifizierten Mehrheitserfordernisse für bestimmte Beschlussgegenstände einer solchen Vereinbarung nicht entgegen.[1120] Es kommt zu keinem „Durchschlagen" der kapitalgesellschaftsrechtlichen Mehrheitserfordernisse auf die Ebene des Konsortialvertrages.[1121] Eine derartige Bindung in Abweichung von kapitalgesellschaftsrechtlichen Mehrheitserfordernissen ist keineswegs per se treuwidrig oder gar gesetzeswidrig. Daher ist es Gesellschaftern unbenommen, sich zu verpflichten in der Kapitalgesellschaft so abzustimmen, wie sie zuvor in dem von ihnen gebildeten Konsortium mit einfacher Mehrheit beschlossen haben.[1122] Die Rechtsprechung des BGH fand in der Literatur breite Zustimmung. Eine einfache Mehrheitsklausel, nach der die Vorabstimmung im Joint Venture erfolgt, ist demnach auch wirksam und bindend, wenn die Abstimmung in der Gesellschafterversammlung des Joint Venture Unternehmens der qualifizierten Mehrheit bedarf.[1123]

---

[1118] *Priester*, DStR 2008, 186, 1386.

[1119] Vgl. nur BGH, Urt. v. 15.1.2007, Az. II ZR 245/05, NJW 2007, 1685, 1686; BGH, Urt. v. 24.11.2008, Az. II ZR 116/08, NJW 2009, 669, 670 („Schutzgemeinschaft II"); *Priester*, DStR 2008, 1386, 1387 m.w. N. dort in Fn. 7.

[1120] Vgl. BGH Urt. v. 24.11.2008, Az. II ZR 116/08, NJW 2009, 669, 671.

[1121] Vgl. BGH Urt. v. 24.11.2008, Az. II ZR 116/08, NJW 2009, 669, 671; ebenso bereits in der Vorinstanz OLG Karlsruhe, Az. 7 U 181/03, NZG 2005, 636, 638 f; zuvor bereits dieser Ansicht *Zöllner* in: FS Ulmer, S. 725, 735 ff.; *Noack*, S. 207 f.; *König*, ZGR 2005, 417, 422 ff.; so auch *Ulmer/Löbbe* in: Großkommentar GmbHG Bd. I § 3 Rn. 124; a. A. *Habersack*, ZHR 164 (2000), 1, 9 f. und 12 ff.; *Enzinger* in: MüKo HGB Bd. II, § 119 Rn. 37.

[1122] BGH Urt. v. 24. 11.2008, Az. II ZR 116/08, NJW 2009, 669, 671.

[1123] Vgl. *Zöllner* in: Baumbach/Hueck, § 53 Rn. 86 m.w.N.

## 3. Bestimmtheitsgrundsatz, Kernbereich und Inhaltskontrolle

Ist die grundsätzliche Zulässigkeit der Vereinbarung von Mehrheitsentscheidungen somit als zulässig anzusehen, stellt sich die weitere Frage nach formellen Gestaltungsanforderungen und inhaltlicher Grenzen.

### a. Die Rechtsprechung des BGH

#### i   Erste Stufe: Formelle Legalisation

Nach alter Rechtsprechung des BGH zu Vereinbarungen von Mehrheitsentscheidungen im Personengesellschaftsrecht, sollte eine allgemeine Mehrheitsklausel nicht ohne weiteres für sämtliche Beschlussgegenstände gelten. Zumindest soweit sie Beschlüsse „ungewöhnlichen Inhalts" erfassen sollte, musste sich der Inhalt des erfassten Beschlussgegenstandes unzweideutig aus der Vereinbarung im Gesellschaftsvertrag ergeben.[1124] Diese Definition des Bestimmtheitsgrundsatzes war nach damaliger Ansicht des BGH zum Schutz der Minderheit nötig, die sich nicht „blindlings" hinsichtlich bei Abschluss der Vereinbarung nichtbedachter Themen dem Willen der Mehrheit unterwerfen wolle.[1125] War ein „ungewöhnlicher" Beschlussgegenstand in der Vereinbarung nicht explizit aufgeführt, war die Vereinbarung der Mehrheitsentscheidung im Hinblick darauf im Zweifel als nicht gewollt anzusehen, weswegen ein dahingehender Beschluss einstimmig zu treffen war.[1126] Somit waren nach alter Rechtsprechung des BGH von einer allgemein gefassten Mehrheitsklausel nur "gewöhnliche" Beschlussgegenstände erfasst.[1127]

Der vom BGH gerade beabsichtigte Schutz der Minderheitsgesellschafter wurde durch die Praxis, umfassende Kataloge der von der Mehrheitsentscheidung erfassten Beschlussgegenstände aufzunehmen, in der Folge faktisch ausgehebelt, was zu einer grundsätzlichen Kritik am Bestimmtheitsgrundsatz in der Literatur führte[1128] Die damalige Rechtsprechung zugrundgelegt, war die Vereinbarung der Mehrheitsentscheidung wirksam, sobald der Beschlussgegenstand aufgeführt war, unabhängig davon, ob es sich hierbei um einen ein-

---

[1124] BGH, Urt. v. 15.11.1982, Az. II ZR 62/82, NJW 1983, 1056, 1057.
[1125] BGH, Urt. v. 15.11.1982, Az. II ZR 62/82, NJW 1983, 1056, 1057.
[1126] BGH, Urt. v. 15.11.1982, Az. II ZR 62/82, NJW 1983, 1056, 1057 f.
[1127] Vgl. *Priester*, DStR 2008, 1386, 1387.
[1128] *Karsten Schmidt*, Gesellschaftsrecht § 16 II 2c (S. 455 f.); *Weitemeyer* in: Oetker HGB, § 119 Rn. 32; *Enzinger* in: MüKo HGB Bd. II, § 119 Rn. 81 m.w.N.; *Hüffer*, ZHR 151 (1987), 396, 406 f.; *Priester*, DStR 2008, 1386, 1387.

fachen oder in die Rechte eine Gesellschafters besonders eingreifenden Beschlussgegenstand handelte.[1129]

Nach neuer Rechtsprechung des BGH bedarf es einer detaillierten Auflistung aller in Betracht kommender Beschlussgegenstände nicht mehr.[1130] Es reicht für die formelle Legitimation eines Mehrheitsbeschlusses vielmehr aus, dass sich durch Auslegung des Gesellschaftsvertrages eindeutig ergibt, dass der jeweilige Beschlussgegenstand der Mehrheitsentscheidung unterworfen sein soll.[1131] Die Auslegung der zwischen den Gesellschaftern vereinbarten Klausel und deren Reichweite hat demnach allein nach den allgemeinen Grundsätzen der Auslegung von Gesellschaftsverträgen zu erfolgen.[1132] Die Joint Venture Partner haben daher die Wahl, ob sie einen Katalog von Beschlussgegenständen oder eine umfassende Generalklausel in den Joint Venture Vertrag aufnehmen.[1133] Ob der jeweilige Beschlussgegenstand erfasst sein soll, ist dann im Streitfall durch Auslegung zu ermitteln. Insoweit ist eine Mehrheitsklausel nunmehr hinreichend bestimmt, wenn sie im Augenblick der Beschlussfassung eine klare Entscheidung erlaubt, ob der Beschluss von der Mehrheitsklausel umfasst ist und welche Mehrheit erforderlich ist.[1134]

ii  Zweite Stufe: Inhaltskontrolle

Zusätzlich zur formellen Legitimation hat der BGH in seinen Urteilen „OTTO"[1135] und „Schutzgemeinschaft II"[1136] eine zweite Stufe entwickelt, auf Basis derer eine Inhaltkontrolle[1137] der formal zulässigen Mehrheitsentscheidung zu erfolgen hat. Ist die Entscheidung der Mehrheit der Gesellschafter demnach

---

[1129]Kritisch hinsichtlich Eingriffe in den Kernbereich bereits *Hüffer*, ZHR 151 (1987), 396, 408.
[1130] So die Grundsatzurteile BGH, Urt. v. 15.1.2007, Az. II ZR 245/05, NJW 2007, 1685, 1686 („OTTO"); BGH, Urt. v. 24.11.2008, Az. II ZR 116/08, NJW 2009, 669, 671 („Schutzgemeinschaft II"); in der Folge BGH, Urt. v. 15.1.2011, Az. II ZR 266/09, NJW 2012, 1439, 1440; BGH, Urt. v. 20.11.2012, Az. II ZR 148/10, BeckRS 2013, 01859, Rz. 16.
[1131] BGH, Urt. v. 15.1.2007, Az. II ZR 245/05, NJW 2007, 1685, 1686 („OTTO"); in der Folge BGH, Urt. v. 15.11.2011, Az. II ZR 266/09, NJW 2012, 1439, 1440; BGH, Urt. v. 15.11.2012, Az. II ZR 272/09, NZG 2012, 397, 399 f.; BGH, Urt. v. 20.11.2012, Az. II ZR 148/10, BeckRS 2013, 01859, Rz. 16; BGH Urt. v. 16.12.2012, Az. II ZR 239/11, NZG 2013, 63, 63; BGH, Urt. v. 16.12.2012, Az. II ZR 251/10, NZG 2013, 57, 59.
[1132] *Enzinger* in: MüKo HGB Bd. II, § 119 Rn. 81.
[1133] Vgl. *Karsten Schmidt*, ZIP 2009, 737, 738.
[1134] *Karsten Schmidt*, ZGR 2008, 1, 10.
[1135] BGH, Urt. v. 15.1.2007, Az. II ZR 245/05, NJW 2007, 1685, 1687 („OTTO").
[1136] BGH, Urt. v. 24.11.2008, Az. II ZR 116/08, NJW 2009, 669, 671 („Schutzgemeinschaft II").
[1137] Kritisch zur Terminologie einer „Inhaltskontrolle" u.a. *Priester*, DStR 2008, 1386, 1387 f.; *Schäfer* in: MüKo BGB Bd. V, § 709 Rn. 93a.

formal von dem Gesellschaftsvertrag gedeckt, bedarf es im Anschluss der Prüfung, ob die Entscheidung sich als „treuwidrige Ausübung der Mehrheitsmacht gegenüber der Minderheit darstellt und deshalb inhaltlich unwirksam ist".[1138] In seiner „OTTO"-Entscheidung hatte der BGH dieser Treupflichtprüfung einer Prüfung vorangestellt, ob durch den Beschluss „schlechthin unverzichtbare" oder „relativ unentziehbare" Mitgliedschaftsrechte verletzt wurden und die Treuepflichtprüfung auf das Vorliegen der zweiten Fallgruppe beschränkt.[1139] Ein Eingriff in die erste Gruppe der unverzichtbaren Reche hingegen, hätte bereits per se die Unwirksamkeit des Eingriffs bedeutet.

In seinem Urteil „Schutzgemeinschaft II" stellte der BGH gegenüber seiner „OTTO"- Entscheidung dann ausdrücklich klar, dass es einer solchen Inhaltskontrolle nicht nur bei Maßnahmen bedarf, die sogenannte „Grundlagengeschäfte" darstellen oder in den „Kernbereich der Mitgliedschaftsrechte bzw. in absolut oder relativ unentziehbare Rechte der Minderheit eingreifen" sondern immer – also auch bei Eingriffen außerhalb des Kernbereichs - vorzunehmen ist.[1140] Dies resultiert daraus, dass jede Form des Mehrheitsprinzips einer Pflichtenbindung bei der Stimmausübung unterliegt,[1141] egal um welchen Beschlussgegenstand es sich handelt, wobei die Intensität natürlich variiert.

Der BGH nimmt somit eine zweistufige Beschlusskontrolle vor. Neben der formalen Kontrolle der Ermächtigung zur Mehrheitsentscheidung, prüft er im Rahmen einer Inhaltskontrolle, ob hier ein Eingriff in absolut oder relativ unentziehbare Mitgliedsrechte vorliegt und ob die Mehrheit bei der konkreten Beschlussfassung gegen ihre Treuepflicht gegenüber der Minderheit verstoßen hat. Die von ihm geschaffene inhaltliche Wirksamkeitskontrolle hatte der BGH in den oben genannten Urteilen „OTTO" und „Schutzgemeinschaft II" indes gar nicht durchzuführen.

---

[1138] BGH, Urt. v. 16.10.2012, AZ. II ZR 239/11, NZG 2013, 63, 64 f.; BGH, Urt. v. 16.10.2012, Az. II ZR 251/10, NZG 2013, 57, 61, jeweils mit Verweis auf BGH, Urt. v. 15.1.2007, Az. II ZR 245/05, NJW 2007, 1685, 1687 („OTTO"); BGH, Urt. v. 24.11.2008, Az. II ZR 116/08, NJW 2009, 669, 671 („Schutzgemeinschaft II"); Für eine Bindung der Stimmausübung an die Treuepflicht bereits BGH Urt. v. 9.6.1954, Az. II ZR 70/ 53, NJW1954, 1401, 1401 (Tenor); für eine derartige „zweite" Treupflichtkontrolle auch bereits *Habersack*, ZHR 164 (2000), 1, 8 f. jedoch mit anderer Schlussfolgerung.
[1139] BGH, Urt. v. 15.1.2007, Az. II ZR 245/05, NJW 2007, 1685, 1687 („OTTO").
[1140] BGH, Urt. v. 24.11.2008, Az. II ZR 116/08, NJW 2009, 669, 671 („Schutzgemeinschaft II").
[1141] *Enzinger* in: MüKo HGB Bd. II, § 119 Rn. 62.

Eine solche musste er erst einige Jahre später bei zwei Urteilen zum Recht der KG vornehmen.[1142] Hierbei hat er für die Frage der Wirksamkeit zunächst auf den Gegenstand der betreffenden Beschlüsse abgestellt:

„Erfordert eine Mehrheitsentscheidung ihrem Inhalt nach die Zustimmung jedes einzelnen Gesellschafters (.....) führt ungeachtet sonstiger Beschlussmängel schon die fehlende Zustimmung eines Gesellschafters dazu, dass der Beschluss ihm gegenüber unwirksam ist. (...) Unerheblich ist, ob dieser Gesellschafter an der Beschlussfassung beteiligt war."[1143]

(Auslassungen durch den Verfasser)

Mehrheitsentscheidungen entzogen sei somit der „Bereich der individuellen Mitgliedschaft eines jeden Gesellschafters", da solche der Zustimmung jedes einzelnen Gesellschafters bedürften.[1144]

Als zweiten Punkt hat der BGH überprüft, ob der konkrete Beschluss gegen die Treuepflichten der diesen verabschiedenden Mehrheit verstößt.[1145] Er hat somit in Übereinstimmung mit den Entscheidungen „OTTO" und „Schutzgemeinschaft II" eine Prüfung vorgenommen, ob der Beschluss in den Kernbereich der Mitgliedschaft eingreift und ob er gegenüber der überstimmten Minderheit treuwidrig ist. Hierbei sollen nach Ansicht des BGH Eingriffe in den Kernbereich per se als treuwidrig anzusehen sein.[1146]

---

[1142] BGH, Urt. v. 16.10.2012, AZ. II ZR 239/11, NZG 2013, 63 ff; BGH Urt. v. 16.10.2012, Az. 251/10, NZG 2013, 57 ff.; Inhalt war jeweils die Aufhebung satzungsmäßiger Einstimmigkeitsklauseln mit satzungsändernder (geringerer) Mehrheit.
[1143] BGH, Urt. v. 16.10.2012, AZ. II ZR 239/11, NZG 2013, 63, 64 f.; BGH, Urt. v. 16.10.2012, Az. II ZR 251/10, NZG 2013, 57, 61.
[1144] BGH, Urt. v. 16.10.2012, Az. II ZR 251/10, NZG 2013, 57, 61.
[1145] BGH, Urt. v. 16.10.2012, Az. II ZR 251/10, NZG 2013, 57, 61.
[1146] BGH, Urt. v. 24.11.2008, Az. II ZR 116/08, NJW 2009, 669, 671 („Schutzgemeinschaft II").

b. Stellungnahme

i Bestimmtheitsgrundsatz

In der Literatur fand die Aufgabe der ohnehin umstrittenen alten Rechtsprechung zum Bestimmtheitsgrundsatz eine breite Zustimmung.[1147] Insbesondere
soll die Frage nach der Bestimmtheit der Mehrheitsklausel eine rein formale
Auslegung ihres Umfangs nach den allgemeinen Grundsätzen sein.[1148] Die
Trennung der Prüfung in eine formale Ermächtigungskontrolle und eine inhaltliche Beschlusskontrolle darf somit als etabliert gelten.[1149]

Die Ausgestaltung der inhaltlichen Wirksamkeitskontrolle auf der zweiten Stufe
erfuhr, obgleich in der Sache akzeptiert, jedoch noch einige Diskussion. So
führt *Karsten Schmidt* an, die inhaltliche Wirksamkeitsprüfung sei tatsächlich
teilweise eine Prüfung auf Ermächtigungsebene und nur zum anderen Teil tatsächliche Inhaltskontrolle.[1150] Mehrheitsbeschlüsse, die die Anforderungen an
Eingriffe in den Kernbereich nicht erfüllen oder am Belastungsverbot scheitern,
sind nicht ihrem Inhalt bzw. Ergebnis nach zu missbilligen.[1151] *Karsten Schmidt*
hält sie vielmehr für eine Frage der „qualifizierten Bestimmtheit".[1152] Man mag
darüber streiten, ob diese Begrifflichkeit im Hinblick auf den allgemeinen Konsens zur Reduktion des Bestimmtheitsgrundsatzes auf seine formelle Ausle-
gungsfunktion tunlich oder verwirrend ist. Eine in besonderen *qualifizierten*
Auslegungsgrundsätzen liegende Vermengung von Bestimmtheitsgrundsatz
und Eingriffen in den Kernbereich der Mitgliedschaft, ist jedoch zu Recht auf
Widerspruch gestoßen.[1153]

Aus dieser Diskussion ist ersichtlich, dass nach wie vor keine Einigkeit über
das Verhältnis von Bestimmtheitsgrundsatz und Kernbereichslehre besteht.
Teilweise wird angenommen, die Kernbereichslehre habe den Bestimmtheitsgrundsatz ersetzt. Dies mag aus der mit der früheren Rechtsprechung des
BGH erfolgten Vermengung dieser beiden Institute herrühren, ist jedoch we-

---

[1147] *Schäfer*, ZGR 2009, 768, 774; *Karsten Schmidt*, ZIP 2009, 737, 738 f., *ders.* bereits in
ZHR 158 (1994), 205, 209 ff. für eine reine Funktion als Begrenzung der Legitimationsgrund-
lage für Mehrheitsbeschlüsse (a.a.O. S. 215); sowie *ders.*, ZGR 2008, 1, 8 ff.; ausführlich
zum Stand der Diskussion im Schrifttum *Enzinger* in: MüKo HGB Bd. II,§ 119 Rn. 78 ff.
[1148] Vgl. *Schäfer* in: MüKo BGB Bd. V, § 709 Rn. 90.
[1149] *Karsten Schmidt*, ZIP 2009, 737, 738.
[1150] *Karsten Schmidt*, ZIP 2009, 737, 738; so auch *Priester*, DStR 2008 1386 1387 f.
[1151] Vgl. *Karsten Schmidt*, ZIP 2009, 737, 739.
[1152] *Karsten Schmidt*, ZIP 2009, 737, 739.
[1153] *Schäfer* in: MüKo BGB Bd. V, § 709 Rn. 90.

gen der unterschiedlichen Ansatzpunkte von Bestimmtheitsgrundsatz und Kernbereichslehre nicht richtig.

Die sogenannte „Kernbereichslehre" stellt, im Gegensatz zur früheren Rechtsprechung des BGH zum Bestimmtheitsgrundsatz, nicht auf die „Ungewöhnlichkeit" eines Beschlussgegenstandes ab, sondern auf die Frage, ob ein solcher in den Kernbereich der Mitgliedsrechte eines Gesellschafter eingreift.[1154] Nach Intention der geänderten Rechtsprechung des BGH sowie auch nach weiter Auffassung in der Literatur, gilt jedoch der Bestimmtheitsgrundsatz in seiner alten Form auch hinsichtlich Abstimmungen über Grundlagengeschäfte der Hauptgesellschaft nicht mehr.[1155] Insoweit wird eine Differenzierung, die zu einer teilweisen Aufrechterhaltung des Bestimmtheitsgrundsatzes für Kernbereichs- bzw. Grundlagengeschäfte führt, allgemein als dogmatisch nicht begründbar und unter Berücksichtigung der am Bestimmtheitsgrundsatz geübten Kritik als nicht zielführend angesehen.[1156] Denn unabhängig davon, ob man eine „qualifizierte Bestimmtheit"[1157] - gleichzusetzen mit einer enumerativen Aufzählung ungewöhnlicher Beschlussgegenstände oder solcher des Kernbereichs - annimmt, lässt sich der beabsichtigte Schutz der Minderheitsgesellschafter vor Überrumpelung durch die Mehrheit gerade hierdurch aushebeln. Insoweit muss strikt an dem Gedanken festgehalten werden, dass Mehrheitsermächtigung und individueller Minderheitenschutz zwei verschiedene Themen sind.[1158] Auf der Stufe der Ermächtigungskontrolle ist daher nur zu prüfen, ob die vertragliche Regelung eindeutig eine Vereinbarung des Mehrheitsprinzips bzw. der Stimmbindung für den konkreten Beschlussgegenstand erkennen lässt.

---

[1154] *Weitemeyer* in: Oetker HGB, § 119 Rn. 34.

[1155] Gänzliche Aufgabe der Begrifflichkeit nunmehr in BGH, Urt. v. 16.10.212, Az. II ZR 251/10, NZG 2013, 57, 60.

[1156] *Enzinger* in: MüKo HGB Bd. II, § 119 Rn. 81; ausführlich und m.w.N. zur Problematik der Abschichtung der Ebenen Bestimmtheitsgrundsatz und Kernbereichslehre *Karsten Schmidt*, ZIP 2009, 737, 738 f.

[1157] *Karsten Schmidt*, ZIP 2009, 737, 739, der insoweit fünf „Qualitätsgruppen" unterscheidet: Geschäftsführungsfragen, Bilanzfeststellung und Gewinnverwendung, Grundlagenbeschlüsse, Kernbereichseingriffe, Nachschussbeschlüsse; für eine qualifizierte Bestimmtheit im Kernbereich auch *Wertenbruch*, NZG 2009, 645, 648 m.w.N. dort in Fn. 46, basierend auf dem – zutreffenden - Erfordernis der Notwendigkeit der Zustimmung der betroffenen Gesellschafter; so auch *Podewils*, BB 2009, 733, 736, der Bestimmtheitsgrundsatz und Kernbereichslehre jedoch gar nicht voneinander trennt.

[1158] So *Karsten Schmidt*, ZGR 2008, 1, 16.

Es ist daher immer zu fragen, wie weit die Gesellschafter die Ermächtigung zur Mehrheitsentscheidung ausgestalten wollten und ob ungewöhnliche Geschäfte bzw. Grundlagengeschäfte bei Abfassung ihrer Mehrheitsklausel möglicherweise nicht im Sinne hatten. Allgemeine Grundsätze, welche Anforderungen an welche Reichweiten der Klauseln zu stellen sind, lassen sich wegen der vom BGH vorgenommenen *Bestimmung durch Auslegung* nahezu nicht aufstellen.[1159] Teilweise wird hier danach abgegrenzt, ob der Beschlussgegenstand eine Maßnahme der Geschäftsführung, eine gewöhnliches oder außergewöhnliches Grundlagengeschäft oder eine Vertragsänderung darstellt und ob die Gesellschafter diese Art von Maßnahme der Mehrheitsklausel unterwerfen wollten[1160] bzw. ob es sich bei dem infrage stehenden Beschlussgegenstand um eine organisatorische oder strukturverändernde Maßnahme handelt.[1161]

Es macht es in diesem Zusammenhang nicht leichter, dass es keine einheitliche Bestimmung gibt, was überhaupt alles unter den Begriff des „Grundlagengeschäfts" zu subsumieren ist. Nach Ansicht der Rechtsprechung sind Grundlagengeschäfte Geschäfte, die „den Kernbereich der Mitgliedschaft" und damit wesentliche gesellschaftsvertragliche Rechte berühren".[1162] Teilweise werden sie daher als besondere Geschäfte zwischen Geschäftsführung und Änderung des Gesellschaftsvertrages eingeordnet,[1163] teilweise wird auf ihren strukturändernden Charakter abgestellt.[1164] Grundlagengeschäfte werden als Verbandsgeschäfte angesehen, die „das gesellschaftliche Rechtsverhältnis der Gesellschafter untereinander verändern."[1165] Nicht jedes "Grundlagengeschäft" „verändert" jedoch das Rechtsverhältnis der Gesellschafter, wie dies etwa bei einer Änderung des Gesellschaftsvertrages der Fall ist.[1166] So hat der BGH bereits in seiner „OTTO"-Entscheidung[1167] eine weitere Differenzierung zwischen Vertragsänderungen[1168] und „den Gesellschaftern obliegenden An-

---

[1159] Vgl. *Weitemeyer* in: Oetker HGB, § 119 Rn. 38.
[1160] *Weitemeyer* in: Oetker HGB, § 119 Rn. 36.
[1161] Vgl. *Priester*, DStR 2007, 28, 29.
[1162] OLG Stuttgart, Urt. v. 14.5.2003, Az. 20 U 31/02, NZG 2003, 778, 783.
[1163] Vgl. *Schulze-Osterloh* in: FS Hadding, 637, 645 ff.
[1164] *Priester*, DStR 2007, 28, 29; *ders.*, DStR 2008, 1386, 1390.
[1165] *Karsten Schmidt* in: MüKo HGB Bd. II,§ 126 Rn. 10; so auch *Fett/Förl*, NZG 2004, 210, 213; *Buß* in: Sudhoff, Personengesellschaften, 2. Teil § 9 Rn. 79.
[1166] So etwa die Feststellung des Jahresabschlusses, vgl. *Roth* in: Baumbach/Hopt, § 164 Rn. 4.
[1167] BGH, Urt. v. 15.1.2007, Az. II ZR 245/05, NJW 2007, 1685, 1687.
[1168] In Anlehnung an *Priester*, DStR 2007, 28, 29.

gelegenheiten der laufenden Verwaltung"[1169] vorgenommen. Grundlagengeschäfte sind alle Geschäfte, die in den Zuständigkeitsbereich der Gesellschafter fallen, da sie, in Abgrenzung zu den Geschäftsführungsmaßnahmen, Verbandsgeschäfte der Gesellschafter sind, welche das „Gesellschaftsverhältnis
und seine Gestaltung"[1170] betreffen. Zwar ist richtig, dass gerade wiederkehrende Maßnahmen ohne Eingriffscharakter,[1171] wie etwa die jährliche Feststellung des Jahresabschlusses,[1172] keine unmittelbare Auswirkungen auf die
Rechtspositionen der Gesellschafter entfalten. Jedoch erscheint eine solche
Abgrenzung schwierig, da oft auch Maßnahmen der gewöhnlichen oder außergewöhnlichen Geschäftsführung Einfluss auf die Rechtspositionen der Gesellschafter haben können. Es erscheint daher sinnvoll, eine Negativabgren-
zung zu den Maßnahmen der Geschäftsführung vorzunehmen. Es nach handelt sich bei Grundlagengeschäften um die Regelung der internen Organisation der Gesellschafter[1173] und manchmal auch um Eingriffe in deren Rechtspositionen oder gar den Bestand der Gesellschaft als solcher.[1174] Hierunter fällt
nach neuerer Ansicht auch die Veräußerung des Unternehmens als Gan-
zes.[1175] Ob dagegen, in Folge der „Holzmüller"[1176] und „Gelatine"[1177]-
Rechtsprechung des BGH zum Aktienrecht, auch die Veräußerung „wesentlicher Betriebsteile" eines Unternehmens ein Grundlagengeschäft darstellt, ist
strittig.[1178] Grundsätzlich fällt die Veräußerung von Betriebsteilen in den Bereich der Geschäftsführungsmaßnahmen. Insoweit wird zu differenzieren sein:
Wenn mit der Veräußerung wesentlicher Betriebsteile eine Strukturänderung

---

[1169] *Priester*, DStR 2007, 28, 29 spricht von „Organisationsgeschäften".
[1170] *Roth* in: Baumbach/Hopt, § 114 Rn. 3; ähnlich in der Definition *Weitemeyer* in: Oetker HGB, §114 Rn. 6.
[1171] So *Priester*, DStR 2007, 28, 29.
[1172] Dessen Einordnung als „Grundlagengeschäft" ist – auch wegen der uneinheitlich verwendeten Begrifflichkeiten strittig: dafür noch BGH, Urt. v. 29.3.1996. Az. II ZR 263/94, NJW
1996, 1678, 1678; anders wohl BGH, Urt. v. 15.1.2007, Az. II ZR 245/05, NJW 2007, 1685,
1687.
[1173] Vgl. *Steitz* in: Henssler/Strohn, HGB § 126 Rn. 7 ff.
[1174] Eine Auflistung von Grundlagengeschäften findet sich bei *Roth* in: Baumbach/Hopt,
§ 114 Rn. 3; ausführlich zu den verschiedenen Fallgruppen *Wolff* in: Münchner Handbuch
des Gesellschaftsrechts Bd. III, § 37 Rn. 3 ff.; siehe zur Abgrenzung auch *Jula*, S. 31.
[1175] H. M. siehe nur *Steitz* in: Henssler/Strohn, HGB § 126 Rn. 10 m.w.N. dort; so auch bereits *Priester*, DStR 2007, 28, 29.
[1176] BGH, Urt. v. 25.2.1982, Az. II ZR 174/80, NJW 1982, 1703 ff. ("Holzmüller").
[1177] BGH, Urt. v. 26.4.2004, Az. II ZR 154/02, NZG 2004, 575 ff. ("Gelatine").
[1178] Bejahend: OLG Stuttgart, Urt. v. 14.5.2003, Az. 20 U 31/02, NZG 2003, 778, 783 f.; a. A.
*Fett/Förl*, NZG 2004, 210, 213 (Entscheidungsbesprechung OLG Stuttgart, Urt. v. 14.5.2003,
Az. 20 U 31/02)

der Gesellschaft einhergeht,[1179] kann dies ein Grundlagengeschäft darstellen. In der Regel wird die Veräußerung wesentlicher Betriebsteile jedoch nur ein „außergewöhnliches Geschäft" im Sinne des § 164 S. 2 BGB darstellen,[1180] da es nicht das Rechtsverhältnis der Gesellschafter untereinander berührt. Wichtig ist es somit festzuhalten, dass Grundlagengeschäfte in terminologischer Abgrenzung von Geschäftsführungsmaßnahmen Geschäfte sind, welche wegen ihrer Relevanz für Organisation oder Grundlagen der Gesellschaft in den Zuständigkeitsbereich der Gesellschafter fallen. Jedoch stellt nicht jedes Grundlagengeschäft einen Kernbereichseingriff dar. Es handelt sich insoweit um einen Begriff zur Kompetenzabgrenzung, welcher jedoch noch keine spezifische Intensität eines möglichen Eingriffs in die Gesellschafterrechte impliziert.[1181] Waren sich die Gesellschafter der Reichweite ihrer Mehrheitsklausel bewusst, kann auch eine allgemeine Klausel Grundlagengeschäfte und Eingriffe in den Kernbereich formal umfassen.[1182] Für eine restriktive Auslegung einer allgemeinen Mehrheitsklausel ist infolge der Aufgabe des Bestimmtheitsgrundsatzes und der nachgelagerten Inhaltskontrolle kein Raum und auch kein Bedürfnis mehr.[1183] In der Konsequenz muss eine allgemeine Mehrheitsklausel grundsätzlich sämtliche Beschlussgegenstände umfassen, soweit sie nicht ihrerseits Einschränkungen vornimmt bzw. sich aus der Auslegung des Vertrages solche Einschränkungen ergeben.

ii Kernbereichslehre

Vom Bestimmtheitsgrundsatz bzw. der formellen Legalisation zu unterscheiden ist die Frage, ob durch einen Beschluss in den Kernbereich der Mitgliedschaftsrechte eines Gesellschafters eingegriffen werden soll.[1184] Ist ein Beschlussgegenstand von der Mehrheitsermächtigung umfasst, bedeutet dies

---

[1179] So angenommen bei der Veräußerung ganzer Betriebssparten, OLG Stuttgart, Urt. v. 14.5.2003, Az. 20 U 31/02, NZG 2003, 778, 783 f.
[1180] Noch restriktiver *Mülbert* in: MüKo HGB Bd. III, Konzernrecht der Personengesellschaften, Rn. 80 m.w.N. zum Meinungsstand dort in Fn. 128.
[1181] Anders *Wagner*, DStR 2004, 469, 479 (Anmerkung zu OLG Stuttgart, Urt. v. 14.5.2003, Az. 20 U 31/02) nach dem Grundlagengeschäfte und Kernbereichseingriffe deckungsgleich sein sollen; so im Ergebnis auch schon *Priester*, DStR 2007, 28, 29.
[1182] Vgl. *Weitemeyer* in: Oetker HGB, § 119 Rn. 38.
[1183] So auch *Schäfer* in: MüKo BGB Bd. V, § 709 Rn. 86, der allerdings einschränkend anfügt, dass der Vertrag verdeutlichen muss, dass auch Vertragsänderungen bzw. Grundlagenentscheidungen der Mehrheitsentscheidung unterworfen sind.
[1184] Nach der h. M. existieren allgemeiner Bestimmtheitsgrundsatz und Kernbereichslehre nebeneinander, vgl. *Roth* in: Baumbach/Hopt, § 119 Rn. 36 m.w.N. auch zur Gegenansicht dort; a. A. *Schäfer* in: MüKo BGB Bd. V, § 709 Rn. 91, der von „Ersetzung" durch die Kernbereichslehre spricht.

noch nicht, dass somit auch ein Eingriff in unentziehbare Rechte eines Gesellschafters zulässig ist.[1185] Der Kernbereich der Mitgliedschaft der Gesellschafter bildet vielmehr eine vorgelagerte Grenze der Zulässigkeit von Mehrheitsbeschlüssen.[1186] Der BGH hat bereits im Jahr 1956 anlässlich der Frage der Möglichkeit eines Stimmrechtsausschlusses entschieden, dass Eingriffe in die Rechte eines Gesellschafters zwingend dessen Zustimmung bedürfen.[1187] In der „Otto"-Entscheidung hat der BGH diesen ausgeschlossenen bzw. zustimmungsbedürftigen Bereich als „schlechthin unverzichtbare" oder „relativ unentziehbare" Mitgliedschaftsrechte definiert.[1188] Somit besteht ein, weithin als „Kernbereich" bezeichnetes Feld „mitgliedschaftlicher Grundrechte" die in ihrem Kern der vertraglichen Disposition der Gesellschafter entzogen sind.[1189] Jedoch ist die Definition des Bereiches und die Konsequenzen für die Einräumung von Mehrheitsbefugnissen schwierig und uneinheitlich. Teil des unentziehbaren Kernbereichs sind nach verbreiteter Ansicht das Stimmrecht, die Gewinnbeteiligung, das Recht auf Abfindung, bzw. die Liquidationsquote, Sonderrechte, Informationsrechte, Kapitalbeteiligungsrechte und Teilnahmerechte.[1190] Während ebenfalls zum Kernbereich gehörende "unverzichtbare" Rechte gar nicht, also auch nicht einstimmig oder mit Zustimmung des Gesellschafters, entzogen werden können,[1191] sind solche „unentziehbare" Rechte gleichwohl verzichtbar, können also bei Zustimmung des betroffenen Gesellschafters auch durch Mehrheitsbeschluss entzogen werden.[1192] Insgesamt wird für den überwiegenden Teil der zum Kernbereich gehörenden Rechte an-

---

[1185] Vgl. *Karsten Schmidt*, ZGR 2008, 1, 16.

[1186] *Enzinger* in: MüKo HGB Bd. II, § 119 Rn. 64, *Karsten Schmidt*, ZIP 2009, 737, 739 sieht hierin – mit gleichem Ergebnis - ein „Mezzanine zwischen dem Parterre des Bestimmtheitsgrundsatzes und der Beletage der gerichtlichen Inhaltskontrolle"; für eine solche Zuordnung zur Ermächtigungsebene auch *Priester*, DStR 2008, 1386, 1387 f.

[1187] BGH Urt. v. 14.5.1956, Az. II ZR 229/54, NJW 1956, 1198, 1200.

[1188] BGH, Urt. v. 15.1.2007, Az. II ZR 245/05, NJW 2007, 1685, 1687, jedoch auf der Ebene einer „Inhaltskontrolle"; so auch *Wertenbruch*, NZG 2013, 641, 642; *Weitemeyer* in: Oetker HGB, § 119, 40 ff.

[1189] *Enzinger* in: MüKo HGB Bd. II, § 119 Rn. 64.

[1190] Vgl. *Karsten Schmidt*, ZGR 2008, 1, 18 m.w.N. dort in Fn. 94-101; *ders.*, Gesellschaftsrecht, § 16 III 3b bb (S. 472); *Enzinger* in: MüKo HGB Bd. II ,§ 119 Rn. 65; vgl. auch *Roth* in: Baumbach/Hopt, § 119 Rn. 36 m.w.N. dort.

[1191] Vgl. *Enzinger* in: MüKo HGB Bd. II, § 119 Rn. 68 f.; *Weitemeyer* in: Oetker HGB, § 119 Rn. 40; BGH, Urt. v. 15.1.2007, Az. II ZR 245/05, NJW 2007, 1685,1687.

[1192] Vgl. *Enzinger* in: MüKo HGB Bd. II, § 119 Rn. 70 ff.; *Weitemeyer* in: Oetker HGB, § 119 Rn. 43; BGH, Urt. v. 15.1.2007, Az. II ZR 245/05, NJW 2007, 1685, 1687.

genommen, dass diese mit Zustimmung des betroffenen Gesellschafters entzogen werden können.[1193]

Das gleiche gilt auch für das spiegelbildlich[1194] zum Kernbereich bestehende Belastungsverbot. Das Belastungsverbot ist das in § 707 BGB begründete Verbot, dem Mitglied ungewollt zusätzliche Leistungen aufzuerlegen.[1195] Kernbereich und Belastungsverbot stellen somit dem Individualschutz des betroffenen Gesellschafters dienende spezifische Legitimationserfordernisse auf, die sich konkret in dem Bedürfnis der Zustimmung des betroffenen Gesellschafters zu einem Eingriff bzw. einer Belastung äußern.[1196] Soweit eine antizipierte Einwilligung zu Eingriffen bzw. Belastungen gegeben wird,[1197] muss diese Ausmaß und Umfang der möglichen Belastungen abschätzbar machen, insbesondere Obergrenzen enthalten.[1198]

Eine solche Zustimmung des betroffenen Gesellschafters ist separat von einer positiven Stimmabgabe bezogen auf die konkrete Beschlussfassung zu betrachten, kann jedoch gemeinsam mit ihr abgegeben werden.[1199] Nach der h. M. ist eine solche Zustimmung zu einem Eingriff in „relativ unentziehbare Rechte" auch antizipiert – etwa im Joint Venture Vertrag - möglich.[1200] In diesem Fall ist die antizipierte Zustimmung jedoch ausdrücklich zu erteilen. Die Klausel muss sich eindeutig auf den jeweiligen Eingriff beziehen und Art und Ausmaß des Eingriffes genau erkennen lassen.[1201] Insoweit mag man hierbei eine mangelnde Trennschärfe zwischen den Ergebnissen der Anwendung des

---

[1193] *Schäfer* in: MüKo BGB Bd. V, § 709 Rn. 91 m.w.N. dort in Fn. 201.

[1194] Vgl. *Karsten Schmidt*, ZGR 2008, 1, 19.

[1195] *Karsten Schmidt*, ZGR 2008, 1, 19.

[1196] Vgl. *Karsten Schmidt*, ZGR 2008, 1, 16.

[1197] Vgl. hierzu *Priester* in: MüKo HGB Bd. II, § 122 Rn. 55.

[1198] BGH, Urt. v. 5.3.2007, Az. II ZR 282/05, NJW-RR 2007, 757, 758; *Karsten Schmidt*, ZGR 2008, 1, 20 m.w.N. dort in Fn. 110.

[1199] *Schäfer* in: MüKo BGB Bd. V, § 709 Rn. 91.

[1200] Siehe nur BGH, Urt. v. 19.10.2009, Az. II ZR 240/08, NJW 2010, 65, 76 („Sanieren oder Ausscheiden"); *Priester*, DStR 2008, 1386, 1389; *Weitemeyer* in: Oetker HGB § 119 Rn. 34; vgl. auch *Roth* in: Baumbach/Hopt § 119 Rn. 36 m.w.N. (dort zur Frage der antizipierten Zustimmung im Gesellschaftsvertrag); im Ergebnis so auch *Schäfer*, MüKo BGB Bd. V, § 709 Rn. 91; a. A. *Enzinger* in: MüKo HGB Bd. II, § 119 Rn. 68 m.w.N. dort in Fn. 289 und 292, der eine Zustimmung „auf Vorrat" durch Unterwerfung bestimmter Eingriffe unter die Mehrheitsklausel als reiner Ermächtigungsnorm ablehnt.

[1201] *Schäfer* in: MüKo BGB Bd. V, § 709 Rn. 92 m.w.N. dort in Fn. 205; vgl. auch *Weitemeyer* in: Oetker HGB, § 119 Rn. 34.

(alten) Bestimmtheitsgrundsatzes und der Kernbereichslehre bemängeln.[1202] Jedoch geht es im Falle des Eingriffs in relativ unentziehbare Rechte nicht um die Auslegung der Mehrheitsklausel, sondern darum, ob der betroffene Gesellschafter seine Zustimmung zu bestimmten Eingriffen vorab erklärt hat.[1203] Letztendlich kommt man für den Fall von Eingriffen in den Kernbereich so zu dem Ergebnis, dass eine allgemeine Mehrheitsklausel die erforderliche Zustimmung des betroffenen Gesellschafters nicht enthalten kann. *Priester* spricht insoweit pragmatisch davon, dort am Bestimmtheitsgrundsatz festzuhalten, wo der Kernbereich der Mitgliedschaft betroffen ist.[1204] *Karsten Schmidt* geht von einer „durch Belastungsverbot und Kernbereichslehre geforderte qualifizierte Bestimmtheit" aus.[1205] Richtig ist: Für Kernbereichseingriffe bedarf es einer qualifizierten antizipierten Zustimmung im Gesellschaftsvertrag unter Nennung des Eingriffs und einer hierbei einzuhaltenden Obergrenze – es sei denn natürlich, der betroffene Gesellschafter stimmt in der Beschlussfassung dem konkreten Eingriff zu und verbindet so seine Zustimmung mit der Abstimmung.[1206] Insoweit sind die an die Zustimmung zu Kernbereichseingriffen zu stellenden Erfordernisse jedoch weiter als sie es nach dem (alten) Bestimmtheitsgrundsatz waren.

Betrachtet man die praktische Konsequenz aus der Anwendung von Bestimmtheitsgrundsatz und Kernbereichslehre, so ist, bei aller dogmatisch berechtigten Differenzierung ihrer Funktionsbereiche, letztendlich für die Praxis festzuhalten, dass eine allgemeine Mehrheitsklausel zwar auch Grundlagengeschäfte, jedoch keine Eingriffe in den Kernbereich der Mitgliedschaft legitimieren kann, da es bei letzteren nicht um ihre formelle Reichweite, sondern um die antizipierten Zustimmung eines Gesellschafters zum Eingriff in seine Rechte geht. Soweit über solche Eingriffe später mit Mehrheitsentscheidung auch ohne Mitwirkung des betroffenen Gesellschafters entschieden werden soll, bedarf dies einer ausdrücklichen antizipierten Zustimmung, aus der Art und Ausmaß des so legitimierten Eingriffs erkennbar ist.[1207] Hierfür reicht eine

---

[1202] Vgl. hierzu *Weitemeyer* in: Oetker HGB, § 119 Rn. 34 m.w.N. dort in Fn. 141.
[1203] *Schäfer* in: MüKo BGB Bd. V, § 709 Rn. 91.
[1204] *Priester*, DStR 2007, 28, 30.
[1205] *Karsten Schmidt*, ZIP 2009, 737, 740.
[1206] Vgl. BGH, Urt. v. 19.10.2009, Az. II ZR 240/08, NJW 2010, 65, 76 („Sanieren oder Ausscheiden"); *Schäfer* in: MüKo BGB Bd. V, § 709 Rn. 91; *Priester,* DStR 2007, 28, 30.
[1207] *Schäfer* in: MüKo BGB Bd. V, § 709 Rn. 92 m.w.N. dort in Fn. 205; vgl. auch *Weitemeyer* in: Oetker HGB, § 119 Rn. 34.

bloße Auflistung sicherlich nicht aus.[1208] Der BGH zudem angenommen, dass ein Beschluss in Einzelfällen auch ohne explizite Zustimmung des betroffenen Gesellschafters diesem gegenüber wirksam sein kann, wenn die Nichterteilung der Zustimmung treuwidrig wäre.[1209]

Insoweit stellt die Kernbereichslehre – anders als vom BGH eingeordnet – keinen Teil der Inhaltskontrolle des konkreten Beschlusses dar. Sie ist jedoch, anders als der Bestimmtheitsgrundsatz, auch keine Frage der formalen Ermächtigung, sondern stellt eine Kompetenzschranke dar, auf Basis derer die Zustimmung eines Gesellschafters zum Eingriff anderer in seine Mitgliedschaftsrechte zu prüfen ist.[1210]

### iii Inhaltskontrolle: Treuepflicht

Ist nach vorstehenden Maßgaben die konkrete Beschlussfassung von einer Mehrheitsklausel umfasst und besteht im Falle des Kernbereichseingriffs die erforderliche Zustimmung der betroffenen Gesellschafter, ist auf einer letzten Stufe zu prüfen, ob der so gefasste Beschluss die Treuepflicht der Mehrheit gegenüber der Minderheit verletzt.[1211] Liegt ein Eingriff in den Kernbereich der Mitgliedschaft vor, ist nach der Rechtsprechung der BGH eine Treupflichtverletzung indiziert.[1212] Ansonsten hat die Minderheit Beweis über die Treuwidrigkeit der Mehrheitsentscheidung zu führen.[1213] Die Beweislastverteilung leuchtet ein, wenn man ihr den Gedanken zugrunde legt, dass die Rücksichtspflicht der übrigen Gesellschafter auf die mitgliedschaftlichen Interessen eines Gesellschafters umso ausgeprägter ist, je mehr in seine schützenswerten Rechte eingegriffen wird.[1214] Diese Rücksichtspflicht besteht auch und gerade, wenn

---

[1208] Vgl. *Schäfer* in: MüKo BGB Bd. V, § 709 Rn. 88 m.w.N. dort in Fn. 187.

[1209] BGH, Urt. v. 19.10.2009, Az. II ZR 240/08, NJW 2010, 65, 67 („Sanieren oder Ausscheiden").

[1210] Vgl. *Schäfer* in: MüKo BGB Bd. V, § 709 Rn. 93a; so letztendlich auch BGH, Urt. v. 19.10.2009, Az. II ZR 240/08, NJW 2010, 65, 67 („Sanieren oder Ausscheiden"); BGH Urt. v. 16.102012, Az. II ZR 251/10, NZG 2013, 57, 61.

[1211] Siehe zur Treuepflicht im Mehrheits-Minderheitskonflikt bereits *Dreher*, DStR 1993, 1632, 1634.

[1212] Der BGH, Urt. v. 24.11.2008, Az. II ZR 116/08, NJW 209, 669, 671: „Insbesondere in den zuletzt genannten Fällen liegt regelmäßig eine treupflichtwidrige Ausübung der Mehrheitsmacht vor."

[1213] BGH, Urt. v. 24.11.2008, Az. II ZR 116/08, NJW 2009, 669, 671 („Schutzgemeinschaft II").

[1214] Vgl. *Dreher*, DStR 1993, 1632, 1636; zur Treuepflicht bereits ausführlich oben Kapitel 2 F IV d i.

der betroffene Gesellschafter antizipiert in diesen Eingriff eingewilligt hat.[1215] Bei einer konkreten Einwilligung im Zuge oder neben dem über den Eingriff gefassten Beschluss, ist dagegen für eine Prüfung einer Treuepflichtverletzung regelmäßig kein Raum. Eine Treuepflichtwidrigkeit ist zudem dann ausgeschlossen, wenn die überstimmte Minderheit kraft ihrer Treuepflicht zu Zustimmung verpflichtet gewesen wäre.[1216]

iv Ergebnis

In Konsequenz der neuen Rechtsprechung des BGH und der Schaffung eines zweistufigen Kontrollsystems, besteht weitgehender Konsens über die Prüfung der formalen Ermächtigung zur Entscheidung durch Mehrheitsbeschluss. Die vom BGH als Inhaltskontrolle geschaffene zweite Stufe umfasst sodann die Prüfung der Rechtfertigung des Eingriffs in den Kernbereich der Mitgliedschaft aufgrund Einwilligung und eine allgemeine Kontrolle des Beschlussergebnisses hinsichtlich Verstößen gegen die gesellschafterliche Treuepflicht. Dieser Aufteilung wurde in der Literatur teilweise gefolgt.[1217] Zuzustimmen ist jedoch den Bedenken, dass es sich bei der Frage der Zulässigkeit des Eingriffs in den Kernbereich der Mitgliedschaft nicht um eine „Inhaltskontrolle" des Beschlusses handelt.[1218] Ob man die Frage der Zulässigkeit des Eingriffs auf die Ermächtigungsebene verlagert, oder sie im Zuge der materiellen Kontrolle als extra Stufe (gleichsam als Prüfungspunkt "2b") betrachtet, ist jedoch letztendlich eine rein dogmatische Frage. Ein logischer Prüfungsaufbau ergibt sich aus dem „Mezzanine-Gedanken" *Karsten Schmidts*[1219] wonach der Eingriff in den Kernbereich als gesonderte Prüfungsebene zwischen formeller Ermächtigung zur Mehrheitsentscheidung und konkreter Inhaltskontrolle einzuordnen ist.

Die Ausgestaltung der „zweiten Stufe" durch den BGH bedarf somit der Modifikation. Insbesondere wird auch zu Recht darauf hingewiesen, dass die vom BGH angenommene Indizwirkung eines Kernbereichseingriffes als Treue-

---

[1215] Anders *Schäfer* in: MüKo BGB Bd. V., § 709 Rn. 93a, der insoweit nur auf das Vorliegen der Zustimmung abstellt.

[1216] So lag der Fall bei BGH, Urt. v. 19.10.2009, Az. II ZR 240/08, NJW 2010, 65, 67 („Sanieren oder Ausscheiden").

[1217] Vgl. etwa *Roth* in: Baumbach/Hopt § 119 Rn. 37; *Wertenbruch*, NZG 2013, 641, 624; *Weitemeyer* in: Oetker HGB, § 119 Rn. 9 ff.

[1218] *Karsten Schmidt*, ZIP 2009, 737, 738; so auch *Priester*, DStR 2008 1386 1387 f.; *Schäfer* in: MüKo BGB Bd. V, § 709 Rn. 93a.

[1219] *Karsten Schmidt*, ZIP 2009, 737, 740; dessen "Stufen"- Gedanken folgend auch *Schäfer* in: MüKo BGB Bd. V, § 709 Rn. 89.

pflichtverletzung[1220] pauschal betrachtet irreführend ist, da es sich hierbei um zwei unterschiedliche Prüfungsgegenstände handelt.[1221]

## V. Durchsetzung von Stimmbindungen

Weicht ein Partner in der Gesellschafterversammlung von der Stimmbindung ab, ist seine Stimme trotzdem wirksam und gültig.[1222] Andersherum ist die Einhaltung von gebundenem Abstimmungsverhalten jedoch gerichtlich durchsetzbar.[1223] Ein gegen eine wirksame Stimmbindung im Joint Venture verstoßender Beschluss kann, nach der Rechtsprechung des BGH, zudem sogar zur Anfechtbarkeit des Beschlusses im Joint Venture Unternehmen führen.[1224]

Stimmbindungsvereinbarungen werden zudem meist noch dadurch abgesichert, dass, für den Fall der Nichtbefolgung in der Abstimmung im Joint Venture Unternehmen, Vorkaufs- oder Vorhandrechte der anderen Gesellschafter sowie Vertragsstrafen vereinbart werden.[1225]

Die Möglichkeit der gerichtlichen Erzwingung einer stimmbindungsgemäßen Stimmabgabe im Wege des einstweiligen Rechtsschutzes ist derweilen weiter umstritten.[1226] Teilweise wird der Erlass einer einstweiligen Verfügung generell für unzulässig gehalten.[1227] Von anderer Seite wird hinsichtlich einer unzulässiger Verpflichtung zur Stimmabgabe und dem zulässigen Verbot der Stimmabgabe differenziert.[1228] Die h. M. hält eine einstweilige Verfügung dagegen unter bestimmten Bedingungen für zulässig,[1229] da eine Versagung faktisch

---

[1220] BGH, Urt. v. 24.11.2008, Az. II ZR 116/08, NJW 2009, 669, 671 („Schutzgemeinschaft II").
[1221] Vgl. *Schäfer* in: MüKo BGB Bd. V, § 709 Rn. 93a.
[1222] Vgl. *Simon/Rubner*, NJW-Spezial 2005, 27, 28.
[1223] BGH, Urt. v. 29.5.1967, Az. II ZR 105/66, NJW 1967, 1963, 1966.
[1224] Siehe hierzu ausführlich oben unter Kapitel 2 F IV 2.
[1225] *Berger*, S. 29
[1226] Vgl. *Wicke* in: Wicke, GmbHG, § 47 Rn. 12 m.w.N. dort; ein Überblick zum Meinungsstand findet sich bei *Nietsch*, GmbHR 2006, 393, 394 ff.
[1227] So etwa *Zöllner* in: Baumbach/Hueck, § 47 Rn. 120 m.w.N. dort in Fn. 348; *ders.*, ZHR 155 (1991), 168, 188.
[1228] So etwa *Hüffer* in: Großkommentar GmbHG Bd. II, § 47 Rn. 82; *Lutter/Hommelhoff* in: Lutter/Hommelhoff, § 47 Rn. 19, 92; *Drescher* in: MüKo GmbHG Bd. II, § 47 Rn. 254 m.w.N. dort in Fn. 16; *Rieckers* in: Spindler/Stilz, AktG Bd. I, § 136 Rn. 65 m.w.N. dort in Fn. 205; weitere Nachweise bei *Karsten Schmidt* in: Scholz Bd. II, § 47 Rn. 59 dort in Fn. 1, der einer derartigen Differenzierung jedoch ablehnend gegenüber steht.
[1229] Siehe nur OLG München, Beschl. v. 20.7.1998, Az. 23 W 1455/98, NZG 1999, 407, 407 m.w.N. zur Rechtsprechung dort; OLG Düsseldorf, Urt. v. 18.5.2005, Az. 15 U 2002/04, NZG 2005, 633 634; *Zutt*, ZHR 155 (1991) 190, 199 ff.; ebenso mit ausführlicher Begründung

zur Undurchsetzbarkeit der Stimmbindung führen würde.[1230] An den Erlass einer einstweiligen Verfügung werden indes hohe Anforderungen gestellt. So wird eine eindeutiger Rechtslage und eine besonders schwerwiegende drohende Beeinträchtigung gefordert und zudem die Einhaltung des Gebotes des geringstmöglichen Eingriffes verlangt.[1231] Ist der bindungswidrige Beschluss nicht unmittelbar rechtgestaltend oder ist er anfechtbar, besteht grundsätzlich kein Verfügungsgrund[1232] Es muss eine Balance gefunden werden zwischen dem Verbot der Vorwegnahme der Hauptsache auf der einen und der Schwierigkeit der Wiedergutmachung auf der anderen Seite.[1233] Somit bleiben eigentlich nur die Fälle übrig, in denen eine abweichende Beschlussfassung irreversibel wäre und somit auf eine Rechtsschutzverweigerung in der Hauptsache hinauslaufen würde.[1234] Nimmt man, wie hier, die grundsätzliche Anfechtbarkeit gegen Stimmbindung verstoßender Beschlüsse im Joint Venture Unternehmen in der Rechtsform einer GmbH an, bleiben dann als Fälle möglichen einstweiligen Rechtsschutzes eigentlich nur solche, in denen die spätere Anfechtung des Beschlusses den ursprünglichen Zustand nicht mehr wiederherstellen könnte.

## C. Willenstransfer

### I. Grenzen des Weisungsrecht der GmbH-Gesellschafterversammlung an den Geschäftsführer

#### 1. Gesetzliche Grundlagen

Aus der Natur des Joint Ventures ergibt sich ein dringendes Interesse der Joint Venture Partner, das Handeln der Geschäftsführer des Joint Venture Unternehmens als dessen organschaftliches Vertretungsorgan nach § 6 GmbHG oder, im Falle der GmbH & Co. KG, die Geschäftsführer ihrer Komplementär-

---

*Damm*, ZHR 154 (1990) 413, 432 ff.; *Hillmann* in: Henssler/Strohn, GmbHG § 47 Rn. 95 m.w.N. dort; *Drescher* in: MüKo GmbHG Bd. II, § 47 Rn. 253 m.w.N. dort in Fn. 9; *Karsten Schmidt* in: Scholz Bd. II, § 47 Rn. 59.

[1230] *Römermann* in: Michalski, § 47 Rn. 549.

[1231] OLG Stuttgart, Beschl. v. 18.02.1997, Az. 20 W 11/97, GmbHR 1997, 312, 312 f. m.w.N. dort.; OLG München, Beschl. v. 20.7.1998, Az. 23 W 1455/98, NZG 1999, 407, 407f. m.w.N. dort; *Wicke* in: Wicke, GmbHG, § 47 Rn. 12; *Drescher* in: MüKo GmbHG Bd. II, § 47 Rn. 254.

[1232] Vgl. OLG Stuttgart, Beschl. v. 18.02.1997, Az. 20 W 11/97, GmbHR 1997, 312, 312; *Drescher* in: MüKo GmbHG Bd. II, § 47 Rn. 253 m.w. N. dort in Fn. 10; *Lutter/Hommelhoff* in: Lutter/Hommelhoff, § 47 Rn. 90.

[1233] *Roth* in: Roth/Altmeppen, § 47 Rn. 52.

[1234] Vgl. OLG Stuttgart, Beschl. v. 18.02.1997, Az. 20 W 11/97, GmbHR 1997, 312, 313; zu diesem Risiko im Falle der Versagung auch *Michalski/Schulenburg*, NZG 1999, 407, 408.

GmbH in ihrem Sinne zu steuern. Die Joint Venture Partner verfolgen mit dem Joint Venture Unternehmen regelmäßig ihren eigenen Unternehmen dienende Ziele, die es erfordern, dass sie sich nicht auf ein finanzielles Investment und die Festlegung der Grundzüge der Unternehmenspolitik und die Entscheidung von Grundlagenfragen beschränken, sondern auch Entscheidungen des Tagesgeschäfts aktiv beeinflussen können. Hierfür entscheidend ist die Frage, inwieweit die Gesellschafter Einfluss auf die Geschäftsführung des Joint Venture Unternehmens nehmen können.

Neben der Möglichkeit der Besetzung der geschäftsführenden Organe mit Repräsentanten der Muttergesellschafter[1235] ist das wichtigste Instrument zur Einflussnahme der Joint Venture Partner die Möglichkeit, den Geschäftsführern ihres Joint Venture Unternehmens in der Rechtsform einer GmbH bzw. im Falle der GmbH & Co. KG deren Komplementär-GmbH[1236] nach § 37 GmbHG Weisungen für ihr Handeln zu erteilen. Die Weisungsfreiheit des Vorstandes einer Aktiengesellschaft nach § 76 Abs. 1 AktG ist aus diesem Grund ein wesentlicher Aspekt der die Aktiengesellschaft als Rechtsform für in Joint Venture Unternehmen disqualifiziert. Unter Zugrundelegung des Gesetzeswortlautes des § 37 Abs. 1 GmbHG ist in den Weisungen der Gesellschafterversammlung eigentlich keine Beschränkung der Geschäftsführungsbefugnis der Geschäftsführer zu sehen. Ihr Recht zur Geschäftsführung besteht von vorneherein negativ abgegrenzt nur insoweit, als die Gesellschafter nicht von ihrem Weisungsrecht Gebrauch machen. Hierbei ist jedoch zu beachten, dass die Umsetzung der Weisung immer durch die Geschäftsführer zu erfolgen hat, ihre Vertretungsbefugnis im Außenverhältnis mithin unbeschränkbar ist.[1237]

Ihr Weisungsrecht können die Gesellschafter nach dem Wortlaut des § 37 Abs. 1 GmbHG konkret im Einzelfall durch Beschluss oder auch durch antizipierte gesellschaftsvertragliche Regelung ausüben.[1238] Daneben soll auch eine Ausübung durch den Erlass von Richtlinien der Geschäftspolitik,[1239] die den Geschäftsführern Konsultationspflichten für bestimmte Entscheidungen aufer-

---

[1235] *Tegen*, S. 211 mit Verweis auf *Gansweid*, S. 55.
[1236] Denn das Weisungsrecht erstreckt sich in der GmbH & Co. KG auch auf Geschäfte der KG, siehe hierzu unten unter II.
[1237] Dies ergibt sich aus § 37 Abs. 2 GmbHG, vgl. *Zöllner/Noack* in: Baumbach/Hueck, § 37 Rn. 1, 37.
[1238] Allgemeine Ansicht, vgl. statt aller: *Konzen*, NJW, 1989, 2977, 2979.
[1239] *Schneider* in: Scholz Bd. II, § 37 Rn. 30.

legt, möglich sein. Dem ist zuzustimmen, da auch solche Richtlinien der Geschäftspolitik durch Beschluss der Gesellschafterversammlung gefasst werden, mithin den formalen Voraussetzungen des GmbHG genügen. Neben der gesetzlichen Regelung in § 37 Abs. 1 GmbHG können auch im Geschäftsführeranstellungsvertrag weitere Weisungsbindungen oder Zustimmungsvorbehalte und Beschränkungen vereinbart werden.[1240] Diese entfalten jedoch nur schuldrechtliche Wirkung.

Die Weisungsgebundenheit der Geschäftsführer einer GmbH ist in Rechtsprechung und Literatur allgemein anerkannt.[1241] Sie ergibt sich aus der grundsätzlichen Regelungszuständigkeit der Gesellschafterversammlung als zentralem Willensbildungsorgan der Gesellschaft.[1242] Streitig sind dagegen die materiellen Grenzen des Weisungsrechts der Gesellschafter, insbesondere die Frage, ob das Recht der Gesellschafter so weit gehen kann, dass die Geschäftsführer in ihrer organschaftlich zwingend vorgeschriebenen Position als Vertreter der Gesellschaft zum „reinen Ausführungsorgan"[1243] des Gesellschafterwillens ohne eigene Entscheidungsbefugnis degradiert werden. Daneben besteht Uneinigkeit darüber, ob es in formaler Hinsicht eine Grenze der Ausübung der Weisungsbefugnis durch reinen Mehrheitsbeschluss gibt und etwa eine totale Entziehung oder Verlagerung der Geschäftsführungsbefugnis – so man sie denn für zulässig hält – eine Abweichung vom Normalstatut des GmbHG darstellt und daher eine ausdrückliche Regelung im Gesellschaftsvertrag erfordert.[1244]

## 2. Materielle Grenzen des Weisungsrechts

Im Gesetz nicht geregelt[1245] und in der neueren Literatur streitig ist die Frage, nach dem Bestehen eines „eingriffsfesten"[1246] Kernbereichs „unentziehbarer

---

[1240] *Schneider* in: Scholz Bd. II, § 37 Rn. 56a.
[1241] Vergleiche statt aller: BGH, Urt. v. 14. 12 1959, Az. II ZR 187/57, NJW 1960, 285, 289; *Schneider* in: Scholz Bd. II, § 37 Rn. 30; *Kleindiek* in: Lutter/Hommelhoff, § 37 Rn. 1; *Jula*, S. 27.
[1242] OLG Frankfurt a.M., Urt. v. 7.2.1997, Az. 24 U 88/95, NJW-RR 1997,736, 736.
[1243] So *Konzen*, NJW 1989, 2977, 2979; *Altmeppen* in: Roth/Altmeppen, § 37 Rn. 4; *Kleindiek* in Lutter/Hommelhoff, § 37 Rn. 1; *Schneider* in: Scholz Bd. II, § 37 Rn. 38 m.w.N. pro und contra dort in Fn. 1; bejahend auch *Stephan/Tieves* in: MüKo GmbHG Bd. II, § 37 Rn. 117; a. A. etwa *Geißler*, GmbHR 2009, 1071, 1075; *Zöllner/Noack* in: Baumbach/Hueck, § 37 Rn. 18; *Fichtelmann/Schmitt* in: HK GmbHG, § 37 Rn. 11.
[1244] *Kleindiek* in: Lutter/Hommelhoff, § 37 Rn. 18a.
[1245] *Konzen*, NJW 1989, 2977, 2979.
[1246] *Jula*, S. 26 f.

Geschäftsführeraufgaben".[1247] Insoweit ist zwischen den allgemeinen Grenzen des Weisungsrechts und der Frage nach einem inhaltlich oder quantitativ abgrenzbaren Kernbereich einer den Geschäftsführern zugewiesenen Geschäftsführungsbefugnis, welcher Weisungen nicht zugänglich ist, zu unterscheiden.[1248]

### a. Allgemeine Grenzen des Weisungsrechts

Es besteht ein breiter Konsens, dass die Gesellschafter grundsätzlich qualitativ auf jegliche Geschäftsführungshandlung gerichtete Weisungen erteilen dürfen.[1249] Die allgemeinen Grenzen des Weisungsrechts liegen in öffentlich-rechtlichen Pflichten der Gesellschaft,[1250] der Geschäftsführer oder der Gesellschafter, in zwingendem Gesetzesrecht,[1251] den guten Sitten[1252] oder der Treuepflicht der Gesellschafter.[1253] Hierbei ist immer zu unterscheiden, ob rechtswidrige Weisungen nichtig oder lediglich anfechtbar sind. Gegen die Satzung verstoßende Weisungen sind regelmäßig nur anfechtbar, soweit hierin ein satzungsdurchbrechender Beschluss liegt[1254]

Hiernach richtet sich die Folgepflicht der Geschäftsführer. Von vorneherein nichtige oder erfolgreich angefochtene Weisungen sind nicht auszuführen. Bei noch anfechtbaren Entscheidungen besteht ein Ermessensspielraum des Geschäftsführers.[1255] Sind anfechtbare Entscheidungen unanfechtbar geworden, muss der Geschäftsführer sie ausführen.[1256]

---

[1247] *Geißler*, GmbHR 2009, 1071, 1074; *Gieseke*, GmbHR 1996, 486, 489 spricht von einem „Kernbereich eigenverantwortlicher Geschäftsführung".

[1248] So auch *Trölitzsch* in Oppenländer/Trölitzsch, § 1 Rn. 20.

[1249] *Schneider* in: Scholz Bd. II, § 37 Rn. 38; *Kleindiek* in: Lutter/Hommelhoff, § 37 Rn. 17f.; *Trölitzsch* in: Oppenländer/Trölitzsch, § 16 Rn. 17; *Mennicke*, NZG 2000, 622, 622; *Oetker* in: Henssler/Strohn, GmbHG § 37 Rn. 11; so auch *Geißler*, GmbHR 2009, 1071, 1075.

[1250] *Schneider* in: Scholz Bd. II, § 37 Rn. 51.

[1251] *Schneider* in: Scholz Bd. II, § 37 Rn. 51a und 52; *Altmeppen* in: Roth/Altmeppen, § 37 Rn. 18.

[1252] Siehe bereits BGH, Urt. v. 14.12.1959, Az. II ZR 187/57, NJW 1960, 285, 289, der Gesetz, Satzung und gute Sitten als Begrenzung des Weisungsrechts heranzog; als sittenwidrig sind auch existenzgefährdende Weisungen anzusehen, vgl. *Jula*, S. 30.

[1253] Vgl. *Lenz* in: Michalski, § 37 Rn. 19; *Schneider* in: Scholz Bd. II, § 37 Rn. 53a; *Konzen*, NJW 1989, 2977, 2981.

[1254] Siehe hierzu bereits oben Kapitel 2 F IV 3; *Schneider* in: Scholz Bd. II, § 37 Rn. 53; a. A. *Lenz* in: Michalski, § 37 Rn. 19.

[1255] Vgl. *Zöllner/Noack* in: Baumbach/Hueck, § 37 Rn. 2; *Lenz* in: Michalski, § 37 Rn. 19; *Mennicke*, NZG 2000, 622, 624; *Altmeppen* in: Roth/Altmeppen, § 37 Rn. 17; siehe zur Problematik bei Anfechtbarkeit wegen Verstoßes gegen eine Nebenabrede oben Kapitel 2 F IV 2.

[1256] Allgemeine Ansicht, vgl. nur. *Lenz* in: Michalski § 37 Rn. 19.

## b. Weisungsfreie Erfüllung der Pflichtaufgaben?

Weisungen, die auf strafbare und gesetzeswidrige Handlungen gerichtet oder eine persönliche Haftung des Geschäftsführers nach sich ziehen würden, sind unwirksam und daher nicht auszuführen.[1257] Insbesondere darf der Geschäftsführer bei der Ausführung seiner gesetzlichen Pflichtaufgaben (etwa §§ 30, 31, 40, 41, 49 Abs. 3 GmbHG, 15a Abs. 1 InsO, § 264 Abs. 1 HGB, § 34 AO)[1258] nicht durch Weisungen der Gesellschafterversammlung *behindert* werden.[1259] Hieraus wird allerdings vermehrt der Schluss gezogen, dass dem Geschäftsführer im Bereich der Ausführung seiner Pflichtaufgaben unter keinen Umständen eine Weisung erteilt werden darf.[1260] Man hat das Gefühl, dass sich diese Auffassung auf der Annahme gründet, dass der Geschäftsführer für die ordnungsgemäße Ausführung dieser Pflichtaufgaben auch im Interesse Dritter haftet und ihn auch eine Weisung nicht von dieser Haftung entbindet. So statuiert auch § 43 Abs. 3 S. 3 GmbHG explizit, dass bei der Verletzung der Kapitalerhaltungsvorschriften eine Weisung den Geschäftsführer jedenfalls dann nicht von der Haftung befreit, wenn der Ersatz zu Befriedigung der Gläubiger benötigt wird. Es überzeugt daher im Ansatz und Grundgedanken, dass der Geschäftsführer diese Aufgaben zur Vermeidung seiner Haftung grundsätzlich auch weisungsfrei durchführen können soll. Gleichwohl ist ein genereller Ausschluss jeglicher Weisungen auch in diesem Bereich nicht zwingend.[1261] Der Geschäftsführer unterliegt vielmehr auch bei der Ausführung seiner Pflichtaufgaben den Einzelweisungen der Gesellschafterversammlung, soweit diese nicht gegen das Gesetz verstoßen bzw. ihn zwingen, seine Pflichten zu verletzen. Derartige Weisungen wären ohnehin bereits nichtig und somit nicht verbindlich.[1262] Weisungen in den Bereich der Pflichtaufgaben sind also nicht per se ausgeschlossen. Teilweise wird eine Zwischenlösung dadurch gesucht,

---

[1257] Vgl. *Jula*, S. 29; *Gieseke*, GmbHR 1996, 486, 488.

[1258] *Kleindiek* in: Lutter/Hommelhoff, § 37 Rn.12.

[1259] *Kleindiek* in: Lutter/Hommelhoff, § 37 Rn. 5, der Weisungen ausschließt „ die den Geschäftsführer zwingen würden seine öffentlichen Pflichten zu verletzen"; so auch *Zöllner/Noack* in: Baumbach/Hueck, 37 Rn. 18; *Mennicke*, NZG 2000, 622, 623 geht von einem unantastbaren Kernbereich zur Erfüllung der gesetzlichen „Offizialpflichten" aus.

[1260] So die wohl h. M. siehe *Geißler*, GmbHR 2009, 1071, 1075; *Zöllner/Noack* in: Baumbach/Hueck, § 46 Rn. 89; *Haas/Ziemons* in: Michalski, § 43 Rn. 57a.

[1261] *Lenz* in: Michalski § 37 Rn. 11 sieht die Entziehung der Entscheidung für dem Geschäftsführer gesetzlich übertragene Aufgaben als zulässig an, wenn ein „etwaig nach außen erforderliches Handeln als immanentes Recht der Geschäftsführung beim Geschäftsführer verbleibt."; *Schneider* in: Scholz Bd. II, § 37 Rn. 38, der betont, dass es keinen "weisungsimmunen Entscheidungsbereich" gibt.

[1262] Siehe nur *Stephan/Tieves* in: MüKo GmbHG Bd. II, § 37 Rn. 118.

dass dem Geschäftsführer die Freiheit eingeräumt wird, sie als Anregung zu betrachten und nach eigenem Ermessen bei der Erfüllung seiner Pflichtaufgaben zu berücksichtigen.[1263]

Im Umkehrschluss liegt auf der Hand, dass der Geschäftsführer, der bei der Erfüllung seiner Pflichtaufgaben rechtswidrig handelt, weiterhin rechtmäßigen Weisungen der Gesellschafterversammlung unterliegen muss. Doch auch der rechtmäßig seine Pflichtaufgaben erfüllende Geschäftsführer, bleibt hierbei von rechtmäßigen Weisungen der Gesellschafterversammlung betroffen. Denn im Spektrum des rechtmäßigen Handelns gibt es für ihn manchmal mehrere Wege, die ohne Verletzung von Pflichten und Obliegenheiten beschritten werden können. Möchte der Geschäftsführer den einen Weg wählen, die Gesellschafterversammlung aber einen anderen, hat sich der Geschäftsführer deren Willen unter zuordnen, soweit dieser ebenfalls rechtmäßig ist. So sind die Gesellschafter bei der Feststellung des Jahresabschlusses etwa nicht an den Bilanzentwurf der Geschäftsführer, den dieser nach § 41 GmbHG aufzustellen verpflichtet ist, gebunden[1264] und können dem Geschäftsführer bereits im Vorfeld Weisungen für die Aufstellung erteilen. Hierbei müssen sich die Gesellschafter jedoch an die dem Geschäftsführer auferlegten gesetzlichen Regelungen halten. Ein Weisungsrecht besteht immer nur dort, wo der Gesetzgeber den Organen der Gesellschaft einen Spielraum überlassen hat. Gegen Gesetz oder die Satzung verstoßende Weisungen sind nichtig oder anfechtbar. Zur Ausführung nichtiger Weisungen der Gesellschafter ist der Geschäftsführer nicht verpflichtet.[1265] Bei anfechtbaren Weisungen ist nach Wahrscheinlichkeit und Erfolgsaussichten einer Anfechtung sowie dem betrieblichen Erfordernis einer raschen Umsetzung abzuwägen.

Im Ergebnis bleibt festzuhalten, dass der Geschäftsführer grundsätzlich auch bei der Erfüllung seiner Pflichtaufgaben dem Weisungsrecht der Gesellschafterversammlung unterliegt.[1266] Gleichwohl hat dieses Weisungsrecht nahezu keine praktische Relevanz. Dem Geschäftsführer ist aufgrund seiner persönlichen Haftung für die ordnungsgemäße Erfüllung seiner Pflichtaufgaben ein weiter Spielraum zuzubilligen, ob er die Weisung der Gesellschafterversamm-

---

[1263] *Stephan/Tieves* in: MüKo GmbHG, Bd. II § 37 Rn. 118.
[1264] *Karsten Schmidt* in: Scholz Bd. II, § 46 Rn. 14.
[1265] H. M. siehe nur *Lenz* in: Michalski, § 37 Rn. 19 m.w.N. dort in Fn. 13 und 14.
[1266] Siehe hierzu *Schneider* in: Scholz Bd. II, § 37 Rn. 38; so auch *Lenz* in: Michalski, § 37 Rn. 11.

lung als rechtmäßig ansieht und deren Umsetzung verantworten kann. Grundsätzlich besteht somit zwar auch ein Weisungsrecht der Gesellschafter in Bezug auf die Erfüllung der Pflichtaufgaben. Dieses besteht jedoch nur in den Fällen, in denen der Geschäftsführer entweder eine von ihm ohnehin per Gesetz geforderte Handlung unterlässt und somit pflichtwidrig handeln würde oder die Weisung eine weitere rechtmäßige Alternative zum avisierten Vorgehen des Geschäftsführers darstellt. Unterstellt man eine pflichtgemäße Erfüllung seiner gesetzlichen Pflichten durch den Geschäftsführer, ist der Bereich seiner Kernaufgaben somit zumindest *de facto* weisungsfrei, da er mit wenigen Ausnahmen regelmäßig nur eine richtige oder falsche Handlungsweise zulässt und damit kein Spielraum für modifizierende Weisungen offen lässt.

c. Weisungsfreier Kernbereich des operativen Geschäfts?

Eine Begrenzung des Weisungsrechtes im Bereich der Pflichtaufgaben des Geschäftsführers – sei es aus rechtlichen oder aus pragmatischen Gründen - findet einen belastbaren Konsens in Rechtsprechung und Literatur.[1267] Es besteht vielmehr Streit, ob dem Geschäftsführer – abgesehen von der Erfüllung der gesetzlichen Pflichtaufgaben - jegliches Recht zur operativen Geschäftsführung verweigert werden kann mit der Folge, dass der Geschäftsführer zum „reinen Ausführungsorgan"[1268] der Gesellschafterversammlung wird. Dies wäre etwa dann der Fall, wenn die Satzung oder die von den Joint Venture Partnern erlassenen Richtlinien der Geschäftspolitik besagen würden: „Die Geschäftsführer sind nicht befugt, Entscheidungen über die Führung der Geschäfte der Gesellschaft zu treffen. Sie haben vor jeglicher Geschäftsführungshandlung die Gesellschafterversammlung zu konsultieren und deren Weisung umzusetzen."

Im ersten Moment klingt es paradox, dem „Geschäftsführer" die Befugnis zur „Geschäftsführung" entziehen zu wollen. Es steht auch außer Frage, dass eine gänzliche Entziehung so sie denn gesetzlich zulässig ist, überhaupt nur Sinn macht, wenn sich anstatt des Geschäftsführers eine andere Person dauerhaft um die Führung der Geschäfte kümmert. Ansonsten wäre die Gesellschaft

---

[1267] Vgl. nur *Mennicke*, NZG 2000, 622, 624 f.; *Stephan/Tieves* in: MüKo GmbHG Bd. II, § 37 Rn. 118 m.w.N. dort in Fn. 8; a. A. *Lenz* in: Michalski § 37 Rn. 11; wohl auch *Schneider* in: Scholz Bd. II, § 37 Rn. 38, der sich gegen jedwede Begrenzung ausspricht.
[1268] So bezeichnet von: *Schneider* in: Scholz Bd. II, § 37 Rn. 38; *Kleindiek* in: Lutter/Hommelhoff, § 37 Rn. 1; hiergegen *Zöllner/Noack* in: Baumbach/Hueck, § 37 Rn. 18, 21.

handlungsunfähig, was einmal wirtschaftlich nicht gewollt sein kann und zum anderen weitgehende rechtliche Konsequenzen nach sich zieht.

i Gesetzliche Vorgaben

§ 37 Abs. 1 GmbHG schweigt zur Zulässigkeit eines allumfassenden Entzugs oder einer einem solchen gleichkommenden Beschränkung der Geschäftsführungsbefugnis. § 37 Abs. 2 S. 1 GmbHG bestimmt lediglich, dass die Vertretungsbefugnis des Geschäftsführers gegenüber Dritten, also im Außenverhältnis, nicht wirksam beschränkt werden kann. Demgegenüber bestimmt § 45 Abs. 1 GmbHG, dass die Rechte, welche den Gesellschaftern in den Angelegenheiten der Gesellschaft insbesondere in Bezug auf die Führung der Geschäfte zustehen, sowie die Ausübung derselben sich nach dem Gesellschaftsvertrag bestimmen. Der in § 46 GmbHG aufgelistete Katalog der Zuständigkeiten ist dispositiv. Dies ergibt sich aus § 45 Abs. 2 GmbHG. Er kann also im Gesellschaftsvertrag zugunsten der Geschäftsführer beschränkt, sowie zu deren Lasten erweitert werden. Daneben können weitere Anordnungen durch die Gesellschafterversammlung getroffen werden, denen die Geschäftsführer Folge zu leisten haben. Da das Gesetz keine expliziten Angaben zum Umfang des Weisungsrechts macht, kann ein solches nur in der systematischen bzw. teleologischen Auslegung der Regelungen über die Kompetenzen des Geschäftsführers und der Gesellschafter und ihrer Abgrenzung zueinander gefunden werden.

Das Gesetz geht zwar in § 37 GmbHG tatsächlich von einer die Vertretungsmacht spiegelnde Geschäftsführungsbefugnis durch die Geschäftsführer aus. Indes ist die Zuweisung der Geschäftsführungsbefugnis an die Geschäftsführer kein "zwingender Organisationssatz der GmbH".[1269] Trotzdem bleibt zu klären, ob es einen (inhaltlichen) Kernbereich weisungsfreien Geschäftsführerhandelns geben muss und ob die Gesellschafter durch eine enorme Dichte von Weisungen (mithin quantitativ) den Geschäftsführer zum reinen Exekutivorgan machen dürfen.

ii Schutz des gesetzlichen Leitbildes

Teilweise wird in der Literatur ein gänzlicher Machtentzug beim Geschäftsführer, gleich ob er durch Satzung, allumfassenden Gesellschafterbeschluss oder Kumulation von Einzelweisungen erfolgt, als mit dem gesetzlichen Leitbild un-

---

[1269] *Schneider* in: Scholz Bd. II, § 37 Rn. 36.

vereinbar angesehen.[1270] Nach dieser Ansicht ist die Geschäftsführungsbefugnis durch § 37 Abs. 1 GmbHG generell den Geschäftsführern zugewiesen.[1271] Einer allumfassenden Weisungsbefugnis der Gesellschafter stehe entgegen, dass die diesen zugewiesenen Aufgaben explizit in § 46 GmbHG aufgeführt wären. Bestünde eine vom Gesetzgeber gewollte Allzuständigkeit, wäre vom Gesetzgeber vielmehr die beim Geschäftsführer verbleibenden Aufgaben enumerativ zu erfassen gewesen.[1272] Hiergegen ist einzuwenden, dass § 46 GmbHG die Zuständigkeiten der Gesellschafter eben nicht abschließend regelt,[1273] mithin die Gesellschafter qualitativ betrachtet jeden Geschäftsvorgang an sich ziehen können.[1274] Dies verkennt die Gegenansicht zumindest im Grundsatz auch nicht.[1275] Sie argumentiert im Wesentlichen mit der Dichte solcher Weisungen und in der Folge damit, dass eine völlige Weisungsgebundenheit der Geschäftsführer bei jeder Handlung zu einem systemwidrigen Ergebnis führen würde.[1276]

Dieser Ansicht ist zuzugeben, dass sich aus der Beschränkung in § 37 Abs. 1 GmbHG *e contrario* eine grundsätzliche Zuordnung der Geschäftsführungsbefugnis an die Geschäftsführer ergibt[1277] und eine gänzliche Weisungsgebundenheit der Geschäftsführer das in § 6 Abs. 1 GmbHG zwingend vorausgesetzte Amt des Geschäftsführers in der Tat inhaltlich aushöhlen würde.[1278] Er wäre dann nur noch zur Vertretung d.h. zum Vollzug nach außen befugt, ohne eigene Entscheidungsrechte zu besitzen. Einer solchen Ausgestaltung des Amtes des Geschäftsführers wird entgegen gehalten, dass der Gesetzgeber in der Position des Geschäftsführers eine mit Entscheidungsverantwortung ausgestattete Funktion sehe, was sich zum einen in den Bestellungshindernissen

---

[1270] Vgl. *Geißler*, GmbHR 2009, 1071, 1071 m.w.N. dort in Fn. 4; *Schmidt* in: Ensthaler/Füller/Schmidt, § 37 Rn. 5; *Zöllner/Noack* in: Baumbach/Hueck, § 37 Rn. 18.; so auch wegen dem der Geschäftsführung abverlangten hohen Maß an Verantwortung *Gieseke*, GmbHR 1990, 486, 490 ff..

[1271] *Zöllner/Noack* in: Baumbach/Hueck, § 37 Rn. 21 halten daher eine komplette Beseitigung der Geschäftsführungsbefugnis außerhalb des Kernbereichs der Pflichtaufgaben für nicht zulässig; so auch *Geißler*, GmbHR 2009, 1071, 1075 f.

[1272] Vgl. *Geißler*, GmbHR 2009, 1071, 1074; a. A. *Schneider* in: Scholz Bd. II, § 37 Rn. 38.

[1273] Vgl. etwa *Ebert*, GmbHR 2003, 444, 445.

[1274] So im Grundsatz weitgehend anerkannt, vgl. etwa *Zöllner/Noack* in: Baumbach/Hueck, § 46 Rn. 89.

[1275] Vgl. *Geißler*, GmbHR 2009, 1071, 1074.

[1276] Vgl. *Geißler*, GmbHR 2009, 1071, 1074.

[1277] So auch *Stephan/Tieves* in: MüKo GmbHG Bd. II, § 37 Rn 4 m.w.N.

[1278] So die Argumentation von *Geißler*, GmbHR 2009, 1071, 1075.

des § 6 Abs. 2 GmbHG,[1279] zum anderen in den vielfältigen gesetzlichen Pflichten des Geschäftsführers, wie der Pflicht zur Buchführung nach § 41 GmbHG oder der Haftung nach § 43 GmbHG und § 64 GmbHG zeige, aus denen der Geschäftsführer nicht entlassen werden kann.[1280]

Ein weiteres Argument liegt nach Vertretern dieser Ansicht in der durch das MoMiG neu geschaffenen Regelung des § 6 Abs. 5 GmbHG. Hiernach haften Gesellschafter, die eine ungeeignete Person zum Geschäftsführer bestellen, gegenüber der Gesellschaft zum Ersatz des dieser hierdurch entstandenen Schadens. Sowohl die dem Geschäftsführer auferlegten Pflichtaufgaben als auch die in § 6 Abs. 5 GmbHG geschaffene Gesellschafterhaftung würden jedoch voraussetzen, dass dem Gesellschafter ein Mindestmaß an Geschäftsführungsbefugnis verbleibt, welches zwar nicht qualitativ im Sinne eines thematischen unantastbaren Kernbereiches, sondern quantitativ in dem Sinne zu verstehen ist, dass eine pauschale Entziehung systemwidrig und vom Gesetzgeber nicht gewollt ist. Denn eine vollständige Aushöhlung der Kompetenzen des zwingenden Organs des Geschäftsführers stelle nach dieser Ansicht das gesetzliche Leitbild des Amtes des Geschäftsführers in Frage.[1281]

iii  Uneingeschränktes Weisungsrecht der Gesellschafterversammlung?

Nach anderer, in Rechtsprechung und Literatur wohl vorherrschender Ansicht, ist das Weisungsrecht der Gesellschafter – abgesehen von den Pflichtaufgaben – weder hinsichtlich eines weisungsfreien Kernbereichs des operativen Geschäfts, noch dem Umfang der Weisungsdichte nach beschränkt.[1282]

Es gäbe zum einen keinen inhaltlich weisungsimmunen Bereich der Geschäftsführung, zum anderen spräche nichts dagegen, dass die Gesellschafter so breitflächig Weisungen erteilen, dass der Geschäftsführer hierdurch zum

---

[1279] Vgl. *Geißler*, GmbHR 2009, 1071, 1705.
[1280] Vgl. *Schneider* in: Scholz Bd. II, § 37 Rn. 37.
[1281] *Geißler*, GmbHR 2009, 1071, 1075.
[1282] *Robertz*, MittRhNotK 1991, 239, 242 m.w.N. dort in Fn. 40; *Stephan/Tieves* in: MüKo GmbHG Bd. II, § 37 Rn. 68 m.w.N. dort in Fn. 1 und 117 f.; *Kleindiek* in: Lutter/Hommelhoff § 37 Rn. 12, der jedoch nach der formellen Zulässigkeit der Beschränkung durch Satzung und Einzelweisungen differenziert, siehe dort Rn. 18; *Lenz* in: Michalski, § 37 Rn. 10; *Altmeppen* in Roth/Altmeppen, § 37 Rn. 4; *Schneider* in: Scholz Bd. II, § 37 Rn. 38; *Mennicke*, NZG 2000, 622, 623; *Ebert*, GmbHR 2003, 444, 445; *Jula*, S. 27; *Konzen*, NJW 1989, 2977, 2979; VGH Mannheim, Beschl. v. 8.11.2004, Az. 6 S 593/04, NJOZ 2006, 48, 50; OLG Nürnberg, Urt. v. 9.6.1999, Az. 12 U 4408/98, NZG 2000, 154, 155; OLG Düsseldorf, Urt. v. 15.11.1984, Az. 8 U 22/84 ZIP 1984, 1476, 1478.

reinen Ausführungsorgan wird.[1283] Begründet wird diese Auffassung damit, dass das Gesetz zwar in § 46 GmbHG „zwingende"[1284] Zuständigkeiten der Gesellschafter auflistet, eine solche Auflistung hinsichtlich Zuständigkeiten für Geschäftsführer jedoch fehle.[1285] Aus der Allzuständigkeit der Gesellschafterversammlung als oberstem Gesellschaftsorgan ergibt sich zudem deren Recht Weisungen jeglichen Inhalts und jeglicher Entscheidungsdichte zu erteilen.[1286]

iv Bewertung des Meinungsstreites

Den Vertretern der Ansicht, dem Geschäftsführer stehe ein weisungsimmanenter Kernbereich bei der Geschäftsführung zu, ist zuzugeben, dass der Wortlaut des § 37 Abs. 1 GmbHG den Geschäftsführern die Geschäftsführung der Gesellschaft im Rahmen der durch die Gesellschafterversammlung vorgegebenen Beschränkungen zuweist. Jedoch indiziert das nicht, dass ein weisungsfreier Restbereich verbleiben muss. Eine Verlagerung auf die Gesellschafter durch die die Geschäftsführungsbefugnis der Geschäftsführer auf null reduziert wird, stellt keine systemwidrige Beschränkung, sondern eine zulässige Beschränkung nach § 37 Abs. 1 GmbHG dar. Dies wird umso deutlicher, wenn man sich vor Augen hält, dass die Gesellschafterversammlung systemisch das oberste Willensbildungsorgan der GmbH ist.[1287] Aus der in § 46 GmbHG verankerten „Allzuständigkeit"[1288] der Gesellschafterversammlung ergibt sich, dass die Gesellschafterversammlung nahezu jede Angelegenheit an sich ziehen und für andere Organe im Innenverhältnis bindend entscheiden kann.[1289] Die Gesellschafter können, müssen sich jedoch nicht, dem System der Fremdorganschaft bedienen. So können Gesellschafter auch selbst Geschäftsführer ihrer GmbH sein. Der Gesetzgeber verlangt also keine

---

[1283] Siehe nur *Schneider* in: Scholz Bd. II, § 37 Rn. 38; *Altmeppen* in: Roth/Altmeppen, § 37 Rn. 4; *Konzen*, NJW 1989, 2977, 2979; a. A. *Schmidt* in: Ensthaler/Füller/Schmidt, § 37 Rn. 5, der eine vollständige Beseitigung für systemwidrig hält; so beim Fehlen jeglichen Gestaltungsspielraumes für den Geschäftsführer auch *Zöllner/Noack* in: Baumbach/Hueck, 37 Rn. 21.
[1284] So *Schneider* in: Scholz Bd. II, § 37 Rn. 38; der Begriff „zwingend" ist in diesem Zusammenhang jedoch nicht korrekt, da § 46 GmbHG dispositives Gesetzesrecht beinhaltet, vgl. *Roth* in: Roth/Altmeppen, § 45 Rn. 2.
[1285] Genau andersherum beurteilt *Geißler*, GmbHR 2009, 1071, 1074 den Zuständigkeitskatalog des § 46 GmbHG. Nach seiner Einschätzung macht dieser nur Sinn, wenn man hierin eine Beschränkung der Zuständigkeit der Gesellschafter in Geschäftsführungsaufgaben sieht.
[1286] Vgl. nur *Schneider* in: Scholz Bd. II, § 37 Rn. 38; *Stephan/Tieves* in: MüKo GmbHG Bd. II, § 37 Rn. 117; *Ebert*, GmbHR 2003, 444, 445; *Jula*, S. 27.
[1287] Vgl. *Roth* in: Roth/Altmeppen, § 45 Rn. 2.
[1288] *Zöllner/Noack* in: Baumbach/Hueck, § 46 Rn. 89.
[1289] Vgl. etwa *Zöllner/Noack* in: Baumbach/Hueck, § 46 Rn. 89.

Personenverschiedenheit zwischen Gesellschaftern und Geschäftsführern, was jedoch dann zwingend erforderlich wäre, wollte man den Gesellschaftern einen bestimmten Bereich der Geschäftsführung zwingend vorenthalten. Der Geschäftsführer ist lediglich insoweit systemisch relevant und unentbehrlich, als er im Außenverhältnis die Vertretung der GmbH als juristische Person sicherstellt. Wo jedoch Gesellschafter und Geschäftsführer personenidentisch sein können, macht eine zwingende Reservierung eines Teils der Geschäftsführungsbefugnis keinen Sinn. Dies gilt auch dann, wenn die Gesellschafter tatsächlich von den Geschäftsführern personenverschieden sind. Auch das Argument der Gegenansicht, die Unzulässigkeit einer gänzlichen Vereinnahmung der Geschäftsführer folge aus § 6 Abs. 5 GmbHG, vermag nicht zu überzeugen. Insbesondere wird hierdurch nicht verhindert, dass amtsunfähige Gesellschafter durch Weisungen Einfluss auf die Geschäftsführer ausüben – was eigentlich das tragende Anliegen des Bundesrates war.[1290] § 6 Abs. 5 GmbHG wurde als Haftung für sogenanntes „Auswahlverschulden"[1291] der Gesellschafter aufgenommen und stellt somit eine Ausnahme von dem Grundsatz des GmbH-Rechts dar, nach dem die Gesellschafter der Gesellschaft nicht für einen Schaden verantwortlich sind, den sie selbst oder die Geschäftsführer mit ihrem Einverständnis der Gesellschaft zufügen. Weitere Ausnahmen erhalten die Vorschriften über die Kapitalerhaltung und über den existenzvernichtenden Eingriff.[1292] Jedoch erfasst § 6 Abs. 5 GmbHG eben gerade nicht die sogenannten „Strohmannfälle", in denen amtsunfähige Gesellschafter den von ihnen eingesetzten Geschäftsführer über Weisungen steuern.[1293] Aus diesem Grund kann man in diese Vorschrift auch nicht das Erfordernis eines Mindestmaßes an Selbstständigkeit des Geschäftsführers hineinlesen. Die Gesellschaft soll zwar einen Schadensanspruch gegen die Gesellschafter für Auswahlverschulden haben, wenn der faktische Geschäftsführer aufgrund seines Bestellungshindernisses dieser einen Schaden zufügt. Die Schädigung der Gesellschaft die durch die Gesellschafter - auch mittelbar durch von diesen an den Geschäftsführer gegebene Weisungen - verursacht wurden, sind vom Schutzbereich des § 6 Abs. 5 GmbHG nicht erfasst.

---

[1290] BT-Drucksache 345/07, S. 75.
[1291] Bzw. „Handlungs- oder Unterlassungsverschulden", vgl. RegE. BT-Drucks. 16/6140, S. 65.
[1292] BT-Drucks. 345/07, S. 75.
[1293] BT-Drucks. 345/07, S. 75.

Hinzu kommt, dass eine Begrenzung des Weisungsrechts auf die Erfüllung der gesetzlichen Pflichtaufgaben – von oben dargestellten kleinen Ausnahmen abgesehen - bei Gesellschaftern und Geschäftsführern mehr Sicherheit für die Bewertung des Rahmens der Weisungsgebundenheit schafft, als die Frage, ob der Geschäftsführer zum reinen Exekutivorgan gemacht wird.[1294] Aufgrund dieser Erwägungen ist die gänzliche Entziehung der Geschäftsführungsbefugnis durch die Gesellschafter für zulässig zu erachten, wenn diese durch die Bindung an Weisungen durch die Gesellschafter selbst ersetzt wird und der Geschäftsführer in der Ausführung seiner Pflichtaufgaben nicht behindert wird.[1295] Dies umfasst auch, dass dem Geschäftsführer ausreichend Informations- und Einsichtsrechte eingeräumt werden, um ihm die Erfüllung dieser Aufgaben zu ermöglichen.[1296]

### d. Formelle Beschränkungen

Neben der materiell rechtlichen Zulässigkeit der allumfassenden Beschränkung der Geschäftsführer in ihrer Geschäftsführungsbefugnis stellt sich zudem die ebenfalls strittige Frage, in welcher Form eine solche Beschränkung vorgenommen werden kann. Diskutiert wird im Wesentlichen darüber, ob eine (nahezu) allumfassende Entziehung der Geschäftsführungsbefugnis durch einfachen Gesellschafterbeschluss bzw. durch Kumulation von Einzelweisungen stattfinden kann oder ob sie einen Niederschlag in der Satzung des betroffenen Joint Venture Unternehmens finden muss. Für die Joint Venture Partner ist diese Frage von besonderer Bedeutung, da sie aufgrund der bestehenden Publizitätspflichten regelmäßig nicht daran interessiert sind, einen gänzlichen Entzug der Geschäftsführungsbefugnis oder einzelne Weisungen im Gesellschaftsvertrag des Joint Venture Unternehmens niederzulegen. Vielmehr werden sie sich bereits im Joint Venture Vertrag dazu verpflichten, Richtlinien für die Geschäftspolitik der Geschäftsführer zu erlassen beziehungsweise vereinbaren, in welchen Fällen eine Gesellschafterversammlung mit dem Ziel der Erteilung von Weisungen an die Geschäftsführer einberufen werden soll.

Nach einer Ansicht bedarf eine gänzliche Entziehung der Geschäftsführungsbefugnis der Regelung in der Satzung.[1297] Eine Entziehung der Geschäftsfüh-

---

[1294] Vgl. *Mennicke*, NZG 2000, 622, 623.
[1295] Vgl. *Mennicke*, NZG 2000, 622, 624.
[1296] Vgl. *Mennicke*, NZG 2000, 622, 624 f.
[1297] *Kleindiek* in: Lutter/Hommelhoff, § 37 Rn. 14; *Lenz* in: Michalski, § 37 Rn. 18; den Fall des gänzlichen Entzuges (auch) durch Satzung dagegen für systemwidrig halten *Zöll-*

rungsbefugnis durch einfachen Gesellschafterbeschluss soll nicht ausreichen. Dies würde bedeuten, dass die Gesellschafter der Geschäftsführung die Geschäftsführungsbefugnis nicht durch Erlass einer Geschäftsordnung entziehen können. Als Grund hierfür wird angeführt, dass es durch eine derartige Entziehung zu einer Veränderung der Organisationsverfassung der Gesellschaft komme.[1298] Zudem müssten sich eintretende Gesellschafter aus der Satzung darüber informieren können, wem die Geschäftsführungsbefugnis in einer Gesellschaft obliegt.[1299] Aus denselben Gründen soll es den Gesellschaftern auch nicht möglich sein, durch eine Vielzahl von Einzelweisungen ihren Einfluss auf die Geschäftsführung derart zu intensivieren, dass *de facto* ein Entzug der Geschäftsführungsbefugnis vorliegt.[1300] Nach Ansicht der Vertreter dieser Meinung könnte sonst der Mehrheitsgesellschafter, dem die qualifizierte Mehrheit für eine Satzungsänderung fehlt, in unbilliger Weise das Tagesgeschäft lenken.[1301]

Dieser Ansicht ist nicht zuzustimmen. Die Geschäftsführungsbefugnis ist - außerhalb der in § 46 GmbHG ohnehin der Gesellschafterversammlung übertragenen Maßnahmen - den Geschäftsführern nach § 37 Abs. 1 GmbHG nur in dem Umfang zugewiesen, in dem die Gesellschafter nichts anders regeln. Hieraus ergibt sich, dass den Gesellschaftern einer GmbH bereits per Gesetz eine „übergeordnete Geschäftsführungskompetenz"[1302] zusteht. Eine gänzliche Bündelung der Geschäftsführungsbefugnis bei den Gesellschaftern stellt daher keine systemwidrige Veränderung der Organisationsstruktur dar, die sich die Gesellschafter erst durch Satzungsänderung schaffen müssen. Vielmehr sind die Gesellschafter frei, ob sie ihre Weisungsrechte durch Gesellschafterbeschlüsse oder durch Regelung im Gesellschaftsvertrag ausüben. Eine Differenzierung des Umfangs des Weisungsrechts nach formeller Grundlage der

---

*ner/Noack* in Baumbach/Hueck, § 37 Rn. 18; ebenfalls gegen einen gänzlichen Entzug der Geschäftsführungsbefugnis des (Allein-) Geschäftsführers durch Satzung: *Schneider* in: Scholz Bd. II, § 37 Rn. 37; gegen das Erfordernis der Aufnahme in die Satzung dagegen *Stephan/Tieves* in: MüKo GmbHG Bd. II, § 37 Rn. 117 mit Verweis auf die h. M. dort in Fn. 6.
[1298] Vgl. *Zöllner/Noack* in: Baumbach/Hueck, § 37 Rn. 18 m.w.N. dort in Fn. 30, der (auch) einen gänzlichen Entzug durch Satzung eben aus diesem Grunde ablehnt.
[1299] *Kleindiek* in: Lutter/Hommelhoff, § 37 Rn. 14.
[1300] *Kleindiek* in: Lutter/Hommelhoff, § 37 Rn. 18a; *Lenz* in: Michalski, § 37 Rn. 18; so *auch* *Zöllner/Noack* in: Baumbach/Hueck, § 37 Rn. 21, die jedoch keine Bedenken haben, wenn Weisungen gewisse Spielräume zulassen.
[1301] *Kleindiek* in: Lutter/Hommelhoff, § 37 Rn. 18a.
[1302] *Altmeppen* in: Roth/Altmeppen, § 37 Rn. 3.

Weisung zudem würde einer klaren und einfachen Grenzziehung zuwider laufen.[1303]

Eine Regelung der allgemeinen Weisungsgebundenheit der Geschäftsführer im Joint Venture Vertrag ist dagegen zunächst nicht möglich.[1304] Zum Zeitpunkt des Abschlusses des Joint Venture Vertrages besteht das Joint Venture Unternehmen regelmäßig noch nicht. Die Joint Venture Partner sind daher noch nicht Gesellschafter des Unternehmens und somit nicht zur formellen Beschlussfassung über Weisungen im Sinne des § 37 Abs. 1 GmbHG in der Lage. Die Joint Venture Partner können sich zu diesem Zeitpunkt nur schuldrechtlich zur späteren dahingehenden Beschlussfassung in der Gesellschafterversammlung verpflichten.

### 3. Praktikabilität des gänzlichen Entzuges der Geschäftsführungsbefugnis in der Praxis

Unabhängig von der Befugnis der Gesellschafter, den bestellten Geschäftsführern jegliche Geschäftsführungsbefugnis zu entziehen und diese gänzlich zum Gegenstand ihrer Weisungen zu machen, ist eine solche Handhabung im Joint Venture Unternehmen im höchsten Maße impraktikabel. Der mit permanenten Konsultationspflichten verbundene Verwaltungsaufwand steht - betriebswirtschaftlich betrachtet - in keiner Relation zum damit verbundenen Erfolg. Die Joint Venture Partner haben vielmehr nur ein Interesse daran, neben den ihnen per Gesetz bereits zugewiesenen Grundentscheidungen, auch wesentliche Fragen des Tagesgeschäfts zu kontrollieren, soweit diese eine gewisse Bedeutsamkeitsschwelle überschritten haben. Zur Sicherung dieser Interessen steht es den Joint Venture Partner frei, Geschäfte, die ihrer Ansicht nach diese Bedeutsamkeitsschwelle finanziell oder der Sache nach überschreiten, ihrer Entscheidung zu überantworten. Dies kann vorab durch Festlegung in der Satzung, in Richtlinien für die Geschäftsführung oder durch Einzelweisung erfolgen. Derartige Beschränkungen der Geschäftsführung umfassen sinnvoller Weise Geschäfte die vom normalen Tagesgeschäft abweichen, hohe finanzielle Verbindlichkeiten oder andere tiefgreifende oder langfristige Verpflichtungen mit sich bringen sowie Geschäfte über den Erwerb oder Verkauf von Grund-

---

[1303] *Mennicke*, NZG 2000, 622, 623.
[1304] A. A. wohl *Hoffmann-Becking*, ZGR1994, 442, 453, der solche Vereinbarungen entsprechend einem einstimmigen Gesellschafterbeschluss auch für die Geschäftsführung als verbindlich erachtet soweit sie dieser eröffnet wurde, jedoch ohne nach dem Zeitpunkt ihres Abschlusses zu differenzieren.

stücken oder Beteiligungen und Geschäfte mit Gesellschaftern. Die Bezahlung des Getränkelieferanten oder der Abschluss von Telefon- oder Reinigungsverträgen für die Büroräume wird die Partner dagegen im Regelfall ebenso wenig interessieren wie die üblichen Tätigkeiten des Tagesgeschäfts. Jedoch bleibt ihnen auch in diesem Fällen die Möglichkeit offen, im konkreten Fall durch Einzelweisung zu intervenieren. Zu diesem Zweck ist es für die Joint Venture Partner ratsam, zum einen Richtlinien der Geschäftspolitik aufzustellen und zum anderen Berichtspflichten über die Geschehnisse des Tagesgeschäfts zu schaffen, um im Einzelfall in ihrem Sinne eingreifen zu können.

Zusätzlichen Schutz erhalten die Joint Venture Partner regelmäßig über die Festlegung der Gesamtvertretungsbefugnis der Geschäftsführer. Sind sich die, im Regelfall paritätisch von den Joint Venture Partnern entsandten, Geschäftsführer nicht einig, so sind sie nicht in der Lage, eine Geschäftsführungshandlung mit Außenwirkung durchzuführen. Sie sind dann gezwungen, eine Weisung der Gesellschafterversammlung einzuholen.

Die Joint Venture Partner können ihr Weisungsrecht auf ein anderes Organ, etwa einen im Joint Venture Unternehmen geschaffenen fakultativen Beirat übertragen, um die eigene Geschäftsführung in der Gesellschafterversammlung des Joint Venture Unternehmens zu entlasten. Eine derartige Übertragung des Weisungsrechts auf ein anderes Organ ist im Gesellschaftsvertrag zulässig.[1305] In der Gestaltung der gesellschaftsvertraglichen Regelungen über Schaffung und Existenz des fakultativen Beirates sind die Joint Venture Partner ebenfalls weitgehend frei. Es gebietet jedoch die Praktikabilität, sich hierbei an den gesetzlichen Regelungen über die Gesellschafterversammlung zu orientieren. Zudem ist dem Beirat eine Geschäftsordnung aufzuerlegen, welche sich nach den für dessen Zuständigkeitsbereich relevanten Vereinbarungen des Joint Venture Vertrages richtet.

Der Vollständigkeit halber sei angemerkt, dass das Weisungsrecht grundsätzlich auch an einen Gesellschafter als Sonderrecht übertragen werden kann.[1306]

---

[1305] Vgl. *Mennicke*, NZG 2000, 622, 623 f.; *Zöllner/Noack* in: Baumbach/Hueck, § 37 Rn. 26; *Lenz* in: Michalski, § 37 Rn. 17.
[1306] Vgl. *Ebbing* in: Michalski, GmbHG, § 14 Rn. 79; *Reichert/Weller* in: MüKo GmbHG Bd. I, § 14 Rn. 100; *Schneider* in: Scholz Bd. II, § 37 Rn. 32.

Dies wird jedoch im Joint Venture Unternehmen nicht erfolgen, da hier gerade die Zielsetzung in der gemeinsamen Beteiligung am Management liegt.

## II. GmbH & Co. KG

### 1. Weisungen in der Komplementärs-GmbH

In der GmbH & Co. KG steht den Gesellschaftern der Komplementärs-GmbH ein Weisungsrecht gegenüber ihren Geschäftsführern entsprechend den oben dargestellten Grundsätzen zu. Jedoch erstreckt sich dieses (faktisch) auch auf die Geschäfte der KG,[1307] welche von der Komplementärs-GmbH geführt werden. Nach allgemeiner Ansicht kann das Weisungsrecht gegenüber den Geschäftsführern der Komplementärs-GmbH in deren Gesellschaftsvertrag auch auf die Kommanditistenversammlung übertragen werden.[1308] Obgleich die Kommanditistenversammlung nicht Organ der Komplementär-GmbH ist und die Gesellschafter der Komplementär-GmbH somit auf ihre Zusammensetzung keinen Einfluss haben, ist diese Ansicht sachgerecht.[1309] Sie begegnet indes Problemen bei ihrer dogmatischen Begründung, denn grundsätzlich kann die Weisungsbefugnis nur auf Organe der Gesellschaft (also hier der Komplementärs-GmbH) übertragen werden, um eine Fremdbestimmung zu vermeiden.[1310] Klassischer Fall für die Übertragung der gesellschafterlichen Weisungsrechte ist ein Beirat. Dieser kann auch mit gesellschaftsfremden Dritten besetzt sein. Maßgeblich ist, dass die Gesellschafter auf dessen Errichtung, Besetzung und Abschaffung Einfluss haben.

Soweit die GmbH & Co. KG beteiligungsidentisch gestaltet wird, bedarf es einer Übertragung des Weisungsrechts auf die Kommanditisten in der Regel ohnehin nicht. Es gibt dann eine Gesellschafterversammlung in der KG und eine Gesellschafterversammlung in der Komplementärs-GmbH, wobei dies in der Praxis Vermischungs- und Verwirrungsrisiko bietet und daher eine ordentlichen Vorbereitung und Dokumentation bedarf. Nehmen die Joint Venture Partner einen zusätzlichen reinen Investor-Kommanditisten im Joint Venture

---

[1307] *Kleindiek* in: Lutter/Hommelhoff, § 37 Rn. 17; *Oetker* in: Henssler/Strohn, § 37 Rn. 13.

[1308] *Grunewald* in: MAH Personengesellschaftsrecht, § 19 Rn. 48; *Konzen*, NJW, 1989, 2977, 2982, der insoweit keinen Unterschied zur Übertragung des Weisungsrechts auf einen Beirat sieht; *Oetker* in: Henssler/Strohn, § 37 Rn. 13.

[1309] Vgl. *Konzen*, NJW 1989, 2977, 2982 m.w.N. dort in Fn. 80, für die Übertragung von Weisungsrechten auf einzelne Kommanditisten, die nicht auch Gesellschafter der Komplementärs-GmbH sind.

[1310] Vgl. *Schneider* in: Scholz Bd. II, § 37 Rn. 34.; so auch *Lenz* in: Michalski, § 37 Rn. 17 m.w.N. dort in Fn. 5.

Unternehmen auf, haben sie regelmäßig ein gesteigertes Interesse, über ihre alleinige Gesellschafterstellung in der Komplementärs-GmbH, die Geschicke des Joint Venture Unternehmens in der Hand zu behalten. Insbesondere in diesem Fall entscheidet die Gesellschafterversammlung der KG lediglich über „Grundlagengeschäfte" – die Geschäftsführung ist allein der Komplementär-GmbH überlassen, deren Geschäftsführer den Weisungen der GmbH-Gesellschafter unterliegen.

## 2. Weisungen an die Komplementärs GmbH (in der KG)

Von Weisungen in der Komplementärs-GmbH sind Weisungen an die Komplementärs-GmbH zu unterscheiden. § 164 HGB, der den Ausschluss der Kommanditisten von der Geschäftsführung statuiert, ist dispositiv, sodass grundsätzlich auch eine Beschränkung der Geschäftsführungsbefugnis der Komplementärs-GmbH sowie eine Weisungsbefugnis der Kommanditisten bzw. der Gesellschafterversammlung der KG in Geschäftsführungsfragen zulässig ist.[1311]

## 3. Pflichtenbindung des Geschäftsführers in der GmbH & Co. KG

Für den Geschäftsführer einer GmbH & Co. KG kann dies zu schwierigen Fragen bei der Befolgung von Weisungen führen. Grundsätzlich muss gelten: Die Gesellschafterversammlung der Komplementär-GmbH darf dem Geschäftsführer nur Weisungen hinsichtlich Geschäften erteilen, die die KG betreffen, soweit sie selbst hierzu Kompetenz besitzt. Ist sie selbst, so etwa immer bei sogenannten „Grundlagengeschäften", an die Entscheidung der Gesellschafterversammlung der KG gebunden[1312] oder würde sie durch eine Handlung ihre gesellschafterliche Treuepflicht in der KG verletzten, muss auch der Geschäftsführer der Komplementär-GmbH dies beachten.[1313] Zudem erstreckt sich, jedenfalls in dem Fall, wenn die alleinige und wesentliche Aufgabe der Komplementär-GmbH in der Führung der Geschäfte der KG liegt, der Schutzbereich des zwischen der Komplementär-GmbH und ihrem Geschäftsführer bestehenden Organ- und Anstellungsverhältnisses im Hinblick auf seine Haf-

---

[1311] *Oetker* in: Oetker HGB, § 164 Rn. 46 m.w.N. dort in Fn. 99; *Koller* in: Koller/Roth/Morck, § 164 Rn. 3; so auch schon *Konzen*, NJW 1989, 2977, 2982 f.
[1312] Siehe ausführlich: *Leitzen*, NZG 2012, 491, 494.
[1313] Anders wohl *Konzen*, NJW 1989, 2977, 2983, der hinsichtlich der beachtenswerten Treuepflicht nicht darauf abstellt, auf welche Gesellschaft die Weisung zielt, sondern aus welcher Gesellschafterversammlung sie kommt.

tung aus § 43 Abs. 2 GmbHG auch auf die KG.[1314] Das heißt, dass der Geschäftsführer aufgrund einer Schutzwirkung seines Organverhältnisses im Verhältnis zur KG[1315] in seinem Handeln auch immer deren Belange berücksichtigen muss. Aufgrund des zumeist bestehenden Beteiligungsgleichlaufes in KG und Komplementär GmbH – sowie der einzigen Aufgabe der GmbH zur Führung der Geschäfte der KG - wird es hier jedoch regelmäßig zu keinen Interessendivergenzen zwischen den Gesellschaften kommen.

**4. Ergebnis**

In der Praxis bedeutet dies, dass durch Vertragsgestaltung sowohl ein Weisungsrecht der Gesellschafterversammlung der KG gegenüber der in dieser in der Regel nicht stimmberechtigten Komplementär-GmbH statuiert werden als auch das Weisungsrecht in der Komplementär-GmbH direkt der Gesellschafterversammlung der KG übertragen werden kann. Im Regelfall der beteiligungsidentischen GmbH & Co. KG ist dies jedoch alles nicht nötig, da die Joint Venture Partner hier wie dort als Gesellschafter fungieren und in beiden Funktionen in ihren Handlungen durch den Joint Venture Vertrag gebunden sind. Insoweit sind auch hier lediglich die Weisungen gegenüber möglichen Fremdgeschäftsführern der Komplementärs-GmbH von Belang. Aufgrund der Komplexität der Rechtsverhältnisse ist eine klare Regelung im Gesellschaftsvertrag der KG zu empfehlen, wonach die Komplementärs-GmbH zur Führung der Geschäfte der KG allein befugt ist, jedoch hierbei das Wohl der KG zu beachten hat.

---

[1314] Stetige Rechtsprechung des BGH, siehe nur BGH, Urt. v. 18.6.2013, Az. II ZR 86/11, NJW 2013, 3636, 3637 m.w.N. dort; siehe auch *Zöllner/Noack* in: Baumbach/Hueck, § 43 Rn. 66 m.w.N. dort in Fn. 547.
[1315] BGH, Urt. v. 18.6.2013, Az. II ZR 86/11, NJW 2013, 3636, 3637.

## Kapitel 6: Zusammenfassung

### A. Die Erkenntnisse im Überblick

1. Joint Ventures bieten Unternehmen die Möglichkeit, die Kosten und das Risiko einer Expansion oder der Erschließung neuer Geschäftsfelder auf mehrere Beteiligte zu verteilen. Möglich ist hierbei die rein vertragsbasierte Zusammenarbeit in der Form eines "Contractual Joint Ventures". Daneben steht den Partnern auch die Schaffung eines „Umsetzungsvehikels", des Joint Venture Unternehmens, offen. In diesem Fall spricht man von einem "Equity Joint Venture". Bei Equity Joint Ventures nach deutschem Recht bieten sich für das Joint Venture Unternehmen, wegen der Haftungsbegrenzung und Einflussmöglichkeiten für die Joint Venture Partner, die Rechtsformen der GmbH oder der GmbH & Co. KG an.

2. Das, in diesem Fall neben dem Joint Venture Unternehmen existierende, Joint Venture der Partner besteht in der Rechtsform einer Innengesellschaft bürgerlichen Rechts. Es wird durch den Joint Venture Vertrag begründet, der weder einer bestimmten Form noch der Veröffentlichung im Handelsregister bedarf. Der Joint Venture Vertrag ist sowohl Gesellschaftsvertrag der Innengesellschaft als auch zunächst Vorvertrag und später Gesellschaftervereinbarung im Hinblick auf das Joint Venture Unternehmen. Er ist das Herzstück des Joint Venture Systems und enthält die wesentlichen Vereinbarungen der Partner hinsichtlich ihres gemeinsamen Projektes. Daneben schließen die Joint Venture Partner mit dem Joint Venture Unternehmen in der Regel noch weitere begleitende Verträge, durch die sie sicherstellen wollen, dass sie das von ihnen mit der Eingehung des Joint Ventures beabsichtigte Ziel erreichen können.

3. Der Gesellschaftsvertrag des Joint Venture Unternehmens in der Rechtsform einer GmbH und der Joint Venture Vertrag stehen grundsätzlich getrennt nebeneinander (Trennungsprinzip). Dies gilt sowohl für die Frage nach der Wirksamkeit als auch für die sich aus dem jeweiligen Vertrag ergebenden Verpflichtungen. Hierdurch kann es zu Überschneidungen und Kollisionen der Vertragswerke kommen. Nach dem Willen der Joint Venture Partner sollen ihre Vereinbarungen im Joint Venture Vertrag regelmäßig Vorrang zu eventuell entgegenstehenden Bestimmungen des Gesellschaftsvertrags des Joint Venture Unternehmen ha-

ben. Aus diesem Grund besteht unter ihnen entweder die ausdrückliche in jedem Fall aber eine vertragsimmanente Pflicht, ihren Vereinbarungen aus dem Joint Venture Vertrag im Joint Venture Unternehmen Geltung zu verschaffen. Die Verpflichtungen aus dem Joint Venture Vertrag sind auch gerichtlich durchsetzbar.

4. Einer solchen Durchsetzung bedarf es dort nicht mehr, wo es unter „Durchbrechung" des Trennungsgrundsatzes zu einer unmittelbaren Geltung des Joint Venture Vertrages auf Ebene des Joint Venture Unternehmens in der Rechtsform einer GmbH kommt. Eine solche Durchbrechung kommt jedenfalls in Betracht, wenn sämtliche Gesellschafter des Joint Venture Unternehmens auch Partner des Joint Venture Vertrages sind.

• Von der Satzung zwar gedeckte Mehrheitsbeschlüsse, die jedoch gegen den Joint Venture Vertrag verstoßen, sind wegen Verstoßes gegen die Treuepflicht der durch diesen allseitig gebundenen Gesellschafter anfechtbar.

Die Treuepflicht der Gesellschafter bestimmt sich nach dem Gesellschaftsinteresse des Joint Venture Unternehmens, welches sich wiederum aus den Interessen der Gesellschaftergesamtheit definiert. Diese Interessen haben die Gesellschafter im Falle der allseitigen Bindung im Joint Venture Vertrag niedergelegt. Eine solche Konkretisierung des Gesellschaftsinteresses durch Nebenabreden ist zulässig. Ein Verstoß gegen den Joint Venture Vertrag ist somit zugleich ein Verstoß gegen das Gesellschaftsinteresse des Joint Venture Unternehmens.

Entgegen der herrschenden modifizierten Normentheorie spricht außerhalb des Schutzbereiches der § 15 HGB, § 10 GmbHG auch nichts gegen eine subjektive Auslegung des Gesellschaftsvertrages auf Basis des Joint Venture Vertrages. Da es sich bei den Regelungen des Joint Venture Vertrages jedoch nicht immer nur um eine Auslegung des Gesellschaftsvertrages sondern oft um von diesem gar nicht erfasste Vereinbarungen handelt, liegt es näher, in den Vereinbarungen des Joint Venture Vertrages generell eine Konkretisierung des Gesellschaftsinteresses des Joint Venture Unternehmens und somit der Treuepflichten der Joint Venture Partner zu sehen. Diese Treuepflicht besteht unter den Partnern auch dann fort, wenn dem Joint Venture Unternehmen weitere Gesellschafter (Finanzinvestoren) hinzutreten, die nicht Partei des Joint Venture Vertrages sind. Soweit diesen der Inhalt des Joint Venture Vertrages allerdings nicht bekannt ist, scheidet eine Anfechtung von Beschlüssen wegen Verstoßes gegen diesen dann aus.

- Satzungswidrige Beschlüsse, die gleichwohl den Regelungen des Joint Venture Vertrages entsprechen, sind nicht nichtig sondern lediglich anfechtbar, soweit es sich dabei um eine bloße Satzungsdurchbrechung und keine Änderung der Satzung handelt. Letztere liegt nur im Fall der Satzungs**text**änderung für die Zukunft vor und ist in der Regel von den Joint Venture Partnern gerade nicht beabsichtigt. Die Ansicht, in jeder Satzungsdurchbrechung läge eine ad-hoc-Änderung der Satzung, ist ebenso abzulehnen wie eine Differenzierung zwischen „punktueller" Satzungsdurchbrechung und einer solchen mit „Dauerwirkung". In der allseitigen Bindung der Joint Venture Partner durch den Joint Venture Vertrag liegt zudem der Verzicht, einen derartigen satzungsdurchbrechenden Beschluss anzufechten. Gegen Schutzinteressen der Geschäftsführer oder außenstehender Dritter verstößt dies nicht.

- In der GmbH & Co. KG ist sowohl eine subjektive Auslegung des Gesellschaftsvertrages, durch modifizierende oder ergänzende Bestimmungen des allseits geschlossenen Joint Venture Vertrages, als auch eine konkludente Änderung allgemein als möglich anerkannt. Jedoch liegen auch hier die Interessen der Joint Venture Partner nicht in einer Änderung des Gesellschaftsvertrages, sondern in einer Geltungsverschaffung der Abreden im Joint Venture Vertrag. Sollte es zu einer Kollision zwischen Gesellschaftsvertrag und Joint Venture Vertrag kommen, können auch die Gesellschafter der KG durch Beschluss gegen den Gesellschaftsvertrag verstoßen und die Nichtigkeit dieses Beschlusses zu heilen. Andersherum ist auch hier ein gegen den Joint Venture Vertrag verstoßender Mehrheitsbeschluss wegen Treuepflichtverletzung nichtig.

5. Die gesetzlichen Regelungen der einen Ebene haben auf die andere Ebene grundsätzlich keine Auswirkungen. Dies bedeutet, dass die Joint

Venture Partner nahezu alles im Joint Venture Vertrag regeln und den Gesellschaftsvertrag des Joint Venture Unternehmens auf seinen gesetzlichen Mindestinhalt beschränken können. Dieser gesetzliche Mindestinhalt ist im Recht der GmbH von der Möglichkeit der Regelung im Joint Venture Vertrag ausgenommen, da er der Publizität des Handelsregisters unterliegt. Dies schließt eine Konkretisierung des Unternehmensgegenstandes im Joint Venture Vertrag jedoch nicht aus. Wegen dem ausdrücklichen Vorbehalt einer Regelung im Gesellschaftsvertrag, kann zudem die Erbringung von Sacheinlagen nicht in Nebenabreden geregelt werden. Ein weitergehender „Satzungsvorbehalt" für korporative Regelungsgegenstände ist dagegen nicht anzuerkennen. Der Joint Venture Vertrag kann auch der Satzung widersprechende Regelungen enthalten. Ebenso besteht kein genereller Geltungs-Vorrang der Satzung. Ein solcher ergibt sich insbesondere nicht aus ihrer Rechtsnatur. Somit kann man sich bei der Vertragsgestaltung auf den Joint Venture Vertrag konzentrieren. Hierbei gilt, außerhalb der Mindestbestandteile, für den Gesellschaftsvertrag „weniger ist mehr". Denn eine nur im Joint Venture Vertrag enthaltene Regelung ist im Zweifel besser als eine direkte Kollision der Regelungswerke.

6. Die Vereinbarungen im Joint Venture Vertrag sollen Regelungen zur Gründung des Joint Venture Unternehmens, zur Unternehmenspolitik, Beitragspflichten der Partner, Leistungsbeziehungen sowie Wettbewerbsverbote und Regelungen zur Gewinnverwendung enthalten. Daneben müssen die Parteien über die Besetzung und Führung des Managements übereinkommen. Um ihre Vereinbarungen auf Ebene des Joint Ventures zu „transferieren", vereinbaren die Parteien regelmäßig eine Geltungsverschaffungsverpflichtung bzw. Stimmbindungen.

Auch ist zwingend der Gleichlauf der Beteiligung an Joint Venture und Joint Venture Unternehmen bzw. generell die Fragen der Veräußerung, des Ausstiegs und eines möglichen Exits zu regeln. Hierbei ist insbesondere zu berücksichtigen, dass ein völliger Ausschluss der Kündbarkeit des Joint Venture wegen Verstoßes gegen § 723 S. 2 BGB unwirksam wäre. Ein zeitweiliger Ausschluss für die „Anlaufphase" soll jedoch zulässig sein. Eine Verknüpfung der Beendigung der Beteiligungen bzw. Andienungspflichten im Falle des Ausscheidens sind ebenfalls zulässig. Auf Ebene des Joint Venture Unternehmens kann die Veräußerung der Beteiligung von der Zustimmung der übrigen Gesellschafter abhängig gemacht werden. Hierbei ist daran zu denken, dass solch eine Vinkulierung regelmäßig einen Übergang kraft Gesamtrechtsnachfolge, Zwangsvollstreckung oder Insolvenz eines Partners nicht erfasst. Auch bietet sie keinen Schutz für den Fall eines *change of control* bei einem der Partner.

Da keine vertragliche Regelung die Partner davor schützt, dass es einmal zum Streit kommt, empfiehlt sich zudem die Festlegung wirksamer Streitschlichtungsmechanismen. Hierbei kommen verschiedene Instrumente in Betracht, wobei Mediation und Schiedsverfahren zumeist das formelle und öffentliche Gerichtsverfahren ersetzen sollen. Auch ist zu regeln, wie im Falle des Ausscheidens eines Gesellschafters seine Abfindung zu bemessen ist.

7. Die Vereinbarungen der Partner im Joint Venture Vertrag unterliegen den allgemeinen gesetzlichen Grenzen. Daneben dürfen sie nicht gegen absolute Verbote des Kapital- oder Personengesellschaftsrechts verstoßen. Hierbei ist insbesondere an §§ 42a Abs. 2 S. 2, 51a Abs. 3, 53 Abs. 2 S. 2 GmbHG sowie die Kapitalerhaltungsvorschriften des GmbHG zu denken. Ein Widerspruch zum Gesellschaftsvertrag ist außerhalb der Mindestbestandteile unschädlich. Regelungen über satzungsdispositives Gesetzesrecht sind – wenn auch nur mit schuldrechtlicher Wirkung – auch im Joint Venture Vertrag möglich.

8. Bei allen Gestaltungsmöglichkeiten ist jedoch nicht außer Acht zu lassen, dass die umfassenden Regelungen im Joint Venture Vertrag auch Gefahren bieten. So liegt etwa in der dortigen Koordination der Joint Venture Partner zumeist die Begründung einer gemeinsamen Beherrschung im Sinne von § 17 Abs. 1 AktG. Auch unterliegen Joint Venture Unternehmen regelmäßig der Fusionskontrolle, welche sich an der Art und Intensität der Regelungen des Joint Venture Vertrages ausrichtet.

9. Die wichtigsten Instrumente der Joint Venture Partner stellen gleichwohl eben diese Koordination durch Stimmbindungen sowie die hierauf basierenden Weisungen an die Geschäftsführer des Joint Venture Unter-

nehmens dar. Die Möglichkeit der Eingehung von Stimmbindungen ist allgemein anerkannt. Sie verstoßen insbesondere nicht gegen das Abspaltungsverbot. In den meisten Fällen bestimmen sie eine Vorababstimmung der gebundenen Gesellschafter. Diese Vorabstimmung kann mit Mehrheitsbeschluss durchgeführt werden. Dieser bleibt von etwaigen besonderen Mehrheitsanforderungen im Joint Venture Unternehmen unberührt. Ein Mehrheitsbeschluss im Joint Venture unterliegt jedoch einer zweistufigen Überprüfung. Hierbei ist zunächst zu fragen, ob der Beschlussgegenstand von der zwischen den Parteien vereinbarten Mehrheitsklausel erfasst ist und die Vereinbarung auch ansonsten wirksam ist (*Wirksamkeitskontrolle*). Die Reichweite der Klausel ist hierbei durch Auslegung des Joint Venture Vertrages zu ermitteln. Obgleich eine Auflistung nicht erforderlich ist, empfiehlt sich eine klare Formulierung. Anschließend ist zu überprüfen, ob der konkrete Beschluss nicht eine treuwidrige Ausübung der Mehrheit gegenüber der Minderheit darstellt (*Inhaltskontrolle*). Zusätzlich besteht für den Fall, dass der Beschluss in den Kernbereich der Mitgliedschaft eines Gesellschafters eingreift, das Erfordernis seiner konkreten Zustimmung. Diese kann durch Zustimmung bei Beschlussfassung, aber auch schon antizipiert – etwa im Joint Venture Vertrag – gegeben werde. Die Zustimmung muss sich in jedem Fall eindeutig auf den jeweiligen Eingriff beziehen und Art und Ausmaß des Eingriffes genau erkennen lassen. Aus diesem Grund ist es immer zu empfehlen, im Rahmen der konkreten Beschlussfassung höchst vorsorglich noch einmal die konkrete Zustimmung des betroffenen Gesellschafters einzuholen. Da es sich hierbei um keine Frage der Inhaltskontrolle des Beschlusses handelt, ein Eingriff in den Kernbereich nach Ansicht des BGH jedoch die dort zu überprüfende Treuwidrigkeit des Beschlusses indizieren soll, macht es Sinn, die Prüfung des Eingriff in den Kernbereich zwischen formeller Ermächtigung zur Mehrheitsentscheidung und materieller Inhaltskontrolle einzuordnen (*Kernbereichskontrolle*).

10. Haben die Joint Venture Partner über Stimmbindungen gewährleistet, dass sie in der Gesellschafterversammlung bzw. gegenüber ihrer Geschäftsführung mit einer Stimme sprechen, so steht es ihnen frei, den Geschäftsführer zur Durchsetzung ihrer Vereinbarungen jede Art von Weisung zu erteilen. Dies kann so weit gehen, dass die Geschäftsfüh-

rung zum reinen „Ausführungsorgan" degradiert wird. Die Vertretungsbefugnis nach außen kann dem Geschäftsführer jedoch nicht genommen werde. Ebenso wenig können sie von ihren gesetzlichen Pflichtaufgaben entbunden werden. Darüber hinaus besteht kein weisungsimmanenter Kernbereich freien Geschäftsführerhandelns. Die Gesellschafter können in der Satzung oder durch Beschluss in jeder Sache und in jedem Umfang Weisungen erteilen. Dies gilt auch für die Erfüllung der Pflichtaufgaben, soweit hierbei rechtmäßiger Spielraum besteht. Jedoch darf der Geschäftsführer bei der Erfüllung seiner Pflichtaufgaben nicht behindert werden. Rechtswidrige Weisungen hat er in keinem Fall zu befolgen. Ist eine Weisung anfechtbar, hat er nach dem Gesellschaftsinteresse abzuwägen, ob er die Anfechtungsfrist abwarten möchte.

## B. Fazit

Vorstehende Erkenntnisse geben Antworten auf die in Kapitel 1 I B gestellten Fragen zu Zulässigkeit und Grenzen der Steuerung eines Joint Venture (Unternehmens).

Durch Gestaltung im Joint Venture Vertrag können sich einzelne Partner einen sehr großen Einfluss auf das Joint Venture Unternehmen sichern. Sie haben weite Freiräume ihr Verhältnis untereinander sowie die Ausgestaltung des Joint Venture Unternehmens zu regeln. Dem stehen nicht einmal mögliche kollidierende Bestimmungen des Gesellschaftsvertrages des Joint Venture Unternehmens entgegen. Grenzen setzen den Joint Venture Partnern nur die gesetzlichen Verbote und die Unzulässigkeit ihrer Umgehung sowie die Gefahr der faktischen Konzernbildung und der kartellrechtlichen Unzulässigkeit.

Stimmbindungen geben den Partnern ein wirksames Instrument an die Hand, ihre Vereinbarungen auch in die Gesellschafterversammlung des Joint Venture Unternehmen zu transferieren. Dabei können sich die Stimmbindungen auf nahezu jede Art von Beschlussfassung erstrecken. Qualifizierte Mehrheitserfordernisse des Kapitalgesellschaftsrechts schlagen auf die Ebene der Vereinbarung nicht durch, sodass sich der Minderheitenschutz des überstimmten Partners allein aus der Treubindung des Entscheidenden bei der Beschlussfassung ergibt. Die Treuepflichten der Partner im Joint Venture Unternehmen definieren sich wiederum maßgeblich nach dem Joint Venture Vertrag, sodass eine von diesem gedeckte Beschlussfassung im Regelfall nicht treuwidrig sein kann. Die einzige aber absolute Grenze liegt in Eingriffen in den unerziehbaren Kernbereich des gebundenen Partners.

Zu den wesentlichen Mechanismen zur Steuerung des Joint Venture Unternehmens gehört auch, dass sich die Joint Venture Partner im Falle von Unstimmigkeiten nicht aus diesem oder aus dem Joint Venture Vertrag verabschieden können. Gleichwohl kann diese Bindung nur für einen gewissen Zeitraum erfolgen, danach können nur noch Regelungen zum Gleichlauf den Verlust der Steuerbarkeit nach Maßgabe des Joint Venture Vertrages verhindern.

Das Joint Venture Unternehmen selbst hat, jenseits von gesellschaftsrechtlichen Vorschriften zur Kapitalerhaltung und existenzvernichtendem Eingriffen, keinen den Partnern entzogenen Autonomiebereich. Dasselbe gilt für die mit dem Tagesgeschäft betrauten Geschäftsführer, denen außerhalb ihrer Pflichtaufgaben kein Kernbereich weisungsfreien Handelns gewährt werden muss.

All diese Möglichkeiten der Vertragsgestaltung müssen die Partner nutzen, um im Sinne wirksamer Mechanismen zur Entscheidungsfindung einerseits und einer ausgeglichenen Wahrung der Interessen Einzelner andererseits einen Weg zu finden, der für beide das gemeinsame Wagnis "Joint Venture" zum Erfolg führt.

# Literaturverzeichnis

1. Ackermann, Günther
   *Gemeinschaftsunternehmen und Wettbewerb*
   Duncker & Humblot Verlag, Berlin 1978
   Zitiert: *Ackermann*, S.

2. Aker, Halit
   *Sonderrechte von GmbH-Gesellschaftern*
   Nomos Verlagsgesellschaft Baden-Baden 2002
   Zugl.: Univ.-Diss., Heidelberg 2002
   Zitiert: *Aker*, S.

3. Bahnsen, Volker
   *Gestaltung einer GmbH & Co. KG als "Einheitsgesellschaft"*
   GmbHR 2001, 186-188
   Zitiert: *Bahnsen*, GmbHR 2001, 186, Fundstelle

4. Bauer, Patrick
   *Zur Abhängigkeit einer AG von einem Konsortium – Kommentar zu OLG Hamm, NZG 2001, und LG Mosbach*
   NZG 2001, 742-745
   Zitiert: *Bauer*, NZG 2001, 742, Fundstelle

5. Baumbach, Adolf/ Hopt, Klaus
   *Handelsgesetzbuch*
   Verlag C. H. Beck, 36. neu bearbeitete Aufl., München 2014
   Zitiert: *Verfasser* in: Baumbach/Hopt, § Rn.

6. Baumbach, Adolf/ Hueck, Alfred
   *GmbHG*
   Verlag C. H. Beck, 20. Aufl., München, 2013
   Zitiert: *Verfasser* in: Baumbach/Hueck, §, Rn.

7.  Baumann, Horst/ Reiß, Wilhelm
    *Satzungsergänzende Vereinbarungen – Nebenverträge im Gesellschafts-recht*
    ZGR 1989, 157-215
    Zitiert: *Baumann/Reiß*, ZGR 1989, 157, Fundstelle

8.  Bartl, Harald/ Bartl, Angela/ Fichtelmann, Helmar/ Koch, Detlef/ Schlarb, Eberhard
    *Heidelberger Kommentar GmbH-Recht*
    C.F. Müller Verlag, 7. neubearbeitete Aufl., Heidelberg 2013
    Zitert: *Verfasser* in: HK GmbHG, § Rn.

9.  Battke, Jörg-Dieter
    *Der Ausschluss von Gesellschaftern aus der GmbH*
    GmbHR 2008, 850-857
    Zitiert: *Battke*, GmbHR 2008, 850, Fundstelle

10. *Becksches Handbuch der GmbH*
    Müller, Welf/ Winkeljohann, Norbert (Hrsg.)
    Verlag C. H. Beck, 4. Aufl., München 2009
    Zitiert: *Verfasser* in: Becksches Handbuch der GmbH, § Rn.

11. *Becksches Handbuch der Personengesellschaften*
    Prinz, Ulrich/ Hoffmann, Wolf-Dieter (Hrsg.)
    Verlag C. H. Beck, 3. Aufl., München 2009
    Zitiert: *Verfasser* in: Becksches Handbuch der Personengesellschaften, § Rn.

12. *Becksches Handbuch der AG*
    Hrsg: Müller, Welf/Rödder, Thomas
    Verlag C. H. Beck, 2. Aufl., München 2009
    Zitiert: *Verfasser* in: Becksches Handbuch der AG, § Rn.

13. Beisel, Wilhelm/Klumpp, Hans-Herrmann
    *Der Unternehmenskauf*
    Verlag C. H. Beck, 6. Aufl., Münche 2009
    Zitiert: *Verfasser* in: Beisel/Klumpp, Kap. Rn.

14.    Berger, Christian
*Nebenverträge im GmbH-Recht*
Univ.-Diss, Münster, 1995
Zitiert: *Berger,* S.

15.    Beuthien, Volker
*Ist die Innengesellschaft nicht rechtsfähig?*
NZG 2011, 161-165
Zitiert: *Beuthien,* NZG 2011, 161, Fundstelle

16.    Binz, Mark/ Mayer, Gerd
*Beurkundungspflichten bei der GmbH & Co. KG*
NJW 2002, 3054 – 3061
Zitiert: *Binz/Mayer,* NJW 2002, 3054, Fundstelle

17.    Binz, Mark/Mayer, Gerd
*Anteilsvinkulierung bei Familienunternehmen*
NZG 2012, 201-212
Zitiert: *Binz/Mayer,* NZG 2012, 201, Fundstelle

18.    Binz, Mark/ Sorg, Martin
*Die GmbH & Co. KG*
Verlag C. H. Beck, 11. Aufl., München 2010
Zitiert: *Binz/Sorg,* § Rn.

19.    Blasche, Sebastian
Vinkulierungsklauseln in Gmbh-Gesellschaftsverträgen
RNotZ 2013, 515-534
Zitiert: Blasche, RNotZ 2013, 515, Fundstelle

20.    Böttcher, Lars/Liekefett, Kai Haakon
*Mitbestimmng bei Gemeinschaftsunternehmen mit mehr als zwei Mutter-*
*gesellschaften – eine kautelarjuristische Betrachung*
NZG 2003, 701-708
Zitiert: *Böttcher/Liekefett,* NZG 2003, 701, Fundstelle

21.     Boujong, Karlheinz
*Das GmbH-Recht in den Jahren 2000 bis 2002*
NZG 2003, 497-509
Zitiert: *Boujong*, NZG 2003, 497, Fundstelle

22.     Braunfels, Florian
*Gesetzliche Stimmverbote bei der GmbH, AG und Personengesellschaft*
MittRhNotK 1994, 233 -246
Zitiert: *Braunfels*, MittRhNotK 1994, 233, Fundstelle

23.     Bülow, Peter
*Zur wechselseitigen Beteiligung bei der GmbH & Co. KG –*
*Institutionsmißbrauch oder instutionsgerechter Gebrauch?*
DB 1982, 527 -532
Zitiert: *Bülow*, DB 1982, 527, Fundstelle

24.     Bunnemann, Jan/ Zirngibl, Nikolas
*Die Gesellschaft mit beschränkter Haftung in der Praxis*
Verlag C. H. Beck, 2. Aufl., München 2011
Zitert: *Verfasser* in: Bunnemann/Zirngibl, § Rn.

25.     Burg, Michael/ Marx, Eric
*Vinkulierungen und Konsortialverträge in Umwandlungsfällen*
NZG 2013, 127-132
Zitiert: *Burg/Marx*, NZG 2013, 127, Fundstelle

26.     Busse, Andreas
*Zur Problematik von Stimmbindungsverträgen bei Personengesellschaf-*
*ten*
Betriebs-Berater 1961, 261-264
Zitiert: *Busse*, BB 1961, 261, Fundstelle

27.     Coing, Helmut
*Zur Auslegung der Verträge von Personengesellschaften*
ZGR 1978, 659-677
Zitiert: *Coing*, ZGR 1978, 659, Fundstelle

28.     Cziupka, Johannes/Kliebisch, René
*Probleme der Steuerung des Gesellschafterbestandes durch schuld-*
*rechtliche Vereinbarungen zwischen Aktiengesellschaft und ihren jeweili-*
*gen Aktionären*
BB 2013, 715-718
Zitiert: *Cziupka/Kliebisch*, BB 2013, 715, Fundstelle

29.     Damm, Reinhard
*Einstweiliger Rechtsschutz im Gesellschaftsrecht*
ZHR 154 (1990), 413-442
Zitiert: *Damm*, ZHR 154 (1990), 413, Fundstelle

30.     Dieners, Peter/ Reese, Ulrich
*Handbuch des Pharmarechts*
Verlag C. H. Beck, München 2010
Zitiert: *Verfasser* in: Dieners/Reese, § Rn.

31.     Dreher, Meinrad
*Die gesellschafterliche Treupflicht bei der GmbH*
DStR 1993, 1632-1636
Zitiert: *Dreher*, DStR 1993, 1632, Fundstelle

32.     Duhnkrack, Stefan/Hellmann, Kathrin
*Der Side Letter*
*Zur rechtlichen Bedeutung von Nebenabreden*
ZIP, 2003, 1425-1434
Zitiert: *Duhnkrack/Hellmann*, ZIP, 2003, 1425, Fundstelle

33.     Ebenroth, Carsten Thomas
*Das Verhältnis zwischen Joint Venture Vertrag, Gesellschaftssatzung*
*und Investitionsvertrag*
JZ 1987, 265-271
Zitiert: *Ebenroth*, JZ 1987, 265, Fundstelle

34.　　*Ebenroth/ Boujong/ Joost/ Strohn*
*Handelsgesetzbuch*
Joost, Detlev/Strohn, Lutz (Hrsg.)
Verlag C. H. Beck, 2. Aufl., München 2008
Zitiert: *Verfasser* in: Ebenroth/Boujong/Jost/Strohn, § Rn.

35.　　Ebert, Sabine
*Folgepflicht und Haftung des GmbH-Geschäftsführers beim Erhalt und*
*bei der Ausführung von Weisungen*
GmbHR 2003, 444-449
Zitiert: *Ebert*, GmbHR 2003, 444, Fundstelle

36.　　Ederle, Anton
*Verdeckte Beherrschungsverträge*
Verlag Mohr Siebeck, Tübingen 2010
Zugl.: Univ. Diss., Tübingen 2009
Zitiert: *Ederle*, S.

37.　　Ehinger, Johannes
*Auswirkungen des MoMiG auf die Praxis der GmbH & Co. KG*
BB 2006, 2701-2707
Zitiert: *Ehinger*, BB 2006, 2701, Fundstelle

38.　　Ehricke, Ulrich
*Schuldvertragliche Nebenabreden zu GmbH – Gesellschaftverträgen*
Verlag Recht und Wirtschaft GmbH, Heidelberg, 2004
Zitiert: *Ehricke*, S.

39.　　Eisele, Jürgen,
*Erfolgsfaktoren des Joint-Venture-Management*
Gabler Verlag, Wiesbaden, 1995
Zugl.: Univ.-Diss. Mannheim 1995
Zitiert: *Eisele*, S.

40.    Elfring, Claus
*"Deadlock" beim paritätischen Equity Joint Venture*
NZG 2012, 895-900
Zitiert: *Elfring*, NZG 2012, 895, Fundstelle


41.    Emmerich, Volker/Habersack, Mathias
*Aktien und GmbH-Konzernrecht*
Verlag C. H. Beck, München, 6. Aufl. 2010
Zitiert: *Verfasser* in: Emmerich/Habersack, § Rn.


42.    Ensthaler, Jürgen/Füller, Jens Thomas/Schmidt, Burkhard
*Kommentar zum GmbH-Gesetz*
2. Aufl., Luchterhand, Köln 2010
Zitert: *Verfasser* in: Ensthaler/Füller/Schmidt, § Rn.


43.    Fett, Thorsten/Spiering, Christoph
*Handbuch Joint Ventures*
C.F. Müller Verlag, Heidelberg, 2010
Zitiert: *Fett/Spiering*, Kap. Rn.


44.    Fingerhuth, Jörn/Rumpf, Joachim
*MoMiG unddie grenzüberschreitende Sitzverlegung – Die Sitztheorie ein*
*(lebendes) Fossil?*
IPRax 2008, 90-96
Zitiert: *Fingerhuth/Rumpf*, IPRax 2008, 90, Fundstelle.


45.    Fleck, Hans-Joachim
*Schuldrechliche Verpflichtungen einer GmbH im Entscheidungsbereich*
*der Gesellschafter*
ZGR 1988, 104-139
Zitiert: *Fleck*, ZGR 1988, 104, Fundstelle


46.    Flume, Werner
*Allgemeiner Teil des Bürgerlichen Rechts*
*(Erster Band, Zweiter Teil)*
*Die juristische Person*
Springer-Verlag Berlin, Heidelberg, New York, Tokyo, 1983
Zitiert. *Flume*, § (S.)

47.    Gansweid, Wolfgang
*Gemeinsame Tochtergesellschaften im deutschen Konzern- und Wettbewerbsrecht*
Nomos Verlagsgesellschaft, Baden-Baden, 1976
Zitiert: *Gansweid*, S.

48.    Gasteyer, Thomas
*Die Unternehmergesellschaft (haftungsbeschränkt) – Praktische Umsetzung des § 5°a GmbHG aus anwaltlicher Sicht*
NZG 2009, 1364-1368
Zitiert: *Gasteyer*, NZG 2009, 1364, Fundstelle

49.    Geißler, Markus
*Begrenzungen bei der Weisungsbindung des GmbH-Geschäftsführers*
GmbHR 2009, 1071-1076
Zitiert: *Geißler*, NZG 2009, 1071, Fundstelle

50.    Giehl, Christoph
*Willensbildung in der Einheits GmbH & Co. KG*
*Zugleich Anmerkung zum Urteil des BGH vom 16.7.2007 II ZR 109/06*
MittBayNot 2008, 268-271
Zitiert: *Giehl*, MittBayNot 2008, 268, Fundstelle

51.    Görgemanns, Thomas
*Tracking Stocks bei der Joint Venture GmbH*
GmbHR 2004, 170-176
Zitiert: *Görgemanns*, GmbHR 2004, 170, Fundstelle

52.    Göthel, Stephan
*Joint Ventures im internationalen Privatrecht*
Verlag Recht und Wirtschaft GmbH, Heidelberg, 1999
Zugl.: Univ. Diss.,Münster 1998
Zitiert: *Göthel*, S.

53.    Goette, Wulf
*Anmerkung zu BGH, Urteil vom 27.10.2008 – II ZR 158/06 (Trabrenn-bahn)*
DStR 2009, 59-63
Zitiert: *Goette*, DStR 2009, 59, Fundstelle

54.    Grunewald, Barbara
*Die Auslegung von Gesellschaftsverträgen und Satzungen*
ZGR 1995, 68-92
Zitiert: *Grunewald*, ZGR 1995, 68, Fundstelle

55.    Haas, Matthias
*Anmerkung zu BGH, Urt. v. 25.11.2002 - II ZR 69/01*
LMK 2003, 47-48
Zitiert: *Haas*, LMK 2003, 47, Fundstelle

56.    Habersack, Mathias
*Satzungsdurchbrechungen im GmbH-Recht*
ZGR 1994, 354-374
Zitiert: *Habersack*, ZGR 1994, 354, Fundstelle

57.    Habersack, Mathias
*Grenzen der Mehrheitsherrschaft in Stimmrechtskonsortien*
ZHR 164 (200), 1-22
Zitiert: *Habersack*, ZHR 164 (2000), 1, Fundstelle

58.    *Hachenburg*
*Gesetz betreffend die Gesellschaften mit beschränkter Haftung Bd. I*
Ulmer, Peter (Hrsg.)
Verlag Walter de Gruyter, 8. neu bearbeitete Aufl., Berlin, New York 1992
Zitiert: *Verfasser* in: Hachenburg, § Rn.

59.    Heckschen, Heribert
*Das MoMiG in der notariellen Praxis*
Verlag C. H. Beck, München 2009
Zitiert: *Heckschen*, MoMiG, Rn.

60.    Heckschen, Heribert/ Heidinger, Andreas
*Die GmbH in der Gestaltungs- und Beratungspraxis*
Carl Heymanns Verlag, 2. Aufl., Köln München 2009
Zitiert: *Verfasser* in: Heckschen/Heidinger, Fundstelle

61.    Heidel, Thomas/Schall, Alexander
*Handelsgesetzbuch Handkommentar*
Nomos Verlagsgesellschaft, Baden-Baden 2011
Zitiert: *Verfasser* in Heidel/Schall, § Rn.

62.    Henssler, Martin/Strohn, Lutz
*Gesellschaftsrecht*
Verlag C. H. Beck, 2. Aufl., München 2014
*Zitiert: Verfasser in: Henssler/Strohn, Fundstelle*

63.    Hergeth, Armin/Mingau, Katja
*Beteiligungsverträge bei der GmbH*
DStR, 2001, 1217-1220
Zitiert: *Hergeth/Mingau*, DStR 2001, 1217, Fundstelle

64.    Hermann, Ralf
*Joint Venture-Management: Strategien, Strukturen, Syteme und Kulturen*
Verlag der Ferber´schen Universitätsbuchhandlung, Gießen, 1989
Zugl.: Univ.-Diss., St. Gallen 1988
Zitiert: *Hermann*, S.

65.    Herriger, Tilman
*Stimmrechtsbindung im GmbH-Recht*
MittRhNotK 1993, 269-283
Zitiert: *Herriger*, MittRhNotK 1993, 269, Fundstelle

66.    Hesselmann, Malte/Tillmann, Bert/Mueller-Thuns, Thomas
*Handbuch GmbH & Co. KG*
Verlag Dr. Otto Schmidt, 20. neubearbeitete Aufl., Köln 2009
Zitiert: *Verfasser* in: Hesselmann/Tillmann/Mueller-Thuns, § Rn.

67.    Hüffer, Uwe
*Aktiengesetz*
Verlag C. H. Beck, 10. Aufl., München 2012
Zitiert: *Verfasser* in: Hüffer AktG, § Rn.

68.    Hüffer, Uwe
*Konsortialverträge und die Mitteilungspflichten nach § 20 AktG*
In: Festschrift für Karsten Schmidt zum 70. Geburtstag
Verlag Dr. Otto Schmidt, Köln 2009
Zitiert: *Hüffer* in: FS Karsten Schmidt, S. 747, Fundstelle

69.    Hüffer, Uwe
*100 Bände BGHZ: Personengesellschaftsrecht*
ZHR 151 (1987), 396-421
Zitiert: Hüffer, ZHR 151 (1987), 396, Fundstelle

70.    Hügel, Stefan/Klepsch, Michael
*Entlastung und Stimmverbot bei Personenidentität im Konzern*
NZG 2005, 905-909
Zitiert: *Hügel/Klepsch*, NZG 2005, 905, Fundstelle

71.    Hölters, Wolfgang
*Aktiengesetz*
Verlag C. H. Beck, Verlag Vahlen, München 2011
Zitiert: *Verfasser* in: Hölters, § Rn.

72.    Hoffmann-Becking, Michael
*Der Einfluss schuldrechtlicher Gesellschaftervereinbarungen auf die Rechtsbeziehungen in der Kapitalgesellschaft*
ZGR, 1994, 442-464
Zitiert: *Hoffmann-Becking*, ZGR 1994, 442, Fundstelle

73.    Immenga, Ulrich/Mestmäcker, Ernst-Joachim
*Wettbewerbsrecht Bd. II: GWB*
Verlag C. H. Beck, 4. Aufl., München 2007
Zitiert: *Verfasser* in: Immenga/Mestmäcker, § Rn.

74.    Jäger, Axel
*Schuldrechtliche Nebenabreden zum Gesellschaftsvertrag der GmbH*
DStR 1996, 1935-1949
Zitiert: *Jäger*, DStR 1996, 1935, Fundstelle

75.    Joussen, Edgar
*Gesellschafterabsprachen neben Satzung und Gesellschaftsvertrag*
Zugl.: Univ. Diss, Bonn 1994
Verlag Dr. Otto Schmidt, Köln 1995
Zitiert: *Joussen*, S.

76.    Joussen, Edgar
*Die Konzernrechtlichen Folgen von Gesellschaftervereinbarungen in einer Familien-GmbH*
GmbHR 1996, 574-579
Zitiert: *Joussen*, GmbHR 1996, 574, Fundstelle

77.    Jula, Rocco
*Der GmbH-Geschäftsführer*
Springer Verlag, Berlin Heidelberg, 4. Aufl. 2012
Zitiert: *Jula, S.*

78.    Kabst, Rüdger
*Steuerung und Kontrolle internationaler Joint Ventures*
Rainer Hampp Verlag, München und Mering 2000
Zugl.: Univ.-Diss. Paderborn 1999
Zitiert: *Kabst*, S.

79.    Khalilzadeh, Rassul
*Verhältnis von Joint Venture Vertrag und Gesellschaftsvertrag im Equity Joint Venture*
GmbHR 2013, 232-239
Zitiert: *Khalilzadeh*, GmbHR 2013, 232, Fundstelle

80.     Kempermann, Peter
*Die Formbedürftigkeit der Abtretung einer Beteiligung an einer GmbH &*
*Co. KG*
NJW, 1991, 684-685
Zitiert: *Kempermann*, NJW 1991, 684, Fundstelle

81.     Koch, Jens
*Freie Sitzwahl für Personenhandelsgesellschaften*
ZHR 173 (2009), 101-118
Zitiert: *Koch*, ZHR 173 (2009), 101, Fundstelle

82.     *Kölner Kommentar zum Aktiengesetz*
Bd. I
Zöllner, Wolfgang/Noack, Ulrich (Hrsg.)
Carl Heymanns Verlag, 3. neubearbeitete und erweiterte Auflage, Köln
2011
Zitiert: *Verfasser* in: Kölner Kommentar, § Rn.

83.     König, Wolfgang
*Zur Willensbildung im Stimmenpool*
ZGR 2005, 417-432
Zitiert: *König*, ZGR 2005, 417, Fundstelle

84.     König, David C./ Bormann, Jens
*Die Reform des GmbH-Rechts der Gesellschaften mit beschränkter Haf-*
*tung*
DNotZ 2008, 652- 672
Zitiert: *König/Bormann*, DNotZ 2008, 652, Fundstelle

85.     Konzen, Horst
*Geschäftsführung, Weisungsrecht und Verantwortlichkeit in der GmbH*
*und GmbH & Co KG*
NJW, 1989, 2977- 2987
Zitiert: *Konzen*, NJW 1989, 2977, Fundstelle

86.     Koller, Ingo,/ Roth, Wulf-Henning/Morck, Winfried
*Handelsgesetzbuch*
Verlag C. H. Beck, 7. Aufl., München 2011
Zitiert: *Verfasser* in: Koller/Roth/Morck, § Rn.

87.    Kramer, Andreas
*Erb- und gesellschaftsrechtliche Aspekte bei der Gestaltung von Pool-verträgen*
GmbHR 2010, 1023-1027
Zitiert: *Kramer*, GmbHR 2010, 1023, Fundstelle

88.    Langefeld-Wirth, Klaus (Hrsg.)
*Joint Ventures im internationalen Wirtschaftsverkehr*
Verlag Recht und Wirtschaft GmbH, Heidelberg 1990
Zitiert: *Verfasser* in: Langefeld-Wirth, S.

89.    Langefeld-Wirth, Klaus
*Rechtsfragen des internationalen Joint Venture Unternehmen – Joint Venture*
RIW 1990, 1-6
Zitiert: *Langefeld-With*, RIW 1990, 1, Fundstelle

90.    Leitzen, Mario
*Die analoge Anwendung von § 179° AktG auf Gesellschaften mit beschränkter Haftung und Personengesellschaften in der Praxis*
NZG 2012, 491-496
Zitiert: *Leitzen*, NZG 2012, 496, Fundstelle

91.    Leitzen, Mario
*Neues zur Satzungsdurchbrechung und schuldrechtlichen Nebenabreden – zugleich*
*Anmerkung zu BGH RNotZ 2010, 589 – in diesem Heft –*
RNotZ, 2010, 566 – 573
Zitiert: *Leitzen*, RNotZ 2010, 566, Fundstelle

92.    Liebscher, Thomas
*GmbH-Konzernrecht*
Die GmbH als Konzernbaustein
Verlag C. H. Beck, München 2006
Zitiert: *Liebscher*, S. Rn.

93.     Loewenheim, Ulrich/Meessen, Karl M./Riesenkampff, Alexander
*Kartellrecht*
Verlag C.H.Beck, 2. Aufl., München 2009
Zitiert: *Verfasser* in: Loewenheim/Meessen/Riesenkampf, § Rn.

94.     Lohr, Martin
*Der Stimmrechtsausschluss des GmbH-Gesellschafters (§ 47 IV GmbHG)*
NZG 2002, 551-562
Zitiert: *Lohr*, NZG 2002, 551, Fundstelle

95.     Lohr, Martin
*Stimmbindungsverträge*
GmbH-StB 2009, 287-288
Zitiert: *Lohr*, GmbH-StB 2009, 287, Fundstelle

96.     Lutter/ Hommelhoff
*GmbH-Gesetz*
Verlag Dr. Otto Schmidt, 17. Aufl., Köln 2009
18. Aufl., Köln 2012
Zitiert: *Verfasser* in: Lutter/Hommelhoff, § Rn.

97.     Maunz/Düring
*Kommentar zum GG, Bd. I*
Herzog, Roman,/ Scholz, Rupert/ Herdegen, Matthias/ Klein, Hans H. (Hrsg.)
Verlag C.H. Beck, München, Stand: 69. Lieferung 2013
Zitiert: *Verfasser* in: Maunz/Düring, Art. Rn.

98.     Mayer, Dieter
*Die Zulässigkeit von Stimmrechtsvereinbarungen im GmbH-Recht*
GmbHR, 1990. 61- 65
Zitert: *Mayer*, GmbHR 1990, 61, Fundstelle

99.     Mennicke, Petra
*Zum Weisungsrecht der Gesellschafter und der Folgepflicht des GF in der mitbestimmungsfreien GmbH*
NZG 2000, 622-626
Zitiert: *Mennicke*, NZG 2000, 622, Fundstelle

100.    Mertens, Hans-Joachim
*Treuhandverhältnisse und Stimmbindungsverträge bei Mehrheitsbeteiligung*
In: Festschrift für Karl Beusch zum 68. Geburtstag am 31. Oktober 1993
Walter de Gruyter Verlag, Berlin, New York, 1993
Zitiert: *Mertens* in: FS Beusch, S. 583, Fundstelle

101.    Michalski, Lutz
*GmbHG*
Verlag C. H. Beck, 2. Aufl., München 2010
Zitiert: *Verfasser* in: Michalski, § Rn.

102.    Michalski, Lutz/Schulenburg Volker
*Anmerkung zu OLG München: Einstweilige Verfügung gegen Abberufung und Neubestellung von GmbH-GF*
NZG 1999, 407-409
Zitiert: *Michalski/Schulenburg*, NZG 1999, 407, Fundstelle

103.    Miras, Antonio
*Aktuelle Fragen zur Unternehmergesellschaft (Haftungsbeschränkt)*
NZG 2012, 486-491
Zitiert: *Miras,* NZG 2012, 486-491

104.    Müller, Klaus J.
*Stimmbindungen von GmbH-Gesellschaftern*
GmbHR 2007, 133- 117
Zitiert: *Müller*, GmbHR, 2007, 113, Fundstelle

105. *Münchener Anwaltshandbuch Personengesellschaftsrecht*
Gummert, Hans (Hrsg.)
Verlag C. H. Beck, München 2005
Zitiert: *Verfasser* in: MAH Personengesellschaftsrecht, § Rn.

106. *Münchner Anwaltshandbuch GmbH-Recht*
Römermann, Volker (Hrsg.)
Verlag C. H. Beck, 2. überarbeitete und erweiterte Aufl., München 2009
Zitiert: *Verfasser* in: MAH GmbH, § Rn.

107. *Münchener Handbuch des Gesellschaftsrechts Band I*
Gummert, Hans/ Weipert, Lutz (Hrsg.)
*BGB-Gesellschaft Offene Handelsgesellschaft Partnerschaftsgesellschaft Partenreederei EWIV*
Verlag C. H. Beck, 3. Aufl., München 2009
Zitiert: *Verfasser* in: Münchner Handbuch des Gesellschaftsrechts Bd. I, § Rn.

108. *Münchener Handbuch des Gesellschaftsrechts Band II*
Gummert, Hans/ Weipert, Lutz (Hrsg.)
*Kommanditgesellschaft GmbH & Co. KG Publikums-KG Stille Gesellschaft*
Verlag C. H.Beck, 3. Aufl., München 2009
Zitiert: *Verfasser* in: Münchner Handbuch des Gesellschaftsrechts Bd. II, § Rn.

109. *Münchener Handbuch des Gesellschaftsrechts Band III*
Priester, Hans-Joachim/ Mayer, Dieter/ Wicke, Hartmut (Hrsg.)
*Gesellschaft mit beschränkter Haftung*
Verlag C. H. Beck, 4. Aufl., München 2012
Zitiert: *Verfasser* in: Münchner Handbuch des Gesellschaftsrechts Bd. III, § Rn.

110. *Münchener Handbuch des Gesellschaftsrechts Band IV*
Hoffmann-Becking, Michael (Hrsg.)
*Aktiengesellschaft*
Verlag C. H. Beck, 3. Aufl., München 2007
Zitiert: *Verfasser* in: Münchner Handbuch des Gesellschaftsrechts Bd IV, § Rn.

111. *Münchener Kommentar zum Aktiengesetz Band I*
Goette, Wulf/ Habersack, Matthias/ Kalss, Susanne (Hrsg.)
Verlag C. H. Beck, 3. Aufl., München 2008
Zitiert: *Verfasser* in: MüKo AktG Bd. I, § Rn.

112. *Münchener Kommentar zum Aktiengesetz Band IV*
Goette, Wulf/ Habersack, Matthias/ Kalss, Susanne (Hrsg.)
Verlag C. H. Beck, 3. Aufl., München 2011
Zitiert: *Verfasser* in: MüKo AktG Bd. IV, § Rn.

113. *Münchener Kommentar zum Aktiengesetz Band V*
Goette, Wulf/ Habersack, Matthias/ Kalss, Susanne (Hrsg.)
Verlag C. H. Beck, 3. Aufl., München 2010
Zitiert: *Verfasser* in: MüKo AktG Bd. V, § Rn.

114. *Münchener Kommentar zum BGB Band I*
Säcker, Jürgen/Rixecker, Roland (Hrsg.)
Verlag C. H. Beck, 6. Aufl., München 2012
Zitiert *Verfasser* in: MüKo BGB Bd. I, § Rn.

115. *Münchener Kommentar zum BGB Band II*
Säcker, Jürgen/Rixecker, Roland (Hrsg.)
Verlag C. H. Beck, 6. Aufl., München 2012
Zitiert *Verfasser* in: MüKo BGB Bd. II, § Rn.

116. *Münchener Kommentar zum BGB Band V*
Säcker, Jürgen/Rixecker, Roland (Hrsg.)
Verlag C. H. Beck, 6. Aufl., München 2013
Zitiert *Verfasser* in: MüKo BGB Bd. V, § Rn.

117.     *Münchener Kommentar zum GmbH-Gesetz Band I*
Fleischer, Holger/Goette, Wulf (Hrsg.)
Verlag C. H. Beck, München 2010
Zitiert *Verfasser* in: MüKo GmbHG, Bd. I, § Rn.

118.     *Münchner Kommentar zum GmbH-Gesetz Band II*
Fleischer, Holger/Goette, Wulf (Hrsg.)
Verlag C. H. Beck, München 2012
Zitiert *Verfasser* in: MüKo GmbHG, Bd. II, § Rn.

119.     *Münchner Kommentar Handelsgesetzbuch Band II*
Schmidt, Karsten (Hrsg.)
Verlag C. H. Beck/Verlag Vahlen München, 3. Aufl., München 2011
Zitiert: *Verfasser* in: MüKo HGB Bd. II, § Rn.

120.     *Münchner Kommentar Handelsgesetzbuch Band III*
Schmidt, Karsten (Hrsg.)
Verlag C.H. Beck/Verlag Vahlen München, 3. Aufl., München 2012
Zitiert: *Verfasser* in: MüKo HGB Bd. III, § Rn.

121.     *Münchner Kommentar zur Insolvenzordnung Bd I*
Kirchhof, Hans-Peter/Eidenmüller, Horst/Stürner, Rolf (Hrsg.)
Verlag C. H. Beck, 3. Aufl., München 2013
Zitiert: *Verfasser* in: MüKo InsO, § Rn.

122.     Nietsch, Michael
*Einstweiliger Rechtsschutz bei Beschlussfassung in der GmbH-Gesellschafterversammlung*
GmbHR 2006, 393-399
Zitiert: *Nietsch*, GmbHR 2006, 393, Fundstelle

123.     Nießen, Tobias/Kempermann, Maximiliane
*Der Beirat in der GmbH als Gestaltungsinstrument*
NJW-Spezial 2012, 271- 272
Zitiert: *Nießen*, NJW-Spezial 2012, 271, Fundstelle

124.   Noack, Ulrich
*Der allseitige Gesellschafterbeschluss als "schuldrechtliche Abrede" und dessen korporationsrechtliche Folgen*
NZG 2010, 1017 – 1018
Zitiert: *Noack*, NZG 2010, 1017, Fundstelle

125.   Noack, Ulrich
*Gesellschaftervereinbarungen bei Kapitalgesellschaften*
Mohr Siebeck, Tübingen1994
Zugl.: Habitilationsschrift, Tübingen, 1994
Zitiert: *Noack*, S.

126.   Noack, Ulrich
*Satzungsergänzende Verträge der Gesellschaft mit ihren Gesellschaftern*
NZG 2013, 281-285
Zitiert: *Noack*, NZG 2013, 281, Fundstelle

127.   *Nomos Kommentar Europäische Aktiengesellschaft SE*
Manz, Gerhard/ Mayer. Barbara/ Schröder, Albert (Hrsg.)
Nomos Verlag, 2. Aufl., Baden-Baden 2010
Zitiert: *Verfasser* in: Nomos Kommentar SE, § Rn.

128.   Oesterle, Michael-Jörg
*Joint Ventures in Rußland*
Gabler Verlag, Wiesbaden 1993
Zugl.: Univ.-Diss., Hohenheim, 1992
Zitiert: *Oesterle,* S.

129.   Oetker, Harmut
*HGB*
*Handelsgesetzbuch Kommentar*
C. H. Beck Verlag, 3. Aufl., München 2013
Zitiert:*Verfasser* in: Oetker, § Rn.

130.    Oppenländer, Frank/ Trölitzsch, Thomas
*GmbH-Geschäftsführung*
C. H. Beck Verlag, 2. neu bearbeitete Aufl., München 2011
Zitiert: *Verfasser* in: Oppenländer/Trölitzsch, § Rn.

131.    Overrath, Hans-Peter
*Die Stimmrechtsbindung*
Carl Heymanns Verlag, Köln, Berlin, Bonn, München 1973
Zugl.: Univ.-Diss., Bochum, 1972
Zitiert: *Overrath*, S.

132.    Palandt
*Bürgerliches Gesetzbuch*
Verlag C. H. Beck, 73. neubearbeitete Aufl., München 2014
Zitiert: *Verfasser* in: Palandt, § Rn.

133.    Pelz, Christian
*Die persönliche Haftung des Geschäftsführers einer GmbH*
RNotZ 2003, 415-433
Zitiert: *Pelz*, RNotZ 2003, 415, Fundstelle

134.    Piehler, Klaus
*Die Stimmbindungsabrede bei der GmbH*
DStR 1992, 1654-1661
Zitiert: *Piehler*, DStR 1992, 1654, Fundstelle

135.    Pöschke, Moritz
*Satzungsdurchbrechende Beschüsse in der GmbH*
*Zugleich Besprechung der Entscheidung des OLG Dresden vom*
*9.11.2011, 12 W 1002/11*
DStR 2012, 1089-1093
Zitiert: *Pöschke*, DStR 2012, 1089, Fundstelle

136.    Podewils, Felix
*Mehrheitsklauseln in Stimmrechts-Poolgesellschaften: Maßgeblichkeit des Trennungsprinzips*
Betriebs-Berater, 2009, 733
Zitiert: *Podewils, BB 2009, 733, Fundstelle*

137.    Priester, Hans-Joachim
*Drittbindung des Stimmrechts und Satzungsautonomie*
In: Festschrift für Winfried Werner zum 65. Geburtstag am 17. Oktober 1984
Walter de Gruyter Verlag, Berlin, New York 1984
Zitiert: *Priester, FS Werner, S. 657, Fundstelle*

138.    Priester, Hans-Joachim
*Grundsatzfragen des Rechts der Personengesellschaften im Spiegel der Otto-Entscheidung des BGH*
DStR 2008, 1386-1392
Zitiert: *Priester, DStR 2008, 1386, Fundstelle*

139.    Priester, Hans-Joachim
*Jahresfeststellung bei Personengesellschaften*
*Grundlagengeschäft? – Mehrheitsregel – Thesaurierung im Konzern*
DStR 2007, 28-32
Zitiert: *Priester, DStR 2007, 28, Fundstelle*

140.    Priester, Hans-Joachim
*Rechtskontrolle und Registerpublizität als Schranke satzungsgleicher Gesellschaftervereinbarungen bei der GmbH?*
In: Festschrift für Carsten Peter Claussen zum 70. Geburtstag
Carl Heymanns Verlag KG, Köln 1997
Zitiert: *Priester in: FS Claussen, S. 319, Fundstelle*

141.    Priester, Hans-Joachim
*Satzungsänderung und Satzungsdurchbrechung*
*Voraussetzungen und Grenzen satzungsdurchbrechender Beschlüsse*
ZHR 151 (1987), 40-58
Zitiert: *Priester in: ZHR 151 (1987), 40, Fundstelle*

142.    Robertz, Franz-Joachim
*Der Beirat als freiwilliges Organ der Gesellschaft*
MittRhNotK 1991, 239-251
Zitiert: *Robertz*, MittRhNotK 1991, 239, Fundstelle

143.    Roth, Günther/ Altmeppen, Holger
*GmbHG*
Verlag C. H. Beck, 7. Aufl. München 2012
Zitiert: *Verfasser* in: Roth/Altmeppen, § Rn.

144.    Rothley, Oliver/ Weinberger, Franz
*Die Anforderungen an Vollwertigkeit und Deckung nach § 30 I 2 GmbHG und § 57 I 3 AktG*
NZG 2010, 1001-1006
Zitiert: *Rothley/Weinberger*, NZG 2010, 1001, Fundstelle

145.    Rowedder, Heinz/ Schmidt-Leithoff, Christian
*GmbHG Kommentar*
Verlag Franz Vahlen, 5. Aufl., München 2013
Zitiert: *Verfasser* in: Rowedder/Schmidt-Leithoff, § Rn.

146.    Rumer, Klaus
*Internationale Kooperationen und Joint Ventures*
Gabler Verlag, Wiesbaden 1994
Zitiert: *Rumer*, S.

147.    Schäfer, Carsten
*Mehrheitserfordernisse bei Stimmrechtskonsortien*
*Besprechung des Urteils BGH NJW 2009, 669 "Schutzgemeinschaft II"*
ZGR 2009, 768-787
Zitiert: *Schäfer*, ZGR 2009, 768, Fundstelle

148.    Schaumburg, Harald (Hrsg.)
*Internationale Joint Ventures*
Schäffer-Poeschel Verlag, Stuttgart 1999
Zitiert : *Verfasser* in: Schaumburg, S.

149.    Schlegelberger, Franz
*Handelsgesetzbuch*
Verlag Franz Vahlen, 5. neu bearbeitete Aufl., München 1992
Zitiert: *Verfasser* in: Schlegelberger, § Rn.

150.    Schmidt, Karsten/Lutter, Marcus
*Aktiengesetz, Kommentar, Band I*
Verlag Dr. Otto Schmidt, 2. neu bearbeitete und erweiterte Aufl., Köln
2010
Zitiert : *Verfasser* in: Schmidt/Lutter Bd. I, § Rn.

151.    Schmidt, Karsten
*Fortschritt oder Rückschritt im Recht der Einheits-GmbH & Co. KG*
*Bemerkungen zum BGH-Urteil v. 16.7.2007 – II ZR 109/06, ZIP*
*2007,1658*
ZIP 2007, 2193-2197
Zitiert: *Karsten Schmidt*, ZIP 2007, 2193, Fundstelle

152.    Schmidt, Karsten
*Gesellschaftsrecht*
Carl Heymanns Verlag KG, 4. völlig neubearbeitete und erweiterte Aufl.,
Köln, Berlin, Bonn, München, 2002
Zitiert : *Karsten Schmidt,* Gesellschaftsrecht, § Ziffer, (S.)

153.    Schmidt, Karsten
*Handelsrecht*
Carl Heymanns Verlag KG, 3. neu bearbeitete und erweiterte Aufl. Köln,
Berlin, Bonn, München 1987
Zitiert : *Karsten Schmidt,* Handelsrecht 3. Aufl., § Ziffer, (S.)

154.    Schmidt, Karsten
Handelsrecht
Unternehmensrecht I
Carl Heymanns Verlag KG, 6. neu bearbeitete Aufl., Köln, Berlin, Bonn,
München 2014
Zitiert : *Karsten Schmidt*, Handelsrecht § Ziffer Rn. (S.)

155.    Schmidt, Karsten
*Nebenleistungsgesellschaften (§ 55 AktG, 3 3 Abs. 2 GmbHG) zwischen Gesellschaftsrecht, Schuldrecht und Kartellrecht – Von der Rübenzucker-AG zum Nebenleistungsnetzwerk*
In: Festschrift für Ulrich Immenga zum 70. Geburtstag
Verlag C. H. Beck, München 2004
Zitiert: *Karsten Schmidt* in: FS Immenga, S. 705, Fundstelle

156.    Schmidt, Karsten
*"Schutzgemeinschaftsvertrag II": ein gesellschaftsrechtliches Lehrstück über Stimmrechtskonsortien*
ZIP 2009, 737 - 743
Zitiert: *Karsten Schmidt*, ZIP 2009, 737, Fundstelle

157.    Schmoll, G.A.
*Kooperationen, Joint Ventures, Allianzen*
Deutscher Wirtschaftsdienst, Köln 2001
Zitiert: *Schmoll*, S.

158.    Schneider, Birgit
*Informationsrechte von GmbH-Gesellschafter – Inhalt und Grenzen*
GmbHR 2008, 638-643
Zitiert: *Schneider*, GmbHR 2008, 638, Fundstelle

159.    Scholz, Franz (Hrsg.)
*Scholz*
*Kommentar zum GmbHG Bd. I 1*
Verlag Dr. Otto Schmidt, neu bearbeitete und erweiterte Aufl., Köln 2012
Zitiert: *Verfasser* in: Scholz, Bd. I, § Rn.

160.    Scholz, Franz (Hrsg.)
*Scholz*
*Kommentar zum GmbHG Bd. II*
Verlag Dr. Otto Schmidt, Köln
10. neu bearbeitete und erweiterte Aufl, Köln 2006
Zitiert: *Verfasser* in: Scholz, Bd. II, § Rn.

161.    Scholz, Franz (Hrsg.)
*Scholz*
*Kommentar zum GmbHG Bd. III*
Verlag Dr. Otto Schmidt, Köln
10. neu bearbeitete und erweiterte Aufl, Köln 2010
Zitiert: *Verfasser* in: Scholz, Bd. III, § Rn.


162.    Scholz, Kai-Steffen
*Die BGB-Gesellschaft nach dem Grundsatzurteil des BGH vom 29.1.2001*
NZG 2002, 153-163
Zitiert: *Scholz*, NZG 2002, 153, Fundstelle


163.    Schürbrand, Jan
*Die große GmbH Reform 2008 : Gesetz zur Modernisierungdes GmbH-Rechts und zur Bekämpfung von Mißbräuchen (MoMiG)*
JA 2009, 81 – 86.
Zitiert: *Schürbrand*, JA 2009, 81 Fundstelle


164.    Schulte, Knut/ Schwindt, Karl-Heinz/Kuhn, Christian
*Joint Ventures*
Verlag C.H. Beck, München 2009
Zitiert: *Verfasser* in: Schulte/Schwindt/Kuhn, § Rn.


165.    Schulte, Norbert/ Pohl, Dirk
*Joint Venture Gesellschaften*
RWS Verlag Kommunikationsforum, Köln 2012
Zitiert: *Verfasser* in: Schulte/Pohl, S. Rn.


166.    Schulte, Norbert/Sieger, Jürgen
*"Russian Roulette" und "Texan Shoot Out"*
*Zur Gestaltung von radikalen Ausstiegsklauseln in Gesellschaftsverträgen von Joint Venture Gesellschaften (GmbH und GmbH & Co. KG)*
NZG 2005, 24-31
Zitiert: *Schulte/Sieger*, NZG 2005, 24, Fundstelle

167.    Schultze, Jörg-Martin
*Die Reichweite des Formerfordernisses bei der Veräußeung einer Betei-*
*ligung an einer*
*GmbH & Co. KG*
NJW, 1991, 1936-1937
Zitiert: Schultze, NJW, 1991, 1936, Fundstelle


168.    Schulze-Osterloh, Joachim
*Das Grundllagengeschäft zwischen Geschäftsführungsmaßnahme und*
*Änderung des Gesellschaftsvertrags*
In: Festschrift für Walter Hadding zum 70. Geburtstag, S. 637-653
De-Gruyter Rechtswissenschaften Verlags-GmbH, Berlin 2004
Zitiert: *Schulze-Osterloh* in: FS Haddig, S. 637, Fundstelle


169.    Semler, Johannes/ Stengel, Arndt
*Umwandlungsgesetz*
Verlag C.H.Beck, München, 3. Aufl. 2012
Zitiert: *Verfasser* in : Semler/Stengel, UmwG, § Rn.


170.    Sieger, Jürgen/ Hasselbach, Kai
*Notarielle Beurkundung von Joint-Venture Verträgen*
NZG, 1999, 485-487
Zitiert: *Sieger/Hasselbach*, NZG, 1999, 485, Fundstelle


171.    Simon, Stefan/ Rubner, Daniel
*Stimmrechtspools*
NJW- Spezial 2005, 27-28
Zitiert : *Simon/Rubner*, NJW- Spezial 2005, 27, Fundstelle


172.    Skauradszun, Dominik
*Die Übertragung vinkulierter Gesellschaftsanteile in der Insolvenz des*
*Gesellschafters*
NZG 2012, 1244-1249
Zitiert: *Skauradszun*, NZG 2012, 1244, Fundstelle

173.    Streuer, Olaf
*Die Gestaltung des Unternehmensgegenstandes in der GmbH-Satzung*
GmbHR, 2002, 407-411
Zitiert : *Streuer*, GmbHR, 2002, 407, Fundstelle

174.    Spindler, Gerhad/ Stilz, Eberhard
*Kommentar zum Aktiengesetz Band I*
Verlag C. H. Beck, 2. Aufl., München 2010
Zitiert : *Verfasser* in : Spindler/Stilz, AktG Bd. I, § , Rn.

175.    Sudhoff, Heinrich
*GmbH & Co. KG*
Verlag C. H. Beck, 6. Aufl., München 2005
Zitiert: *Verfasser* in : Sudhoff, GmbH & Co. KG, § ,Rn.

176.    Sudhoff, Heinrich
*Personengesellschaften*
Verlag C.H.Beck, 8. Aufl., München 2005
Zitiert: *Verfasser* in : Sudhoff, Personengesellschaften, Teil, S. Rn.

177.    Sudhoff, Heinrich
*Unternehmensnachfolge*
Verlag C. H. Beck, 5. Aufl, München 2005
Zitiert: *Sudhoff*, Unternehmensnachfolge, § Rn.

178.    Susanek, Alexander
*Lieferbeziehungen, Lizenzvereinbarungen und Kaufoptionen als Instu-*
*mente zur Gestaltung effizienter Investitionsanreize in Joint Ventures*
Duncker & Humblot, Berlin, 2007
Zitiert: *Susanek*, S.

179.    Tegen, Thomas
*Joint Venture Vertrag und Projektträgergesellschaft im amerikanischen und deutschen Recht*
Peter Lang, Europäischer Verlag der Wissenschaften, Frankfurt am Main, 1998
Zugl.: Univ. -Diss., Saarbrücken 1997
Zitiert: *Tegen*, S.

180.    Ullrich, Hanns
*Formzwang und Gestaltungsgrenzen bei Sonderrechten und Nebenleistungspflichten in der GmbH*
ZGR 1985, 235-264
Zitiert: *Ullrich*, ZGR 1985, 235, Fundstelle

181.    Ulmer, Peter
*Abfindungsklausel in Personengesellschafts- und GmbH-Verträge*
*Plädoyer für die Ertragswertklausel*
In: Festschrift für Karlheinz Quack zum 65. Geburtstag am 3. Januar 1991
Verlag Walter de Gruyter, Berlin, New York 1991
Zitiert: *Ulmer* in: FS Quack, S. 477, Fundstelle

182.    Ulmer, Peter/Habersack, Mathias/Löbbe, Marc
*GmbHG, Großkommentar Bd. I*
Mohr Siebeck Verlag, 2. Aufl., Tübingen 2013
Zitiert: *Verfasser* in: Ulmer/Habersack/Löbbe, § Rn.

183.    Ulmer, Peter
*Satzungsgleiche » Gesellschaftervereinbarungen bei der GmbH ?*
*Zum Für und Wider der Trennung zwischen Satzung und schuldrechtlichen Gesellschafterabreden –*
In: Festschrift für Volker Röhricht zum 65. Geburtstag
Verlag Dr. Otto Schmidt, Köln 2005
Zitiert: *Ulmer* in: FS Röhricht, S. 633, Fundstelle

184.    Ulmer, Peter/Habersack, Mathias/Winter, Martin
*GmbHG, Großkommentar Bd. II*
Mohr Siebeck Verlag, Tübingen 2006
Zitiert: *Verfasser* in: Ulmer/Habersack/Winter, § Rn.

185.    Ulmer, Peter
*Verletzung schuldrechtlicher Nebenabreden als Anfechtungsgrund im GmbH-Recht?*
NJW 1987,1849-1855
Zitiert: *Ulmer*, NJW 1987,1849, Fundstelle

186.    Van Venrooy, Gerd J.
*Gesellschafter-Sonderrechte in der GmbH*
GmbHR 2010, 841-848
Zitiert: *van Venrooy*, GmbHR 2010, 841, Fundstelle

187.    Vomhof, Martina
*Anmerkung zu BGH Urt. V. 20.1.1983 – II ZR 243/81*
GmbHR 1984, 180- 182
Zitiert: *Vomhof*, GmbHR 1984, 180, Fundstelle

188.    Von der Osten, Dinnies
*Gestaltungshinweise für Konsortialverträge*
GmbHR 1993, 798-803
Zitiert: *von der Osten*, GmbHR 1993, 798, Fundstelle

189.    Vornhusen, Klaus
*Die Organisation von Unternehmenskooperationen*
Peter Lang Europäicher Verlag der Wissenschaften, Frankfurt am Main 1994
Zitiert : *Vornhusen, S.*

190.    Wälzholz, Eckhard
*Gesellschaftervereinbarungen (side-letters) neben der GmbH-Satzung Chancen-Risiken Zweifelsfragen*
GmbHR 2009, 1020-1027
Zitiert: *Wälzholz*, GmbHR 2009, 1020

191. Wagner, Franz
*Anmerkung zu OLG Stuttgart, Urt. v. 14.5.2003, Az. 20 U 31/02*
DStR 2004, 469-470
Zitiert: *Wagner*, DStR 2004, 469, Fundstelle

192. Weitnauer, Wolfgang
*Der Beteiligungsvertrag*
NZG 2001, 1065- 1073
Zitiert: *Weitnauer*, NZG 2001, 1065, Fundstelle

193. Weitnauer, Wolfgang
*Handbuch Venture Capital*
Verlag C. H. Beck, 4. Überarbeitete Aufl., München 2011
Zitiert: *Weitnauer*, Hdb. Venture Capital, S. Rn.

194. Weber, Werner
*Anfechtung von Gesellschafterbeschlüssen bei Verstoß gegen side letter-Abreden*
DStR 1997, 824-829
Zitiert: *Weber*, DStR 1997, 824, Fundstelle

195. Werner, Rüdiger
*Die GmbH & Co. KG in der Form der Einheitsgesellschaft*
DStR 2006, 706-711
Zitiert: *Werner*, DStR 2006, 706, Fundstelle

196. Werner, Rüdiger
*Kautelarjuristische Strategien zur Trennung zerstrittener Gesellschafter*
GmbHR 2005, 1554- 1558
Zitiert: *Werner*, GmbHR 2005, 1554, Fundstelle

197. Wertenbruch, Johannes
*Beschlussfassung und Pflichtverletzung im Stimmrechtskonsortium*
NZG 2009, 645-649
Zitiert: *Wertenbruch*, NZG 2009, 645, Fundstelle

198.    Wertenbruch, Johannes
*Quorumsabänderung und zweistufige Beschlusskontrolle ohne Bestimmtheitsgrundsatz*
NZG 2013, 641-646
Zitiert: *Wertenbruch*, NZG 2013, 641, Fundstelle

199.    Westermann, Harm Peter
*Die Verteidigung von Mitgliedschaftsrechten in der Personengesellschaft (einschließlich GmbH & Co. KG)*
NZG 2012, 2212- 1128
Zitiert : *Westermann*, NZG 2012, 1121, Fundstelle

200.    Westermann, Harm Peter
*Handbuch der Personengesellschaften*
Verlag Dr. Otto Schmidt, Köln, Stand : 57. Ergänzungslieferung, November 2013
Zitiert: *Westermann*, Handbuch der Personengesellschaften, § Rn.

201.    Wicke, Hartmut
*Echte und unechte Bestandteile im Gesellschaftsvertrag der GmbH*
DNotZ, 2006, 419-437
Zitiert: *Wicke*, DNotZ, 2006, 419, Fundstelle

202.    Wicke, Hartmut
*Gesetz betreffend die Gesellschaften mit beschränkter Haftung (GmbHG)*
Verlag C. H. Beck, 2. Aufl., München 2011
Zitert : *Verfasser* in : Wicke, GmbHG, § Rn.

203.    Wicke, Hartmut
*Praktische Verwendung und Kapitalbildung der Unternehmergesellschaft (haftungsbeschränkt)*
GWR, 2010, 259-262
Zitiert: *Wicke*, GWR, 2010, 259, Fundstelle

204.  Wicke, Hartmut
*Schuldrechtliche Nebenvereinbarungen bei der GmbH – Motive,
rechtliche Behandung, Verhältnis zum Gesellschaftsvertrag*
DStR, 2006, 1137-1144
Zitiert: *Wicke*, DStR, 2006, 1137, Fundstelle

205.  Wilde, Heiko
*Joint Venture : Rechtliche Erwägungen für und wider die Errichtung
eines Gemeinschaftsunternehmens*
DB, 2007, 269 – 274.
Zitiert: *Wilde*, DB 2007, 269, Fundstelle.

206.  Winter, Martin
*Organisationsrechtliche Sanktionen bei Verletzung schuldrechtlicher
Gesellschsftervereinbarungen?*
ZHR 154 (1990), 259-283

207.  Zetsche, Dirk
*Sicherung der Interessen von (Wagnis-) Kapitalgebern
Zum Verhältnis von Satzung, Vertrag und Nebenordnung in der kleinen
Aktiengesellschaft*
NZG 2002, 942-948
Zitiert: *Zetsche*, NZG 2002, 942, Fundstelle

208.  Zluhan, Walter
*Abstimmungsvereinbarungen des privaten Gesellschaftsrechts*
AcP 128 (1927), 257- 308
Zitiert: *Zluhan*, AcP 128 (1927), 257, Fundstelle

209.  Zöllner, Wolfgang
*Satzungsdurchbrechung*
In : Festschrift für Hans-Joachim Priester zum 70. Geburtstag
Verlag Dr. Otto Schmidt, Köln 2007
Zitiert: *Zöllner* in: FS Priester, S. 897, Fundstelle

210.  Zöllner, Wolfgang
*Zu Schranken und Wirkung von Stimmbindungsverträgen, insbesondere bei der GmbH*
ZHR 155 (1991) 168 – 189
Zitiert: *Zöllner*, ZHR 155 (1991), 168, Fundstelle

211.  Zöllner, Wolfgang
*Zulässigkeit von Mehrheitsregelungen in Konsortilverträgen*
In: Festschrift für Peter Ulmer zum 70. Geburtstag am 2. Januar 2003
Verlag De Gruyter Recht, Berlin 2003
Zitiert: *Zöllner* in: FS Ulmer, S. 725, Fundstelle

212.  Zweigert, Konrad/von Hoffmann, Bernd
*Zur internationalen Joint Venture*
In: Festschrift für Martin Luther zum 70. Geburtstag
C. H. Becksche Verlagsbuchhandlung, München 1976
Zitiert: *Zweigert/v. Hoffmann* in: FS Luther, S. 203, Fundstelle